新手看盘 2

快速入门

尚伟·著

广东省出版集团
广东经济出版社

图书在版编目（CIP）数据

新手看盘快速入门. 2／尚伟著. —广州：广东经济出版社，2012.7

ISBN 978－7－5454－1299－4

Ⅰ.①新…　Ⅱ.①尚…　Ⅲ.①股票交易—基本知识　Ⅳ.①F830.91

中国版本图书馆 CIP 数据核字（2012）第 108358 号

出版发行	广东经济出版社（广州市环市东路水荫路 11 号 11～12 楼）
经销	全国新华书店
印刷	惠州报业传媒印务有限公司（惠州市江北文华 1 路惠州日报社内）
开本	730 毫米×1020 毫米　1/16
印张	17.25
字数	199 000 字
版次	2012 年 7 月第 1 版
印次	2012 年 7 月第 1 次
印数	1～5 000 册
书号	ISBN 978－7－5454－1299－4
定价	39.80 元

如发现印装质量问题，影响阅读，请与承印厂联系调换。

发行部地址：广州市环市东路水荫路 11 号 11 楼

电话：（020）38306055　38306107　邮政编码：510075

邮购地址：广州市环市东路水荫路 11 号 11 楼

邮购电话：（020）37601950　邮政编码：510075

营销网址：**http：//www.gebook.com**

广东经济出版社常年法律顾问：何剑桥律师

·版权所有　翻印必究·

前言

当你怀揣着资本呈几何倍数增长的梦想，当你抱着资产增值的愿望，亦或当你企图在交易市场谋得生计时，你来到了这个迷人的战场——股市。是的，它并不是童话世界里的七彩屋，也不是闪耀灯光下演绎美丽和时尚的舞台，它只是一个看不到硝烟的战场。你也可以从稍微积极一点的角度去看，它是一个多空博弈的游戏场所，谁能把游戏玩好，谁就是最后的胜利者。然而作为散户而言，你其实还算不上是其中真正的玩家，你只是玩家边上跟着跑跑龙套的人。假如你有更有意义的工作，更好的理财方式，更能实现资产增值的途径，你实在不该来到这里，陪大玩家玩游戏，赔自己的血汗钱。但是，你偏偏不信这个邪，因为你竟然听说王老太太炒股赚了一趟欧洲游的旅游费，张小姐还赚了一辆小轿车，就连单位的小李也号称赚出了买房的首付款，你认为凭自己的聪明才智，到股市里略略试水也是颇具胜算的。

好吧，既然如此，就带着你所能承受的别太多的资金，让我们一起走进这个市场，让我们好好体验它，也让它给我们来个全方位的检验。虽然它算不上是一个具有真善美的地方，但请你一定相信，即使你最终没有赚到钱，它也会给你带来很多的收获，让你更加了解自己（包括你的学习方式、你的心理和情绪），更加了解社会，更加了解人性，进而具有更深刻的人生观和价值观。

如果你原本就对经济生活很感兴趣，会时常关注政治、经济局势，如果你原本就是一个细致的人，能把那些大格局、大视野的政治、经济和自己的日常生活密切联系起来，那么恭喜你，你将比一大部分的人更具备了解股市和股票的洞察力，这是一个非常良好的前提。

接下来，你要开始面对市场了。当你打开股票软件，映入你眼帘的就是一千多只上证和深证的股票，你点开每一只，都能看到形态各异的图表，你去读这一张张图表的过程，就是看盘。这个阅读图表的看盘过程，通常是在进行股市技术分析。

这套《新手看盘快速入门》丛书，就是讲看盘看些什么的，也是在讲技术分析的基本方法。为了不让很多新手读者觉得枯燥烦闷，我们省却了很概念性的内容，比如卖盘、买盘、委比、量比、成交量、集合竞价等基本名词，这都不是关键性问题，读者朋友遇到该词又不明其义时，只要网上搜索一下，了解个大概就好了。这套书注重实战，在实战中用多个例子阐明技术分析的手法，如此便可让你更直观实地了解和学会一些实用的技术分析方法，包括均线、形态、图形组合、分时、指标等，熟练掌握之后，你自然可以将它们应用自如了。

也许你也有一些炒股的朋友，会经常告诉你什么技术方法特别的好用，当哪根线上穿哪里时即可买入，或当某个图形出形时胜算就会很高，不错，这些朋友确实可以帮助你更好地了解技术分析，但请记住：所有方法的优势都是在某个特定的环境和条件下显现的，它绝对不是放诸四海而皆准的，你需要把握住方法内含的精神和原则（包括本书为你介绍的多种技术分析方法也是如此）。这样，你才不会成为一个僵化的操作者，僵化是没有办法适应这个瞬息万变的市场的。

也许你还有一些炒股的朋友，跟你讲很多关于看盘感觉的事情。当你面对市场，看着盘面却毫无感觉时，请不要羡慕你那些感觉很好的朋友，也不要因此懊恼自己实在是没有天赋。就像是你开车一样，该开始学习驾驶时，你只是按照规定规则去做，你很难说对于驾驶能有什么感觉，而当你熟练了驾驶技术后，你就可以抛掉一切技术上的东西，对车辆操控自如，遇到情况，你就可以凭身体感觉直接处理。这就是熟能生巧，这个“巧”就是熟悉股市的人的感觉，仅此而已，并不像他们绘声绘色描述的那么玄。

天下大势，分久必合，合久必分。股市运行，涨多必跌，跌多必涨。股市近年已经经历了比较长期的下跌，股市中的英雄才俊又经受了一次大江东去浪淘尽的深度洗礼。发挥你的聪明才智吧，争分夺秒月下磨剑，愿我们共同迎来一个否极泰来的股市新年景！

尚　伟

目录

组合形态的股票，作为短线操作的备选对象。美中不足的是，这些看多K线组合虽然具备较高的成功几率，但是其自身并不提供止损、止盈的参考点位，股民朋友依据这些信号买入之后，需要通过其他方法寻找一个合理的止损、止盈位，这就要考验股民朋友的综合素质了。

本章介绍的几种见底形态与上一章的“红色组合拳”有相似之处，那就是这些形态均具备后市看多的意义。所不同的是，本章的几种形态在技术分析中占有相当重要的地位，堪称“经典形态”。这些经典形态不仅提供买

缺口是一种常见的形态，同时也是一种“异常的形态”。股票交易与普通商品交易具有一个共同点，那就是通常都经历一个买卖双方“讨价还价”的过程，因此，一个完全没有经过“讨价还价”过程的缺口，显然意味着此处有异常。至于这种异常代表着什么，需要进一步的研判。本章带你了解的是缺口在技术分析中的应用，这些应用通常与K线组合或K线形态学有关，股民朋友可从实例中认真体会。

第1章 分时图中的出入场点

第一节

过关斩将——向上突破前高的入场点

盘面特征

向上突破前高，是指在股价线向上运行的过程中突破了前期重要高点形成的压力，见图1-1。

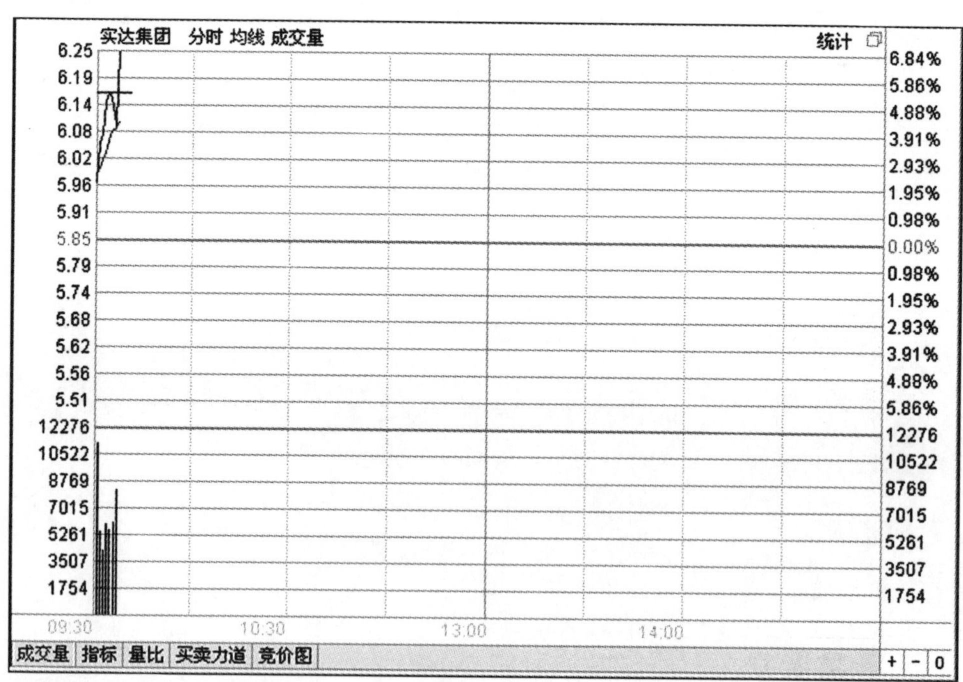

图1-1 实达集团 600734

具体而言，向上突破前高具有如下盘面特征：

（1）股价线运行于均价线之上。

（2）突破前高压力之前，股价线只有一波涨势（最多不超过两波）。如果在三波涨势之后出现突破前高压力，除非总体涨幅较小，否则直接忽略该入场信号，见图1-2。

（3）在突破前高压力的同时，伴随着明显的成交量放大。

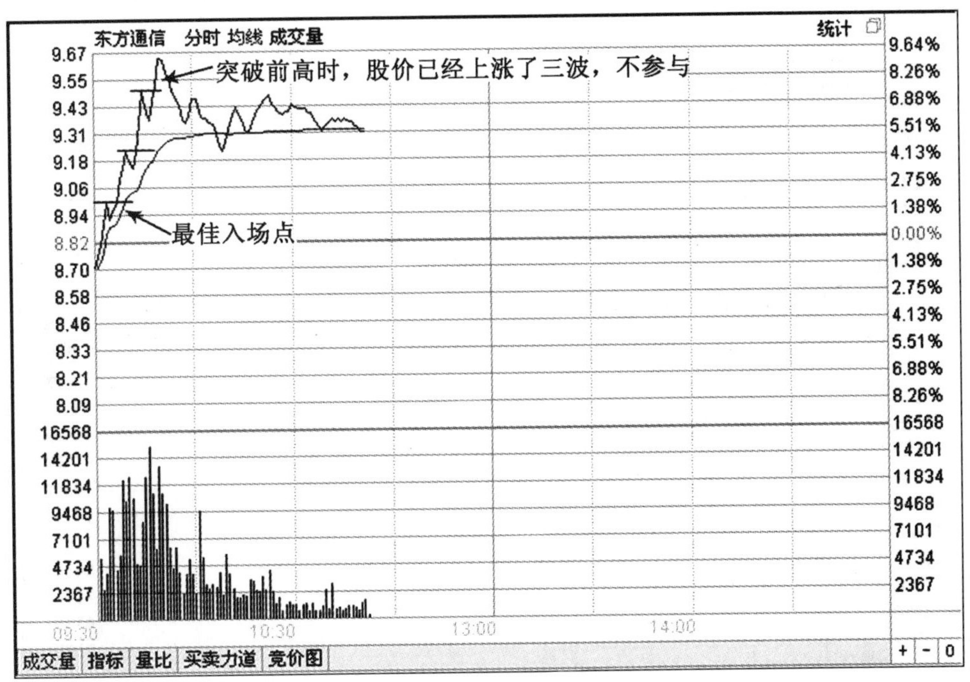

图1-2　东方通信　600776

看盘要点

向上突破前高为建仓信号，投资者可以据此入场做多。为了提高该看涨信号的可信度，应该将个股的分时图走势和日线图走势结合分析。如果个股日线级别看涨，那么分时向上突破前高的可信度提高，投资者应该积极做多；如果个股日线级别看跌，那么分时向上突破前高的可信度降低，投资者可以直接忽略分时信号。

图1－3是大唐发电2011年4月29日的分时走势图。当日，该股开盘后围绕均价线上下振荡，毫无趋势可言。11点过后，该股突然放量上攻，进入一波顺滑的涨势中。11点10分，一波直线拉升结束，股价开始回调。小幅回调后，该股重新进入涨势，并突破了前高6.63元的压力，后市看涨。

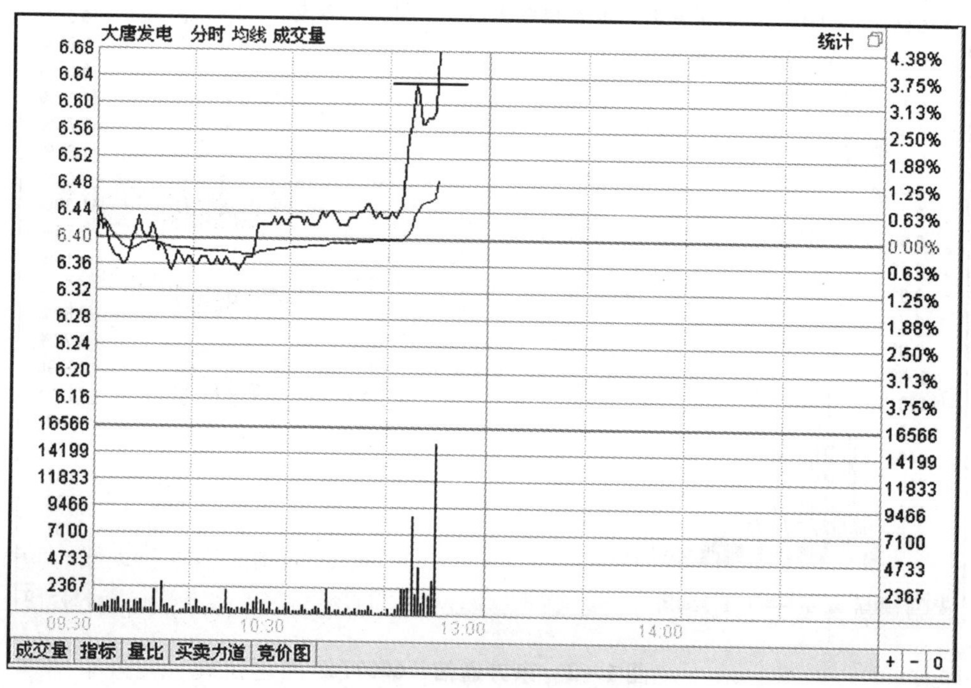

图1－3 大唐发电 601991

图1－4是大唐发电2011年4月29日之前的K线走势图。从中可以看出，该股已经多次在6.70元左右受阻，形成多根带长上影线的K线。换言之，6.70元是该股的重要压力位。2011年4月29日，该股分时图中向上突破前高压力之后，股价已经接近6.70元。从当时密集放出的成交量来

看，突破6.70元应该是轻而易举的事情。因此，投资者可以考虑把握这次向上突破前高的机会。

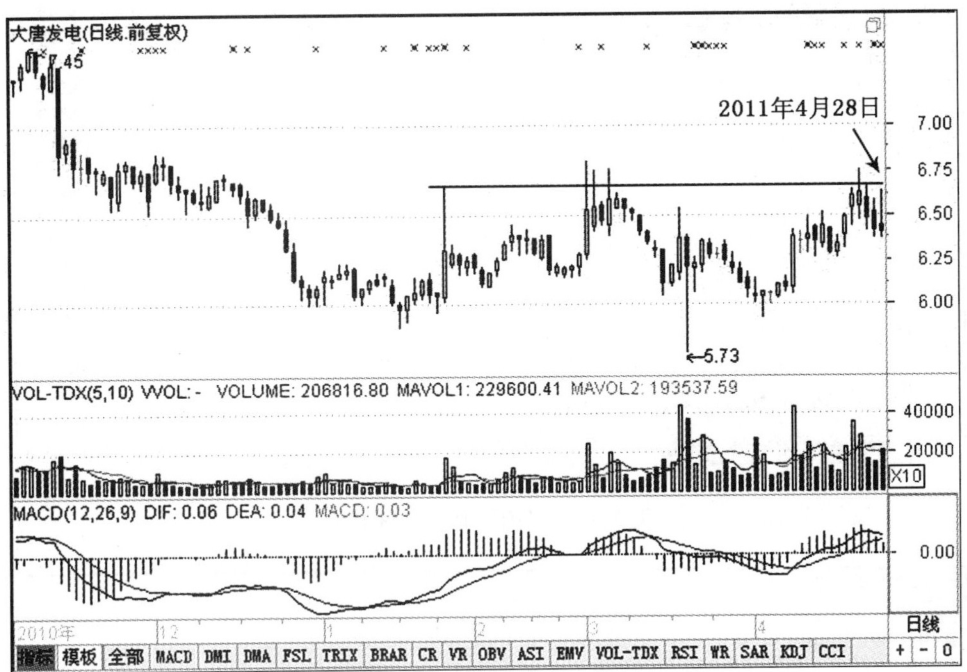

图1-4　大唐发电　601991

图1-5是东安动力2011年5月3日的分时走势图。当日，该股开盘后的走势波澜不惊，基本上都是围绕均价线波动。11点03分，盘中突然出现一笔1910手的买单，显示异动。随后，股价被快速拉高，突破了早盘波动形成的高点，形成入场信号。

图1-6是东安动力当时的日线走势图。从中可以看出，经过一波快速的下跌之后，该股在前低支撑位附近连续出现两根阳线，属于见底企稳的迹象。但是，这两根阳线的涨幅比较小，而且没有明显的成交量放大，做多力量依然薄弱。投资者可以考虑此时入场博短线反弹，不过要注意控制建仓的规模。

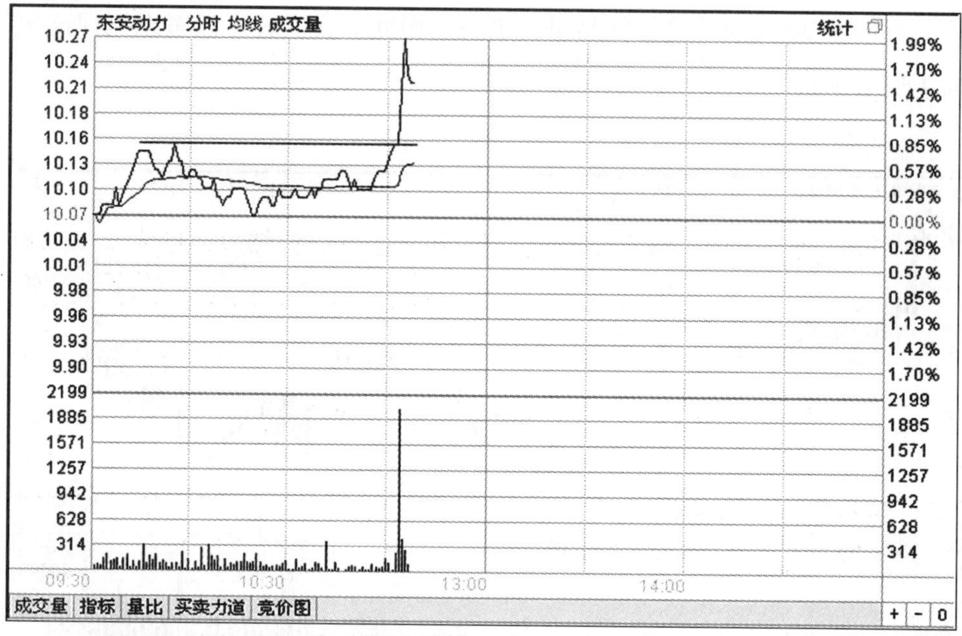

图 1－5　东安动力　600178

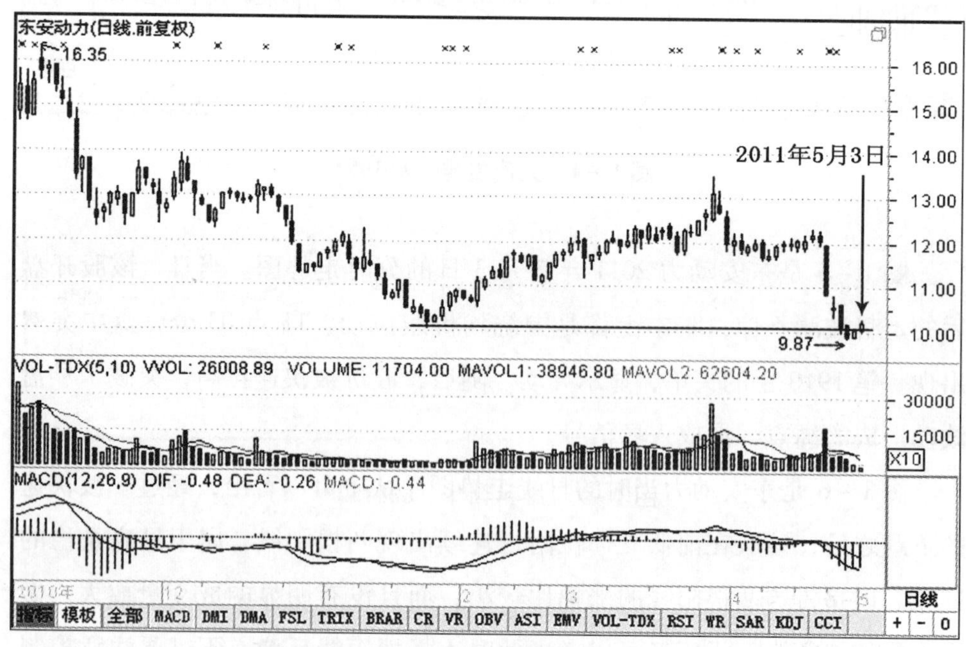

图 1－6　东安动力　600178

实战看盘

如图 1－7 所示，2011 年 5 月 3 日，维科精华跳空低开。开盘后，该股稍作调整就进入了一波涨势中。9 点 41 分，这波涨势结束，形成了 11.78 元的高点。此后，股价转入下跌行情中。10 点 04 分，该股在早盘形成的低点附近止跌，随后重新进入涨势中。10 点 21 分，伴随着成交量的放大，股价线向上突破了早盘高点 11.78 元的压力，形成建仓信号。

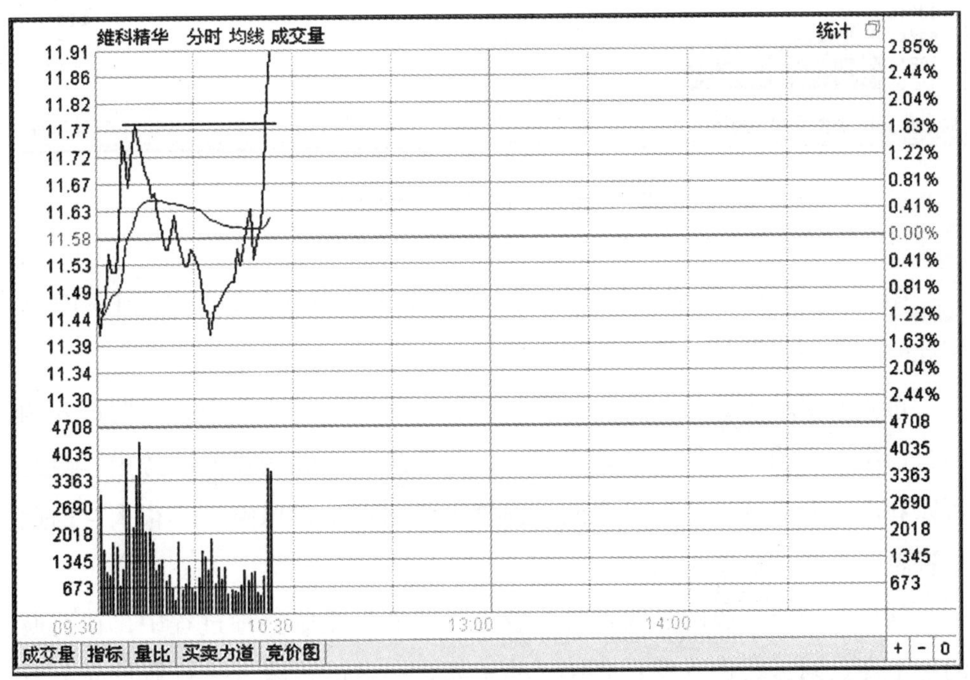

图 1－7　维科精华　600152

图 1－8 是与此同时上证指数的分时走势图。通过比较图1－7和图 1－8 可以看出，维科精华的走势明显强于大盘，呈现强势股特征。因此，投资者应该更加重视该股分时图中所发出的建仓信号。

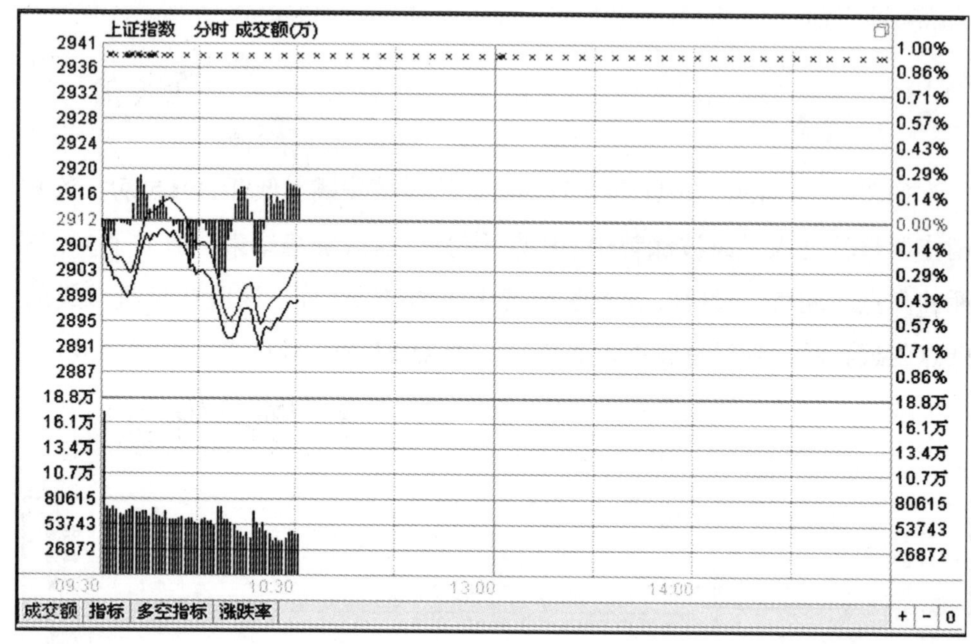

图1－8 上证指数 999999

图1－9是维科精华2011年5月3日开盘前的日线走势图，图1－10是与此同时上证指数的日线走势图。

首先，比较个股与大盘的走势：个股处于明显的涨势中，近期进入调整行情中；大盘处于振荡整理行情中，近期进入一波明显的跌势中。由此可以看出，个股的走势明显强劲，而且大盘的系统性风险不算很大，因此投资者可以考虑适度参与。

其次，分析个股的日线走势：股价近期处于振荡整理过程中，在前期的一个高点附近获得支撑；MACD处于死亡交叉的边缘，一旦股价向上发展，将形成“将死未死”的看涨形态；股价距离前高12.56元只有咫尺之遥，只要该股放量上攻，就可以轻松创出新高点，形成看涨信号。

最后，分析个股的月线走势（见图1－11），可以发现该股处于即将突破历史高点的重要关口。从2011年4月份明显放大的成交量来看，创出新高点的可能性较大。

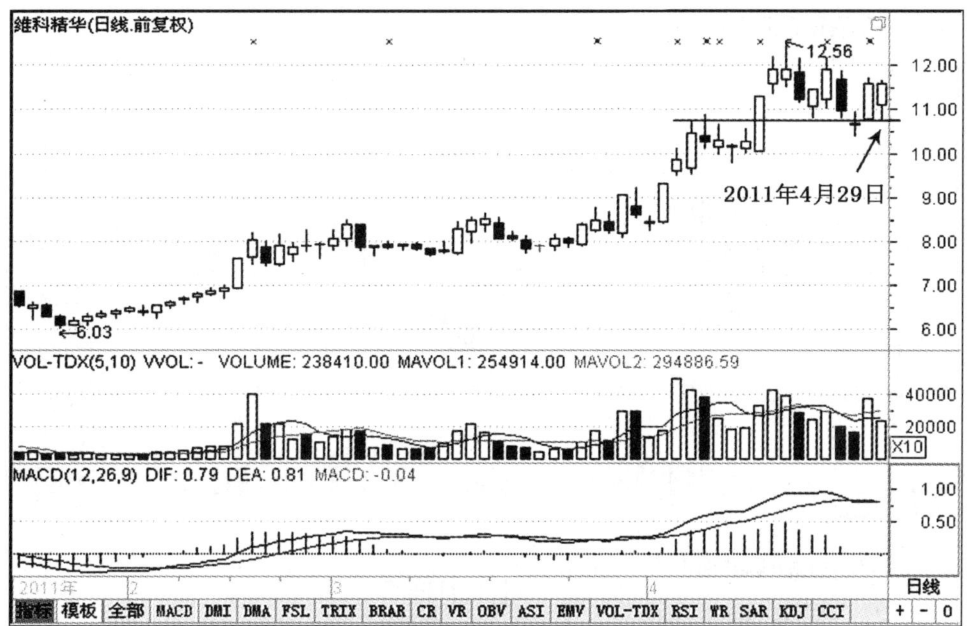

图1-9 维科精华 600152

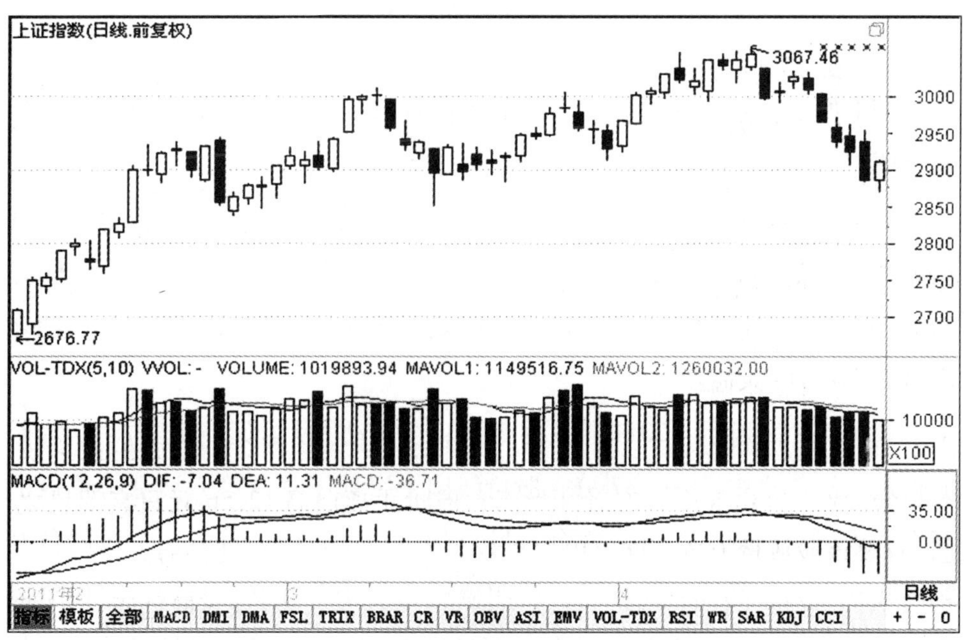

图1-10 上证指数 999999

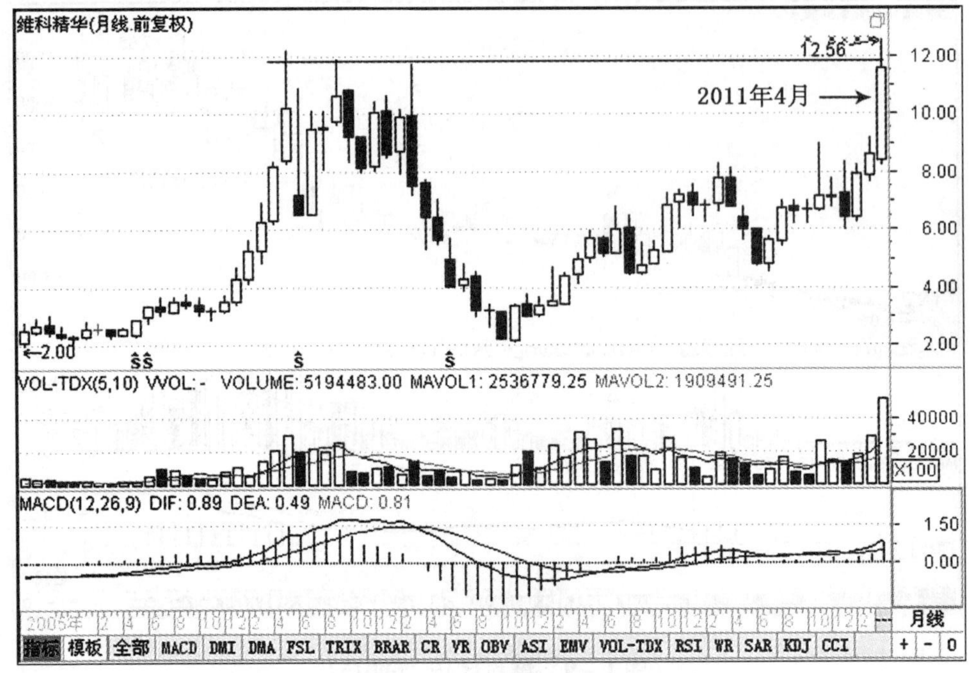

图 1 –11　维科精华　600152

综上所述，个股后市继续上涨的可能性较大，当日分时图中出现的入场点值得投资者把握。

如图 1 –12 所示，2011 年 5 月 3 日，维科精华最终以涨停价报收，创出新高点，结束了此前数个交易日的整理行情。随后，该股进入一波明显的涨势中。如果投资者可以把握住分时走势中突破前高的入场点，短期之内将获得很好的收益。

如图 1 –13 所示，2011 年 5 月 3 日，全柴动力大幅跳空低开。开盘后，股价进入涨势之中。9 点 37 分，股价线向上突破了早盘第一波涨势形成的高点，入场点出现。不过，这个入场点的可信度较低。首先，个股的低开幅度实在太大，都接近跌停了，说明做空力量十分强劲。其次，对比个股和大盘的分时走势（大盘分时走势图见图 1 –8），个股明显处于弱势。最后，在突破前高压力时，成交量并没有随之明显增加。因此，投资者应该

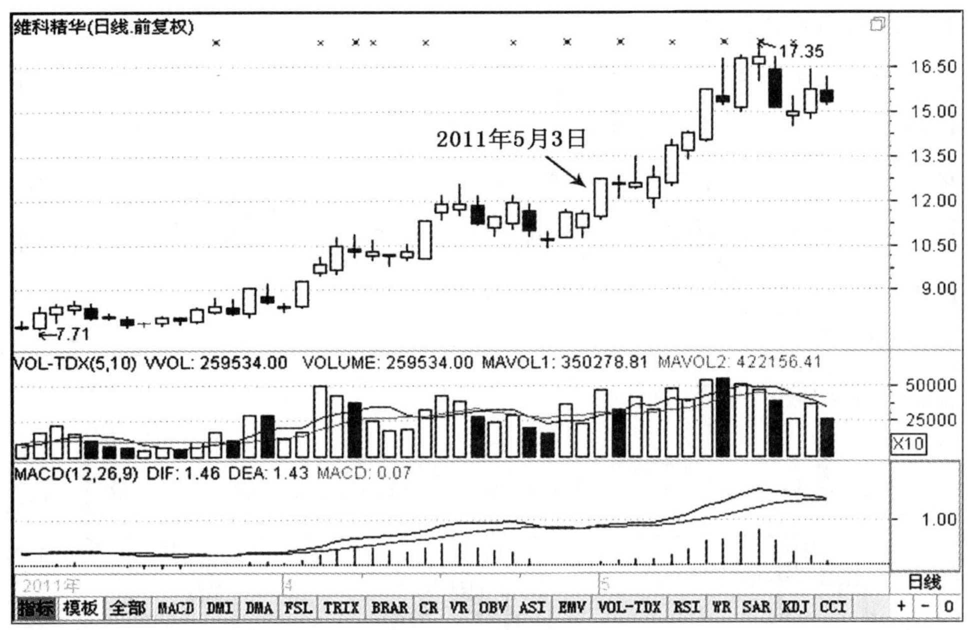

图 1－12　维科精华　600152

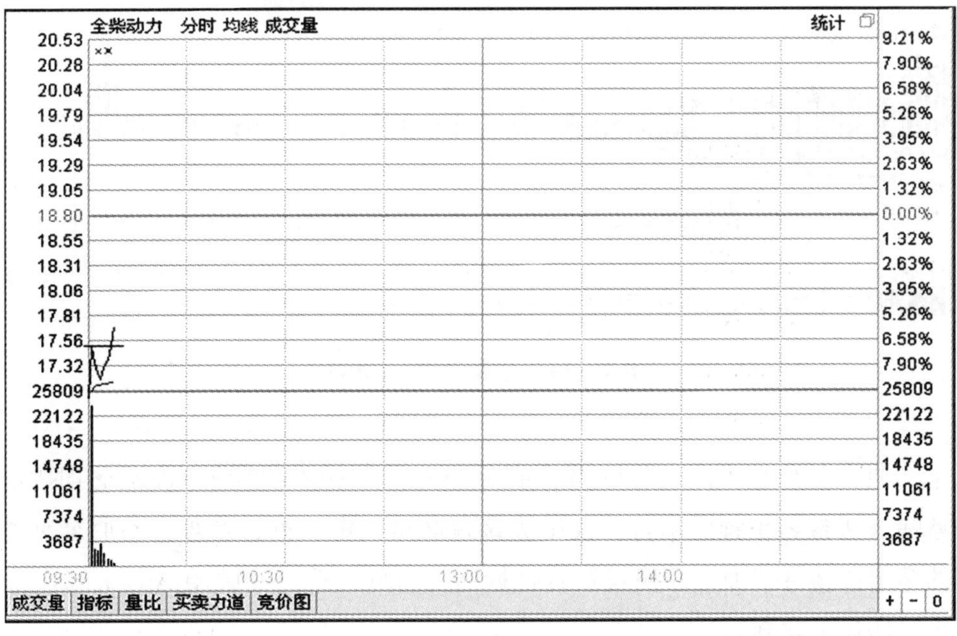

图 1－13　全柴动力　600218

直接忽略该建仓信号。

图 1－14 是当日全柴动力 2011 年 5 月 3 日开盘前的日线走势图。从中可以看出，经过长时间的停牌之后，该股以一根大阴线复牌，显示见顶迹象。不仅如此，2011 年 5 月 3 日的开盘价又直接跌破前期高点形成的支撑位，进一步显示后市将以跌势为主。在日线级别看跌的背景下，分时图中的看涨信号不值得信任。

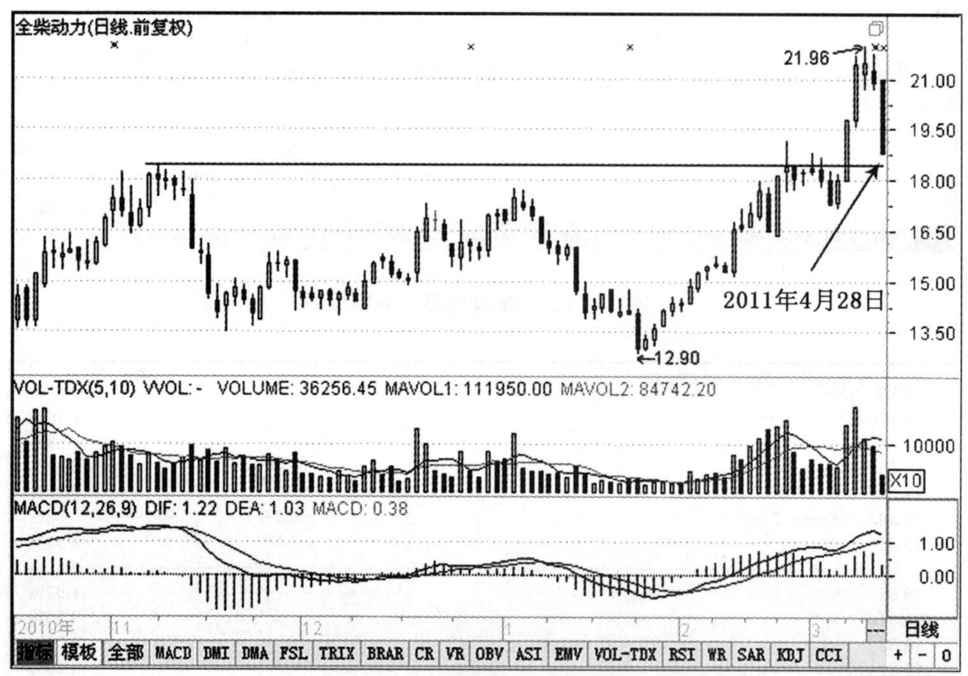

图 1－14　全柴动力　600218

如图 1－15 所示，2011 年 5 月 3 日，全柴动力最终以 17.75 元报收，跌幅达到 5.59%。随后，该股虽然没有继续下跌，不过进入了多个交易日的窄幅振荡行情中，即使投资者把握能力再好，选择突破前高时入场也不太可能从中获利。

如图 1－16 所示，2011 年 5 月 3 日，ST 长信在早盘阶段出现了向上突

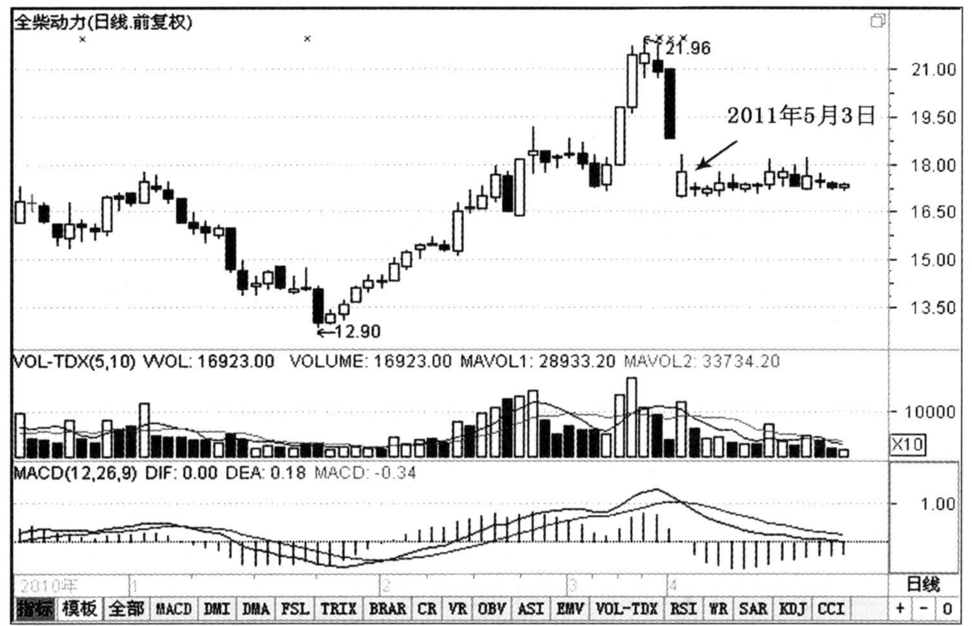

图 1－15 全柴动力 600218

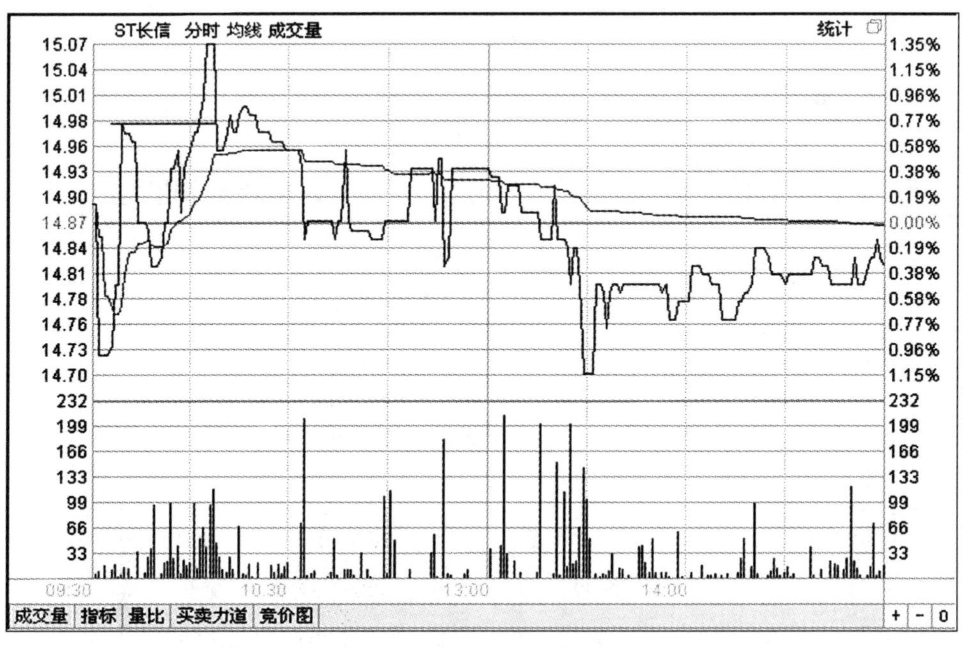

图 1－16 ST 长信 600706

破前高的走势，发出入场信号。不过，该股开盘后的这波走势，明显不够顺滑，而且成交十分低迷。因此，这个入场信号的可信度并不高。纵观整个交易日，此次向上突破前高之后，该股见日内最高点，如果投资者贸然就此入场，当日就会产生浮亏。

不仅如此，ST 长信的日线走势同样不容乐观，见图 1－17。在数个交易日之前，该股跌破了前低支撑，股价向下运行的空间被打开，后市看跌。在这个看跌的判断未改变之前，该股分时走势中的入场点都不值得信任，应该忽略。

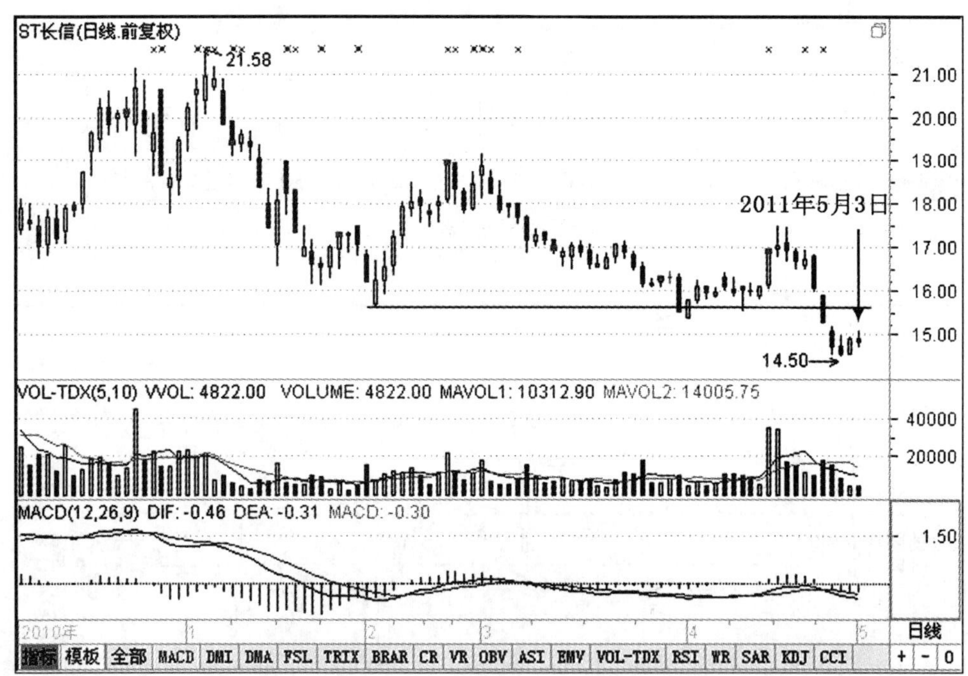

图 1－17　ST 长信　600706

如图 1－18 所示，此后，ST 长信并没有继续下跌，反而经过了几个交易日的整理之后出现一个类似塔形底组合，股价可能会就此见底。不过，在股价没有重新回到前低形成的压力线之上时，股价见底的可能性仍然不高，投资者最好还是继续观望。

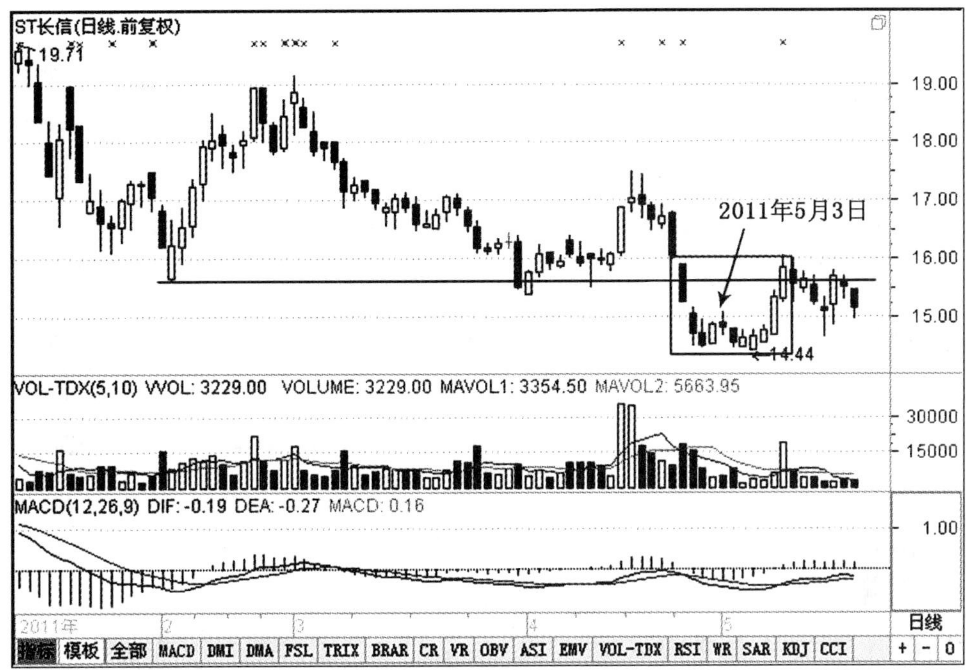

图 1－18　ST 长信　600706

第二节

防线告急——向下跌破前低的出场点

盘面特征

向下跌破前低，是指在股价线向下运行的过程中跌破了前期重要低点形成的支撑，见图 1－19。

图 1－19　青海华鼎　600243

具体而言，向下跌破前低具有如下盘面特征：

（1）股价线运行于均价线之下。

（2）跌破前低支撑之前，股价线只有一波跌势（最多不超过两波）。

看盘要点

向下跌破前低为看跌信号，如果投资者持有仓位，可以据此清仓离场，否则继续持币观望。同样，为了提高该信号的可信度，应该将个股的分时图走势和日线图走势结合分析。

图 1－20 是一汽富维 2011 年 5 月 3 日的分时走势图。当日，该股跳空高开。开盘后，股价直线下滑。9 点 31 分，第一波下跌结束，形成日内第一个低点 28.01 元。随后，股价开始反弹，不过反弹明显受制于均价线压

力，看跌信号出现。这波反弹行情很快结束，股价再次进入跌势。9 点 34 分，股价跌破了早盘低点 28.01 元，又一个看跌信号。此时，投资者该考虑出场了。

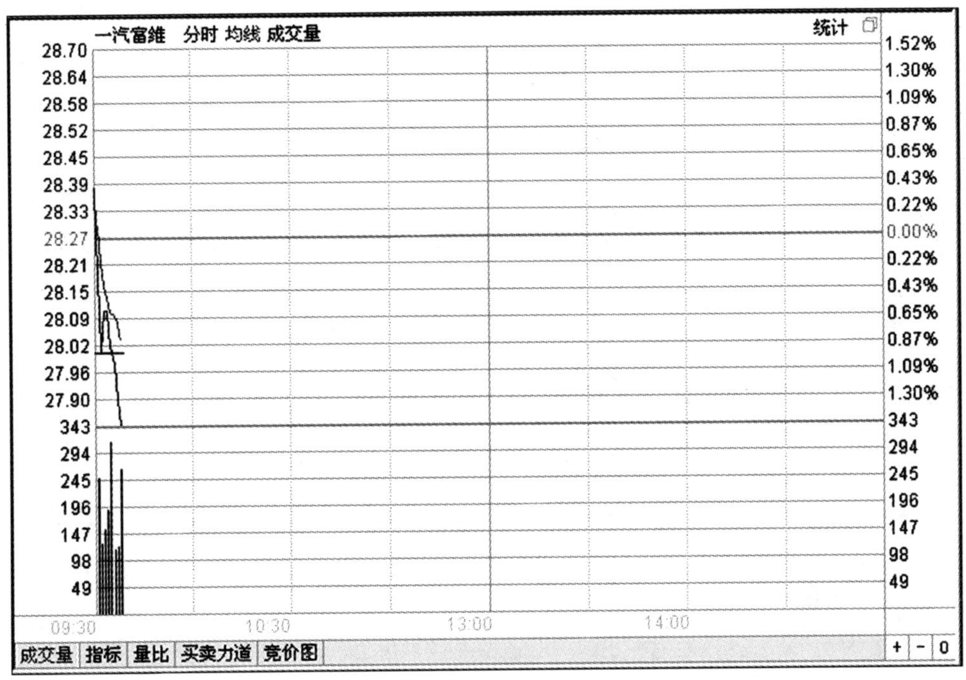

图 1-20　一汽富维　600742

为了进一步考量这个看跌信号的可信度，投资者应该翻看一汽富维的日线走势图，见图 1-21。这是 2011 年 5 月 3 日该股开盘前的日线走势图，从中可以看出股价刚刚跌破前低支撑，形成后市看空的走势。在这种背景下，如果投资者还持有该股，应该选择尽快离场。虽说该股此前的一波下跌幅度较大，股价随时可能进入反弹行情中，但是投资者不能心存侥幸，即使此时离场是个错误的选择也应该执行，这就是实战交易所应该遵守的纪律。

图 1-22 是锦州港 2011 年 5 月 4 日的分时走势图。当日，该股跳空高

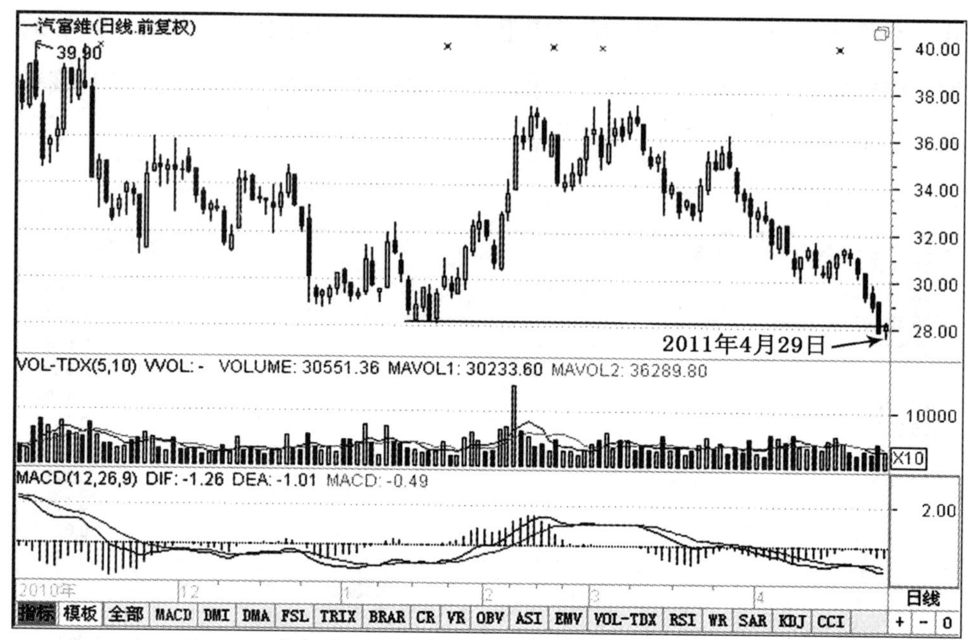

图1-21 一汽富维 600742

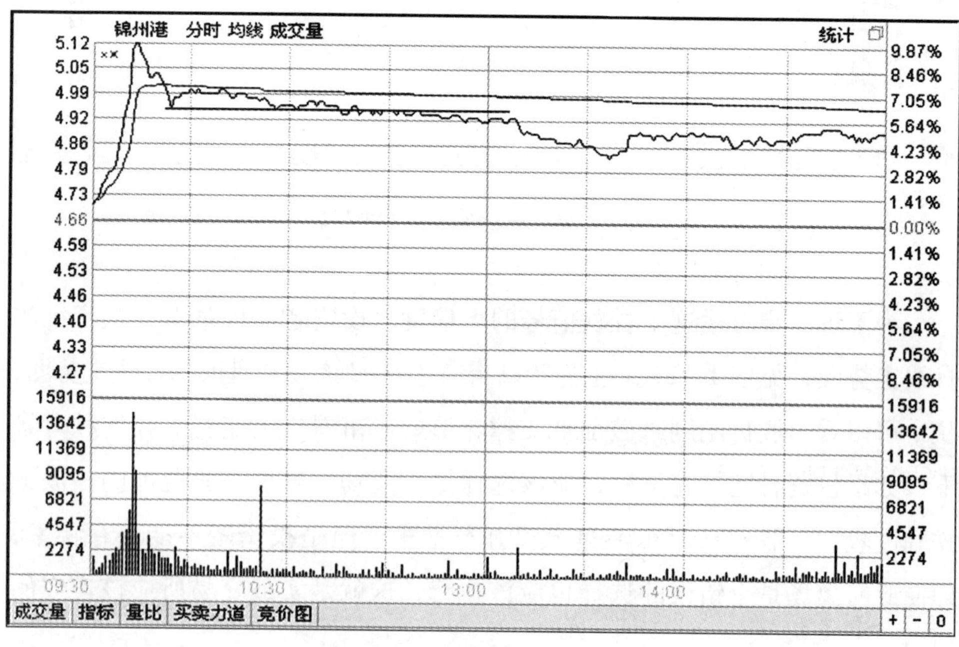

图1-22 锦州港 600190

开。开盘之后，伴随着成交量的明显放大，股价快速上升，直奔涨停板而去。然而，就在股价接近涨停板时，多头的进攻戛然而止。随后，股价转入跌势中。9 点 50 分，股价跌破均价线支撑，第一卖点出现。9 点 53 分，股价线在均价线下方形成第一个低点 4. 96 元。自此开始，该股进入振荡下滑行情中。当股价跌破 4. 96 元的低点后，又一个出场信号出现。面对分时图中的这两个出场信号，投资者是否该采纳呢？这还要看看该股的日线走势图。

图 1 - 23 是锦州港 2011 年 5 月 4 日的日线走势图。从图中可以看出，该股之前在创出 5. 28 元的高点之后，形成了 M 头的见顶形态，随后股价进入跌势中。2011 年 5 月 4 日，该股冲击涨停未果，显示了前高 5. 28 元附近的压力很大，股价暂时还无力挑战，后市需要继续调整。因此，该股分时图中出现的跌破均价线和跌破前低两个出场信号值得信任。假设投资者

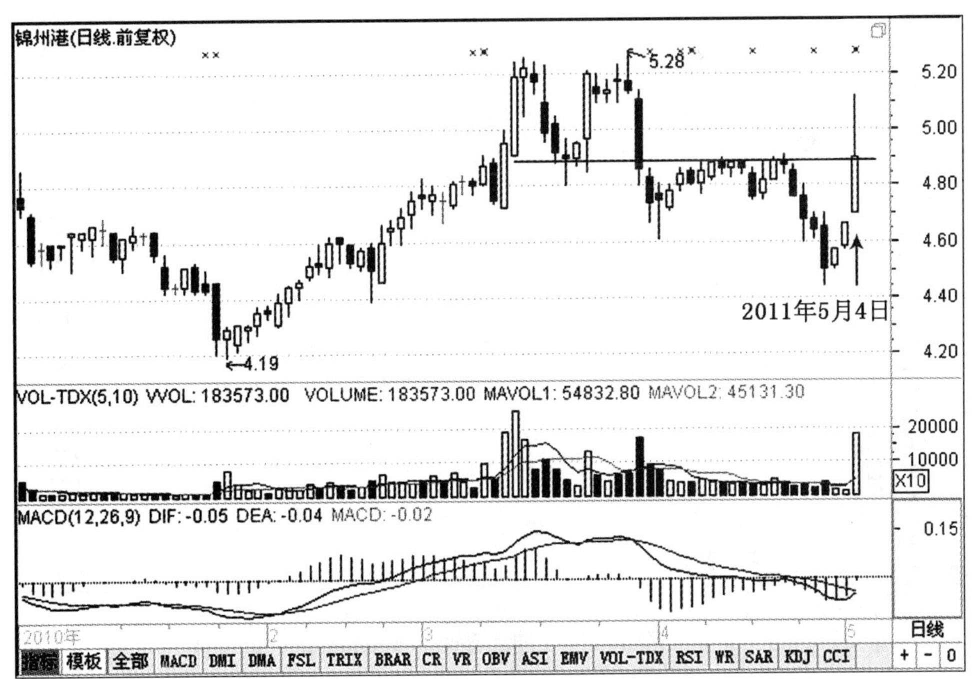

图 1 - 23 锦州港 600190

没有把握这两个出场信号，那么当该股以4.90元收盘，留下长长上影线时，也应该离场了。

实战看盘

如图1－24所示，2011年5月4日，迪康药业跳空低开。开盘后，股价短暂冲高后开始下跌。9点33分，股价跌破均价线支撑后的第一波跌势结束，形成第一个分时低点9.76元。随后，股价开始反弹。不过，这波反弹在均价线附近遭遇压制，进而再次转入下跌。9点36分，股价跌破前期低点9.76元，形成看跌信号。

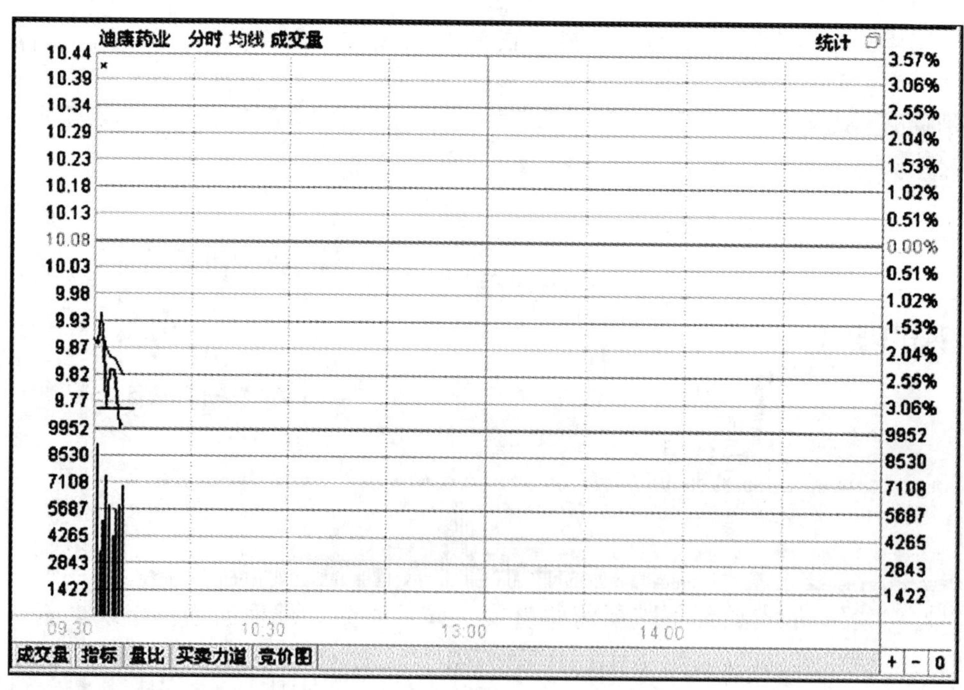

图1－24 迪康药业 600466

对比与此同时的大盘分时走势（见图1－25），可以看出个股走势相对弱势。单独判断大盘走势，大幅跳空低开已经说明了盘中做空力量的强大。在大盘走势较弱的背景下，个股的跌势容易被放大。

图 1－25 上证指数 999999

因此，从分时走势角度来看，盘中跌破前低的出场点值得重视，投资者应该继续耐心持币观望。

图 1－26 是迪康药业 2011 年 5 月 4 日开盘之前的日线走势图。从中可以看出，该股之前经过一波快速下跌之后，形成了 V 形顶形态，中期见顶信号。当日，股价已经下跌至前期重要支撑位附近，此前又连续出现两根小阳线，显示止跌迹象。

考虑到这波下跌的幅度非常大，股价随时有可能进入反弹，因此，面对当日分时走势中跌破前低的出场信号，如果投资者此时还持有该股，不必着急割肉了，可以多观察观察再行动；至于短线博反弹的投资者，时机

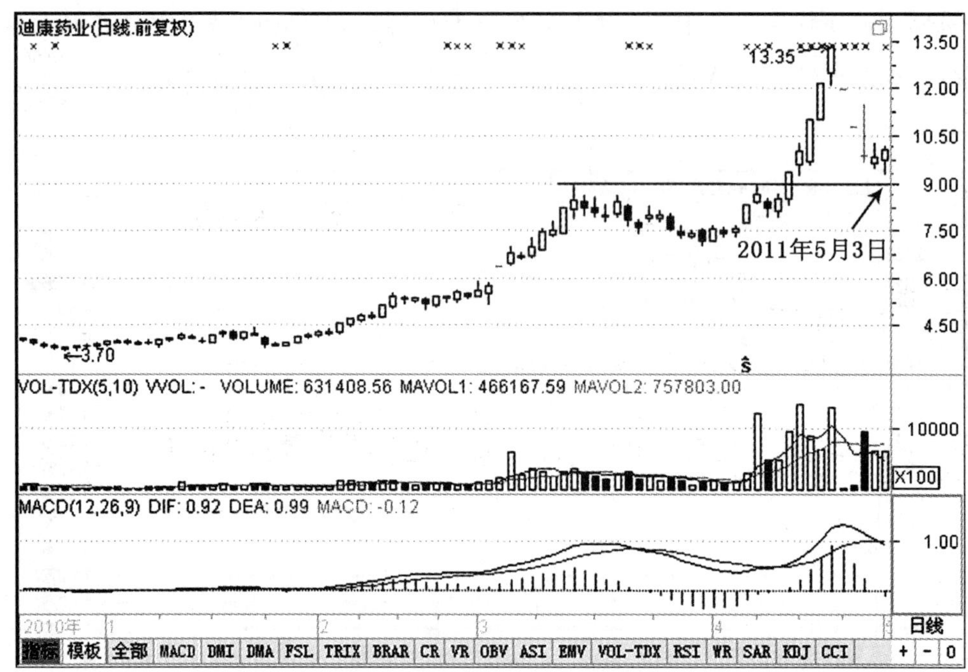

图1－26　迪康药业　600466

仍未成熟，继续持币观望。

如图1－27所示，2011年5月4日，尽管迪康药业早盘的走势相对弱势，但最终却以涨停价报收，形成大逆转，短线博反弹的投资者当日可以择机入场。随后，该股继续上涨，直至接近前高13.35元才见顶回落。至此，此前没有及时出场的投资者和博反弹的投资者都应该考虑离场避险了。

如图1－28所示，2011年5月4日，平高电气跳空低开。开盘后，该股直接进入跌势中。9点36分，股价线向下跌破前低11.50元的支撑位，形成出场信号。不仅如此，这波下跌还伴随着成交量的放大，量比线随之快速上升，形势不容乐观。另外，对比当时大盘的分时走势（见图1－25），个股同样呈现弱势。因此，投资者必须加倍重视这个出场信号。

为了进一步分析这个分时出场点的可信度，投资者还要翻看平高电气的日线走势图（见图1－29）。从图中可以看出，分时走势图中的支撑位

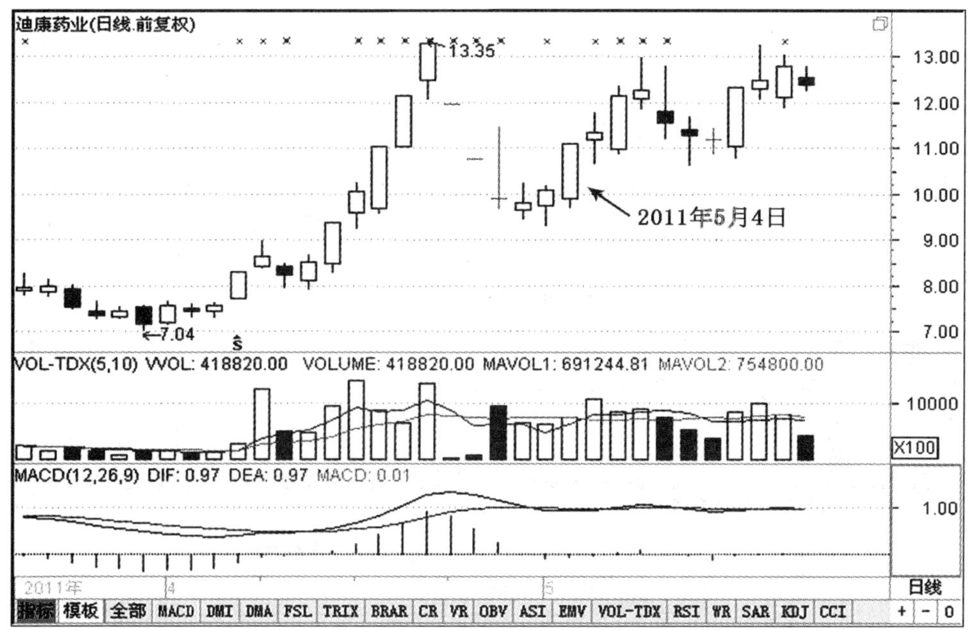

图1－27　迪康药业　600466

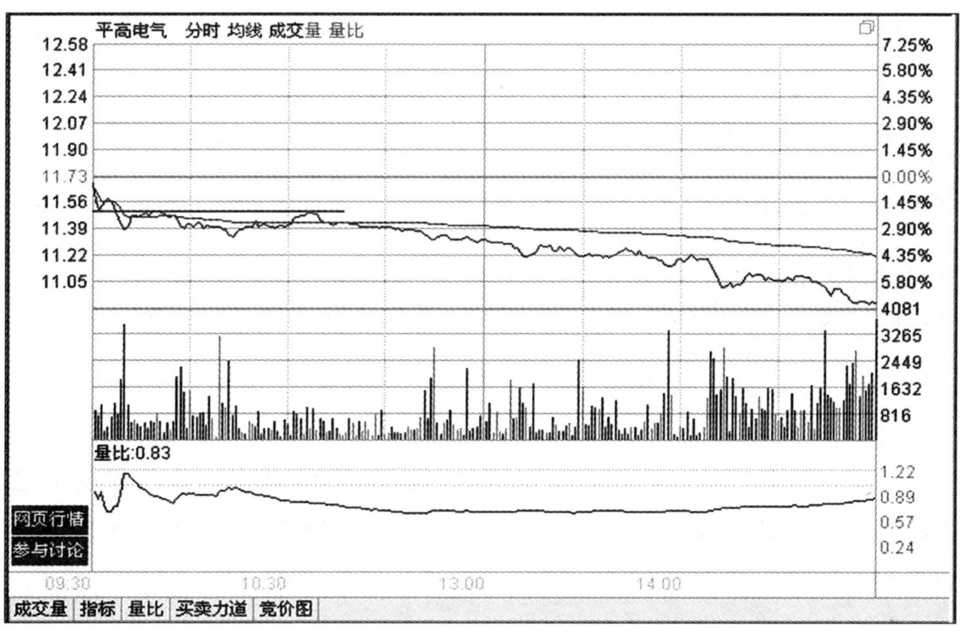

图1－28　平高电气　600312

11.50 元，同时也是该股日线走势图中的重要支撑位。2011 年 5 月 4 日之前，该股连续四个交易日在这个价位附近获得支撑，连续三个交易日反弹，不过反弹力度非常有限。因此，当日该股再次跌破 11.50 元的支撑时，可以推断后市继续下滑的可能性很高。在日线看跌的背景下，分时走势中的看空信号威力倍增，投资者要谨慎应对。

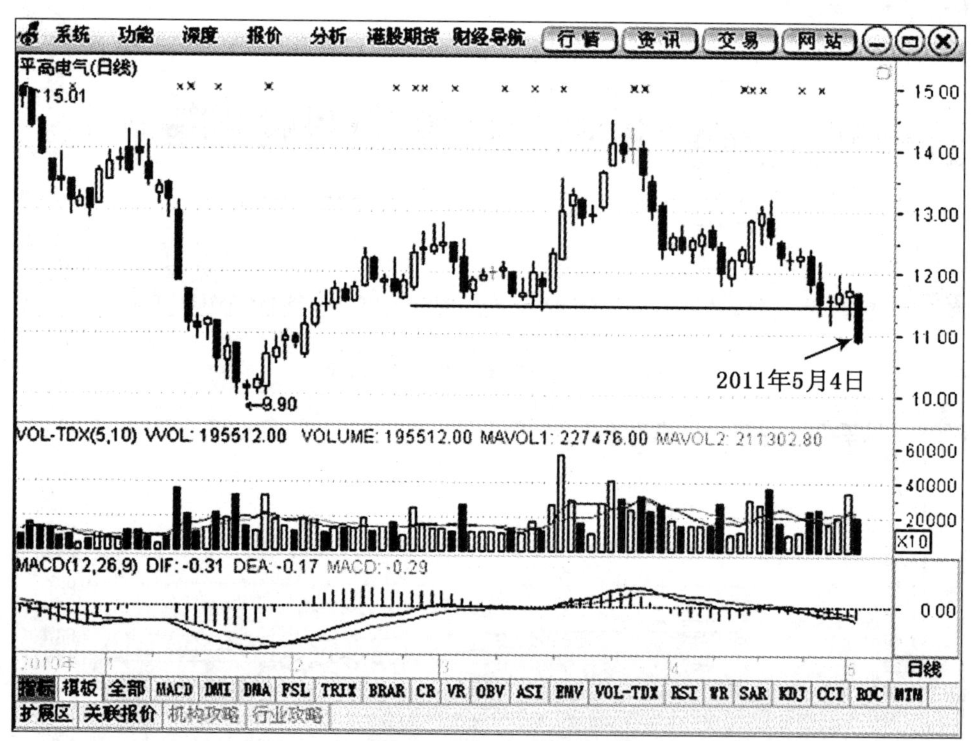

图 1－29　平高电气　600312

如图 1－30 所示，此后，平高电气并没有继续下跌，而是在前低形成的压力线下方展开窄幅横盘整理。这波整理行情暂时只能看作是下跌中继形态，即股价仍没有明显的见底迹象。因此，投资者应该继续耐心观望。

如图 1－31 所示，2011 年 5 月 5 日，＊ST 得亨跳空低开。开盘后，该

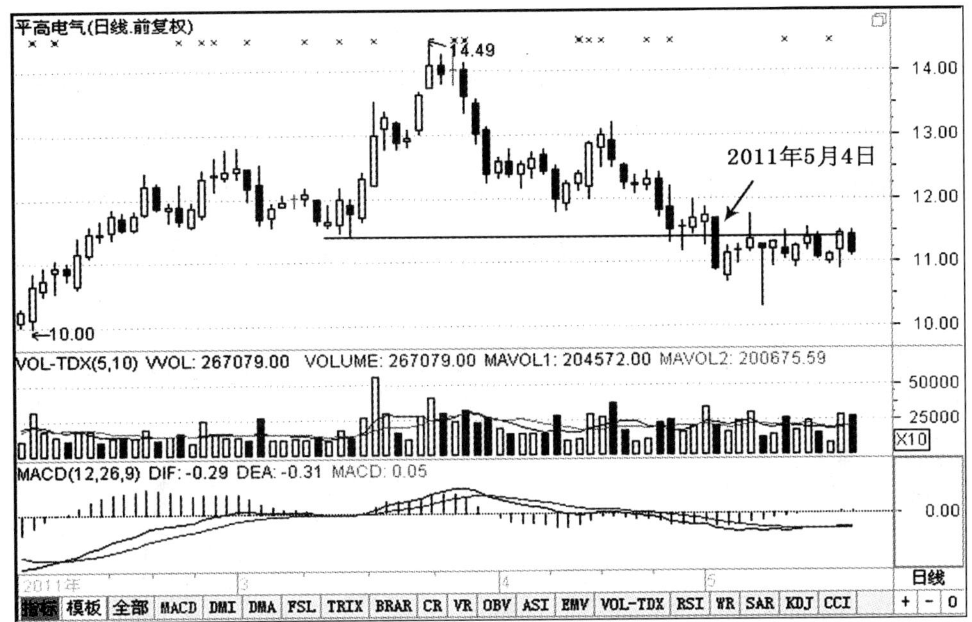

图 1－30　平高电气　600312

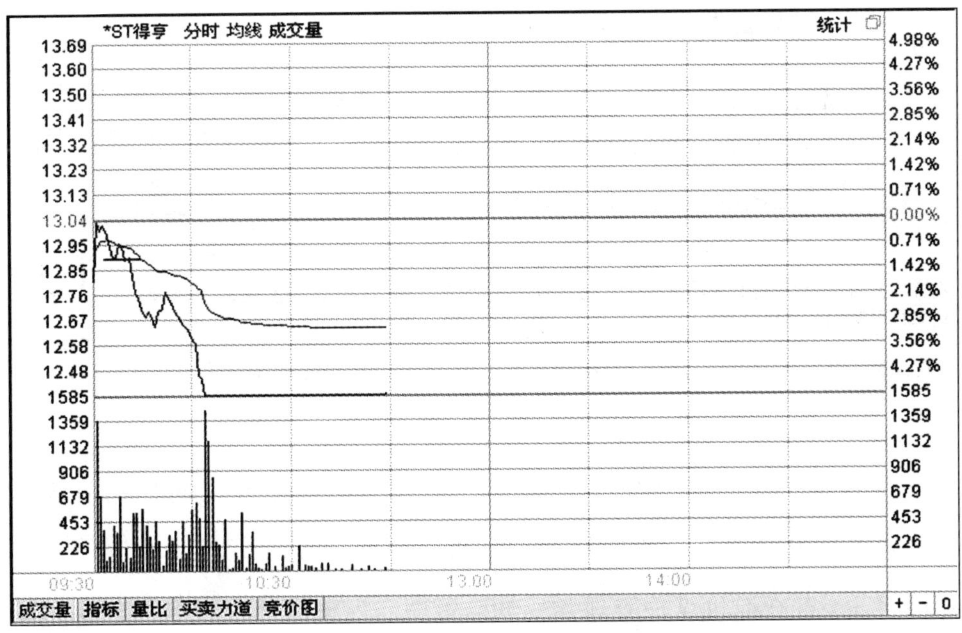

图 1－31　*ST 得亨　600699

股短暂冲高，在前一交易日收盘价附近受阻回落。9 点 41 分，股价线向下跌破前低 12.89 元的支撑，形成离场信号。

翻看 * ST 得亨当时的日线走势图（见图 1－32），2011 年 5 月 4 日，在突破前高之后该股出现了一根大阴线，显示见顶迹象。2011 年 5 月 5 日，该股跳空低开，进一步加强了见顶的可能性。开盘后，股价逐渐走低，并出现了日内看空的跌破前低走势，这无异于雪上加霜。面对这些看空信号，投资者应该抓紧离场，避免账面利润流失。

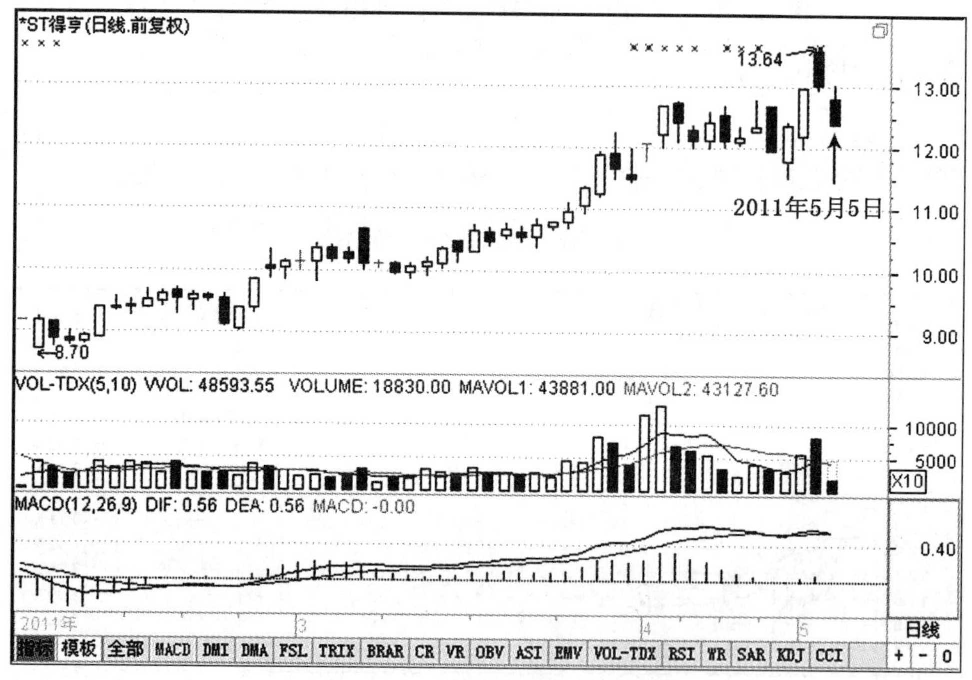

图 1－32 * ST 得亨 600699

如图 1－33 所示，此后，* ST 得亨进入了一波明显的下跌行情中。如果投资者不能在股价见顶时抓紧离场，短期之内将回吐很多账面利润，甚至最终只能亏损离场。

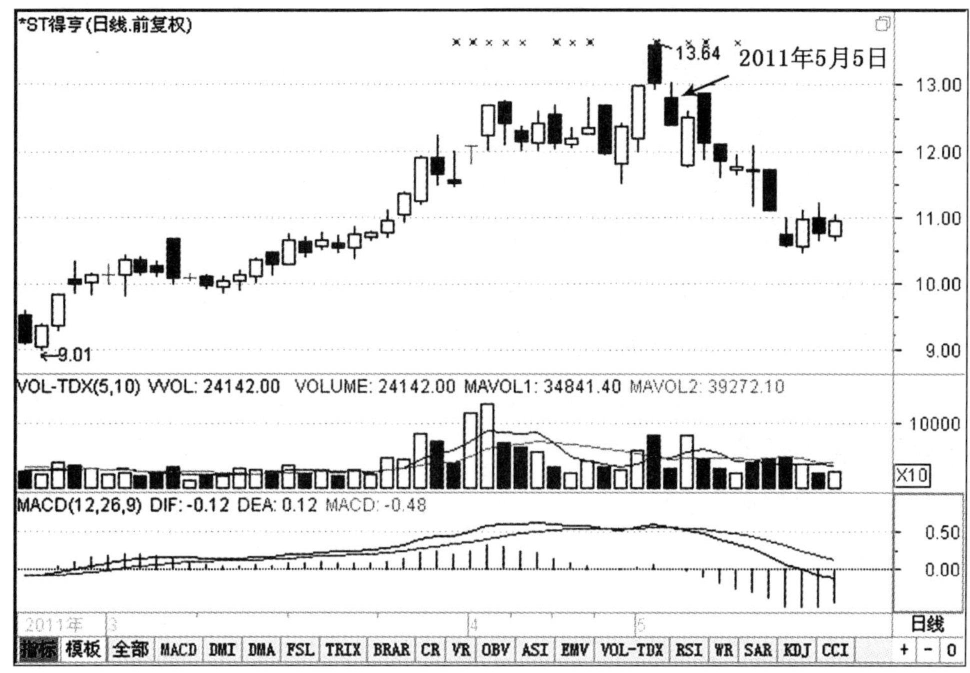

图 1-33 *ST 得亨 600699

第三节

重心上移——向上突破收盘线的入场点

盘面特征

收盘价，是市场参与者经过一天的争夺所最终认可的价格，是研究市场走势最重要的一个数据（很多技术分析手法都是采用收盘价来研究市场）。因此，投资者必须重视收盘价的研究。向上突破或者向下跌破收盘线，就是分时走势中利用前一交易日的收盘价判断日内涨跌的一种方法。

向上突破收盘线，是指股价线由下而上突破前一交易日收盘线，见图1－34。如果股价线向上突破收盘线之后，很快又回到收盘线之下，通常为假突破，即无力突破收盘线压力，见图1－35。

具体而言，向上突破收盘线具有如下盘面特征：

（1）在向上突破收盘线之前，股价线运行于收盘线之下，通常已经持续运行了一段时间。

（2）股价线向上突破收盘线之前，两者之间的价差通常并不大，即日内跌幅并不大。

（3）股价线向上突破收盘线时，伴随着明显的成交量放大。

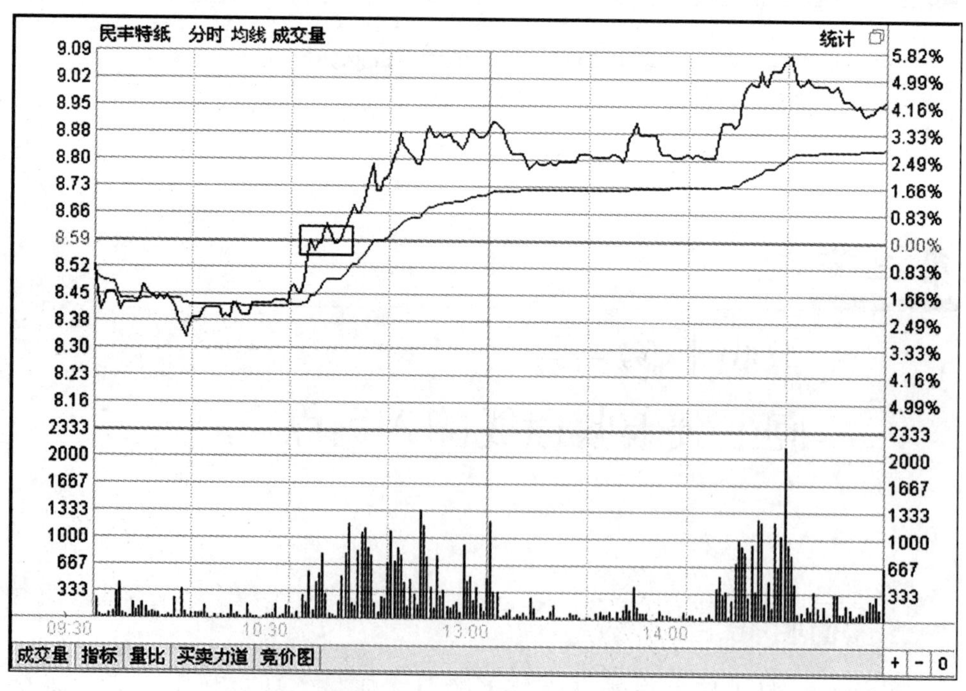

图1－34 民丰特纸 600235

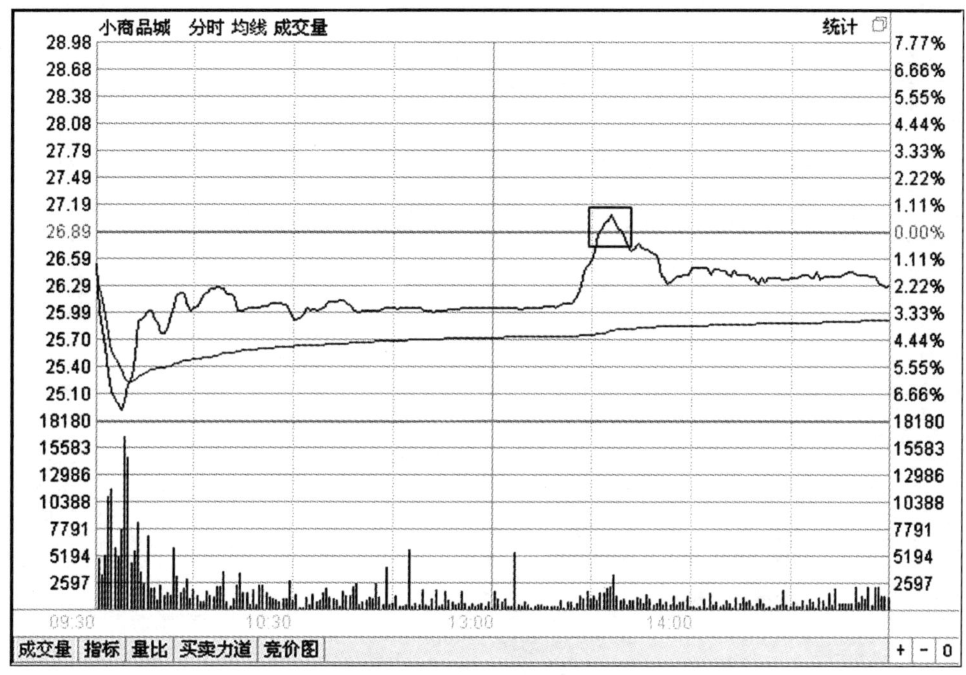

图 1－35 小商品城 600415

看盘要点

向上突破收盘线为看涨信号，投资者可以选择此时入场。相反，如果股价无力向上突破收盘线，即为看空信号，投资者可以选择此时离场。当然，这两个信号是否值得采纳还要看日线走势是否配合。

图 1－36 是华远地产 2011 年 5 月 5 日的分时走势图。当日，该股跳空低开，低开幅度超过 1%。开盘后，股价进入涨势中。9 点 47 分，经过两次试探之后，该股向上突破了前一交易日的收盘价，入场点出现，投资者可以考虑就此入场。

图 1－37 是华远地产当时的日线走势图。从中可以看出，该股跌破上升趋势线仅数个交易日后，股价就重新回到了上升趋势线之上，即此前的

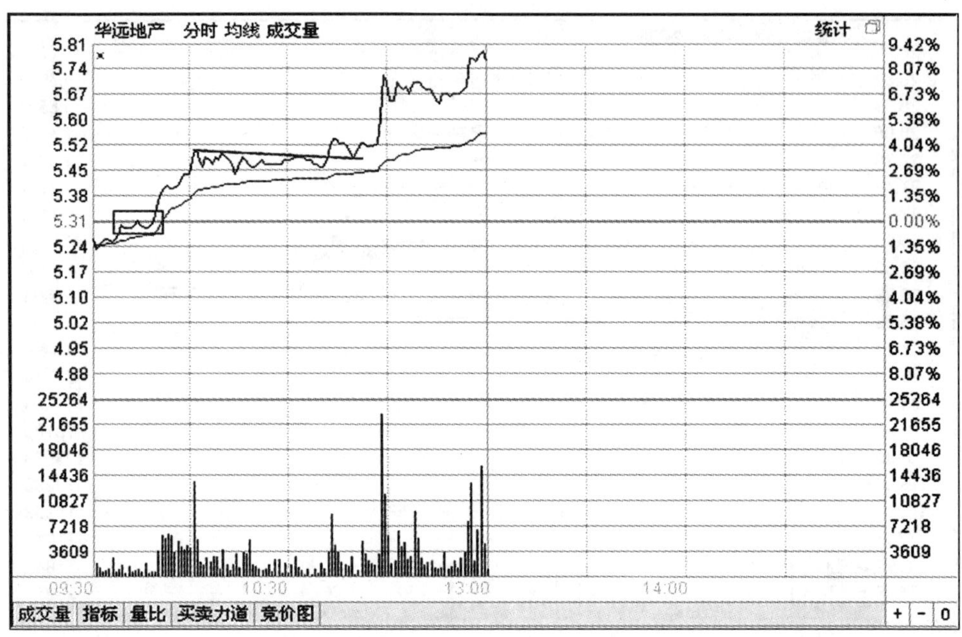

图 1－36　华远地产　600743

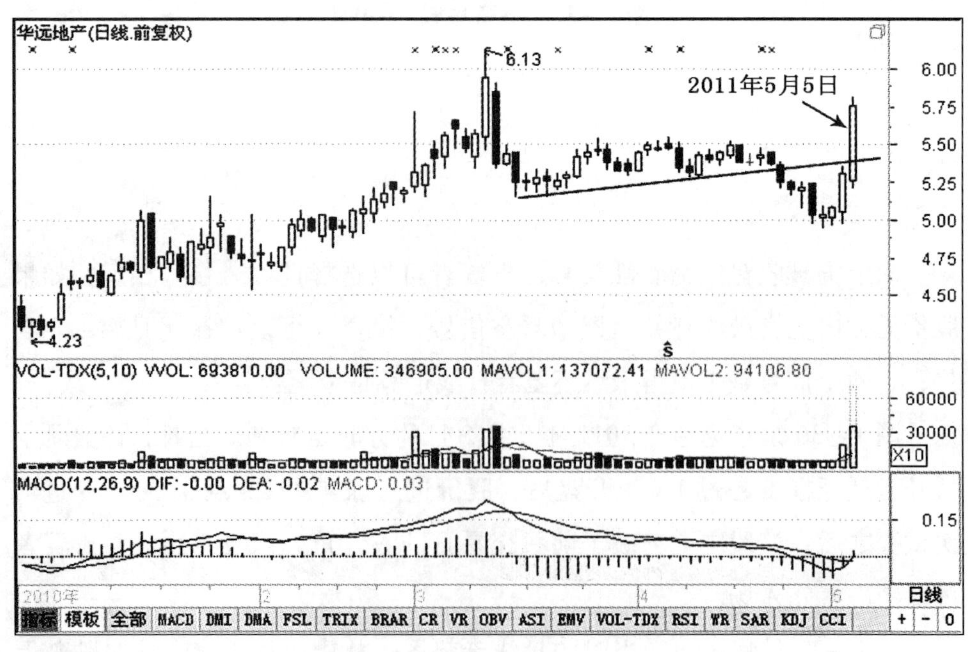

图 1－37　华远地产　600743

向下突破为假突破，那么后市很可能会继续上涨。不过，在股价向上突破收盘线时，该日线假突破形态还没有确认，因此，这个入场点的可信度并不高，继续观望是更好的选择。当股价线向上突破5.50元附近的压力线时，日线级别的假突破形态得以确认，此时入场的安全度更高（当然建仓价位也更高了）。实战交易中，这种鱼和熊掌不可兼得的局面比比皆是，投资者应根据自己的交易偏好、风险承受能力等进行衡量，以决定是舍鱼取熊掌还是舍熊掌取鱼。

图1－38是豫光金铅2011年5月5日的分时走势图。当日，该股大幅跳空低开。开盘后，股价围绕均价线振荡。9点48分，股价被突然直线拉高至前一交易日收盘价附近。然而，由于这波拉升缺乏成交量的配合，没能突破收盘线压力，入场点没有出现。当股价从收盘线上逐次走低时，投资者应该继续耐心持币观望。

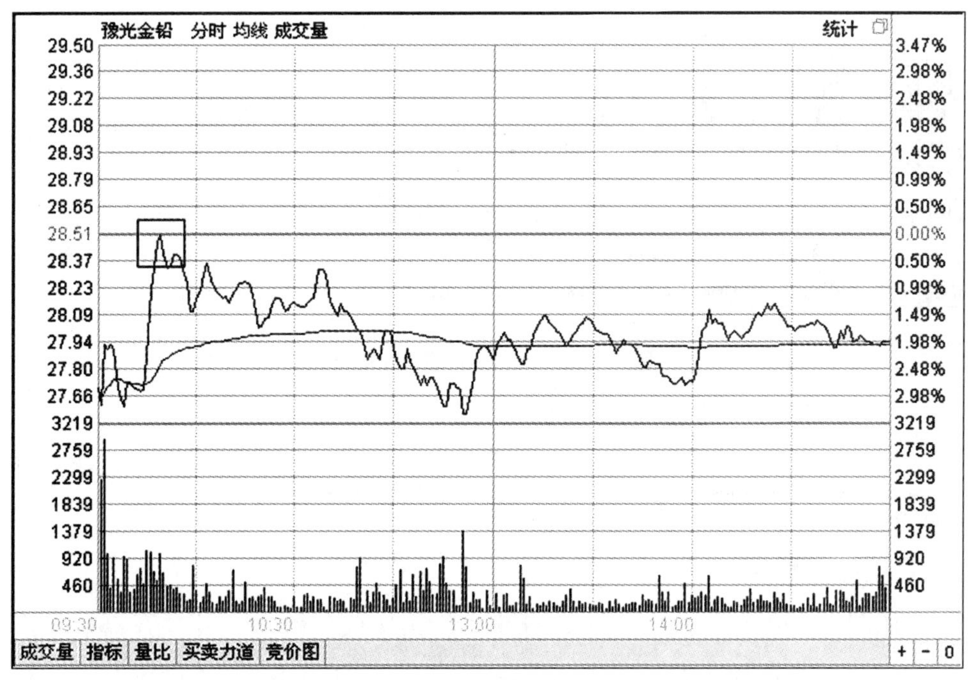

图1－38　豫光金铅　600531

图1－39是豫光金铅当时的日线走势图。从中可以看出，该股处于一波明显的跌势之中。不仅如此，当日跳空低开还直接突破了前低形成支撑位，最终收盘也未能复位，股价向下运行的空间被打开，中期看跌信号确认。因此，投资者没有任何理由在此时入场抄底，还是继续耐心观望为好。

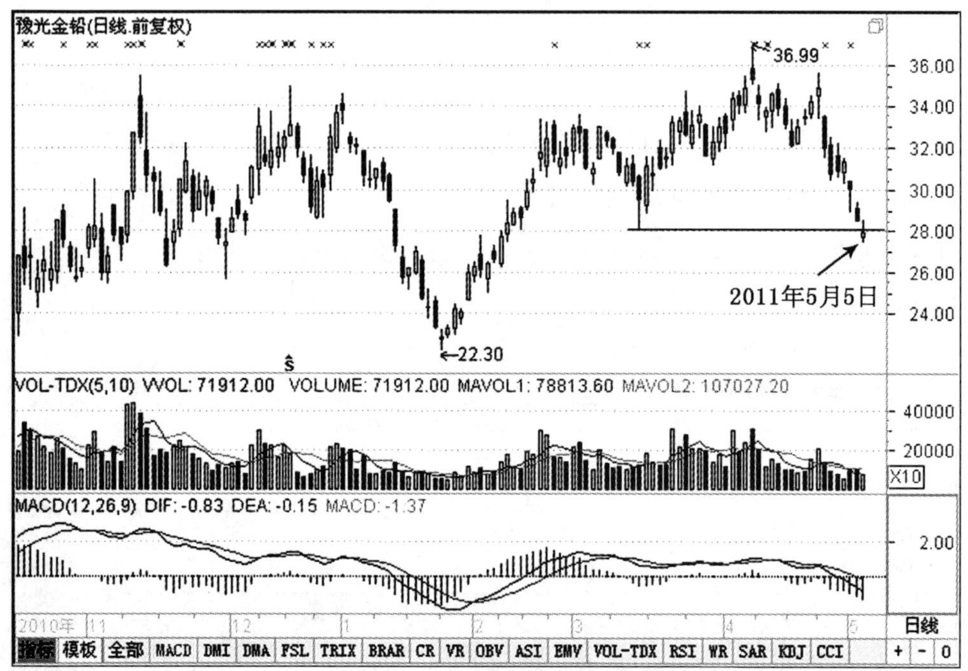

图1－39　豫光金铅　600531

实战看盘

如图1－40所示，2011年5月5日，银座股份跳空低开。开盘后，该股急速下探后见底企稳，随即在均价线的支撑下逐渐走高。10点01分，该股第一次由绿翻红，即向上突破收盘线。然而，这次突破很快就以失败告终。此后，股价在收盘线和均价线之间振荡。随着均价线逐渐上移，该股必须要选择一个运行的方向了。10 点 40 分，伴随明显的放量，该股再次向上突破收盘线，同时也向上突破了前期高点的压力，形成入场点。

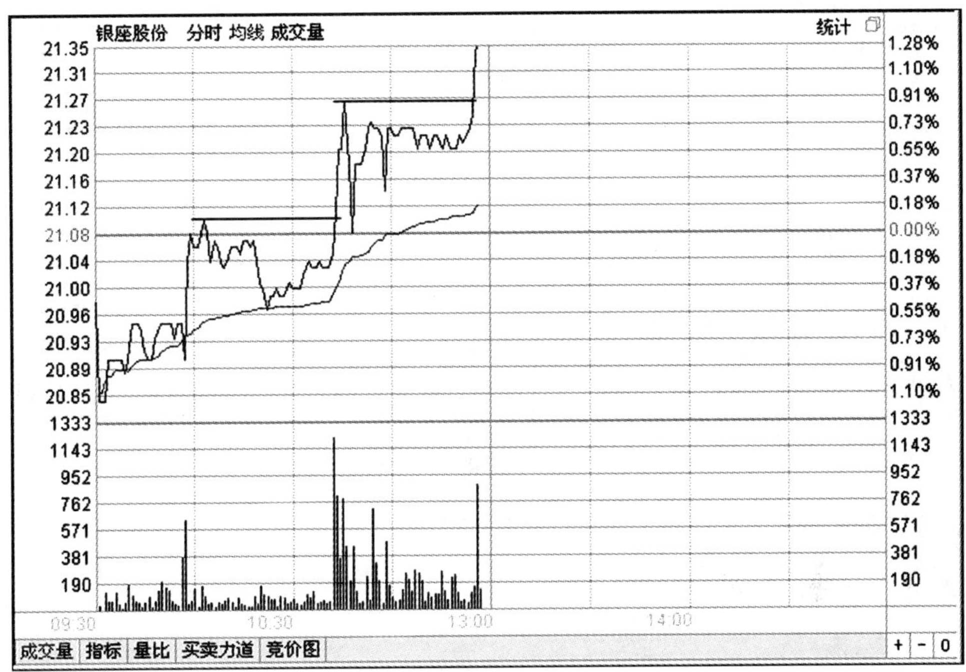

图 1－40　银座股份　600858

对比与此同时的大盘分时走势图（见图 1－41），银座股份的走势明显强势。如果经过振荡后大盘能够转好，个股有可能会成为领涨股。因此，投资者可以考虑在这个入场点进行建仓。

如果投资者对这个入场点还不够信任，随后有更加安全的入场点可以选择：一是该股突破收盘线之后，股价回调，明显在收盘线（接近均价线）附近获得支撑之时；二是突破收盘线之后，经过一段时间的振荡整理，股价继续上涨，创出日内新高点之时。

图 1－42 是银座股份 2011 年 5 月 5 日开盘前的日线走势图。从中可以

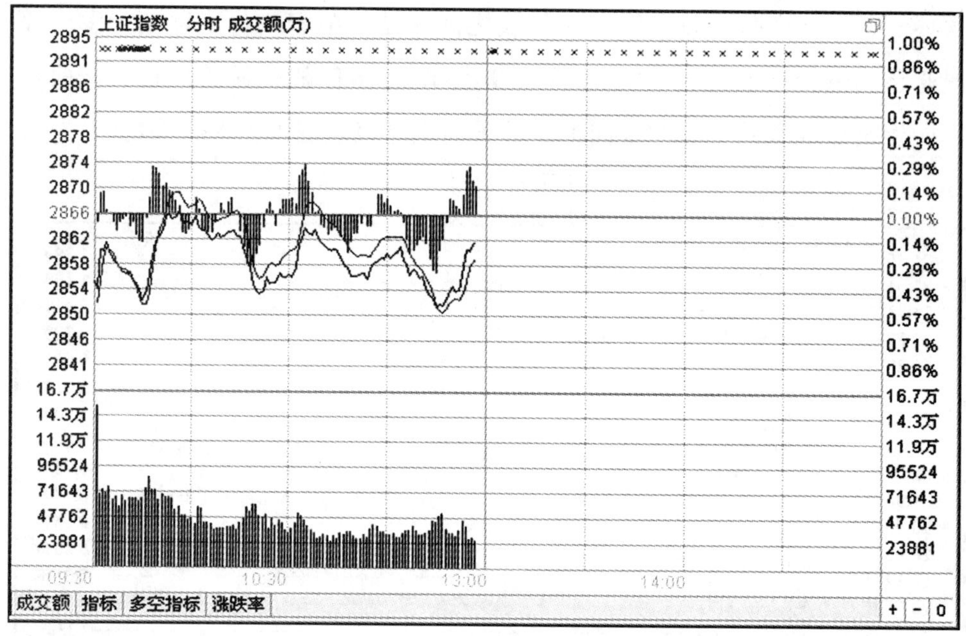

图 1－41　上证指数　999999

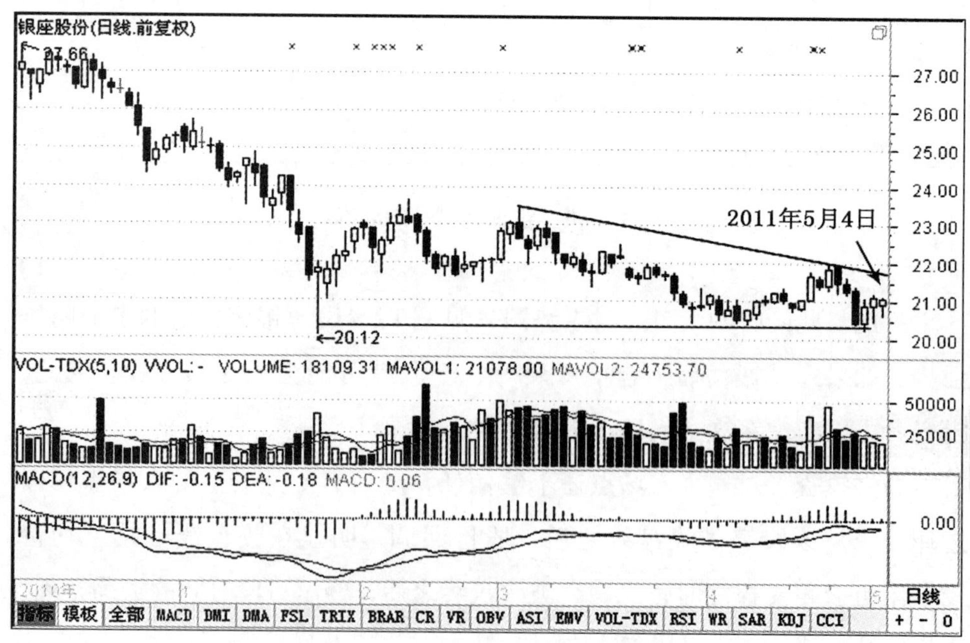

图 1－42　银座股份　600858

看出，该股处于明显的下跌趋势，近期进入了三角形振荡整理行情中，股价波动的空间越来越小，同样必须要选择一个运行方向了。

如果当日银座股份选择向上发展，突破上方压力线的价位（约为21.65元），涨幅在3%左右，就可能进入上涨趋势。要实现这样的目标看似不困难，但在股价弱势的时候其实并不容易。因此，在该股分时图中出现多个入场点时，投资者可以考虑适度建仓，不过要注意控制风险。更安全的入场点在当日的收盘前：如果该股以突破压力线的姿态收尾，再行入场做多。

如图1－43所示，当日，银座股份以22.13元报收，涨幅为4.98%，顺利突破了三角形的上方压力线，股价很可能会就此见底，并由此进入一波涨势中。但随后该股却进入了多个交易日的横盘振荡整理行情中，涨势并不顺利。为此，短线投资者应该及时获利出场，不打持久战；至于中线

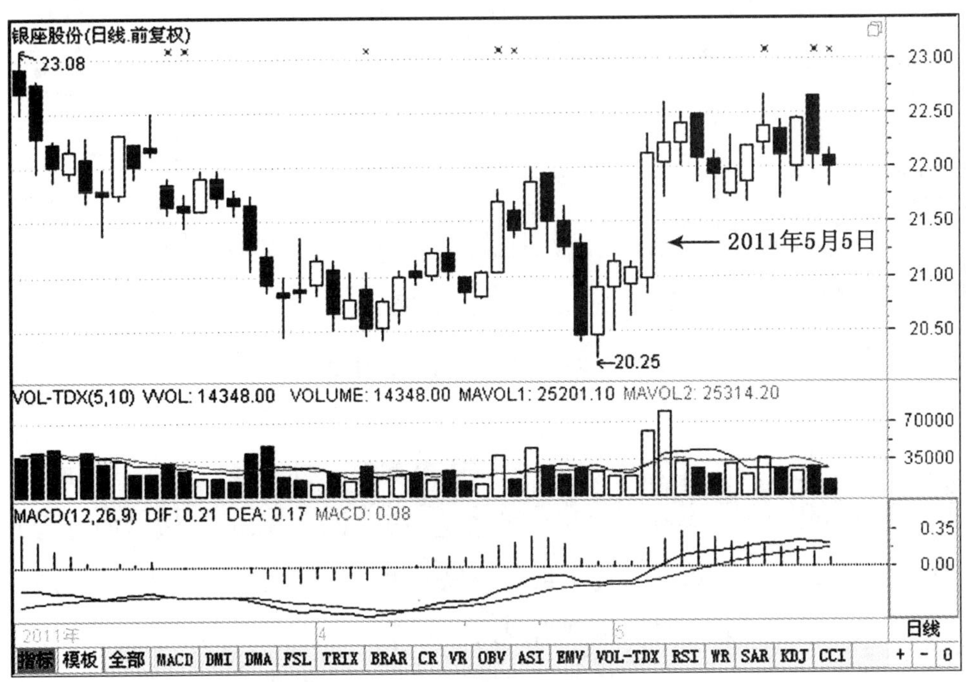

图1－43　银座股份　600858

投资者，还可以适度持有。

如图 1－44 所示，2011 年 5 月 5 日，长征电气跟随大盘跳空低开。开盘后，该股进入振荡整理行情中，整体走势比较疲软。然而，接近收盘时该股却突然发力。14 点 25 分，该股向上突破了收盘线，股价日内第一次翻红，入场点出现。随后，股价继续快速上冲，最大涨幅接近 5%。

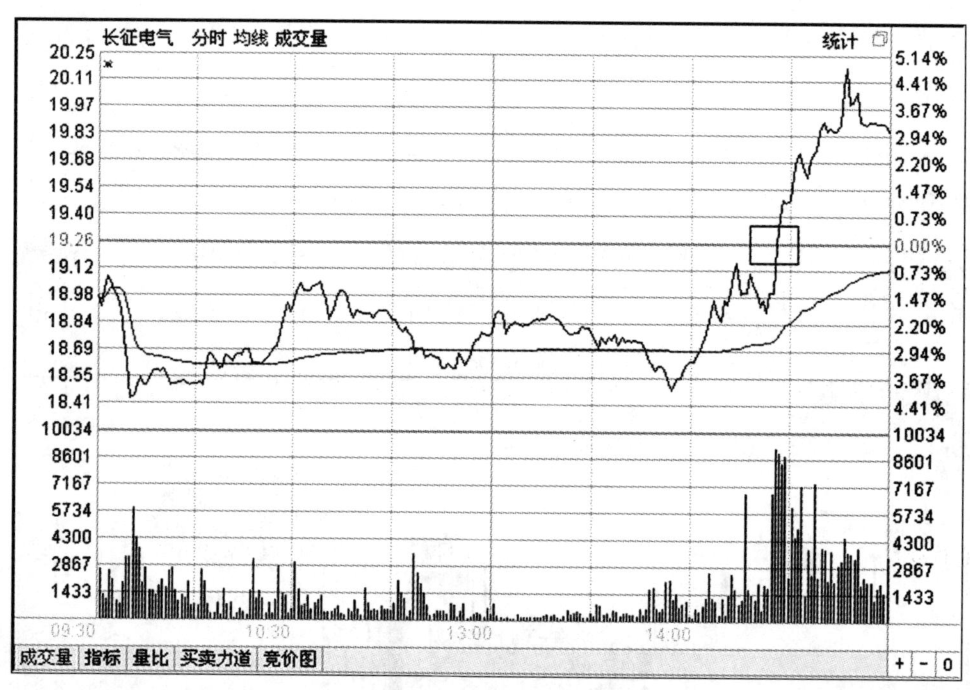

图 1－44　长征电气　600112

如果投资者把握这个入场点，短线收益看似十分丰厚，其实这里面蕴藏着很大的风险。通常而言，尾盘的急速拉升属于庄家故意做盘的行为，目的主要是诱多，后市很可能会继续下跌。因此，接近收盘时出现的分时入场点应该忽略，除非日线级别出现入场信号。

翻看长征电气的日线走势图（见图 1－45），分时图中入场点的可信度进一步降低了。从图中可以明显看出，该股刚刚出现了一个 V 形顶形态，股价短期之内将以跌势为主。最近的几个交易日，该股进入反弹行情中，反弹的力度明显较弱，一旦反弹行情结束，股价很可能会继续走低。因此，这个分时图中的向上突破均价线没有多少参与价值，投资者可以直接忽略。

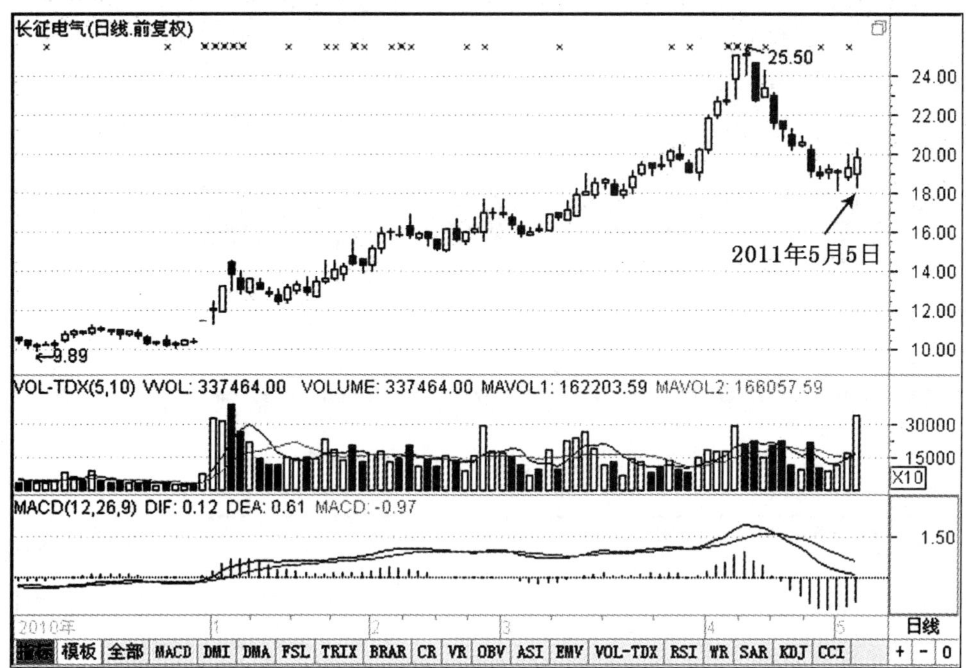

图 1－45　长征电气　600112

如图 1－46 所示，此后，长征电气进入了振荡整理行情中，并没有明显的获利空间。如果投资者在当日尾盘拉升时介入了该股，按照交易纪律，随后的大阴线出现时就必须止损离场了，这笔交易将以亏损告终。

如图 1－47 所示，2011 年 5 月 5 日，长春一东跳空低开。开盘后，该股围绕均价线展开振荡。13 点 23 分，在大盘的带动下，该股一度上穿收盘线，股价日内首次翻红。然而，由于缺乏成交量的支撑，这次突破仅持续了数分钟，随后股价重新向均价线靠拢。面对这个假突破，如果投资者持有仓位，应该考虑逢高出场。

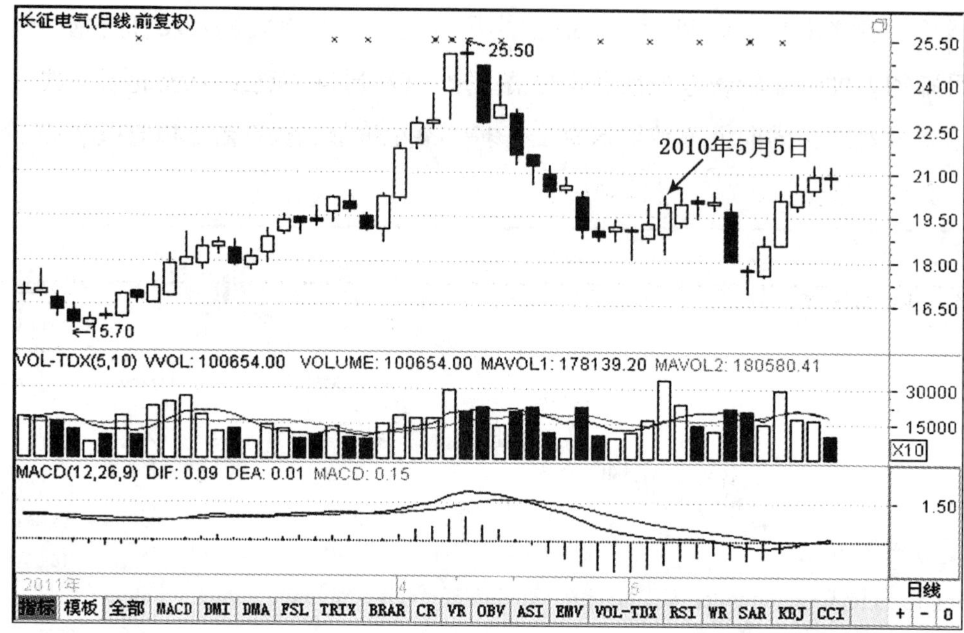

图 1-46　长征电气　600112

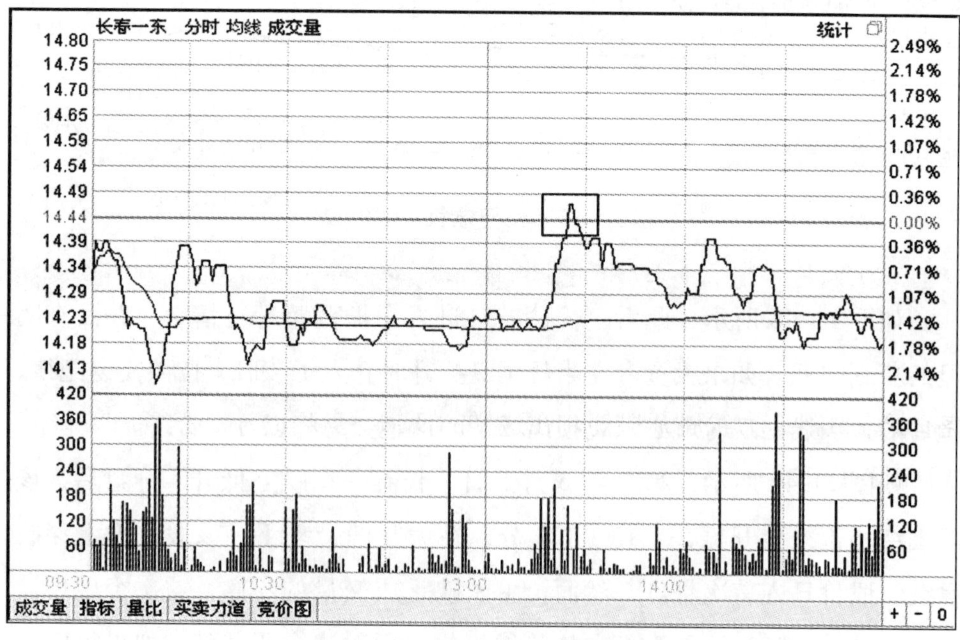

图 1-47　长春一东　600148

再观察长春一东当时的日线走势图（见图1-48），可以发现股价处于明显的跌势中。尽管近期股价有所反弹，不过受制于前低形成的压力线，后市应该还有下跌的空间。因此，该股分时图中的看涨信号不值得信任，投资者应该保持耐心，继续观望。

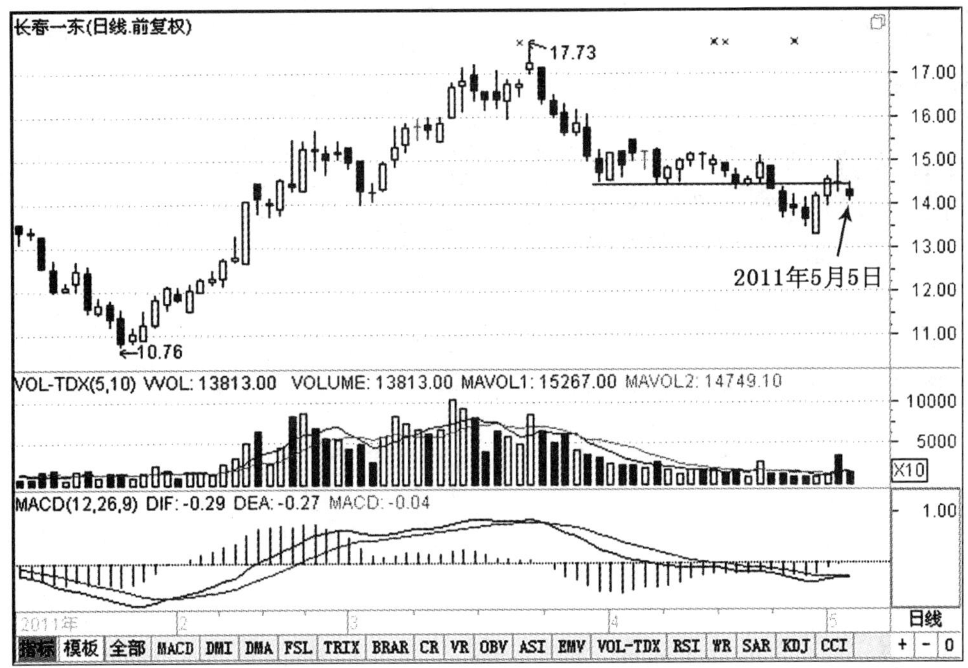

图1-48　长春一东　600148

如图1-49所示，随后，长春一东并没有进入明显的跌势中，而是围绕前低形成的压力线展开振荡。在这样的低位振荡行情中，投资者要做的就是耐心持币。

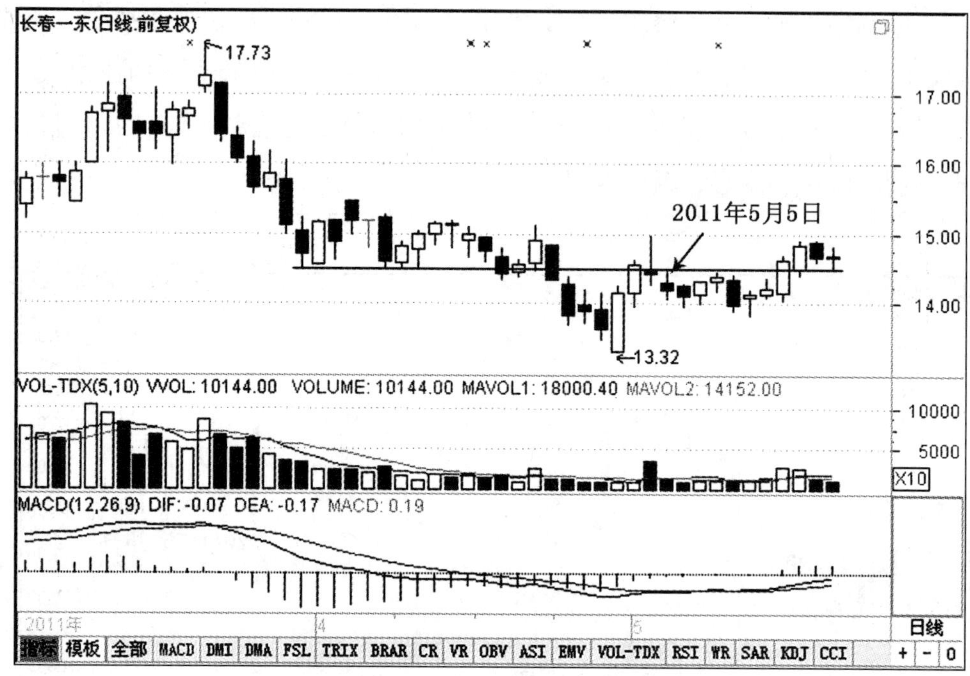

图1-49　长春一东　600148

第四节

重心下移——向下跌破收盘线的出场点

盘面特征

向下跌破收盘线，是指股价线由上而下跌破前一交易日收盘线，见图1-50。如果股价线向下跌破收盘线之后，很快又回到收盘线之上，通常为假突破，即收盘线支撑有力，见图1-51。

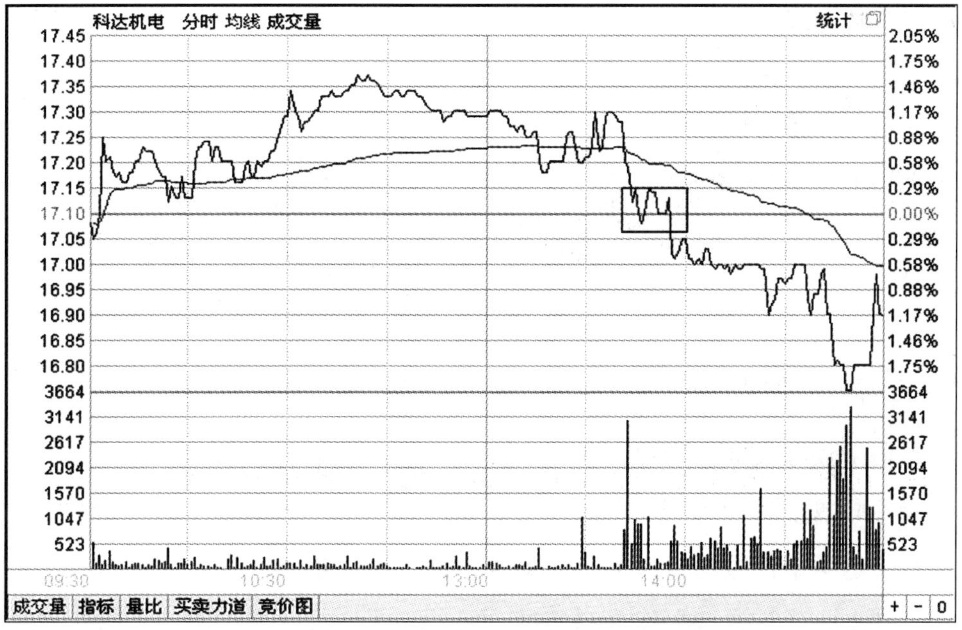

图 1－50　科达机电　600499

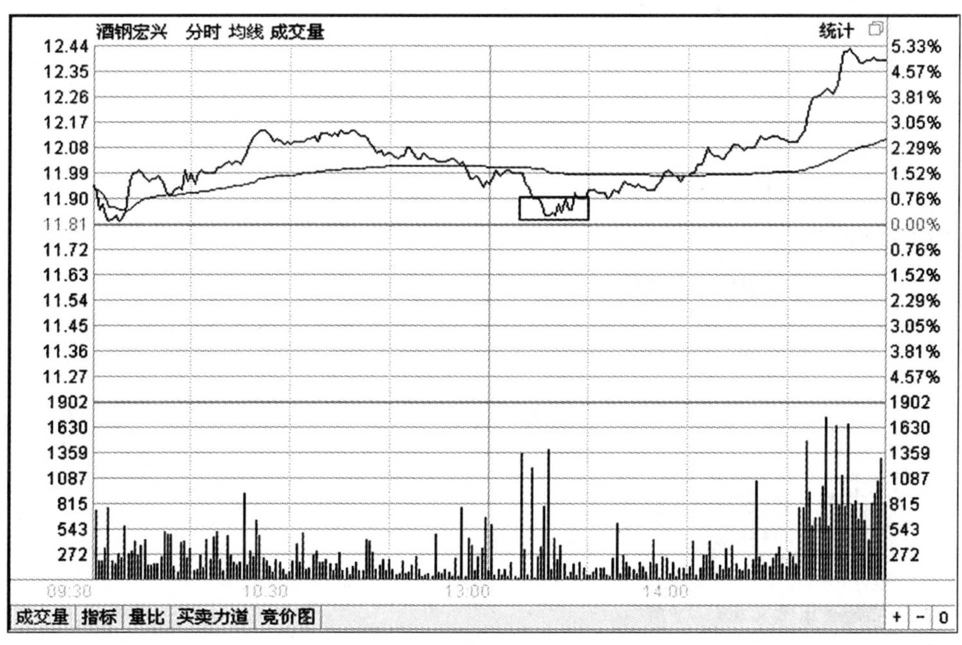

图 1－51　酒钢宏兴　600307

具体而言，向下跌破收盘线具有如下盘面特征：

（1）在向下跌破收盘线之前，股价线运行于收盘线之上，而且已经持续运行了一段时间。

（2）股价线向下跌破收盘线之前，两者之间的价差通常并不大，即日内涨幅并不大。

看盘要点

向下跌破收盘线为看跌信号，投资者应该耐心持股旁观。相反，如果股价在收盘线附近获得支撑，即为看多信号，投资者可以选择在此时入场。同样，这两个信号是否值得采纳还是需要日线走势的配合。

图1－52是上海金陵2011年5月6日的分时走势图。当日，该股跳空

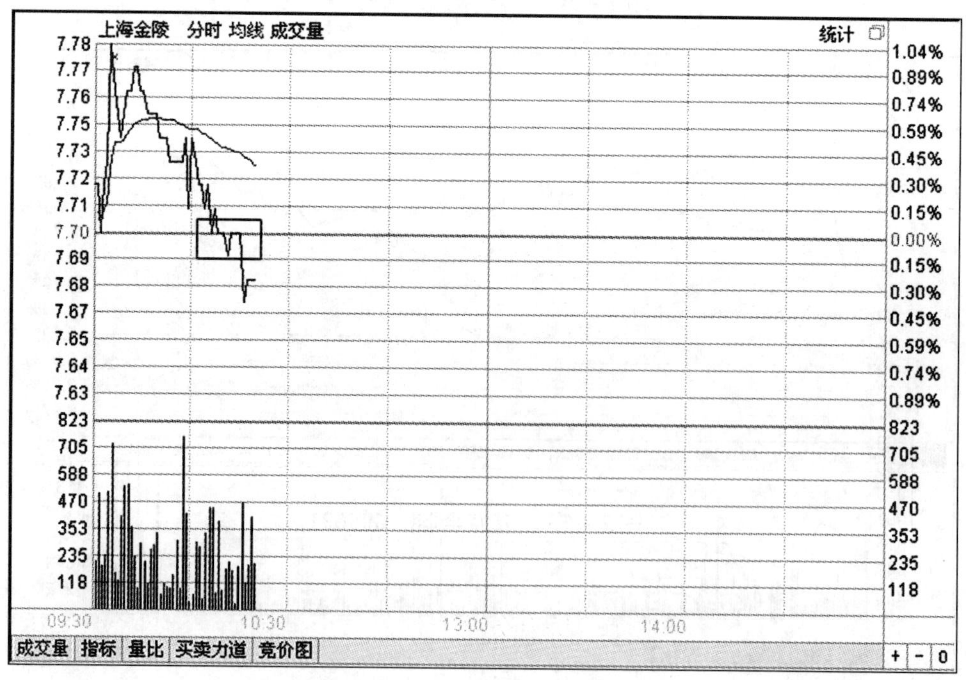

图1－52　上海金陵　600621

高开。开盘后，股价短暂回测前一交易日的收盘价，随后进入一波直线拉升中。这波涨势结束后，该股见顶回落。9 点 48 分，股价向下跌破均价线支撑。10 点 08 分，股价向下跌破收盘线支撑。由此可以推断，该股的走势比较疲软。

图 1－53 是上海金陵当时的日线走势图。从中可以看出，该股刚刚筑顶，跌破顶部的支撑线才数日时间，做空能量并没有得到有效的释放。虽然近期股价跌势有止跌迹象，不过这只是下跌中的反弹行情，后市应该还有下跌空间。

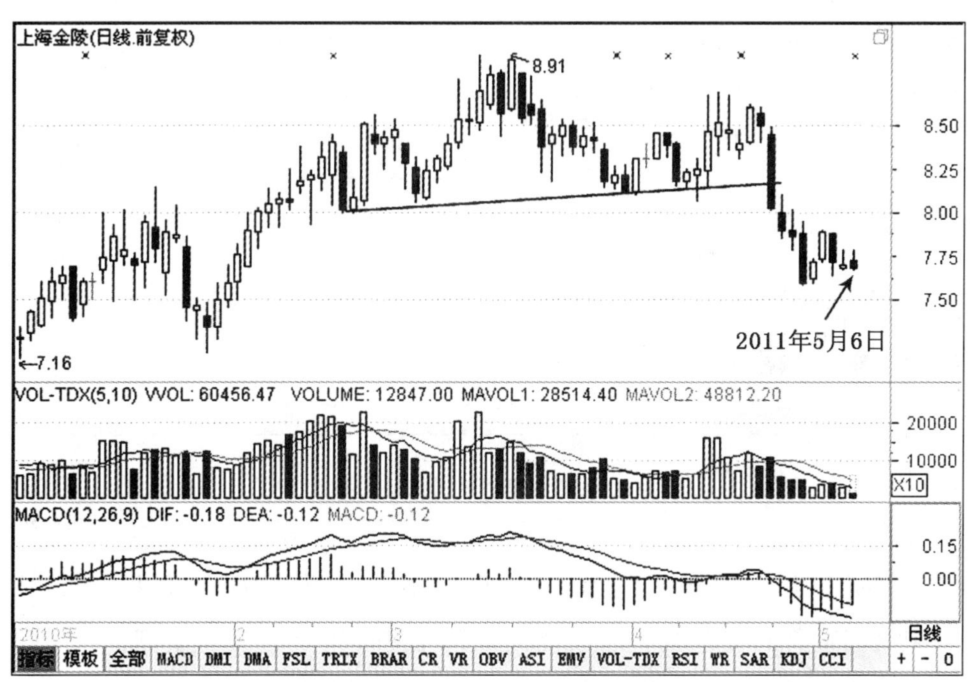

图 1－53　上海金陵　600621

结合日线走势和分时走势综合分析，该股后市继续下跌的可能性更大。因此，投资者应该继续耐心持币，静观其变。

图 1－54 是亨通光电 2011 年 5 月 6 日的分时走势图。当日，该股跳空

高开。开盘后，股价直线下滑，直至前一交易日的收盘价附近才获得支撑。随后，该股在收盘线上方围绕均价线展开振荡。10 点 06 分，经过多次测试收盘线支撑后，该股破位下行，离场点出现。

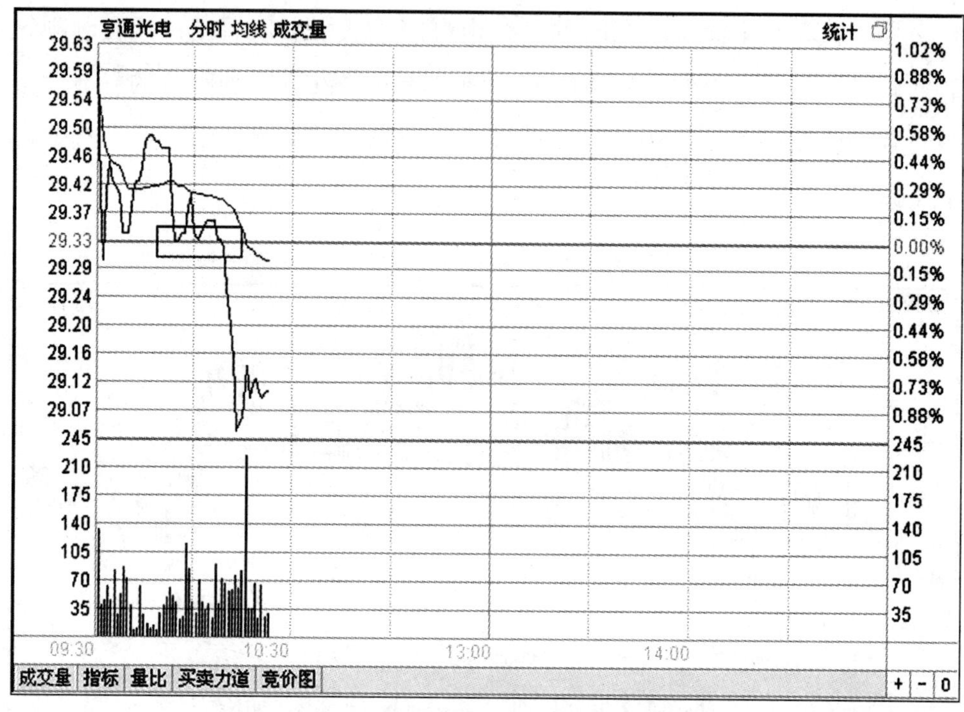

图 1－54　亨通光电　600487

观察亨通光电当时的日线走势图（见图 1－55），从中可以看出该股刚刚跌破重要的支撑线，近几个交易日在支撑线下方横盘整理，属于反弹行情。一旦这种弱势反弹行情结束，后市将会有更大幅度的下跌。因此，此时在分时图中发现的看跌信号必须加倍重视，投资者应该继续持币旁观。

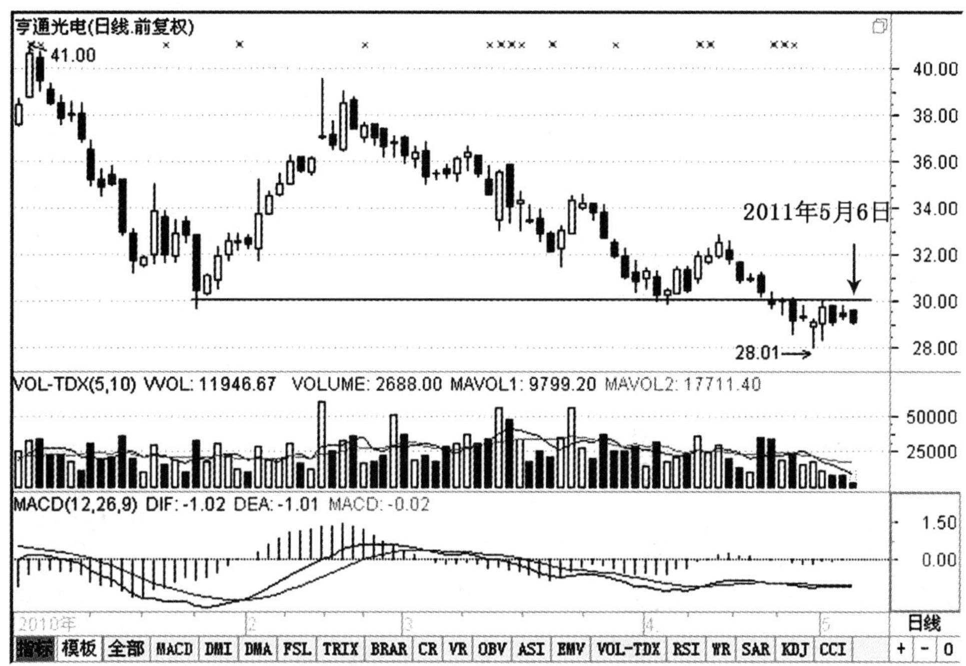

图 1－55　亨通光电　600487

实战看盘

如图 1－56 所示，2011 年 5 月 6 日，海南航空跳空高开，明显强势于上证指数的大幅跳空低开（见图 1－57）。开盘后，在大盘走低的背景下，该股继续走高。然而，9 点 35 分，就在大盘止跌企稳并转入涨势中时，该股却见高回落，强势不再。10 点 33 分，股价下滑至前一交易日的收盘价附近止跌，形成入场点。由于该股没能保持住早盘的强势，面对该入场信号，投资者不必着急建仓追涨。

转换到海南航空当时的日线走势图（见图 1－58），可以发现该股处于突破前高压力线的敏感时期，一旦股价继续上涨，K 线图中将形成更加明确的入场信号，而且 MACD 将形成“将死未死”的看涨信号。另外，在该

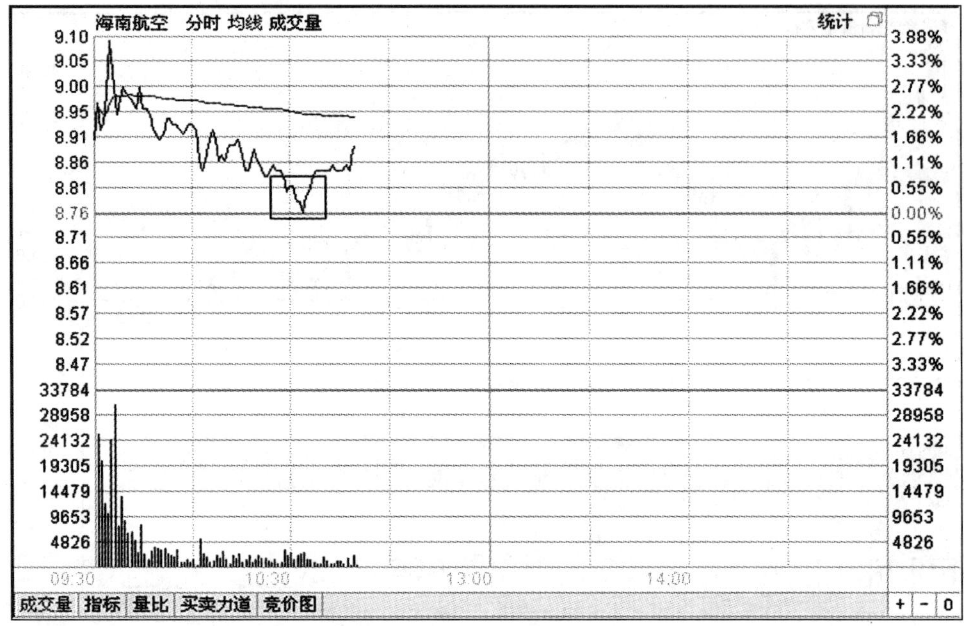

图1－56 海南航空 600221

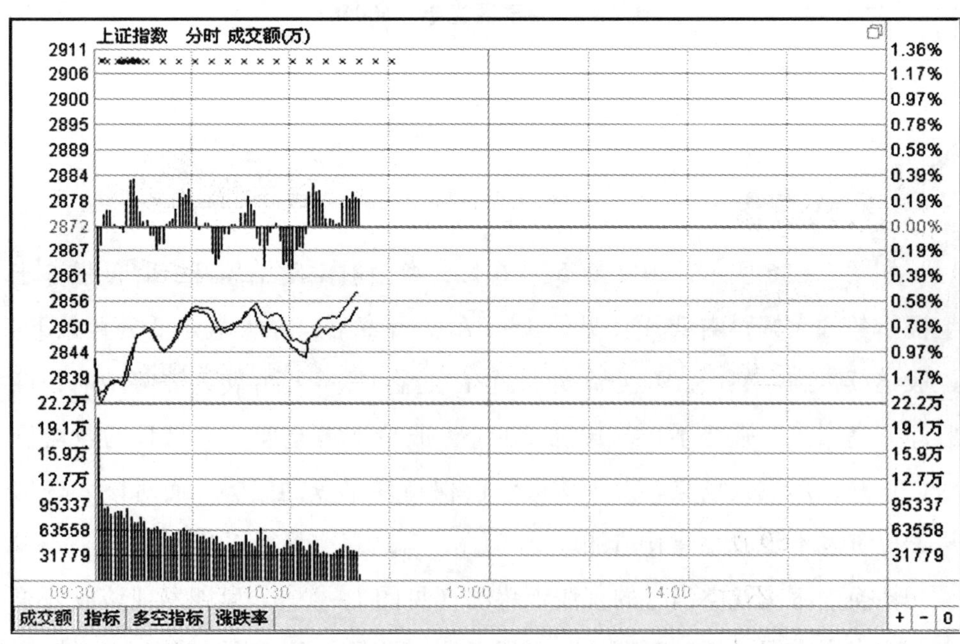

图1－57 上证指数 999999

股突破前高压力的这段时间内，大盘却处于见顶回落的行情中（可参考图1－10），个股明显强势。不过，该股突破前高之后的走势并不稳定，有假突破的可能。因此，投资者应将其纳入自选股中进行密切关注。至于能否入场以及何时入场，投资者可以相信当日分时走势中出现的买点，也可以等待股价日线级别再次向上突破时再择机入场。前者可以提供较低的入场价位，但相对风险要高一些；后者可以提供更安全的入场点，不过入场价要高一些。

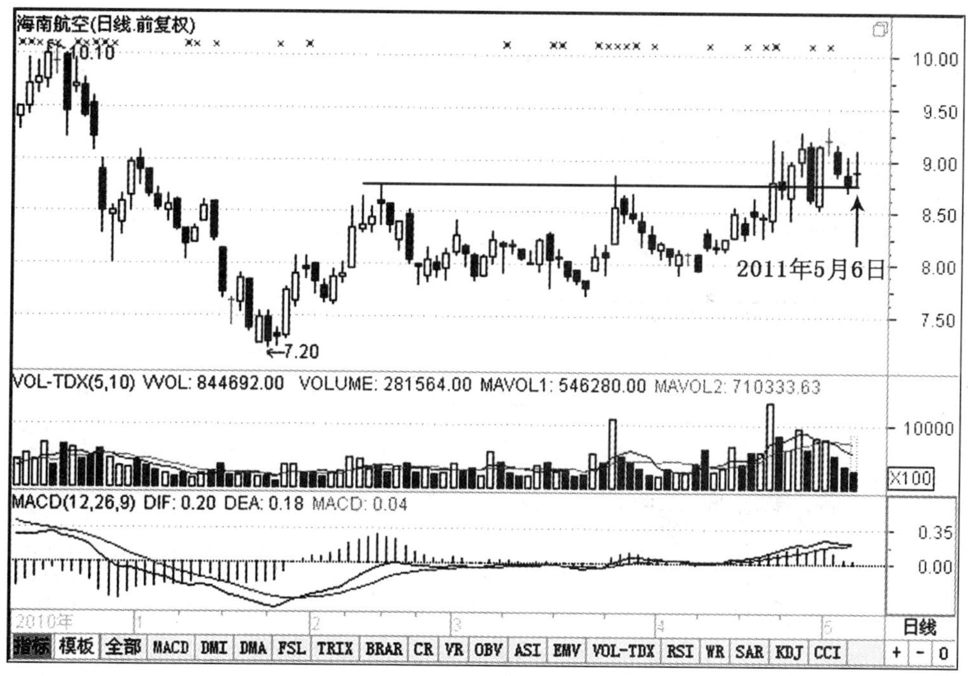

图1－58　海南航空　600221

如图1－59所示，2011年5月6日，海南航空最终以8.85元报收，涨幅为1.03%，不过留下长长的上影线。次日，该股并没能继续上涨，反而跌回到了前高压力线之下，再次显示卖压沉重。因此，如果投资者前一交易日介入该股，当日应该考虑止损离场了。

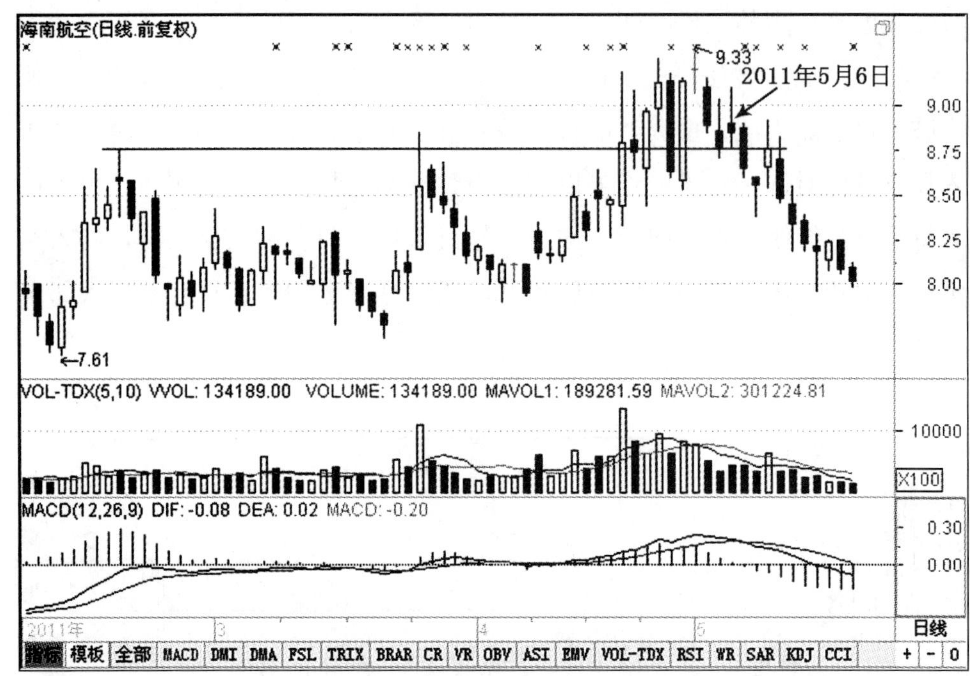

图 1－59　海南航空　600221

如图 1－60 所示，2011 年 5 月 6 日，兰州黄河跟随大盘跳空低开。开盘后，股价经过短暂下滑就转入到上涨行情中。然而，这波涨势并未能持续多长时间，很快股价就见顶回落。11 点 09 分，在大盘逐渐走高的背景下，该股却滑落到收盘线附近。经过两次测试之后，股价在收盘线上暂时获得了支撑，入场点出现。不过，由于个股走势没有独立性，而且整体走势弱于大盘，因此该入场点的可信度较低。

再来看看兰州黄河当时的日线走势图（见图 1－61），从中可以看出该股处于明显的下跌行情中。尽管此时该股在前低附近获得支撑，但仍然没有明显的见底信号出现，后市继续下行的可能性更大。因此，该股分时走势中的一切看涨信号都应该忽略，投资者不要着急入场抄底。

如图 1－62 所示，随后，兰州黄河进入了窄幅振荡整理行情中，股价走势依然不明朗，投资者应该继续持币观望。有些投资者无法自我克制，

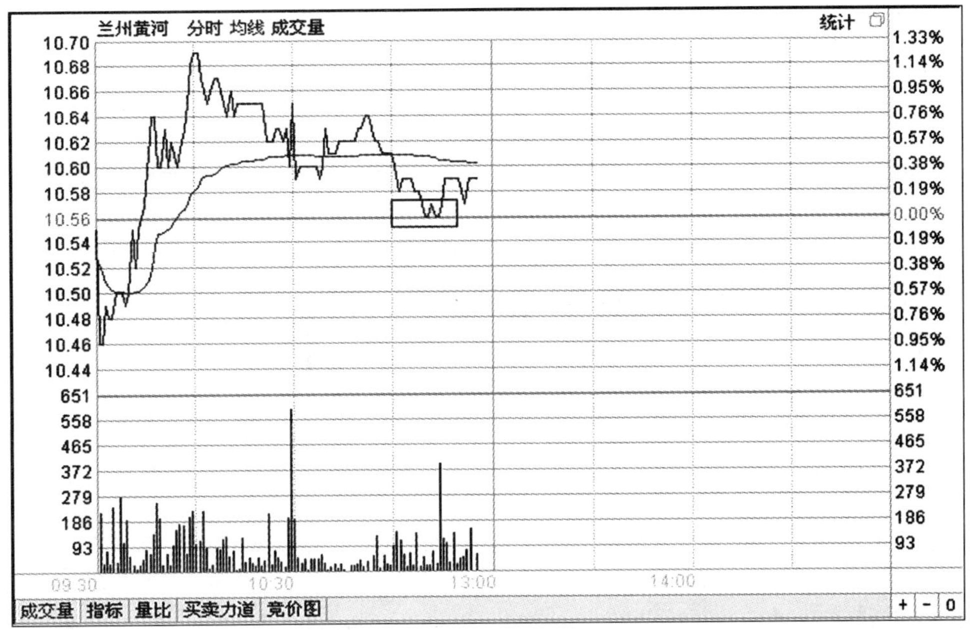

图 1－60 兰州黄河 000929

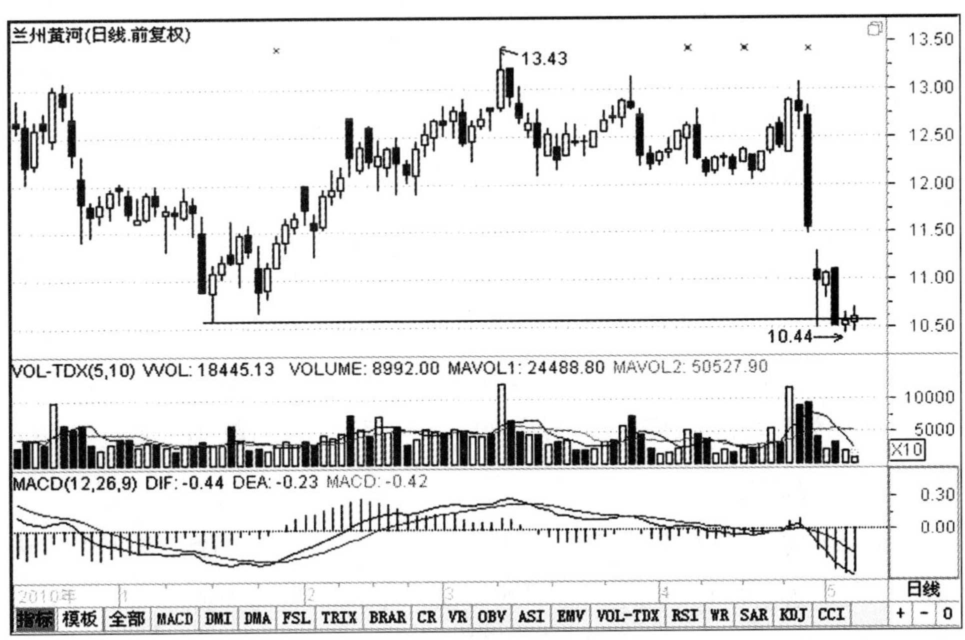

图 1－61 兰州黄河 000929

总是忍不住进场交易。实际上，很多持续稳定获利的投资者，在场外观望的时间远多于在场内持股的时间。

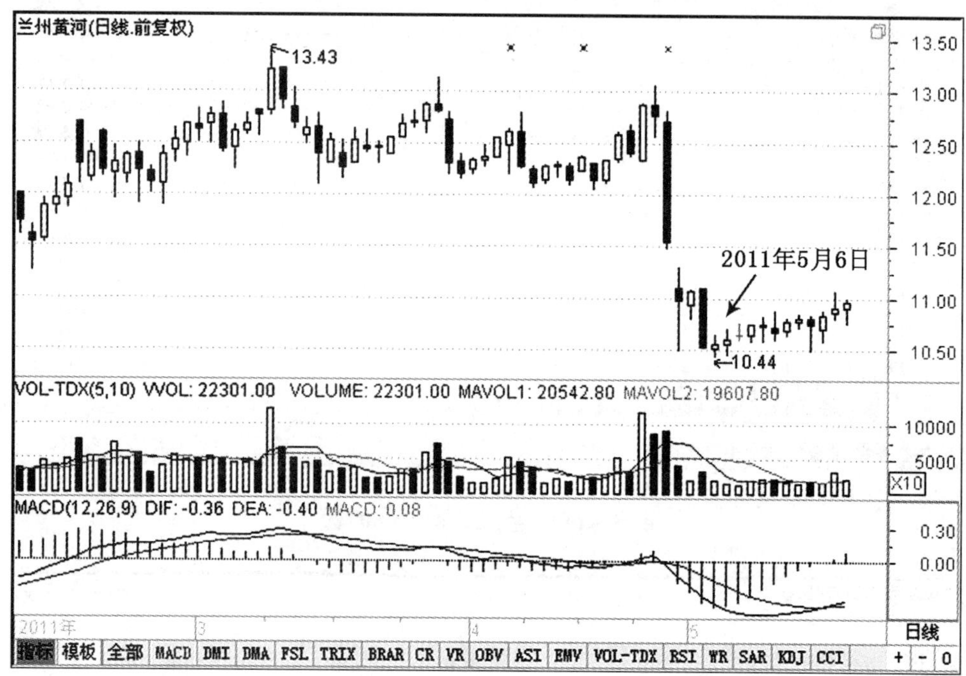

图 1－62 兰州黄河 000929

如图 1－63 所示，2011 年 5 月 6 日，哈空调跳空高开。开盘后，该股围绕均价线窄幅振荡。9 点 44 分，该股突然发力，股价直线上扬。然而，好景不长，9 点 46 分，这波涨势就结束了，随后股价开始下滑。10 点 07 分，一笔 1817 手的卖单直接将股价打压至 10. 50 元，跌破前一交易日的收盘价，看空信号。

翻看哈空调当时的日线走势图（见图 1－64），可以发现该股刚刚跌破前低支撑不久，股价下行的空间刚被打开，短期之内继续下跌的可能性很高。因此，分时走势中的看空信号值得重视，投资者最好还是继续耐心持币旁观。

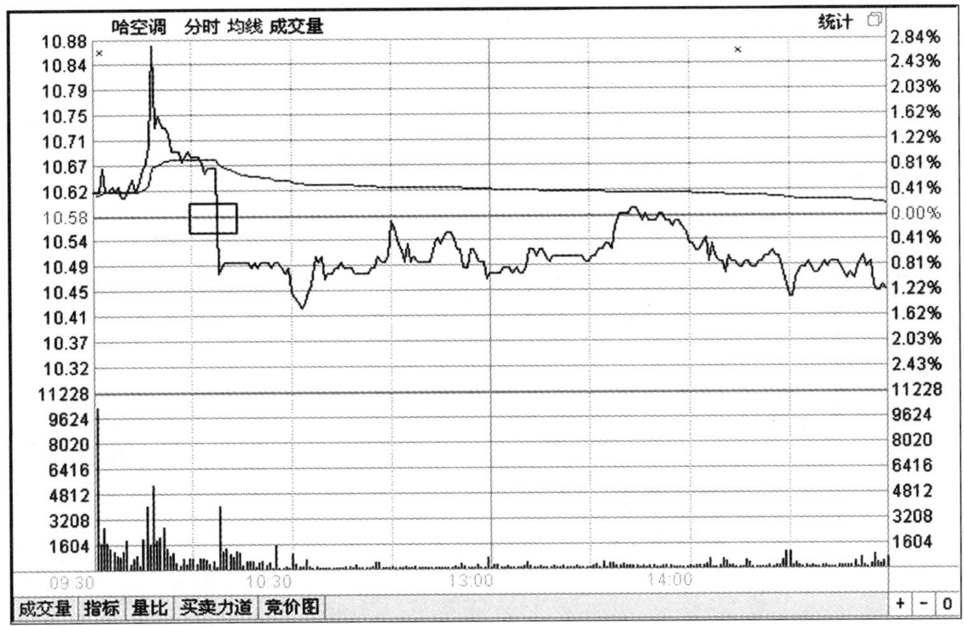

图 1－63　哈空调　600202

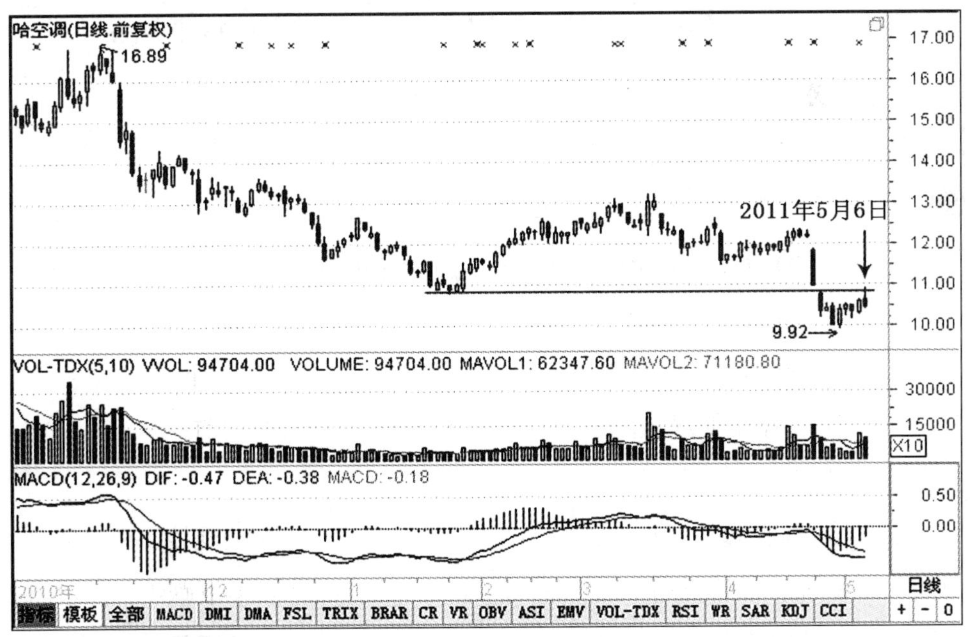

图 1－64　哈空调　600202

如图 1－65 所示，随后，哈空调进入一波跌势中，尽管跌幅并不大。当股价下跌至前低 9.92 元附近时，该股获得一定的支撑，继而进入反弹行情中。这波反弹的力度十分弱，后市很有可能会创出新低，投资者应继续耐心观望。

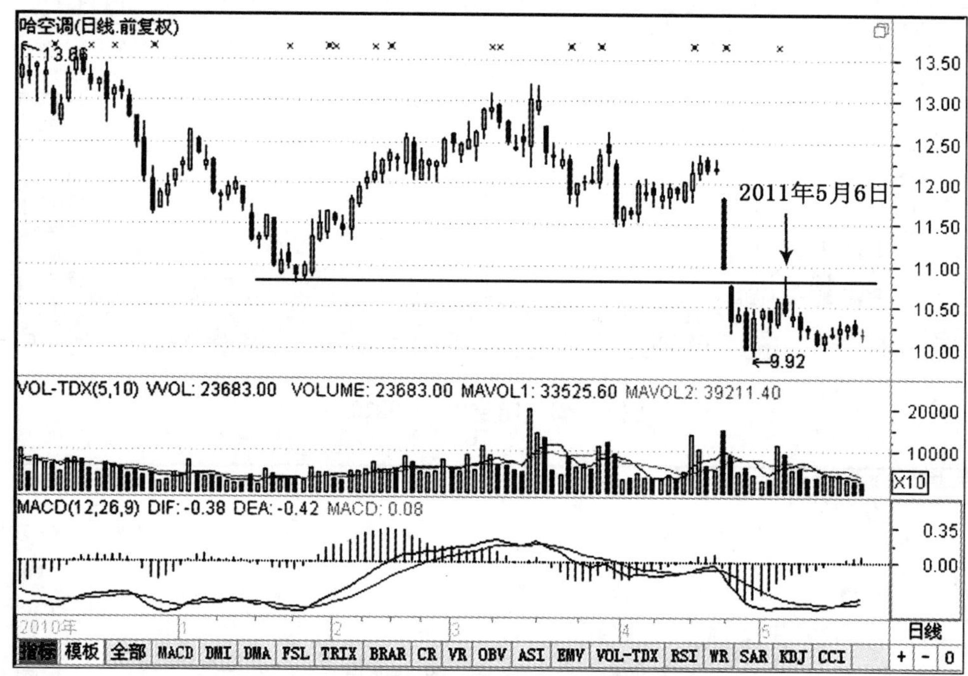

图 1－65　哈空调　600202

红色组合拳

hongsezuhequan

第一节

塔形底——短线见底的确认信号

盘面特征

塔形底组合，由多根 K 线构成，第一根 K 线为大阴线，随后连续出现多根小阳线、小阴线或者十字线，最后一根 K 线为大阳线，见图 2－1。

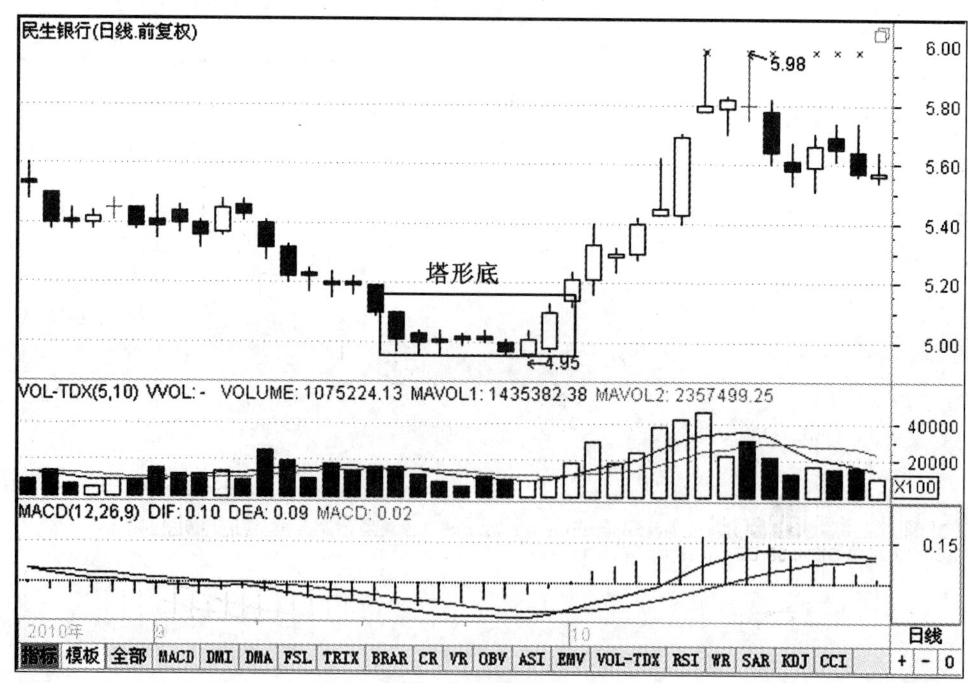

图 2－1 民生银行 600016

具体而言，塔形底具有如下盘面特征：

（1）出现在一波下跌行情之后，通常已经有明显的跌幅。

（2）第一根阴线和最后一根阳线的实体较大，最后一根阳线的实体深入到第一根阴线实体的一半以上。通常而言，最后一根阳线的实体越大，吞没第一根阴线实体的幅度越大，见底信号的可信度越高。

（3）组合内所有K线的最低点基本处于同一水平线上。

（4）最后一根大阳线通常伴随着明显的放量。

看盘要点

塔形底属于短线见底信号，投资者一旦发现，可以据此择机入场。以图2-2为例，经过一波下跌之后，中国石化出现了一个塔形底组合，发出

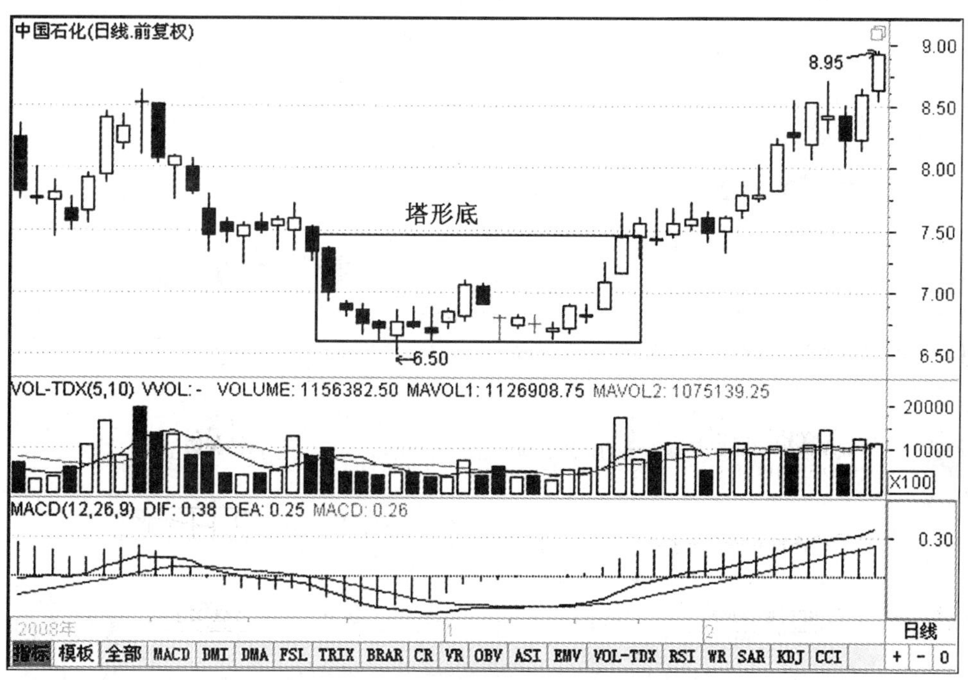

图2-2　中国石化　600028

见底信号。投资者可以选择该组合的最后一根大阳线进行建仓。如果塔形底出现后，股价不涨反跌，那么当股价跌破塔形底最低点，投资者必须止损离场。

如果塔形底出现在上涨趋势的回调过程中时，后市进入涨势的可能性较高，见图2-3。经过一段时间的调整之后，中船股份出现一个塔形底组合。由于这个见底信号出现在60日移动平均线之上，而且此时MACD处于0轴线之上，说明该股仍然处于中期上涨趋势中，此前的调整为上涨回调行情。因此，这个塔形底的见底信号值得信任，投资者可以跟随入场。

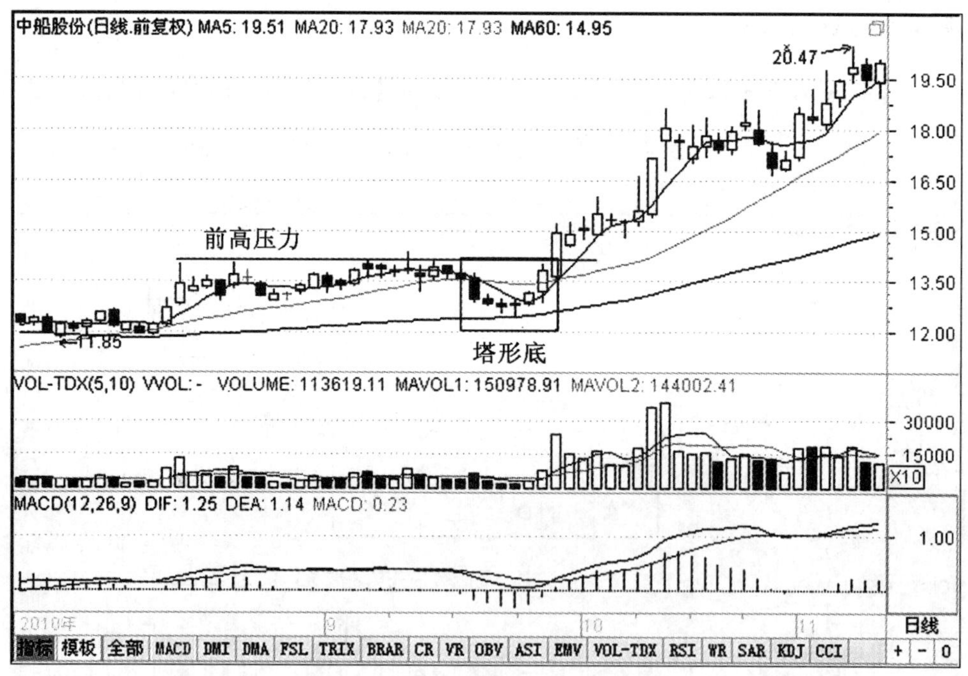

图2-3 中船股份 600072

如果塔形底出现后，次日股价向上跳空或者收出一根阳线，其转势向上的信号就更强。同样以图2-3为例。在出现塔形底组合之后，中船股份虽然跳空低开，不过最终以大阳线报收，而且还突破了前期高点形成的压力线。因此，这个见底信号的可信度被进一步确认。

实战看盘

如图 2－4 所示，2010 年 7 月 20 日，经过一段时间的窄幅整理之后，澄星股份出现一根涨停大阳线，与此前的数根 K 线构成了一个塔形底组合，见底信号。不仅如此，这根大阳线还向上突破了前期的重要压力线，形成看涨信号。结合这两个信号，投资者应该择机进行建仓了。

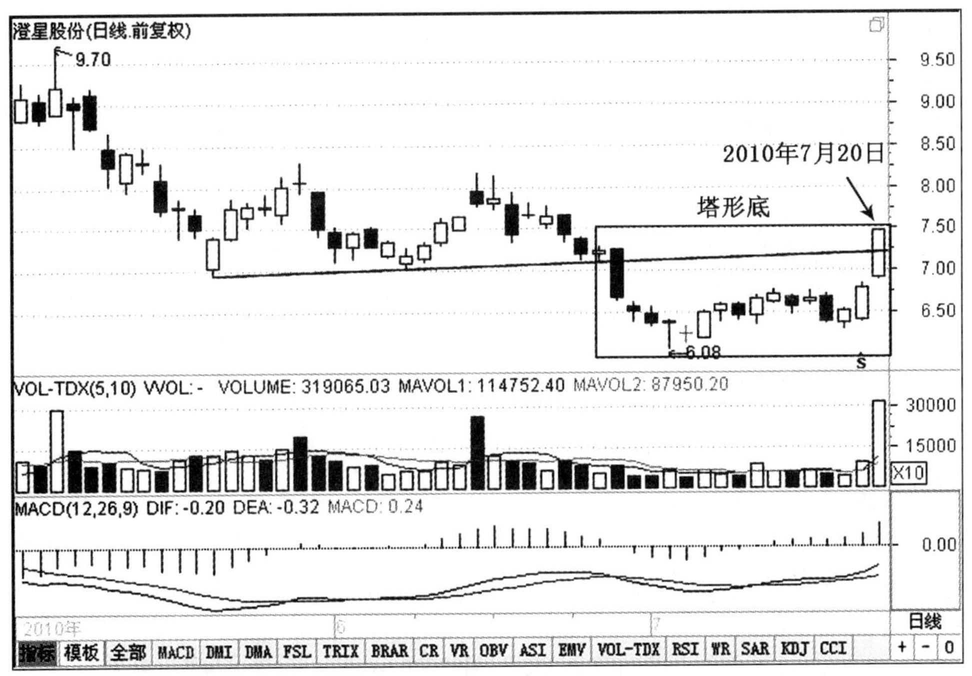

图 2－4　澄星股份　600078

如图 2－5 所示，塔形底组合出现之后，澄星股份并没有出现激动人心的涨势，只是跟随上证指数的走势被动性上涨（同期上证指数的走势见图 2－6）。这就是弱势股的特征。通常而言，投资者应该只买强势股，不买弱

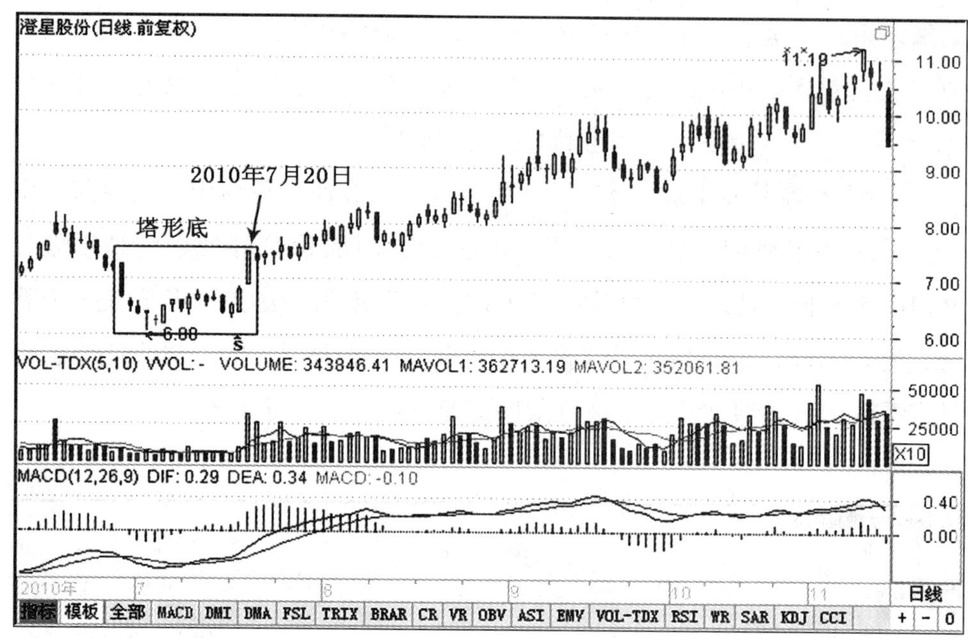

图 2-5　澄星股份　600078

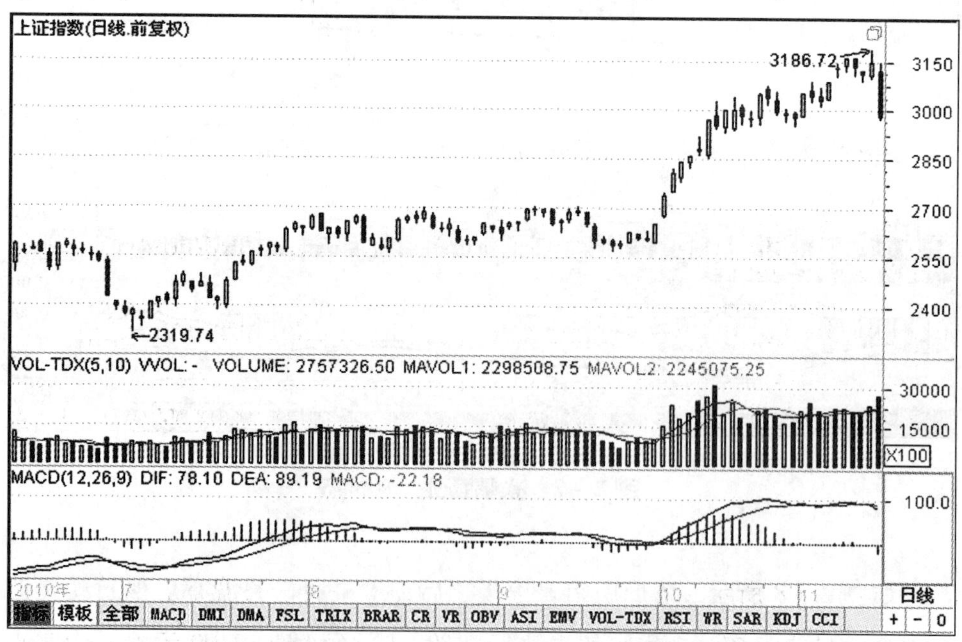

图 2-6　上证指数　999999

势股。可是，塔形底之类的技术信号只可以提供投资者出入场点，却无法帮助投资者判断股票走势的强弱。这就是为什么很多投资者具有良好的技术分析能力，却始终无法获得满意收益的原因。

如图2－7所示，2010年8月27日，在一波回调行情中，人福药业出现了一个塔形底组合，入场信号。另外，此时股价恰好处于前高压力位19.16元之下，次日只要股价继续上冲就可以创出新高点，形成又一个看涨信号。因此，即使投资者在塔形底出现时没能及时入场，也不应该忽略该股的走势，次日盘中应该密切关注股价动向。

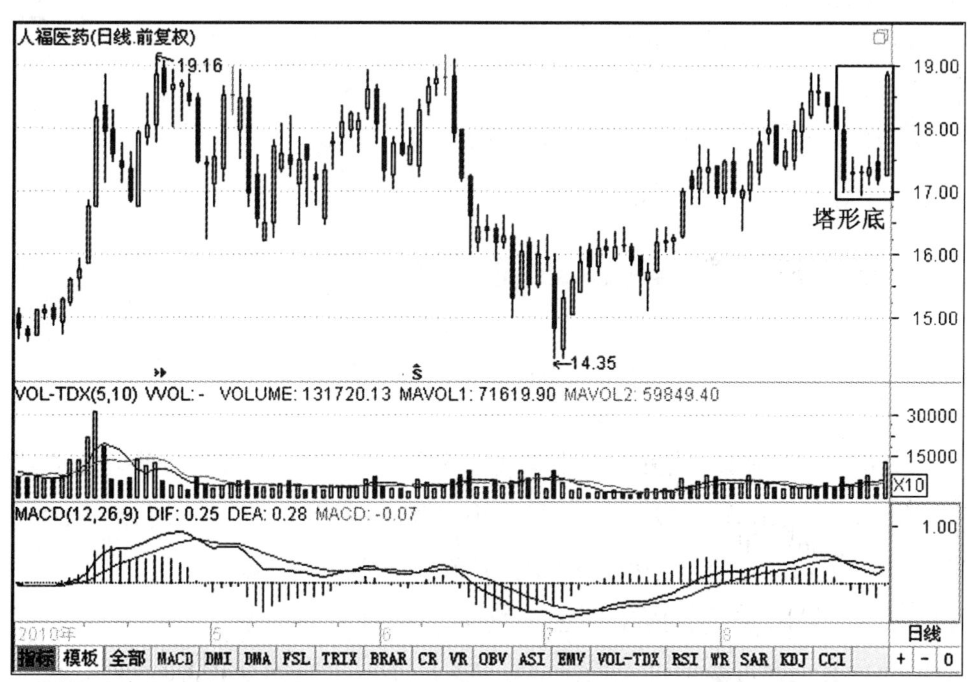

图2－7　人福药业　600079

如图2－8所示，次日，人福药业直接跳空高开。开盘后，股价稍作调整就直线冲高。不过，这波涨势并不持久，在触摸到19.90元的日内高点后就开始急速下滑，可见卖压比较沉重。最终，该股以19.23元报收，虽然突破了前高压力位，不过留下了长长的上影线，后市应该没有那么快进入涨势。

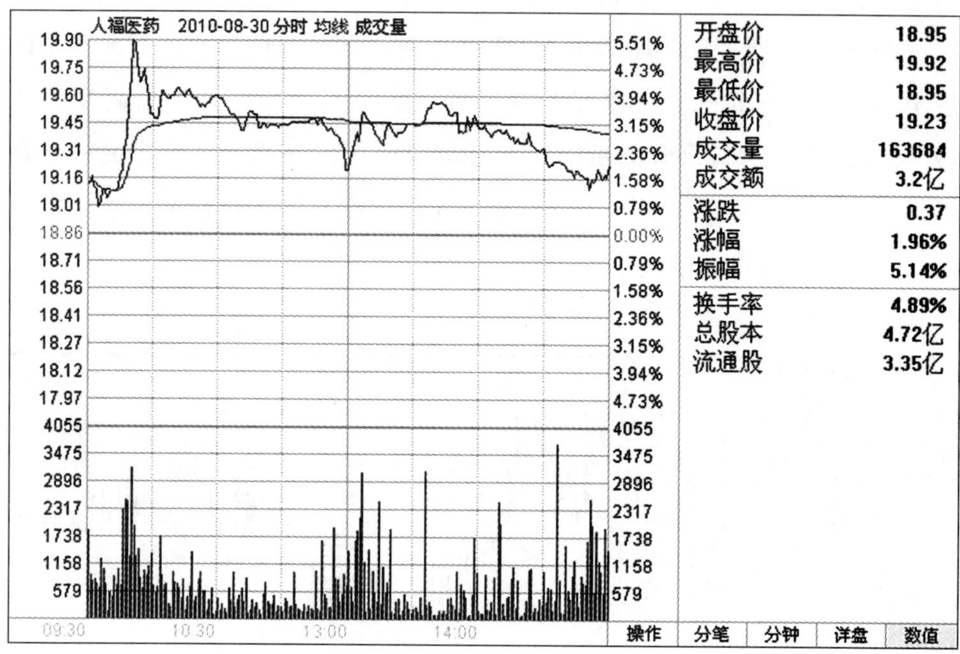

图 2－8　人福药业　600079

如图 2－9 所示，此后，人福药业又经过了一段时间的振荡整理才成功化解沉重的卖压，真正进入上升行情中。如果投资者选择塔形底确认时入场，不论从短线还是中线的角度而言，都有一定的获利空间。

如图 2－10 所示，2011 年 2 月 11 日，海泰发展出现一个塔形底组合。由于该组合出现在前期低点形成的支撑线上方，其看涨信号的可信度很高，投资者可以考虑就此入场。当然，这个塔形底的最后一根阳线涨幅不大，而且带有长上影线，投资者也可以等待次日再择机入场。

如图 2－11 所示，塔形底组合出现之后，海泰发展在前高 6.00 元下方徘徊了一段时间。在此期间，有些投资者会耐不住寂寞，逢高就清仓了，即使能获利也只是微利。其实，这段整理行情走势还算平稳，没有明显的

图 2-9　人福药业　600079

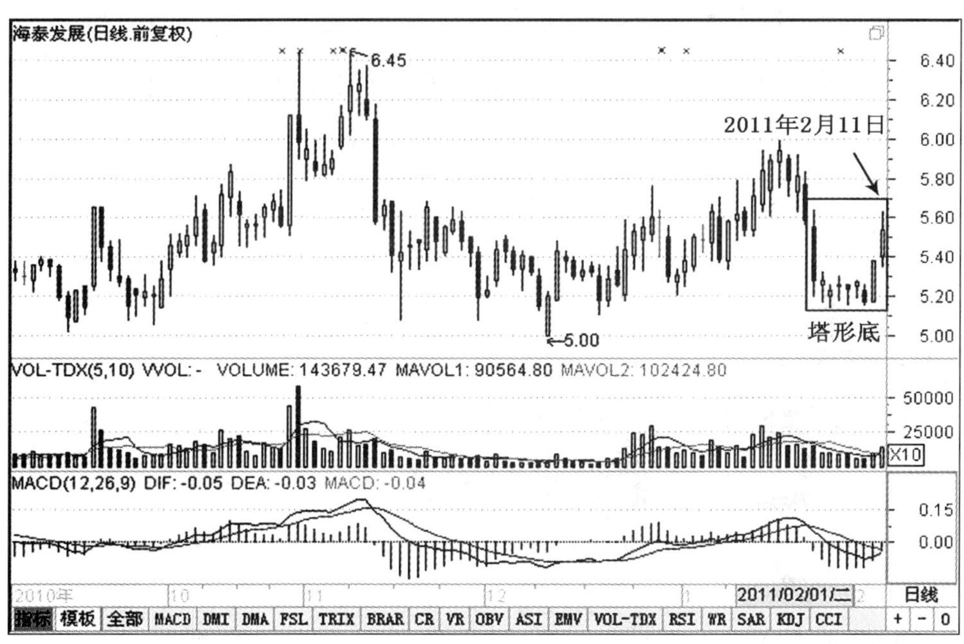

图 2-10　海泰发展　600082

卖点出现。整理行情结束之后，该股出现一根涨停大阳线，加速上涨行情开始了。如果投资者坚持到此时，就可以享受丰收的快乐了。

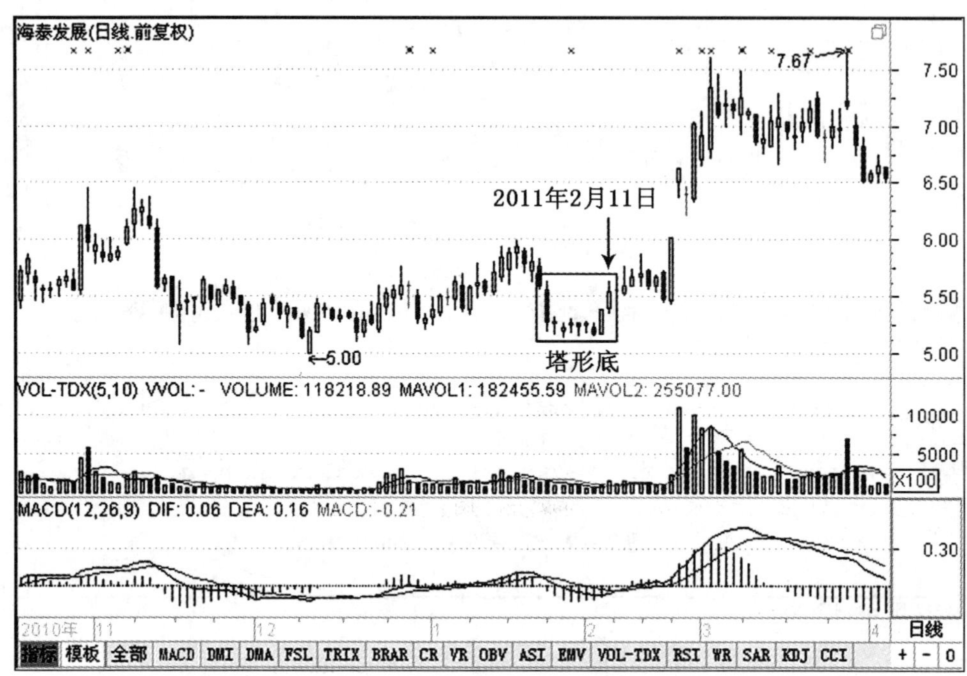

图 2－11　海泰发展　600082

第二节

上升三部曲——短线看涨的确认信号

盘面特征

上升三部曲，由五根 K 线构成，第一根 K 线为大阳线或者中阳线，随后连续出现三根小阳线、小阴线或者十字线，最后一根 K 线为大阳线，形成“涨—跌—涨”三部曲，见图 2－12。

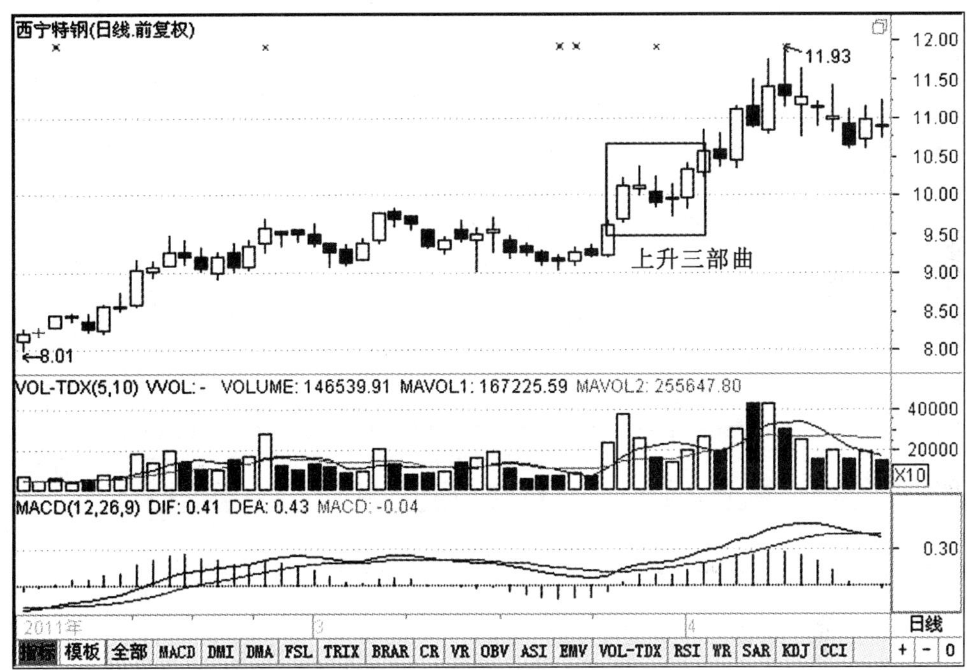

图 2－12　西宁特钢　600117

具体而言，上升三部曲具有如下盘面特征：

（1）出现在一波上涨行情之后，通常已经有一定的涨幅。

（2）组合内三根小 K 线的跌幅较小，通常都没有跌破第一根大阳线的开盘价，同时伴随着成交量的减少。

（3）最后一根大阳线的涨幅较大，通常其收盘价创出新高，并且伴随着明显的放量。

（4）实战看盘中，该组合中间的小 K 线不一定是 3 根，也可能是 4 根、5 根，见图 2－13。

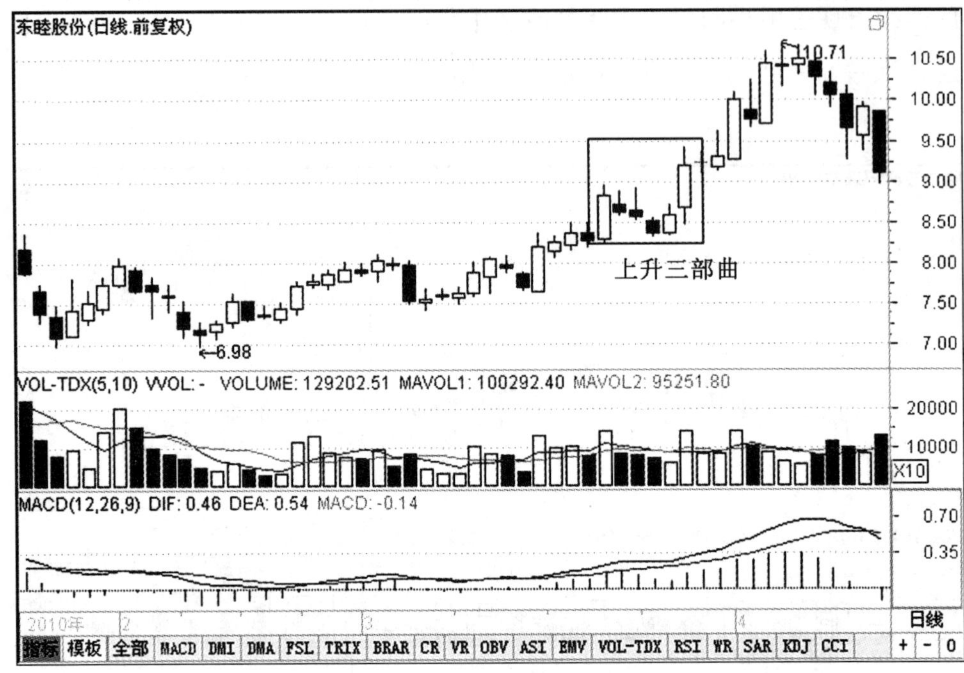

图 2－13　东睦股份　600114

看盘要点

上升三部曲属于短线看涨信号，投资者一旦发现，可以据此择机入场。以图 2－14 为例。在一波调整行情的末期，中牧股份出现了一个上升三部曲组合，发出看涨信号。投资者可以选择该组合的最后一根大阳线进行建仓。如果上升三部曲出现后，股价不涨反跌，那么当股价跌破该组合最低点，投资者必须止损离场。

如果上升三部曲出现突破重要压力位之后，那么其看涨信号的可信度更高。以图 2－15 为例。在突破前高压力之后，卧龙地产出现了一个上升三部曲组合。不仅如此，在这个组合出现之前，该股的 MACD 出现将死未死形态，说明个股调整行情接近尾声了。因此，这个上升三部曲的实战价

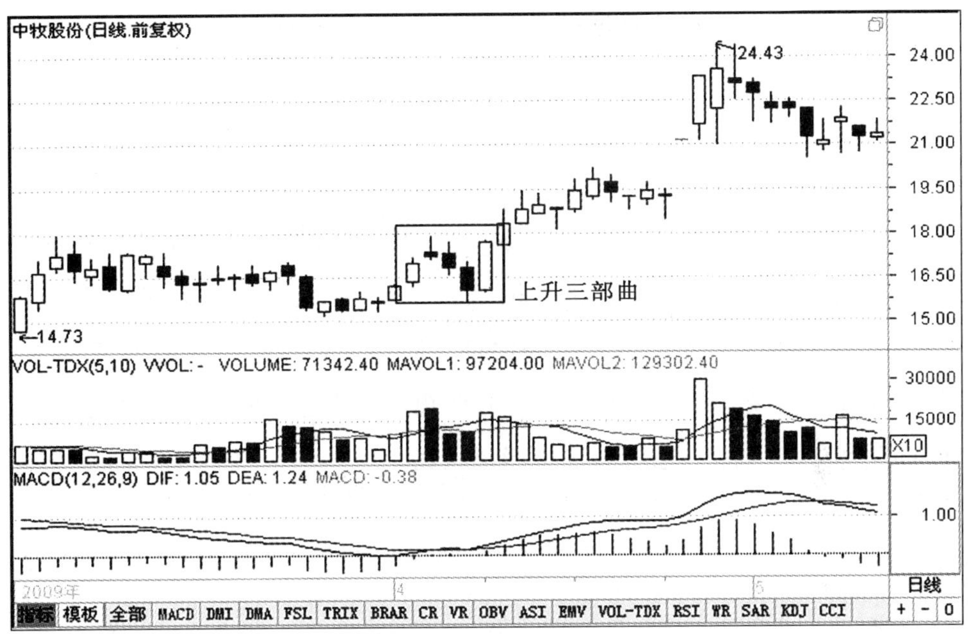

图 2－14　中牧股份　600195

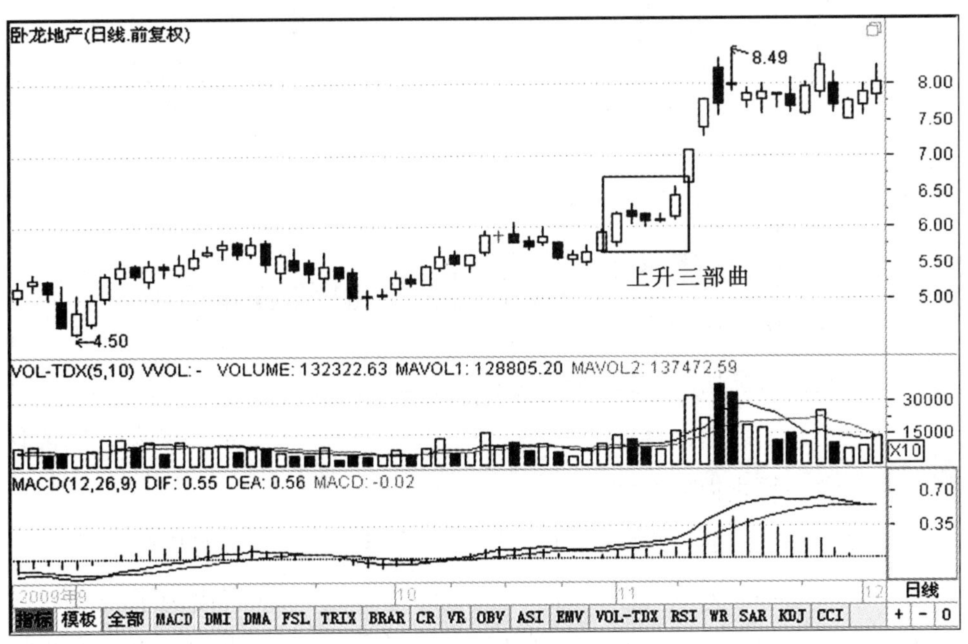

图 2－15　卧龙地产　600173

值较高，投资者应该择机入场做多。

实战看盘

如图 2－16 所示，2010 年 7 月 20 日，伊力特出现一根中阳线，其收盘价创出近期的新高。结合此前的数根 K 线，就构成了上升三部曲组合，后市看涨。不仅如此，在该组合出现之前，股价曾经短暂跌破过前低支撑，属于见底信号。既然股价已经见底，在距离底部不远的地方发现看涨信号，其可信度应该比较高，投资者可以考虑入场。

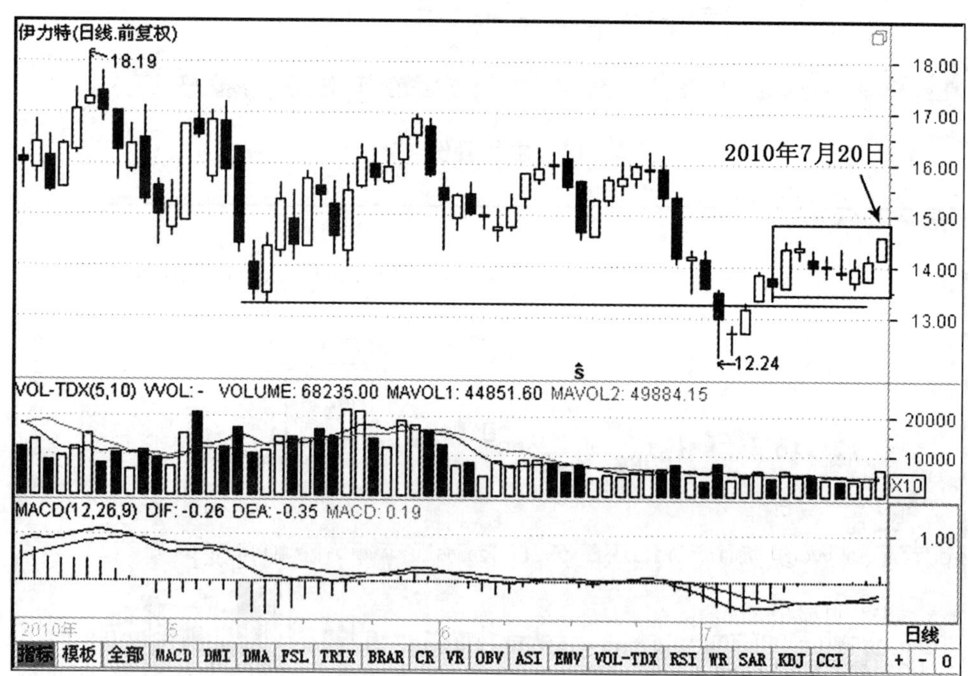

图 2－16　伊力特　600197

如图 2－17 所示，上升三部曲组合出现之后，伊力特继续其上涨行情。尽管这段行情中没有单日涨幅特别大的 K 线，不过积少成多，在十多个交易日的时间内，整体涨幅也接近30%了，只要投资者遵守交易规则，按照合适的出入场点行动，获利应该没有任何问题。

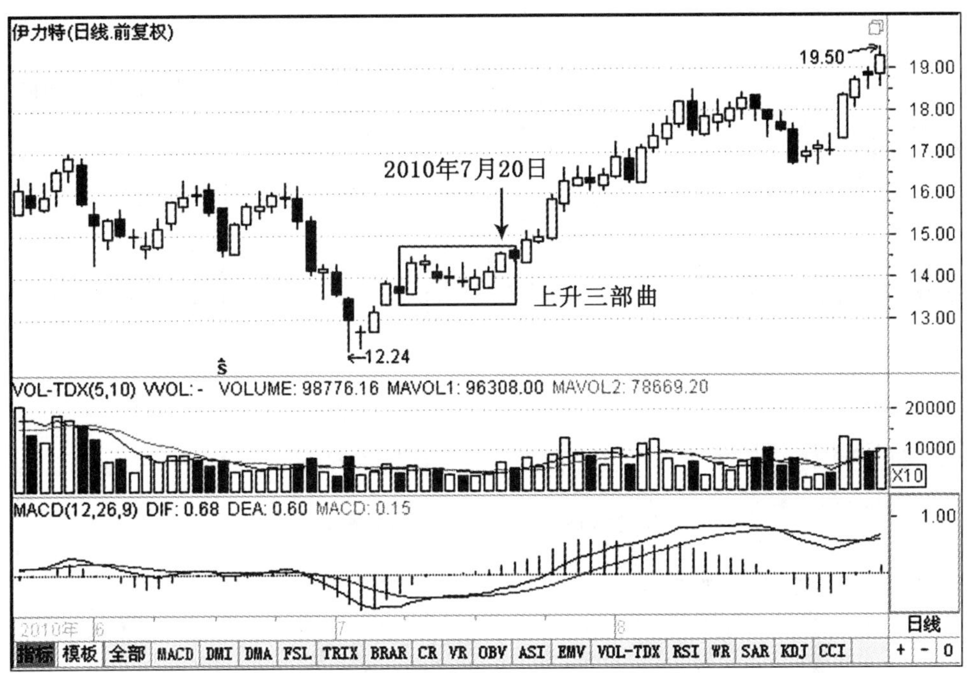

图2-17　伊力特　600197

如图2-18所示，2009年5月12日，经过一段时间的上涨之后，上海汽车出现一根涨停大阳线，与此前的数根K线形成上升三部曲组合，后市看涨。不过，纵观该组合出现之前的涨势，并没有出现过涨停K线。此时出现如此明显的看涨信号，应该警惕诱多。

如图2-19所示，上升三部曲组合出现之后，上海汽车并没有继续上涨，而是进入了一波振荡整理行情中。如果投资者根据这个交易信号入场做多，短线基本没有获利空间，该组合失效。至于经过一段时间整理之后股价是否继续上涨，此时暂无定论，需要等待走势进一步明朗。

如图2-20所示，2010年11月1日，哈空调出现一根中阳线，突破了

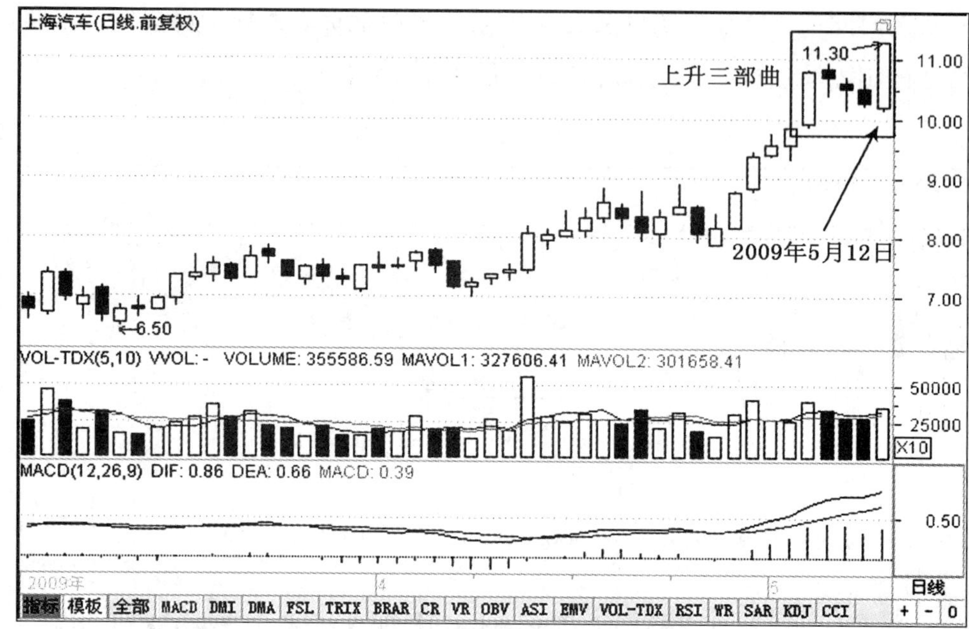

图 2-18 上海汽车 600104

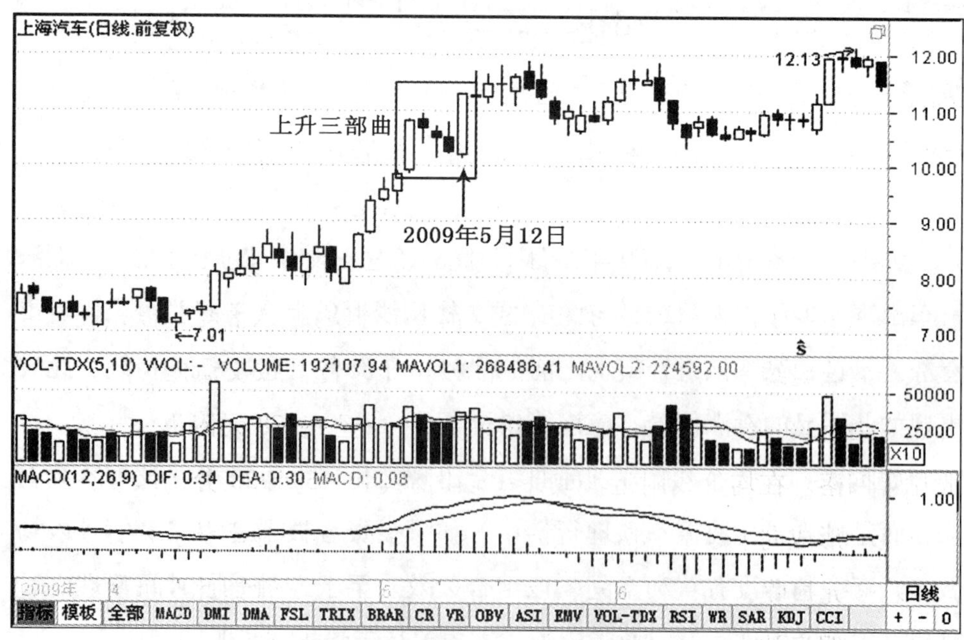

图 2-19 上海汽车 600104

前高 15. 60 元形成的压力线，后市看涨。不仅如此，这根中阳线与此前的多根 K 线还构成了上升三部曲组合，同样属于看涨信号。双重看涨的背景下，后市应该有一波涨势，投资者可以据此入场。

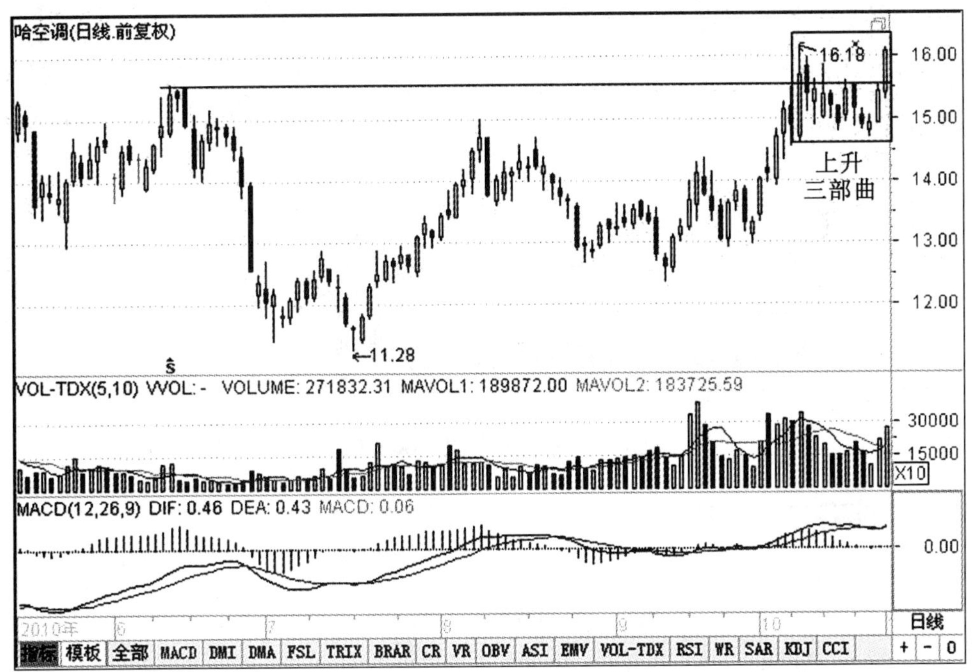

图 2 – 20　哈空调　600202

如图 2 – 21 所示，次日，哈空调开盘后并没有进入涨势，而是在前一交易日的收盘线下方展开振荡。10 点 02 分，伴随着成交量的放大，该股开始发力上攻。经过两波上涨，股价一度上升至 16. 78 元附近。随后，该股见顶回落。在均价线附近波动了一段时间后，13 点 20 分，该股突然破位下行，形成向下跌破平台支撑的日内看空信号，明显弱势。最终，该股以 15. 67 元报收，勉强维持在前高 15. 60 元上方。尽管如此，当日长长的上影线，明显放大的成交量，还是显示了卖压十分沉重。

如图 2 – 22 所示，随后，哈空调虽然还在努力维持突破格局，但始终

图 2-21 哈空调 600202

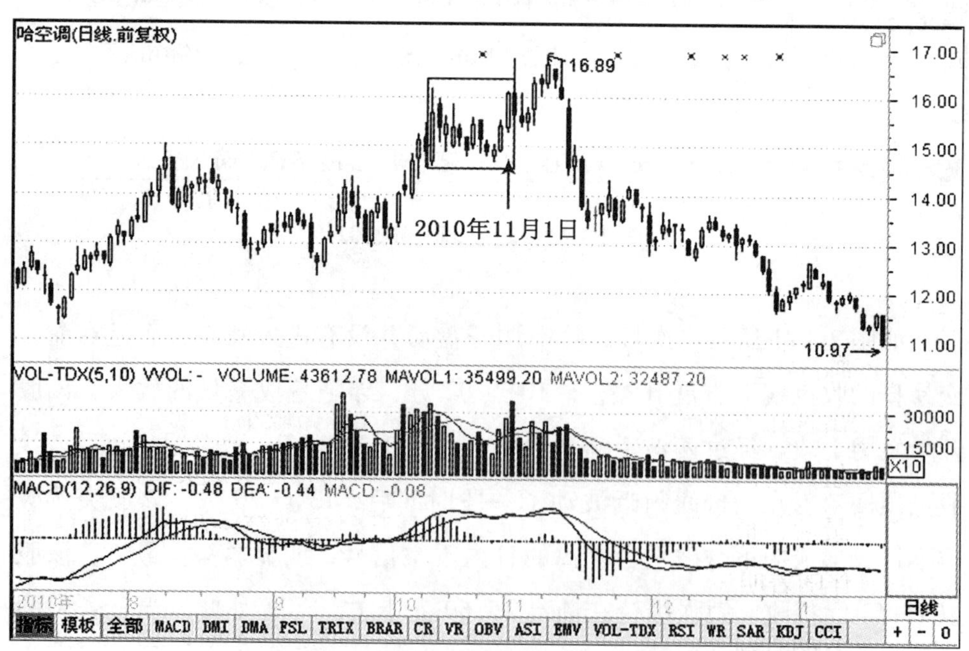

图 2-22 哈空调 600202

无力进入真正的涨势中。2010 年 11 月 12 日，该股出现一根大阴线，股价正式回到压力位 15.60 元下方。与此同时，MACD 也形成了死亡交叉，一波涨势已经终结。如果投资者在上升三部曲出现时入场，此时就是最后的离场机会了。

第三节

多方尖兵——短线看涨的确认信号

盘面特征

多方尖兵，由五根 K 线构成，第一根 K 线为带长上影线的 K 线（这是该组合与上升三部曲最主要的区别），随后连续出现三根小阳线、小阴线或者十字线，最后一根 K 线为大阳线，形成“涨—跌—涨”三部曲，见图 2-23。

具体而言，多方尖兵具有如下盘面特征：

（1）出现在一波上涨行情的初期，累积涨幅通常较小。

（2）组合内回调小 K 线的整体跌幅不大，同时伴随着成交量的减少。

（3）最后一根大阳线的涨幅较大，通常已经突破第一根 K 线的最高点，并且伴随着明显的放量。

（4）实战看盘中，该组合中间的小 K 线不一定是 3 根，也可能是 4 根、5 根，见图 2-24。

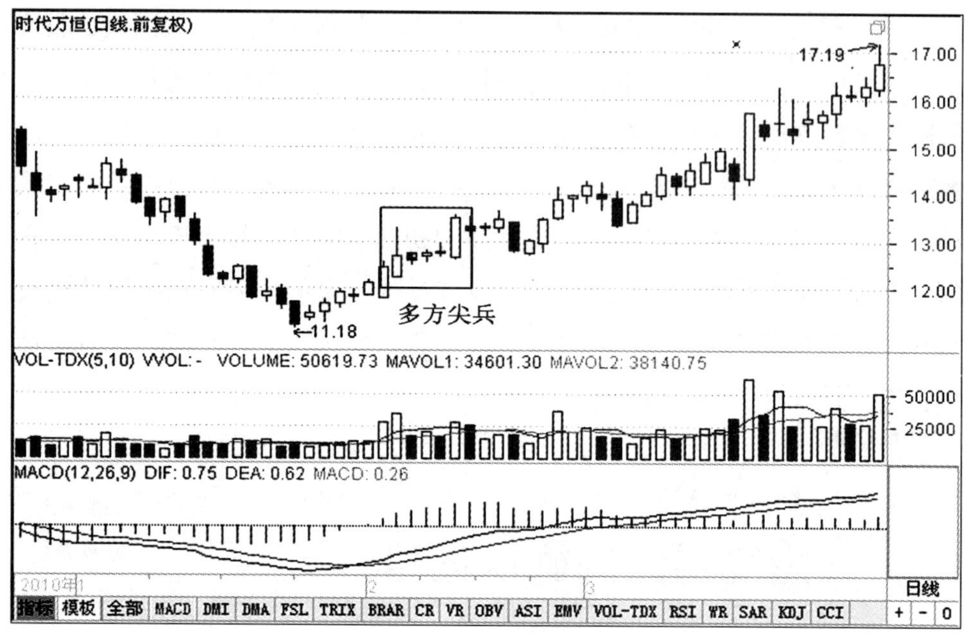

图 2－23　时代万恒　600241

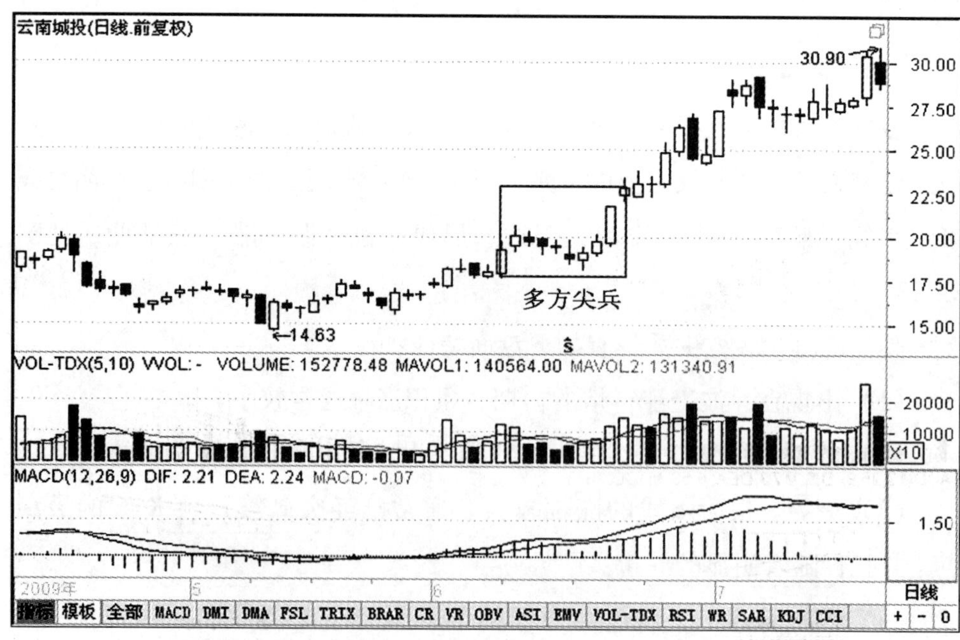

图 2－24　云南城投　600239

看盘要点

多方尖兵组合属于短线看涨信号，投资者一旦发现，可以据此择机入场。以图 2－25 为例。在一波上涨行情的初期，时代万恒出现了一个多方尖兵组合，发出看涨信号。投资者可以选择该组合的最后一根大阳线进行建仓。如果多方尖兵出现后，股价不涨反跌，那么当股价跌破该组合最低点，投资者必须止损离场。

如果多方尖兵出现在突破重要压力位之后，那么其看涨信号的可信度更高。以图 2－26 为例。在突破前高压力之后，阳光照明出现了一个多方尖兵组合。这个处于涨势中的多方尖兵，实战价值较高，投资者应该择机入场做多。

如果多方尖兵组合中的回调小 K 线位于第一根阳线的上影线范围内，后市继续上涨的可能性较大。以图 2－27 为例。2010 年 2 月 24 日，上海家

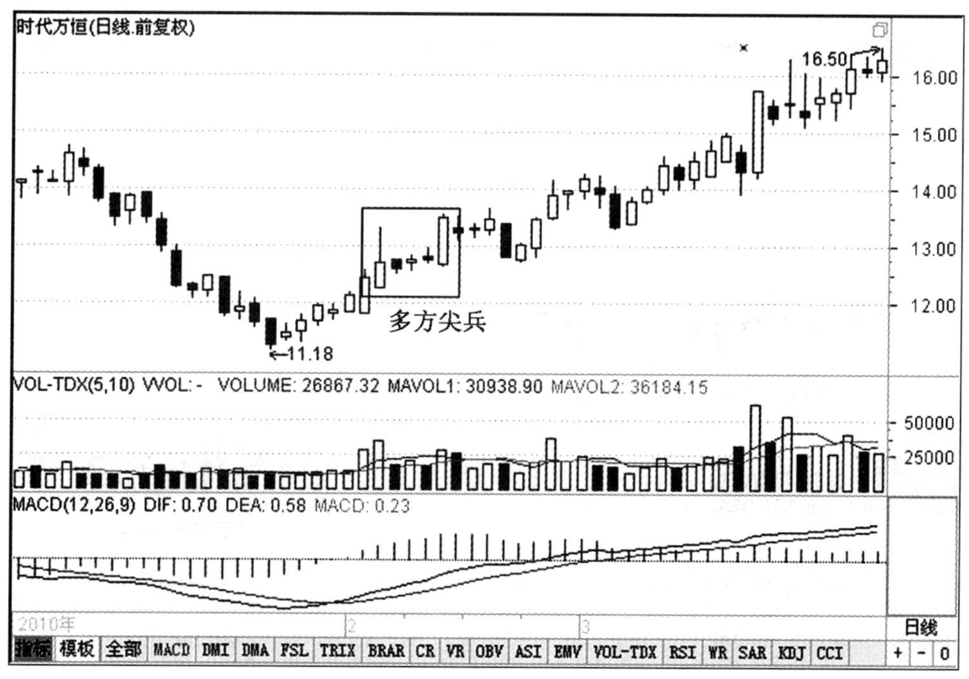

图 2－25　时代万恒　600241

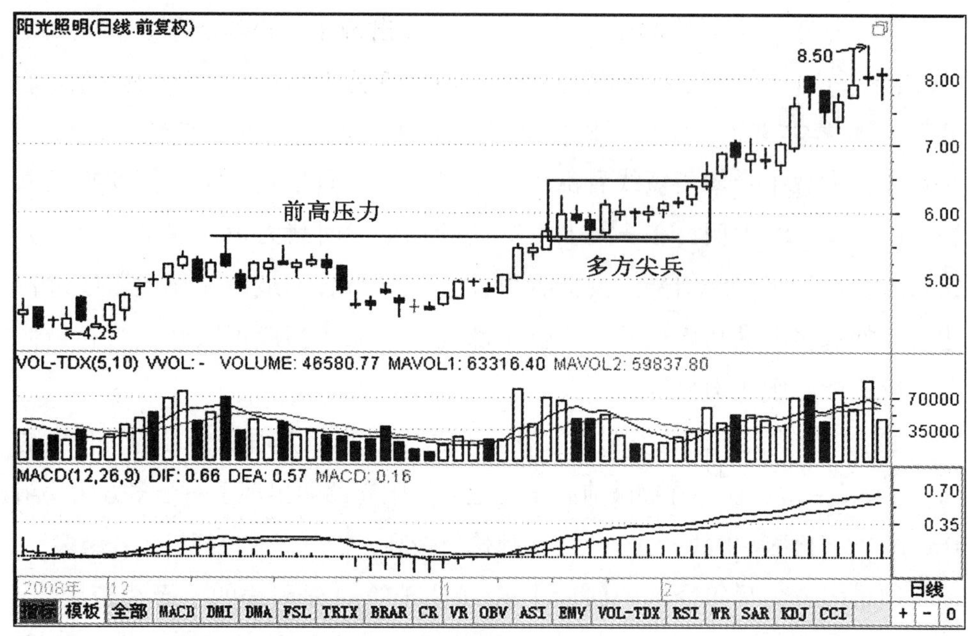

图 2－26 阳光照明 600261

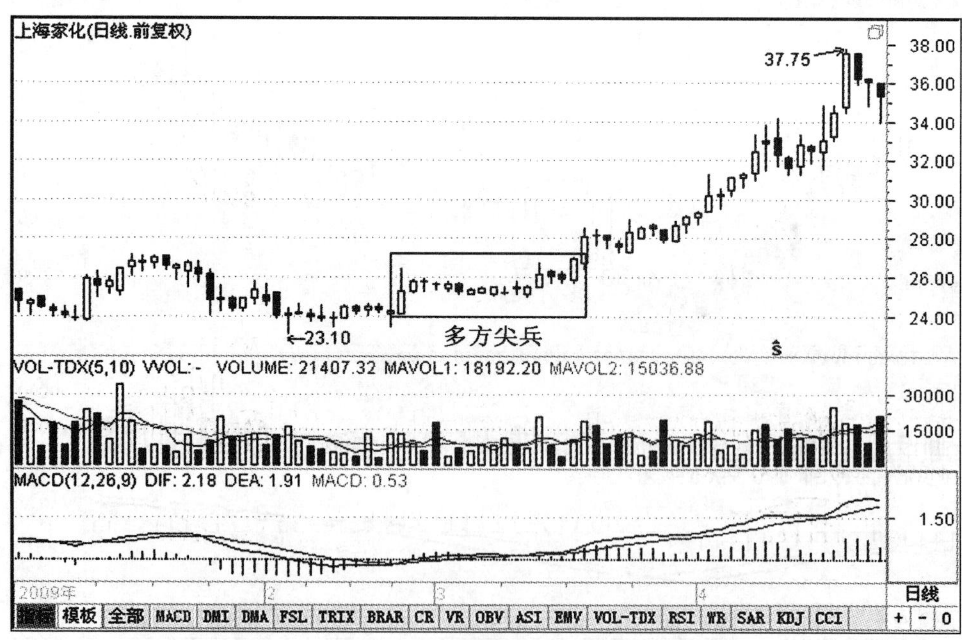

图 2－27 上海家化 600315

化出现一根带长上影线的阳线。此后，连续出现了多根小阳线、小阴线和十字线，基本都位于长上影线之内。2010 年 3 月 17 日，该股出现一根中阳线，终于突破了第一根长上影阳线的最高点，形成多方尖兵组合。此时，投资者应该跟随建仓介入了。

实战看盘

如图 2－28 所示，2010 年 10 月 22 日，＊ST 太化出现一根带长上影线的中阳线，突破了前高形成的压力线，形成入场信号。不过，长上影线意味着卖压沉重，投资者此时不必着急入场。随后，该股进入数个交易日的调整行情中。2010 年 11 月 1 日，该股出现一根大阳线，创出新高点。不仅如此，这根大阳线与此前的数根 K 线还构成了多方尖兵组合，后市看涨。

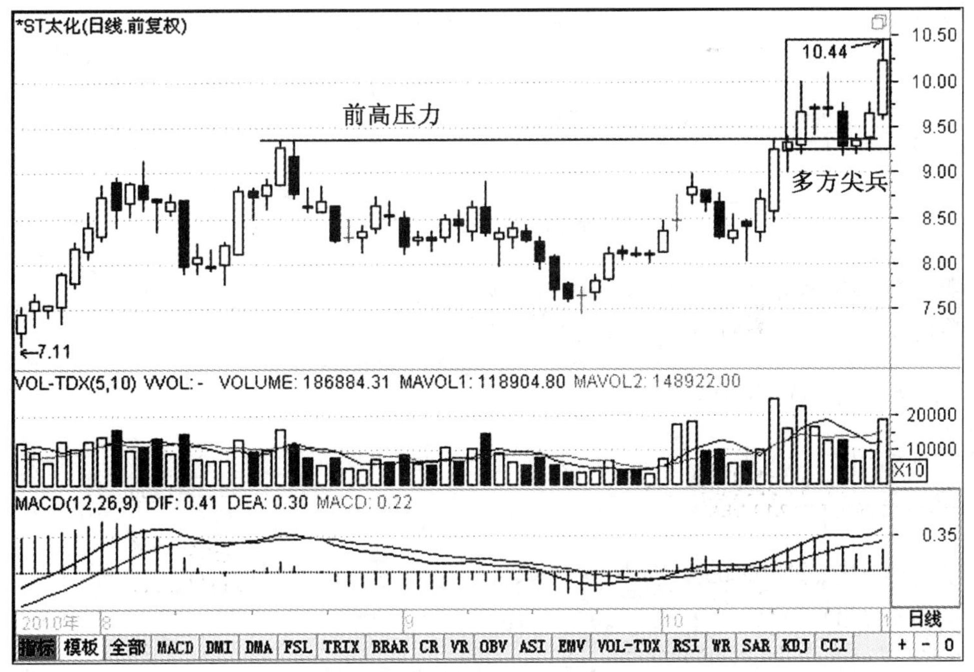

图 2－28 ＊ST 太化 600281

此时，投资者可以择机入场做多了。

如图2－29所示，多方尖兵出现之后，*ST太化继续上冲了数个交易日，最大涨幅接近20%。当然，投资者实际能够获得的收益，并不等于一波涨势的最大涨幅。不过，只要投资者进出得当，从中获得一定的利润还是没有问题的。

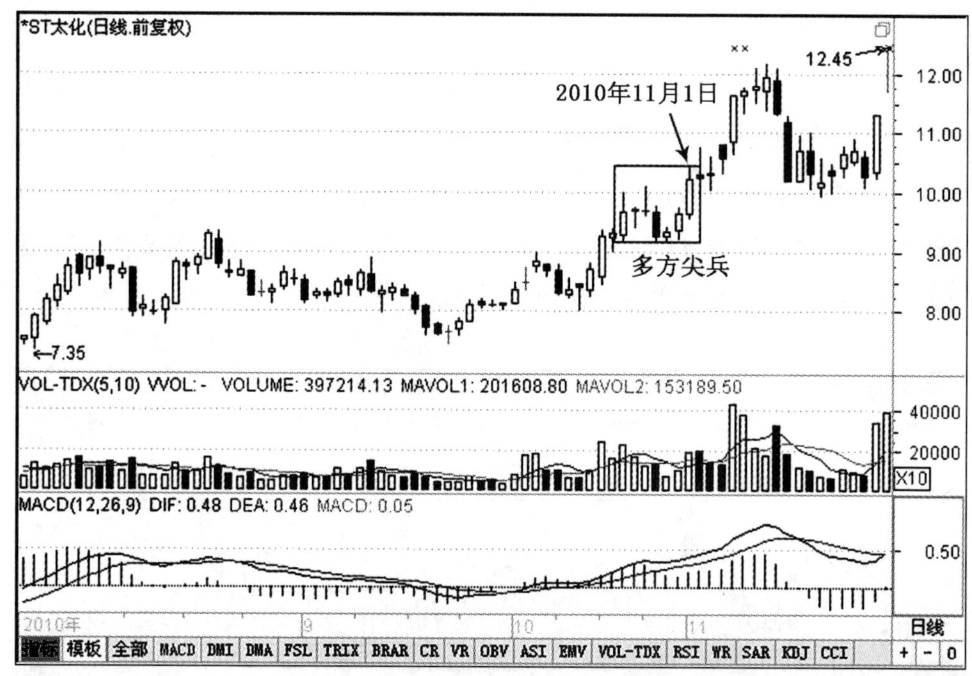

图2－29　*ST太化　600281

如图2－30所示，2009年2月2日，西水股份出现一根涨停大阳线，突破了前期高点形成的压力线，股价向上运行的空间被打开。与此同时，这根大阳线与此前的数根K线构成了多方尖兵组合，属于后市看涨信号。面对如此明显的入场信号，投资者应该择机入场了。

如图2－31所示，多方尖兵组合出现之后，西水股份进入了一波上升行情中。面对这波明显的涨势，即使投资者没有高超的操盘技术，只是简

图 2－30　西水股份　600291

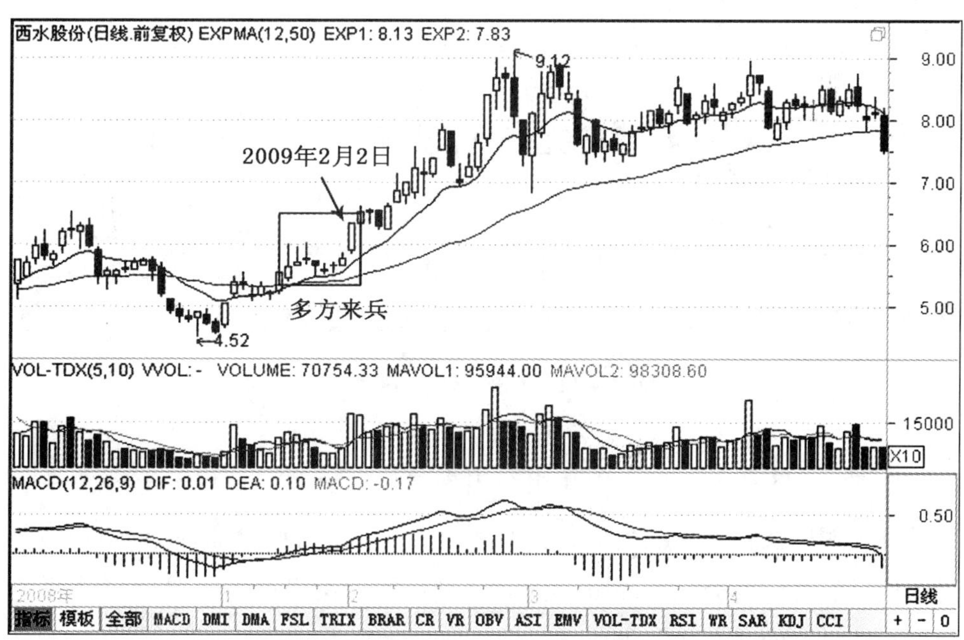

图 2－31　西水股份　600291

单地运用 EXPMA 短期曲线为持股线，当股价跌破持股线时离场，也能获得不错的利润。

如图 2－32 所示，2010 年 4 月 20 日，恒顺醋业出现一根大阳线，创出新高点，与此前的数根 K 线构成多方尖兵组合。不过，这个组合出现在一波明显的涨势中，做多能量已经消耗很多。如果投资者就此入场做多，必须要警惕股价随时可能见顶。

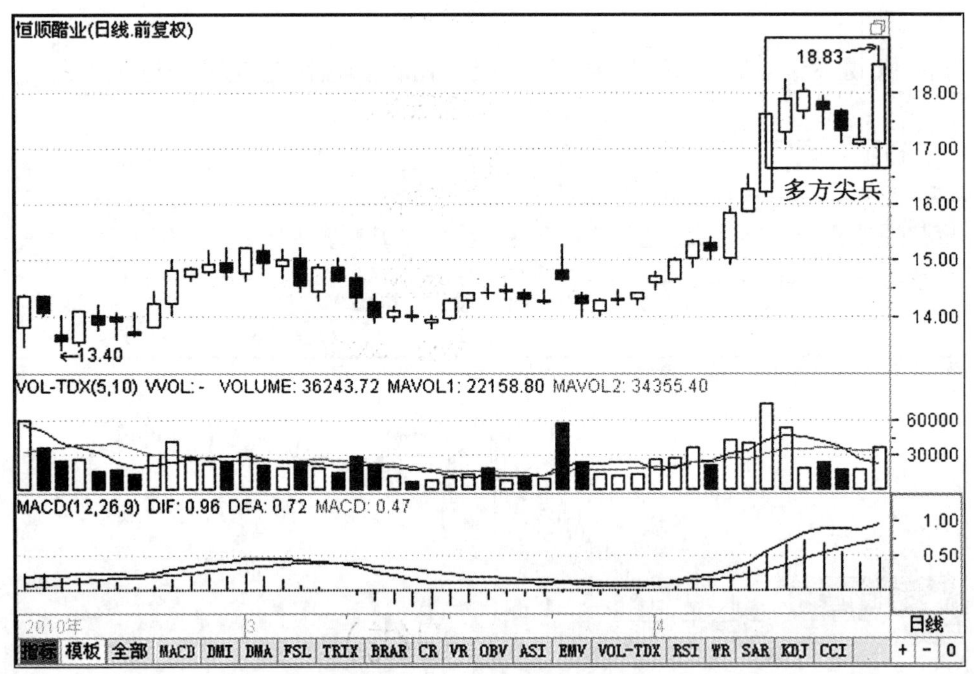

图 2－32　恒顺醋业　600305

如图 2－33 所示，多方尖兵组合出现之后，恒顺醋业仅仅上涨了一个交易日，随后就转入下跌趋势中。通常而言，伴随着股价涨幅的不断增大，看涨信号的可信度会不断降低。因此，投资者应该尽可能回避明显涨势中的看涨信号，即使参与，也应该以超短线操作为主。

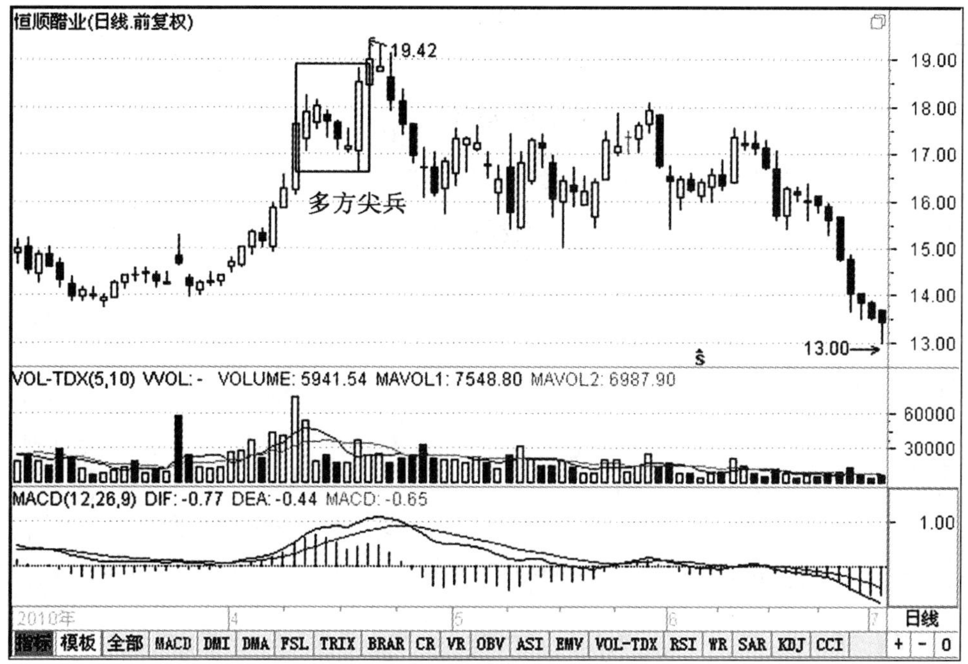

图 2－33　恒顺醋业　600305

第四节

低位五阳线（多阳线）——短线见底的警示信号

盘面特征

低位五阳线，由五根 K 线构成，是指在一波下跌行情之后连续出现 5 根中小阳线（也可以是 6 根、7 根），见图 2－34。

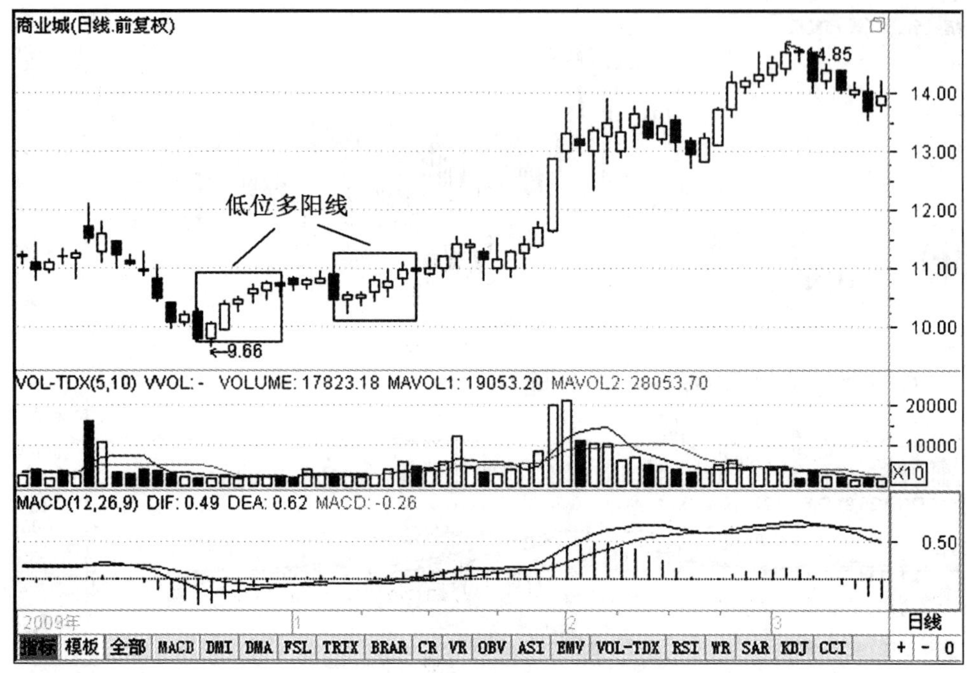

图 2－34　商业城　600306

看盘要点

低位五阳线组合属于股价见底的警示信号，并不发出交易信号。当投资者发现低位五阳线时，应该警惕股价见底，可以考虑择机入场做多。以图 2－35 为例。经过一段时间的下跌之后，兰太实业在低位连续出现了 5 根阳线，构成低位五阳线组合，股价可能就此止跌企稳，投资者应该开始密切关注该股的走势。随后，该股又连续出现多根阳线。当股价向上突破前期高点形成的下降趋势线，买入信号出现，投资者可以入场了。

如果低位五阳线出现在突破重要压力位之后，那么后市继续上涨的可能性更大。以图 2－36 为例。在突破前高压力之后，洪都航空形成了低位多阳线组合，看涨意味更加浓厚。因此，投资者应该择机入场追涨。

图2－35　兰太实业　600328

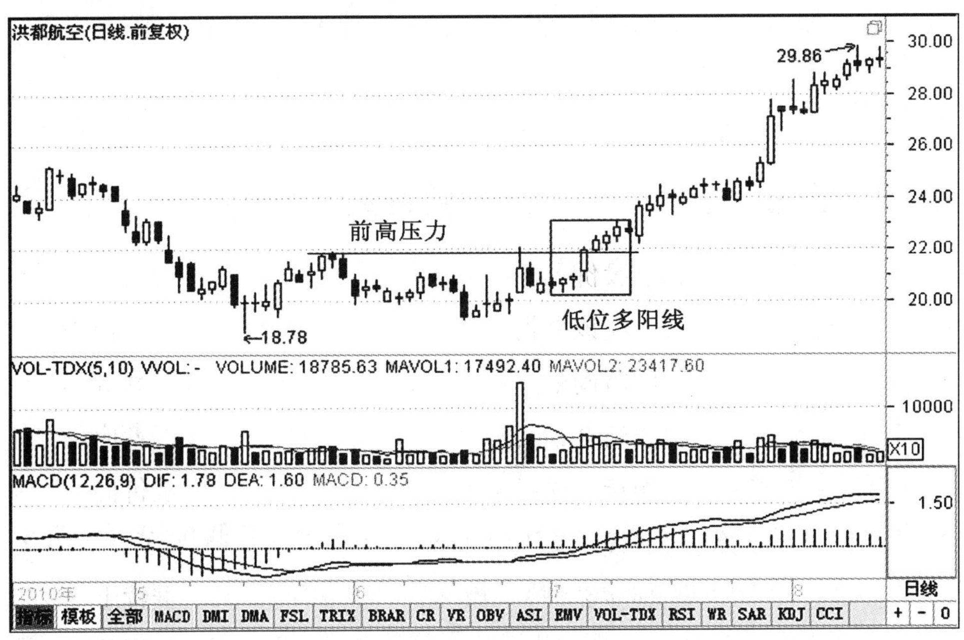

图2－36　洪都航空　600316

如果低位五阳线出现在重要支撑位附近，股价就此止跌企稳的可能性较大。以图 2－37 为例。在前低 6.25 元附近，亚星化学连续出现了 5 根阳线，构成低位五阳线组合，股价就此见底的可能性高。此后，投资者应该密切关注该股的走势，寻找可靠的入场点。

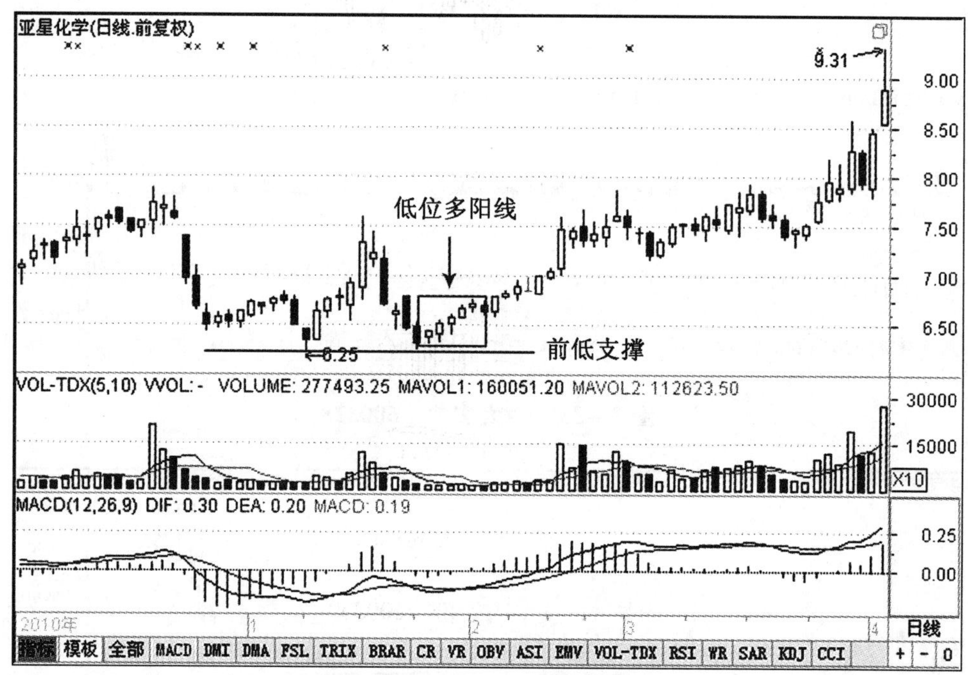

图 2－37　亚星化学　600319

实战看盘

如图 2－38 所示，2010 年 7 月 22 日，天通股份在前低 6.99 元附近获得支撑之后，连续出现了 5 根阳线，构成低位五阳线组合，见底信号。不仅如此，利用这 5 根阳线，该股还回到了前期重要支撑位 7.70 元之上，消除了股价继续大幅下滑的担忧。另外，在第 5 根阳线出现时，股价向上突破了 W 底的颈线压制，形成入场点。因此，投资者可以利用这个低位五阳线组合入场了。

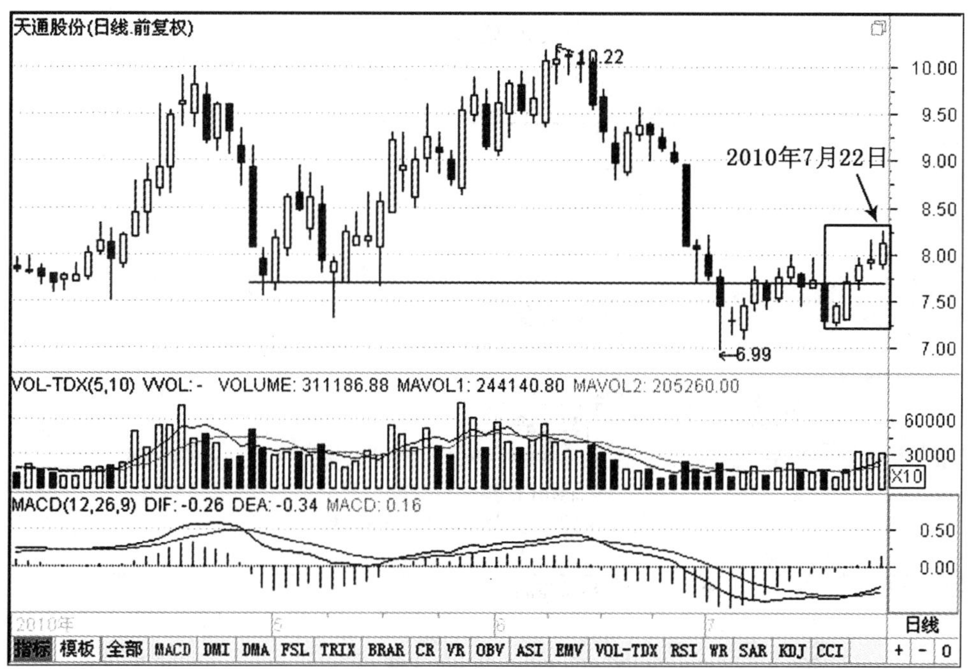

图 2 - 38　天通股份　600330

如图 2 - 39 所示，低位五阳线出现之后，天通股份见底企稳。如果投资者根据这个见底信号入场做多，短期之内的收益比较低。其实，见底信号只为投资者提供交易的时机，至于后市的涨幅如何，与其并无多大关系。因此，即使投资者都是根据同样的信号入场，但参与不同的个股，所获的效益很有可能大相径庭。

如图 2 - 40 所示，2009 年 9 月 8 日，浙江龙盛连续出现了两个低位五阳线，股价就此见底的可能性比较高，投资者应该密切关注，寻找合适的入场机会。按照股价发展的一般规律，后市可能出现两个入场机会：一是突破前高压力，二是在低位五阳线的低点附近获得支撑。前者的发展潜力

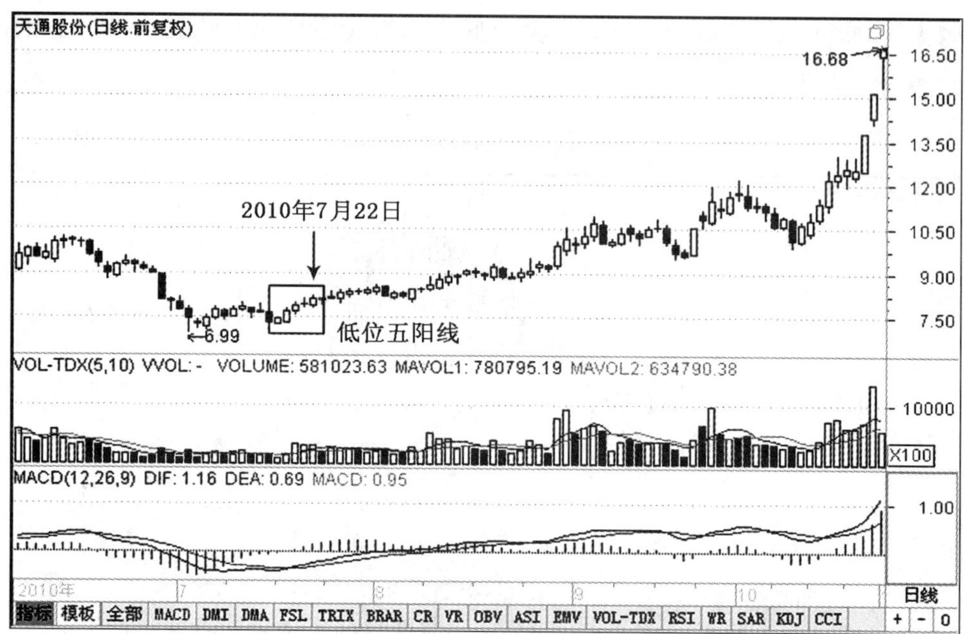

图 2－39 天通股份 600330

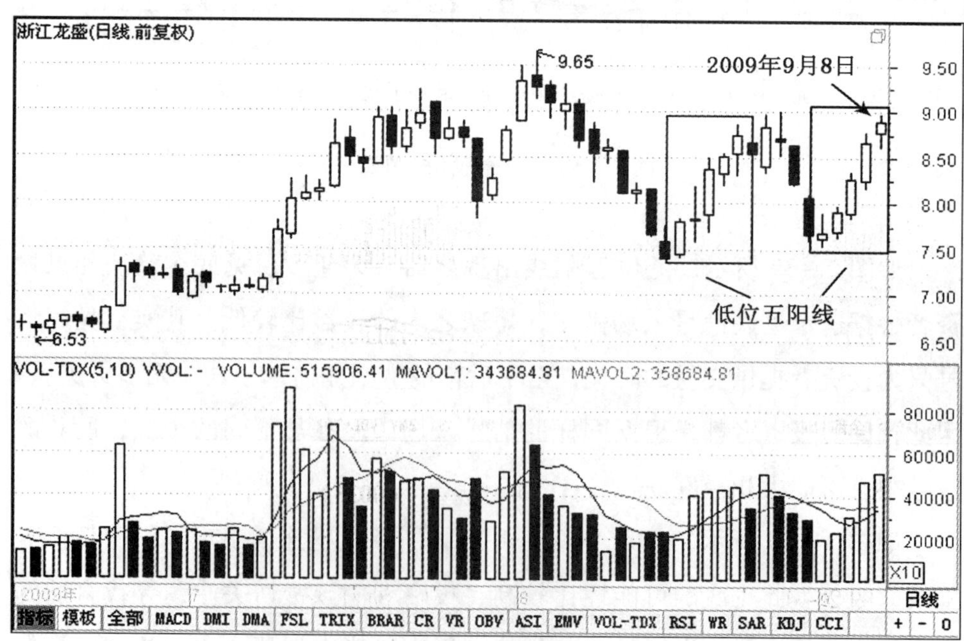

图 2－40 浙江龙盛 600352

较大，但建仓价较高；后者建仓价较低，不过安全性不高。如何取舍，要投资者自行决定。

如图2－41所示，第二个低位五阳线出现之后，浙江龙盛无力突破前高压力，又一次进入跌势。当股价运行至第二个低位五阳线附近时，出现了一个早晨之星组合，见底信号，入场机会出现。随后，股价转入涨势，并顺利突破了前高压力，又一个入场机会出现。投资者可以根据自己的交易偏好，选择其中一个入场点进行建仓；也可以在第一个入场机会出现时适度建仓，第二个入场机会出现时加仓。

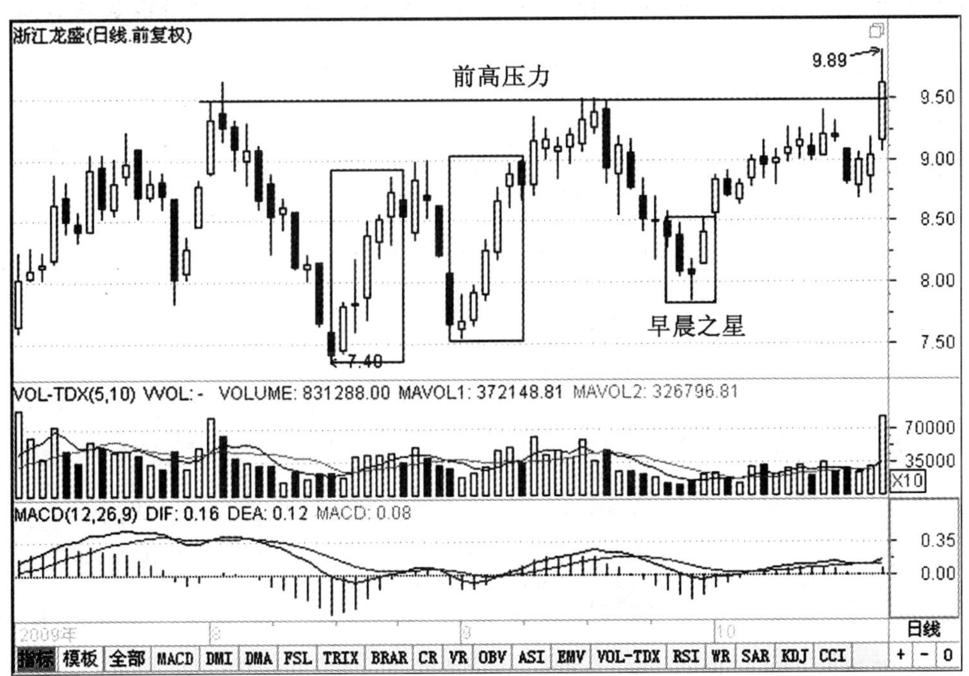

图2－41　浙江龙盛　600352

如图2－42所示，突破前高压力之后，浙江龙盛上行的空间被打开，一波涨势正式展开。不论投资者选择哪个入场机会，都有获利的空间。当然，是否真正能够获利出场，以及能够获得多少利润出场，还要考验投资

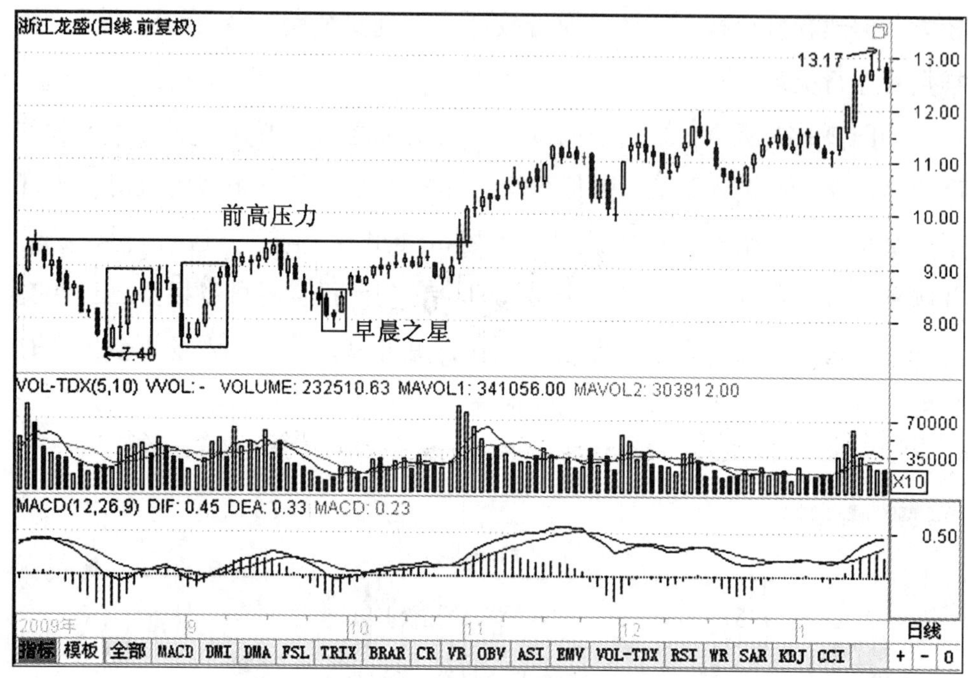

图 2－42　浙江龙盛　600352

者对于出场点的把握。

如图 2－43 所示，2008 年 7 月 24 日，旭光股份出现一根中阳线，突破了前高压力，形成入场点。与此同时，这根中阳线与此前的数根 K 线还构成了低档五阳线，发出见底信号。因此，投资者可以考虑就此入场做多。

如图 2－44 所示，低档五阳线出现之后，旭光股份并没能顺利进入涨势，反而在前期压力位附近出现一根带长上影线的小阳线，见顶迹象。2008 年 8 月 8 日，该股跌破了前低形成的支撑线，低档五阳线形成的见底信号彻底失效。次日，股价跌破了前低形成的水平支撑线，同时 MACD 在 0 轴线附近形成死亡交叉，后市仍有下跌的空间。

如图 2－45 所示，跌破前低支撑之后，旭光股份进入到更低的平台进行振荡。如果投资者根据低档五阳线入场做多，必须能够及时抽身离场，否则，此时已经遭受较大幅度的浮动亏损，陷入非常尴尬的境地之中。因

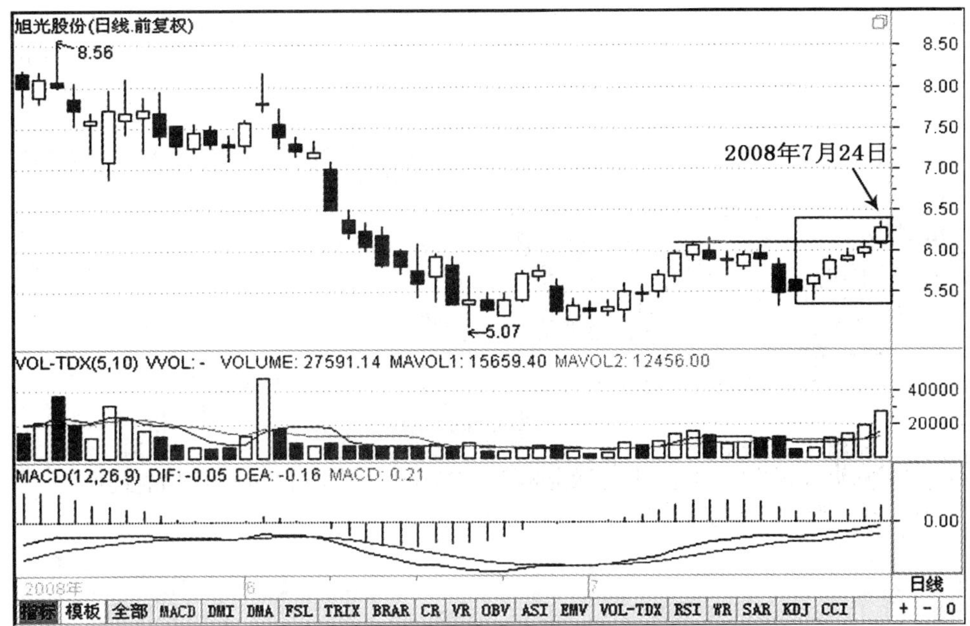

图 2－43 旭光股份 600353

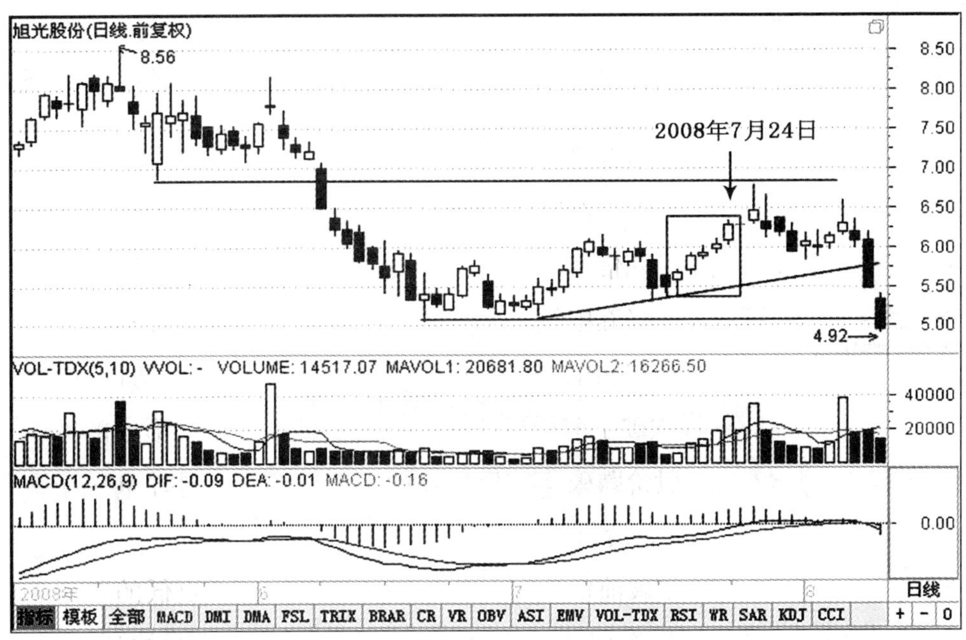

图 2－44 旭光股份 600353

此，投资者在决定入场之前，必须首先想好什么情况下必须离场，如此才能更好地控制交易风险。

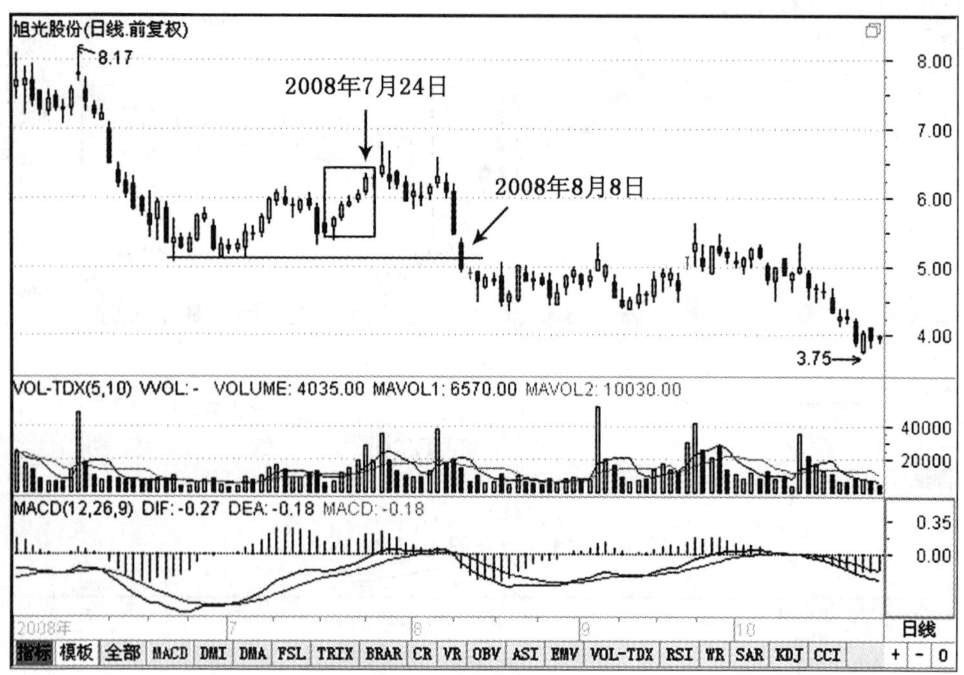

图 2－45　旭光股份　600353

第五节

连续跳空三阴线（多阴线）——短线见底的警示信号

盘面特征

连续跳空三阴线，由四根 K 线构成，是指在一波跌势中连续出现 3 根跳空低开低走的阴线，见图2-46。

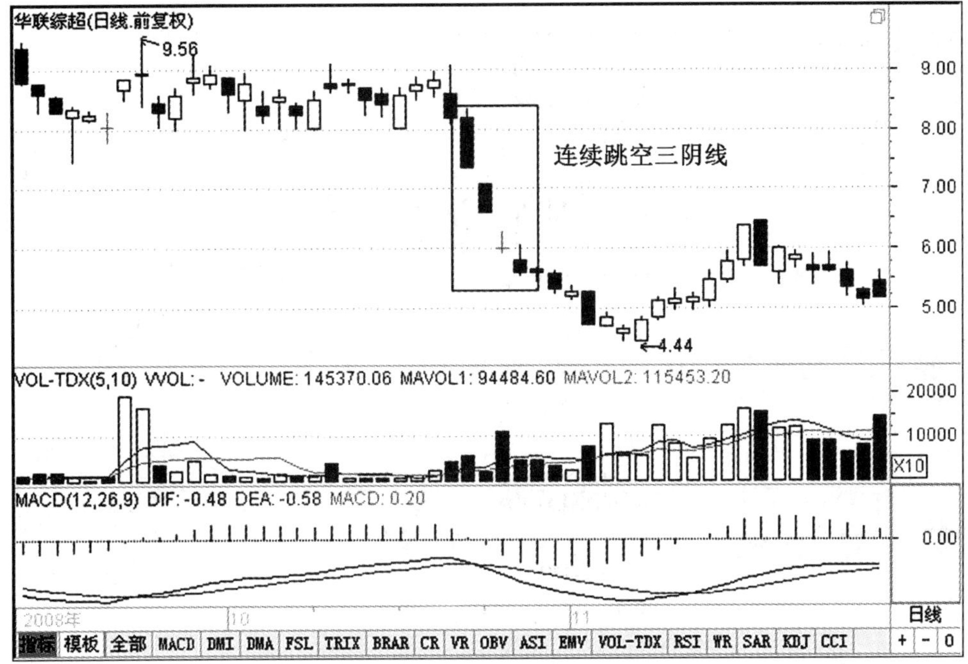

图2-46　旭光股份　600353

具体而言，连续跳空三阴线具有如下盘面特征：

（1）连续跳空三阴线第一根K线通常为大阴线。

（2）通常出现在一波下跌行情的末期，即该组合出现前已经有一定的跌幅。

（3）连续跳空三阴线的整体跌幅较大，但跌速有逐渐放缓的迹象。所谓跌速放缓，是指组合内阴线的跌幅越来越小，或者阴线的实体越来越小，见图2-47。

（4）实际走势中，也有可能出现连续跳空四阴线、五阴线。

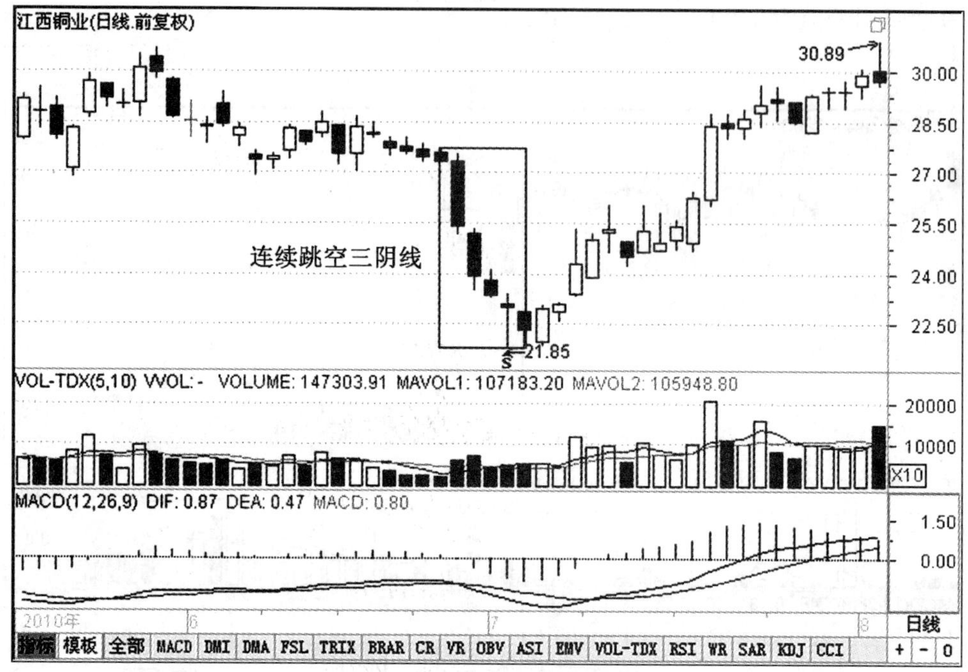

图 2－47　旭光股份　600353

看盘要点

连续跳空三阴线属于股价见底的警示信号，并不发出交易信号。当投资者发现连续跳空三阴线时，应该警惕股价见底，密切关注可能出现的入场信号。以图 2－48 为例。经过一波快速下跌之后，江西铜业出现了一个连续跳空五阴线，提示股价有可能就此见底。发现该组合之后，投资者应该加强对该股的关注，寻找其中出现的入场点。

如果连续跳空三阴线出现在重要支撑位附近，股价就此止跌的可能性更大。以图 2－49 为例。2010 年 5 月 20 日，＊ST 精伦出现一个连续跳空三阴线组合，股价见底企稳。随后，该股进入一波振荡整理行情中。2010 年 7 月 1 日，该股再次出现一个连续跳空三阴线，恰好在前低附近，进一

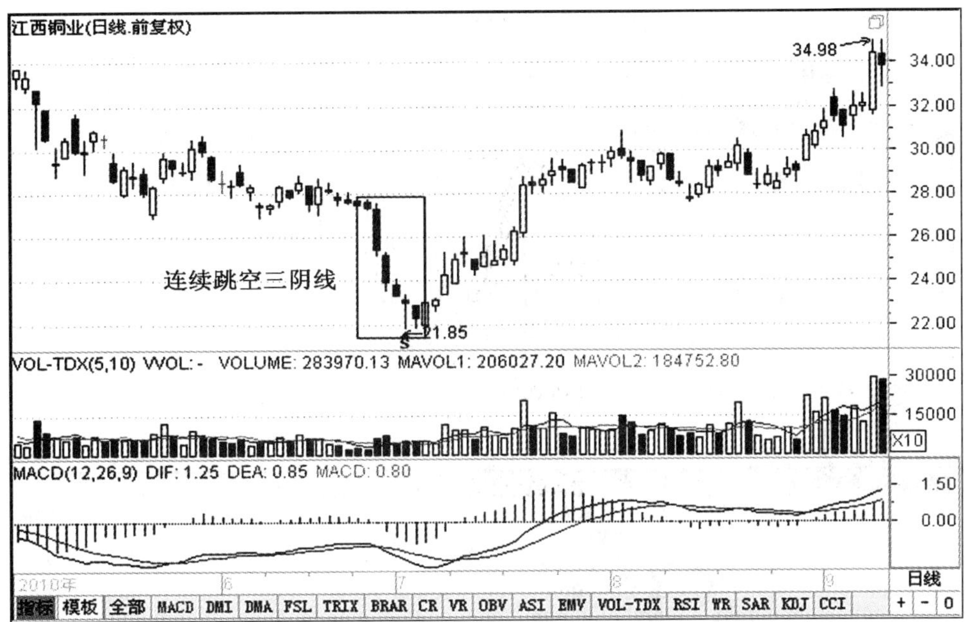

图 2－48 江西铜业 600362

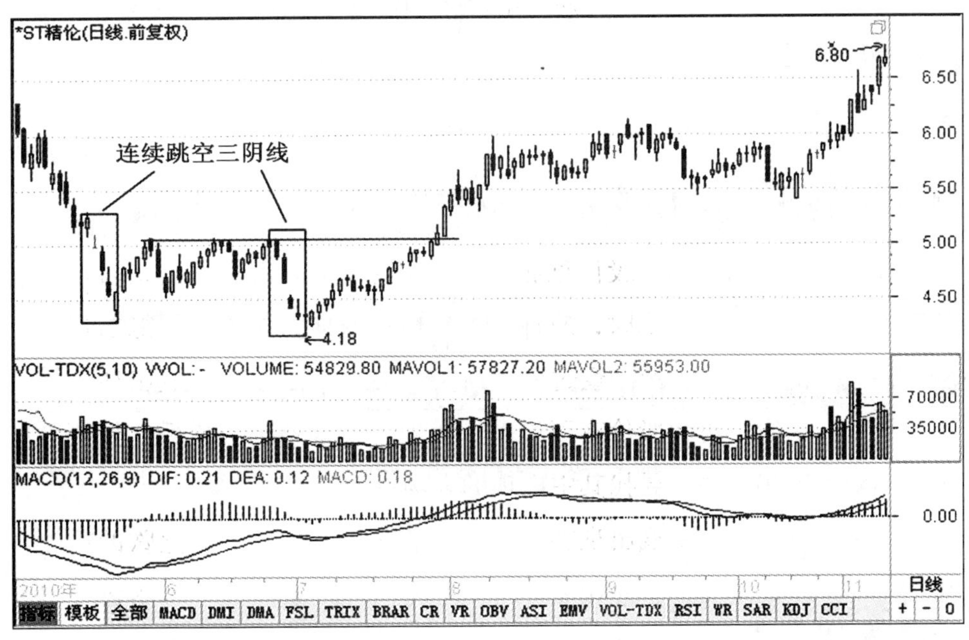

图 2－49 ＊ST 精伦 600355

步确认了股价见底的可能性，投资者可以考虑建仓了。2010 年 7 月 30 日，该股向上突破了底部整理区的上边线，筑底行情结束，后市将进入涨势中，又一个明确的入场点出现。

如果连续跳空三阴线出现一波明显的涨势之后，股价就此止跌的可能性较小。以图 2－50 为例。经过一波上涨之后，江西铜业在 51.00 元附近见顶回落，并且出现连续跳空三阴线组合，股价继续下行的概率大于就此止跌的概率。即使将其暂定为见底信号，但随后股价跌破 M 头颈线，也宣布了该信号失效。

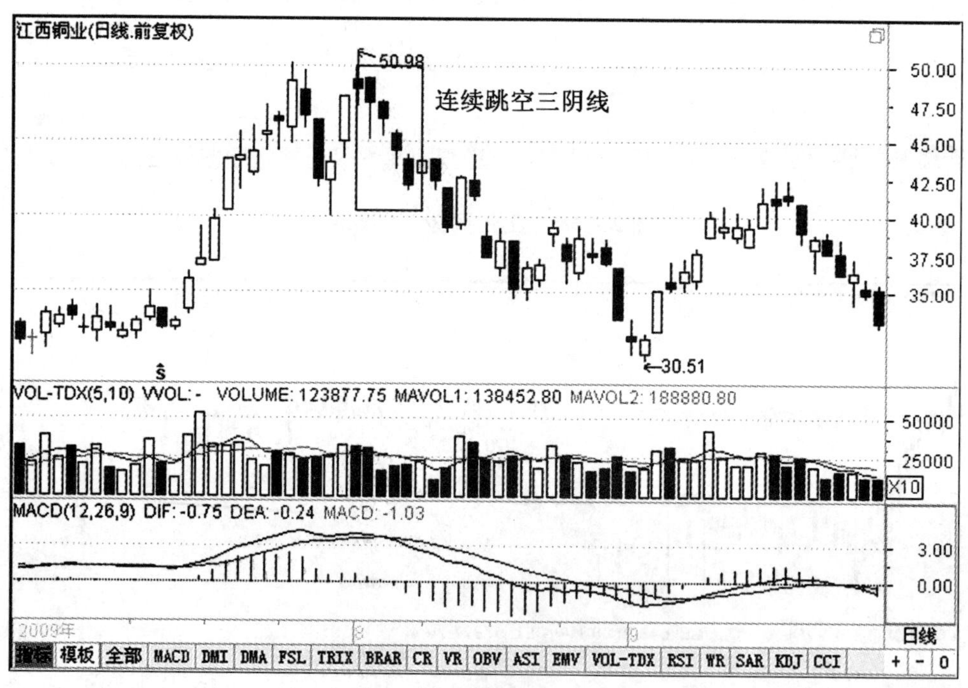

图 2－50　江西铜业　600362

实战看盘

如图 2－51 所示，2009 年 9 月 1 日，在前低附近，华联综超出现一根跳空低开的十字线，与此前的数根 K 线构成连续跳空三阴线，见底信号。由于该组合只是提示股价可能会就此见底，并不发出入场信号，因此投资者还需要耐心等待行情进一步发展。

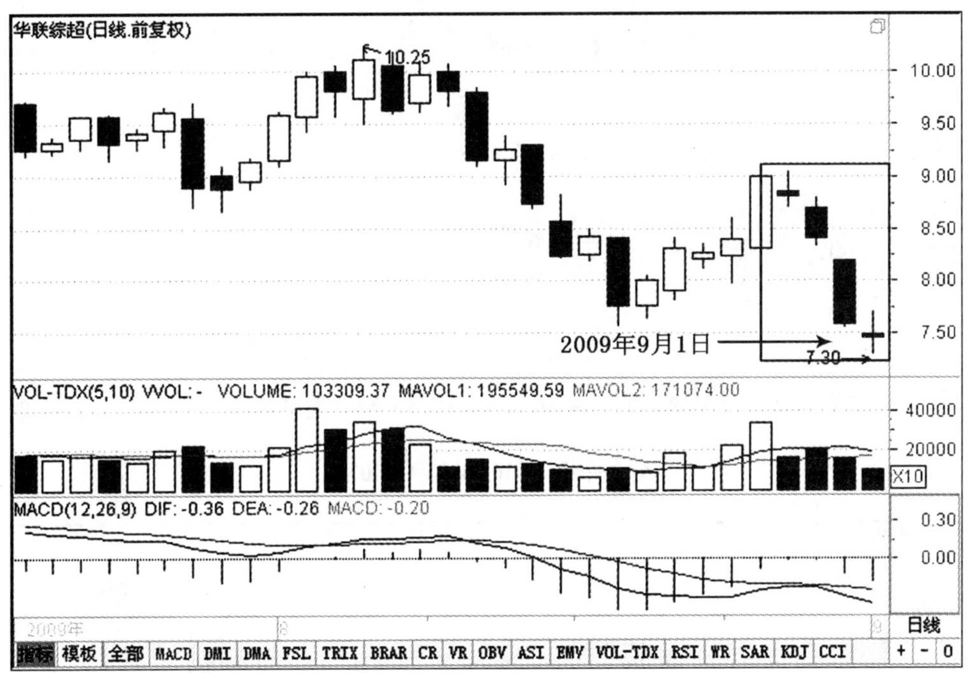

图 2－51　华联综超　600361

如图 2－52 所示，连续跳空三阴线出现之后，华联综超见底企稳。在随后的一段震荡行情中，有两次比较好的介入机会：一是在前低 7.25 附近获得支撑时，二是突破前高形成的下降趋势线时。至于如何利用这两次入场机会，需要投资者结合个人的交易策略进行选择。

如图 2－53 所示，突破下降趋势线之后，华联综超进入一波涨势之中。由此可见，不论采用哪个入场点进行建仓，投资者都有一定的获利空间。当然，该股的涨速比较缓慢，不过涨势比较平稳，投资者只要及时入场做多，获利出场应该问题不大。

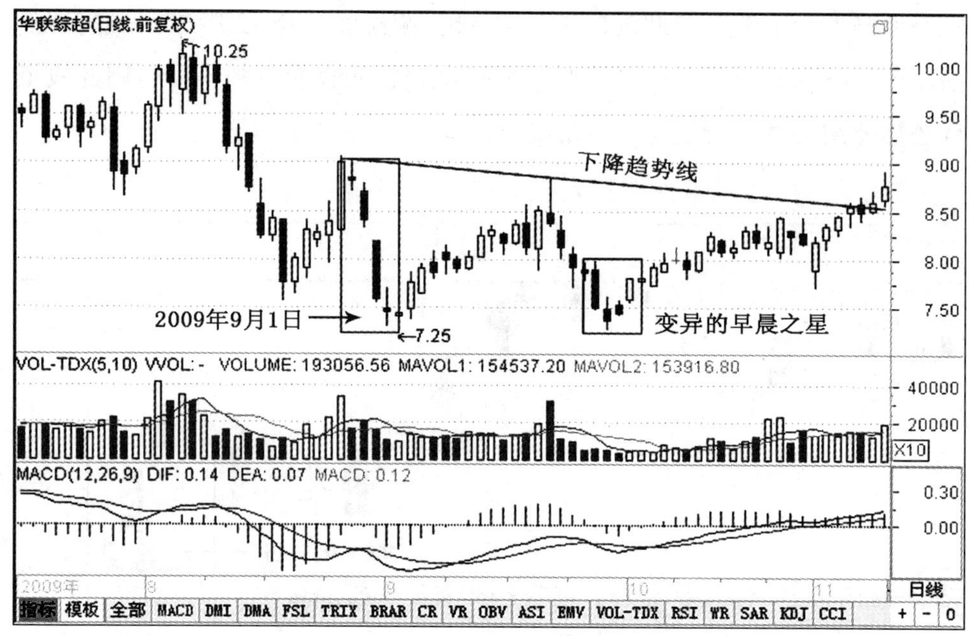

图 2－52　华联综超　600361

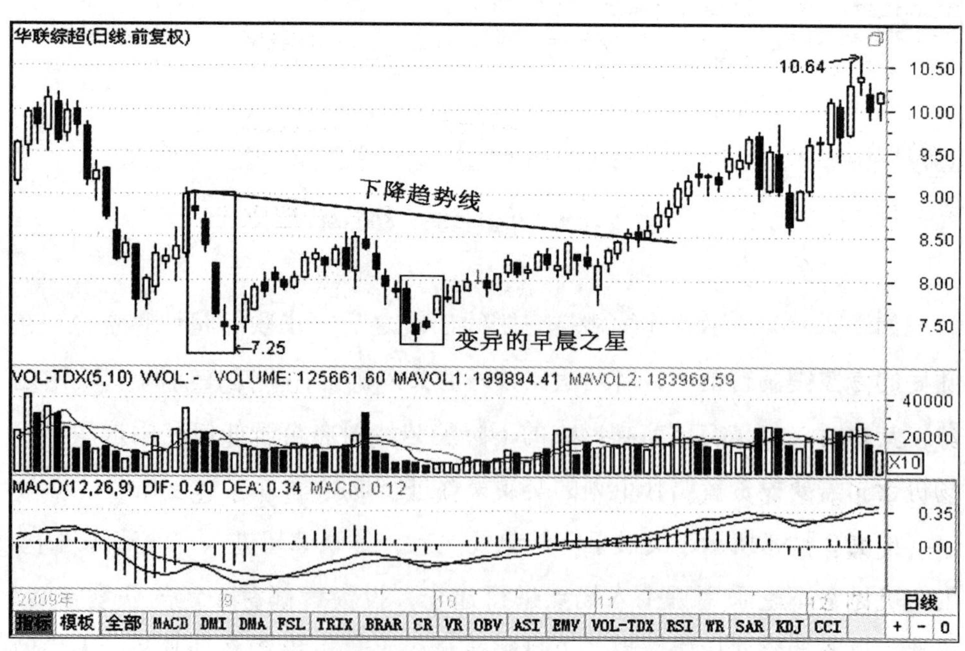

图 2－53　华联综超　600361

如图 2－54 所示，2008 年 6 月 11 日，在跌破前低支撑之后，五洲交通出现了一个连续跳空三阴线，做空动能得到快速释放，股价有可能就此见阶段性底部。发现这个见底警示信号之后，投资者应该进入作战状态，密切关注该股随后几个交易日的走势。

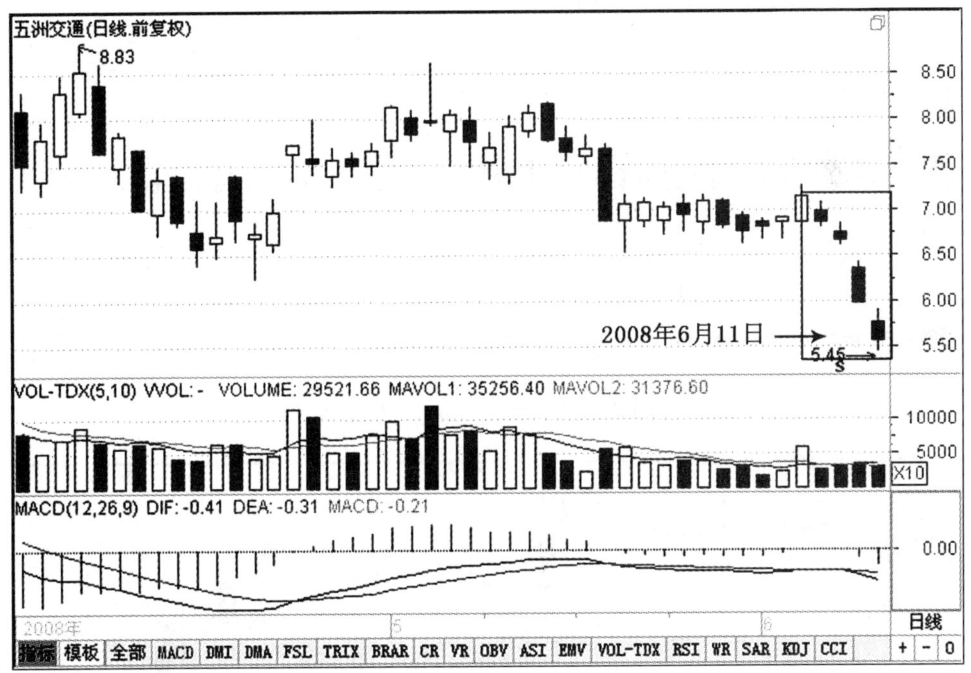

图 2－54　五洲交通　600368

如图 2－55 所示，连续跳空三阴线出现之后，五洲交通出现一根小阳线，跌势有所停顿。如果接着出现一根大阳线，股价就此见底的可能性就高很多了。然而，该股却出现了一根大阴线，彻底宣布了连续跳空三阴线组合失效，后市仍将继续下跌。

如图 2－56 所示，2010 年 5 月 20 日，在跌破前低支撑之后，西南证券出现了一个连续跳空三阴线，发出见底信号，投资者应该加强关注。至于股价能否就此止跌，此时尚是未知数，需要等待进一步的走势来判断。

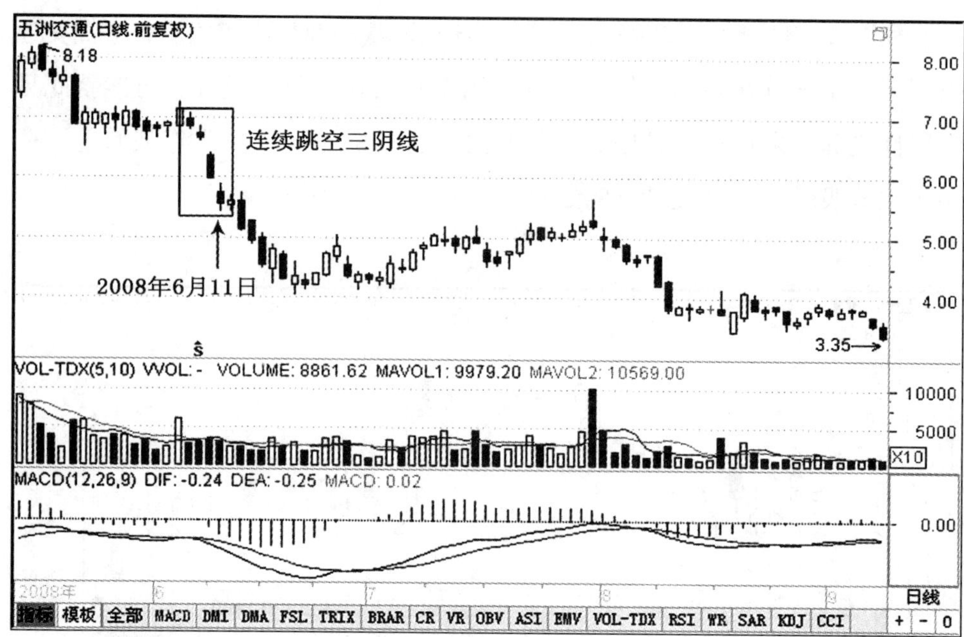

图2－55　五洲交通　600368

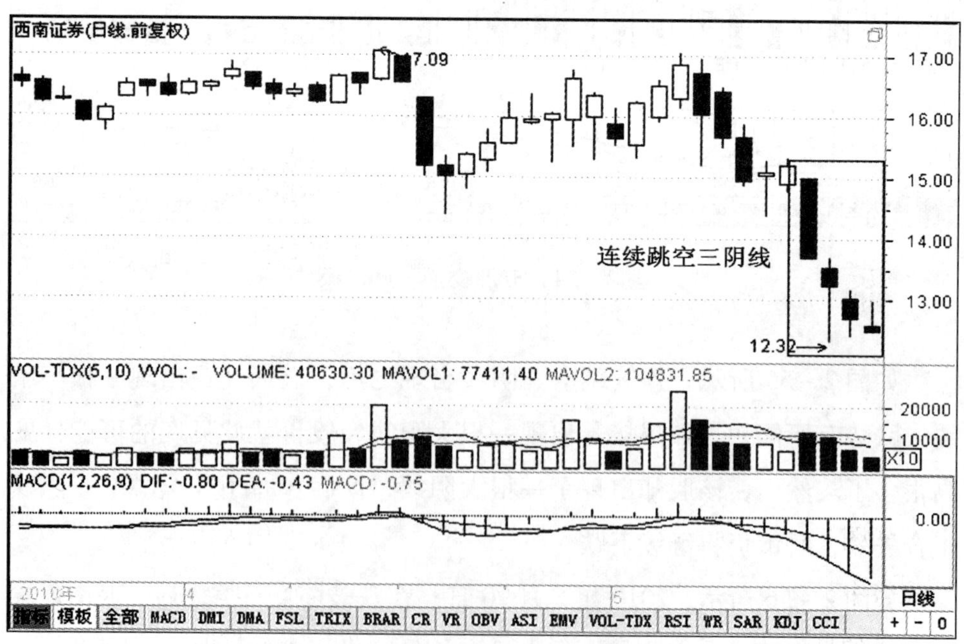

图2－56　西南证券　600369

如图 2－57 所示，连续跳空三阴线出现之后，西南证券进入反弹行情中，即见阶段性底部。由于这波反弹较弱，没有明显的入场点出现，因此投资者应继续观望。反弹结束后，该股再次进入跌势。当股价下滑至前低附近时，形成了一个小型 W 底，属于比较明确的入场信号，投资者可以试探性入场做多了。随后的涨势比较可观，投资者可以在股价突破前高压力未果后选择出场。2010 年 10 月 8 日，经过多日休市之后，该股跳空高开高走，再次在前期支撑位附近止跌，又一个入场信号出现。

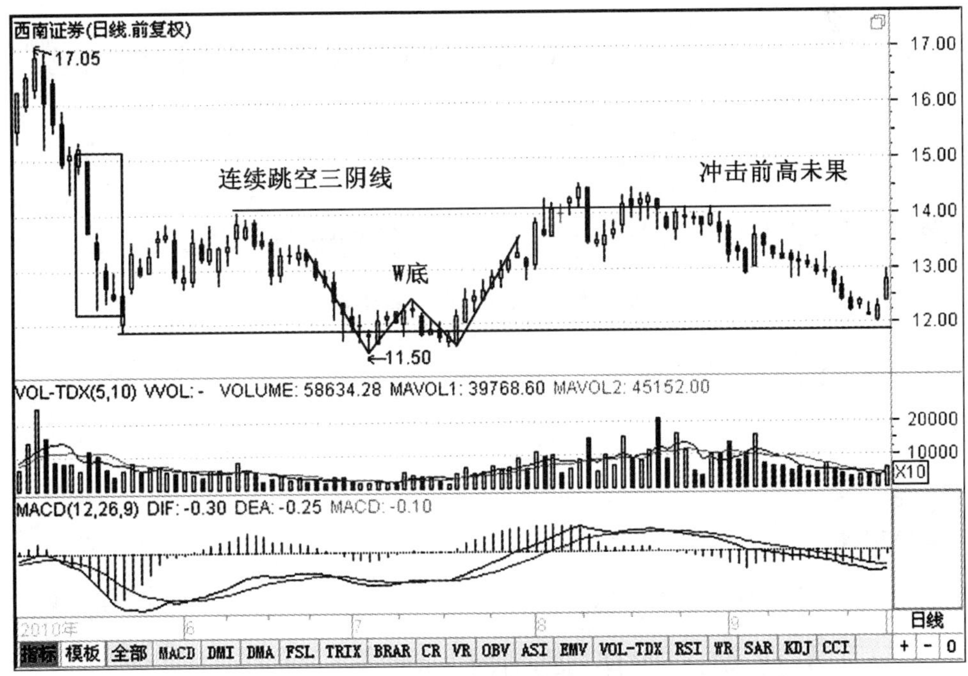

图 2－57　西南证券　600369

如图 2－58 所示，第二次在支撑位止跌之后，西南证券又一次进入一波涨势中，投资者从中可以获得不错的收益。利用这个连续跳空三阴线组合提供的见底警示信号，投资者获得了两次不错的赢利机会。由此可见，股市中真是处处有机会，就看投资者能不能把握了。

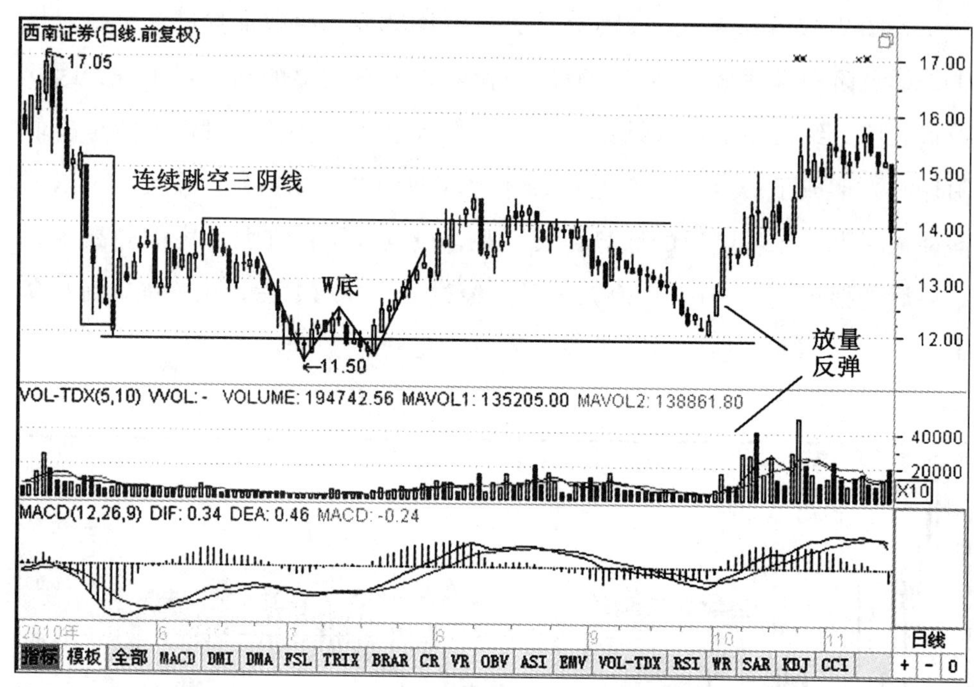

图 2-58　西南证券　600369

第六节

摇橹底部线——短线见底的警示信号

盘面特征

摇橹底部线，由多根 K 线构成，是指在一波横盘整理行情中出现一根明显低于整理区间下边线的大阳线，这根阳线如同乌篷船的木桨伸进水中的情形，故将其称为摇橹底部线，见图 2－59。

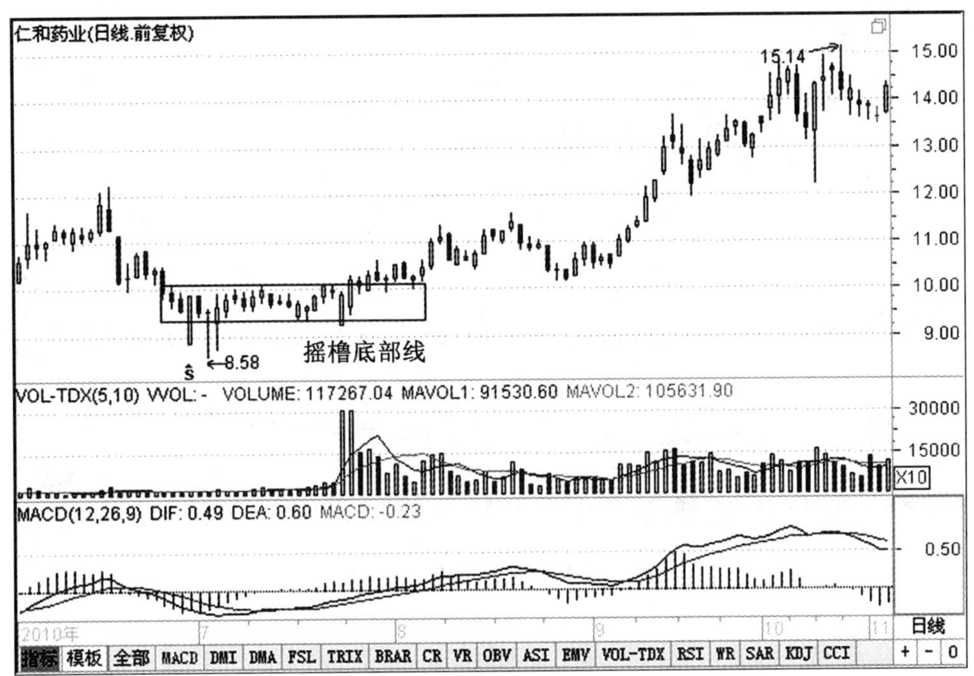

图 2－59　仁和药业　000650

看盘要点

摇橹底部线属于短线见底信号，出现的几率比较小。投资者一旦发现摇橹底部线，可以考虑择机介入。以图 2－60 为例。在一波整理行情中，青海明胶出现一根明显低开的假阳线，形成了摇橹底部线组合。当股价向上突破这个整理区的上边线压力时，成交量明显放大，投资者可以跟随建仓，短期之内有不错的获利空间。

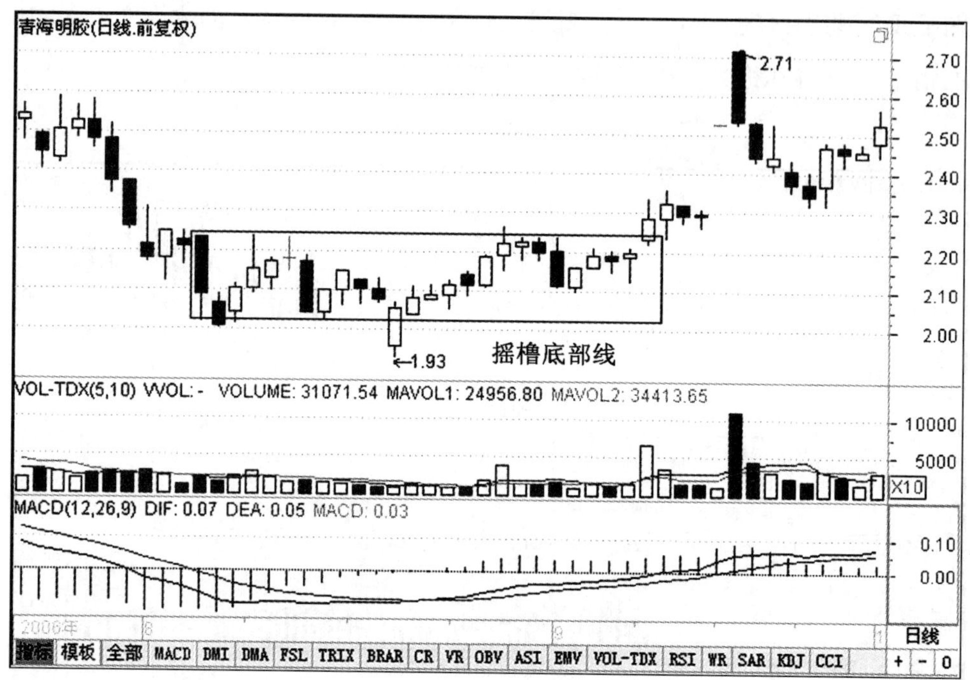

图 2－60　青海明胶　000606

实战看盘

如图 2－61 所示，2008 年 10 月 28 日，昆百大 A 大幅跳空低开，直接跌破了此前低点形成的支撑线。开盘后，该股一路走高，最终报收于前低价位之上。随后，该股继续振荡整理行情，摇橹底部线组合已经显露无遗。此时，投资者已经可以择机介入了。

如图 2－62 所示，2008 年 11 月 10 日，昆百大 A 出现一根阳线，向上突破了整理区间的上边线，伴随着明显的放量，入场信号出现。对于稳妥的投资者而言，此时入场更加安全。向上突破摇橹底部线的整理区间之后，该股进入了一波涨势中。只要投资者介入时机把握得当，这波涨势还是提供了不错的获利空间。

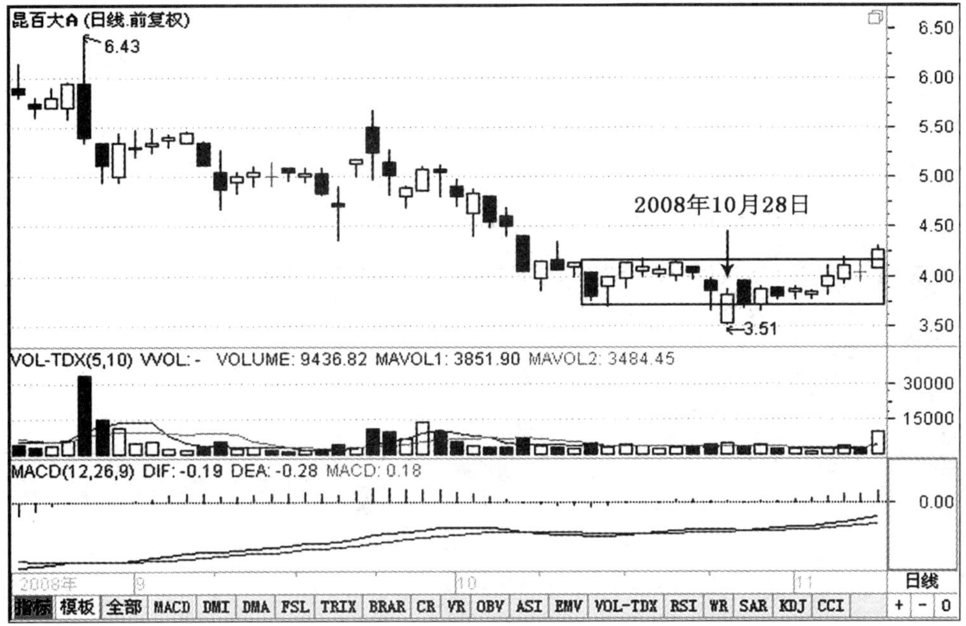

图 2-61 昆百大 A 000560

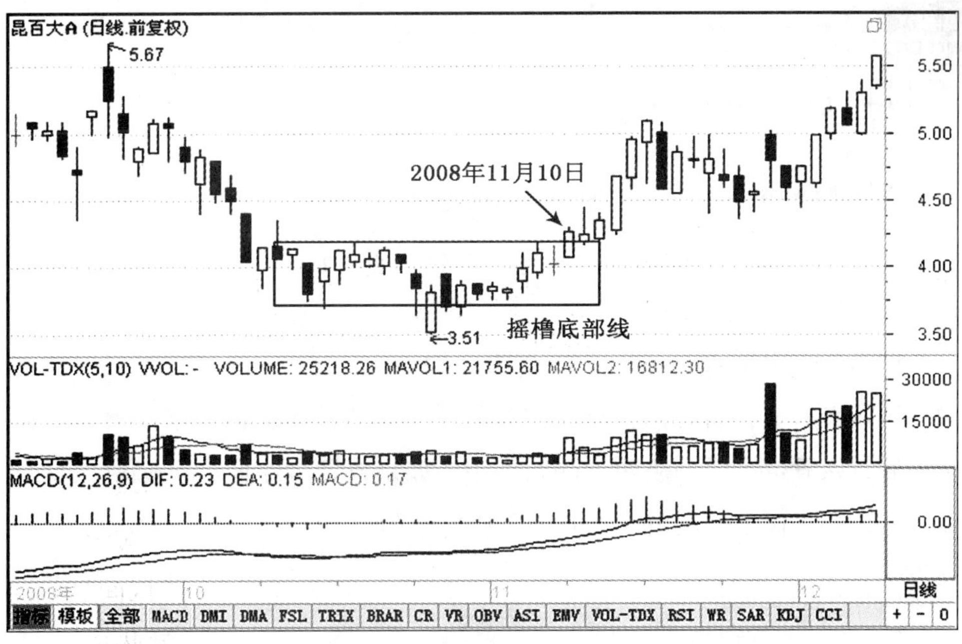

图 2-62 昆百大 A 000560

如图 2－63 所示，2004 年 11 月 8 日，经过数个交易日的整理，方兴科技出现一根大幅低开的阳线，摇橹底部线初步成型。随后，该股复位继续整理，摇橹底部线确认。面对这个见底信号，投资者可以考虑逢低介入，也可以等待股价向上突破时再介入。

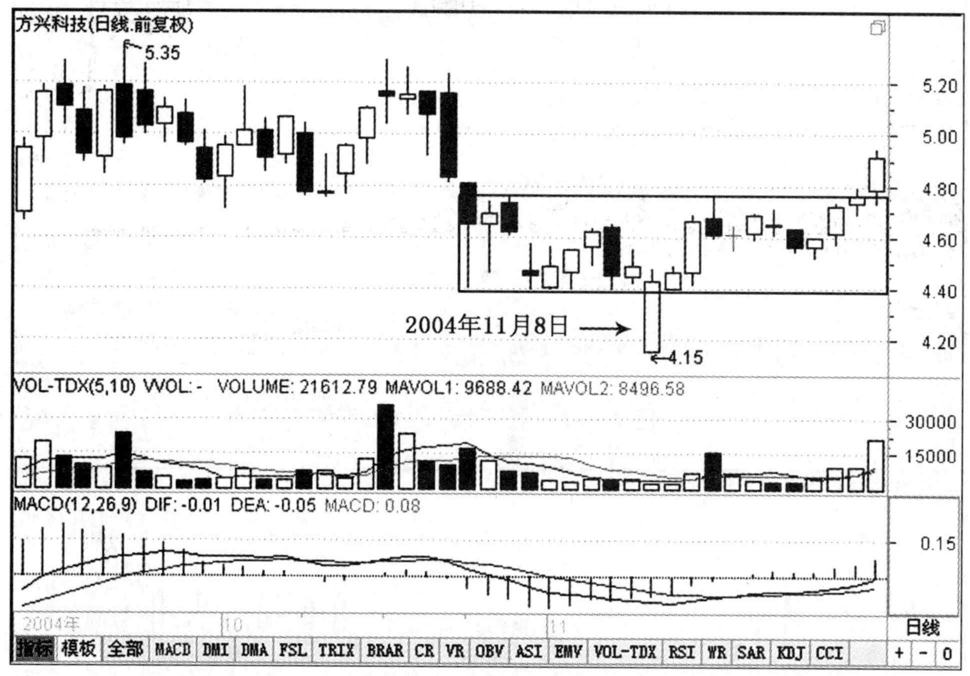

图 2－63　方兴科技　600552

如图 2－64 所示，向上突破摇橹底部线的整理区间之后，方兴科技并没有进入涨势中，而是在相对高位展开了又一波整理行情。这波整理行情结束后，该股进入了一波明显的跌势中。如果投资者在向上突破时入场做多，最终能够保本出场就已经是很不错的结局了。

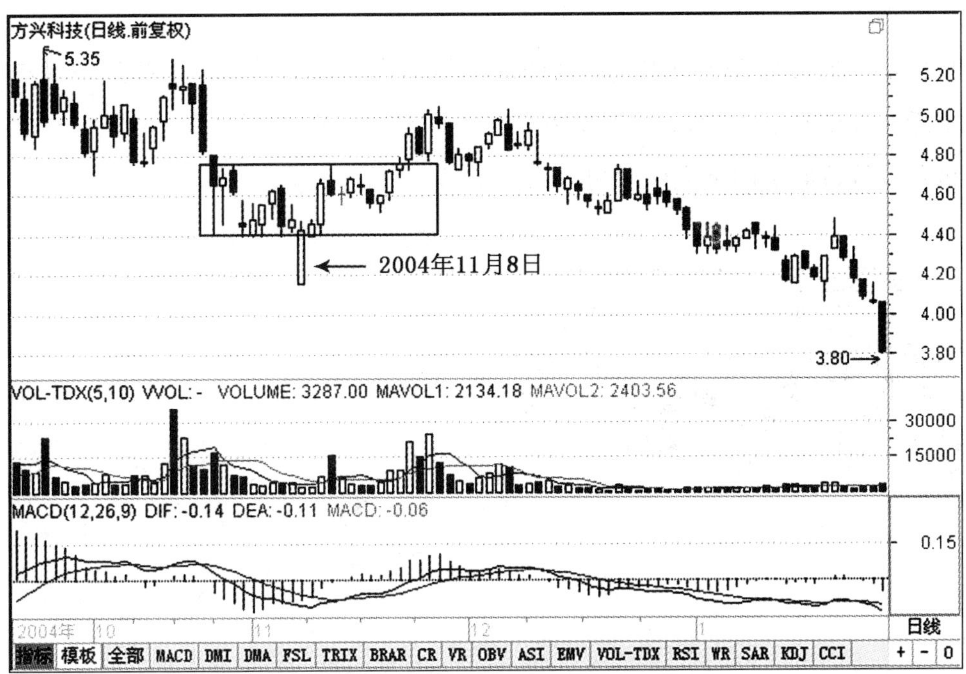

图 2－64 方兴科技 600552

第3章 反转形态之见底形态

fanzhuanxingtaizhijiandixingtai

第一节

W 底——简单有效的见底信号

盘面特征

W 底，由多根 K 线构成，是指在下跌趋势的末期出现两个价格相近的底，而且股价已经向上突破双底之间的高点（即颈线），其走势外观如英文字母“W”，见图 3－1。

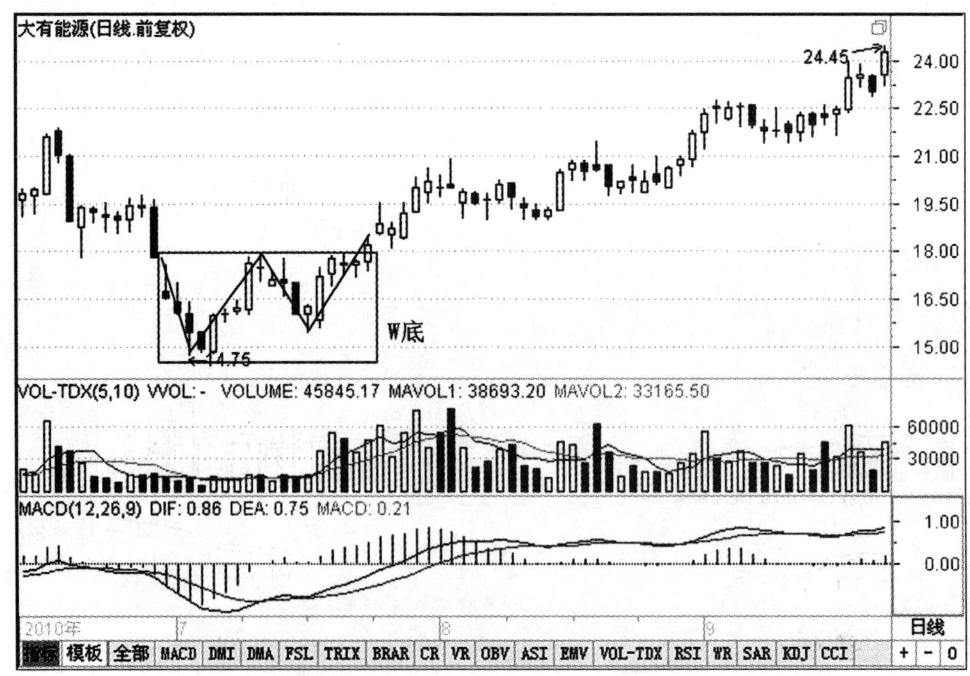

图 3－1 大有能源 600403

具体而言，W 底具有如下盘面特征：

（1）出现在一波下跌行情之后，而且已经有明显的跌幅。

（2）通常第二个底部高于第一个底部。

（3）股价向上突破颈线压力时，伴随着明显的放量。

看盘要点

W 底属于中线见底信号，投资者一旦发现，可以据此择机入场。以图 3－2 为例。在一波回调行情中，江淮汽车出现了两个价格相近的底部，W 底初步成形。2009 年 9 月 9 日，该股出现一根大阳线，向上突破了双底之间的高点（即颈线），W 底正式确认，投资者可以考虑就此入场了。

如果 W 底出现在重要支撑位附近，后市进入涨势的可能性更高。以图

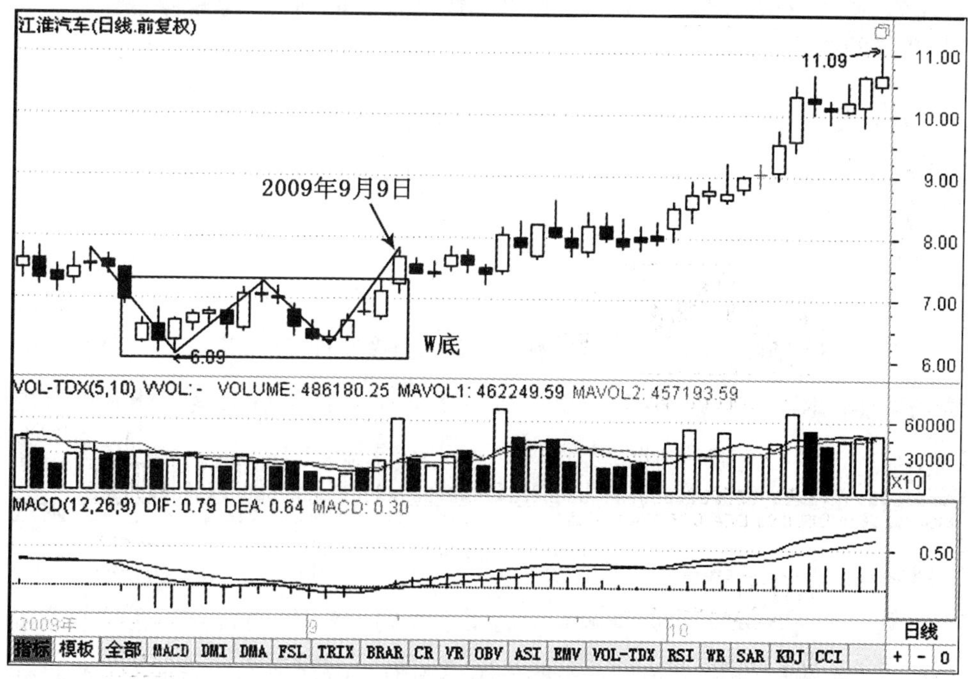

图 3－2　江淮汽车　600418

3－3为例。在前低支撑位附近，赛马实业出现一个 W 底形态，股价很有可能就此见底企稳。因此，当股价向上突破 W 底颈线时，投资者可以跟随入场做多。

图 3－3 赛马实业 600449

在突破 W 底颈线之后，如果股价回调至颈线附近获得支撑，后市继续上涨的可能性较高。以图 3－4 为例。在突破 W 底颈线时，双良节能并没有出现明显的放量，突破的有效性值得怀疑，投资者可以不采纳该入场信号。随后，股价冲高至前期压力位附近见顶。经过两波回调，该股在 W 底颈线附近出现一个早晨之星组合，见底信号。此时，投资者可以考虑逢低介入。

利用 W 底形态，可以推测股价后市上涨的目标价。设定 W 底的颈线价位为 A，颈线与和 W 底最低点之间的距离为 H，W 底成形后的第一上涨目标价为 A＋H，第二目标价为 A＋1.618H，第三目标价为 A＋2H。以图 3－5 为

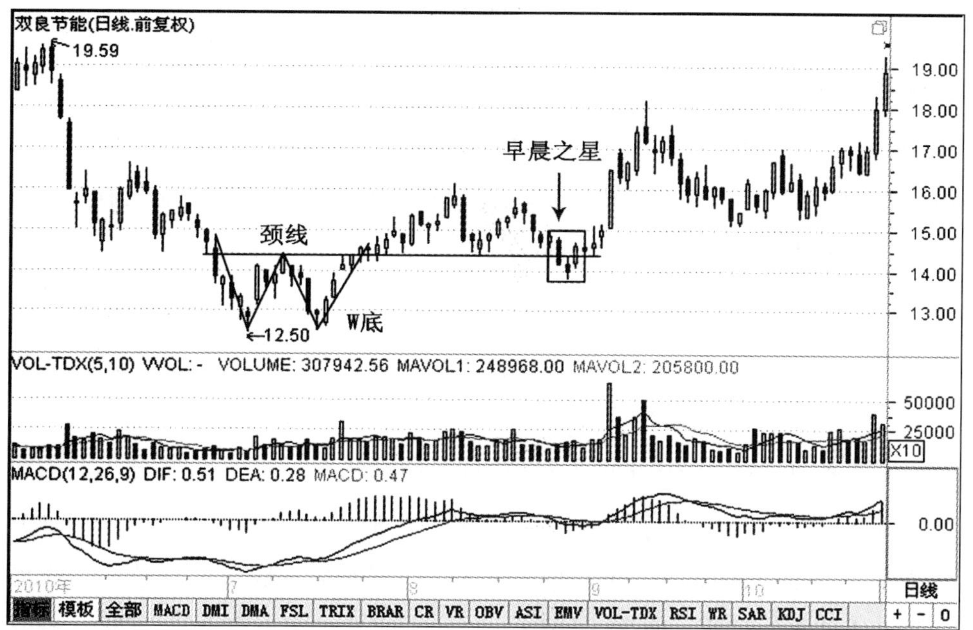

图 3－4　赛马实业　600449

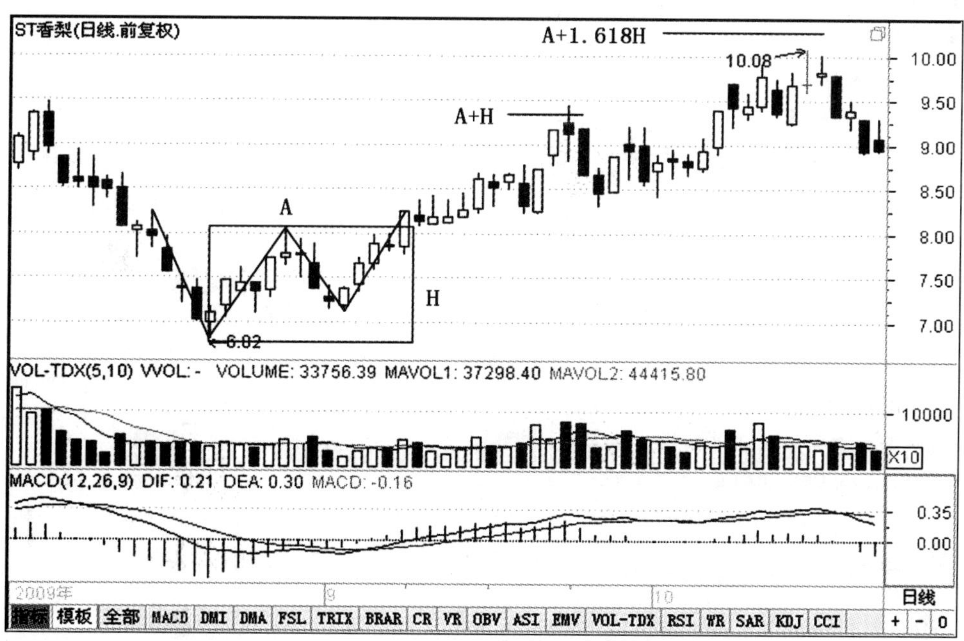

图 3－5　ST 香梨　600506

例，ST 香梨的 W 底确认之后，就可以推算其后市上涨的目标价了。根据 W 底颈线 8.08 元和 W 底最低点 6.82 元，计算出 H = 8.08 - 6.82 = 1.26 元，第一目标价为 8.08 + 1.26 = 9.34 元，第二目标价为 8.08 + 1.26 × 1.618 = 10.12 元。从图中可看出，股价在达到第一目标价后进入调整期，在接近第二目标价位时见顶回落。

实战看盘

如图 3 - 6 所示，2010 年 7 月 20 日，扬农化工出现一根大阳线，伴随着明显的放量，突破了前期高点的压制，W 底形态正式确认。不仅如此，在 W 底左底创出新低 16.06 元时，MACD 出现明显的底背离现象，同样提示了股价见底的可能。因此，尽管该股处于明显的下跌趋势中，此时投资

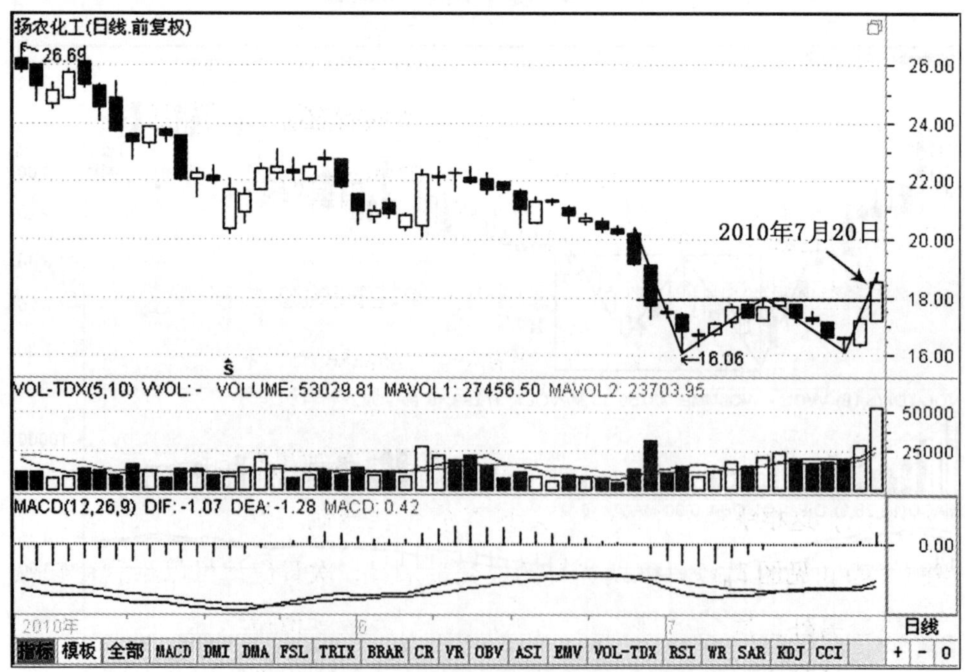

图 3 - 6　扬农化工　600486

者还是可以考虑适度入场做多。

如图 3－7 所示，W 底形态确认之后，扬农化工进入一波明显的涨势中。随着股价的上涨，MACD 也逐渐上升，并且向上顺利突破了 0 轴线，市场彻底转势，投资者可以耐心持股待涨。只要投资者遵守交易纪律，等待明确的出场信号出现时再考虑离场，这笔交易应该可以获得不错的收益。

图 3－7　扬农化工　600486

如图 3－8 所示，2010 年 12 月 8 日，晋西车轴出现一根涨停大阳线。严格来说，这根涨停大阳线并未突破 W 底颈线压制。不过，从当日该股涨停的气势（见图 3－9）以及当日的成交量来看，次日应该可以顺利突破颈线压制。另外，这个 W 底出现在前期高点形成的支撑位之上，后市进入涨势的可能性较高。因此，投资者当日就可以考虑挂单追涨停，当然买入的机会比较小。

图3-8　晋西车轴　600495

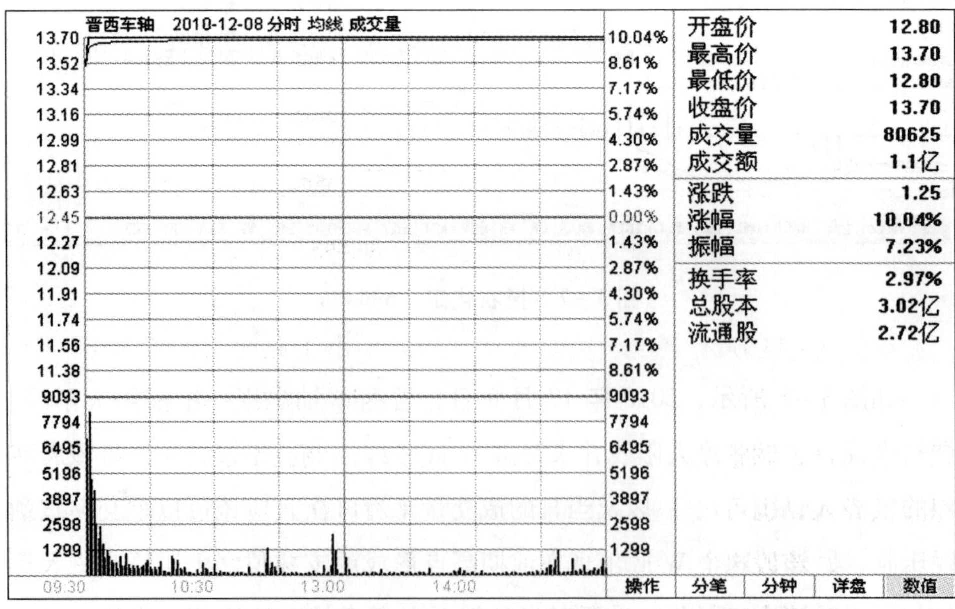

图3-9　晋西车轴　600495

如图3－10所示，2010年12月9日，晋西车轴大幅跳空高开，直接向上突破了W底颈线，日线级别的买入信号已经出现。开盘后，该股围绕均价线展开振荡。在此期间，前一交易日未能介入的投资者，可以考虑逢低介入。最终，该股以涨停价报收，而且还向上突破了前高压力，又一个看涨信号。

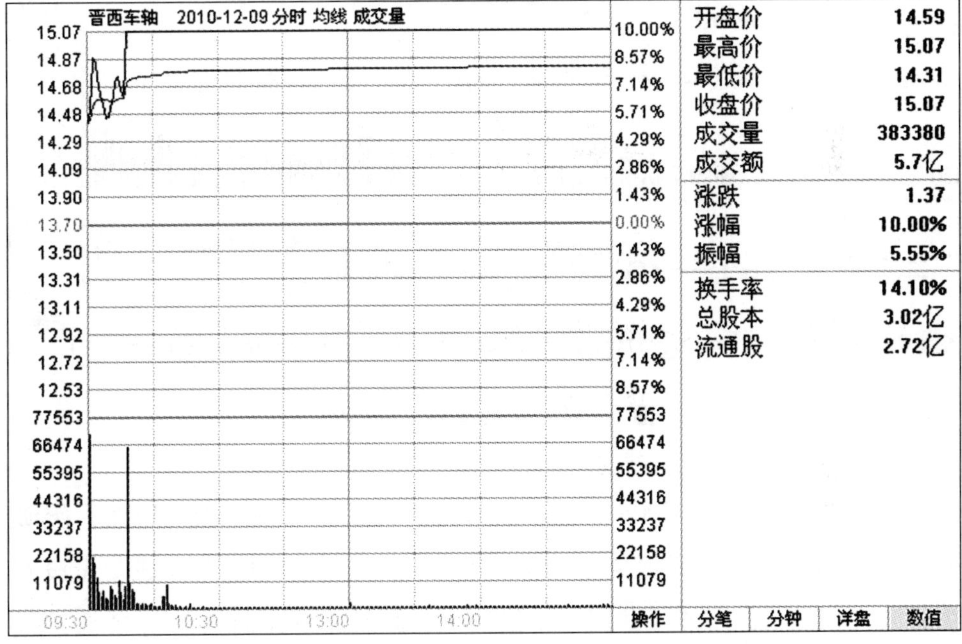

图3－10　晋西车轴　600495

如图3－11所示，接下来的一个交易日，由于此前的连续两个涨停，盘中积聚了大量的获利盘，晋西车轴进入调整期，收出一根小阴线。对于强势股而言，调整期是不错的介入机会。当日，该股振幅较大，投资者可以逢低介入，也可以在收盘前确认风险不大时再介入。经过一个交易日的洗盘之后，该股再次开始发力上攻，接连又出现了两根涨停阳线。由此可见，在出现买入信号时，如果投资者能够果断介入，短线将获得极大的收益。

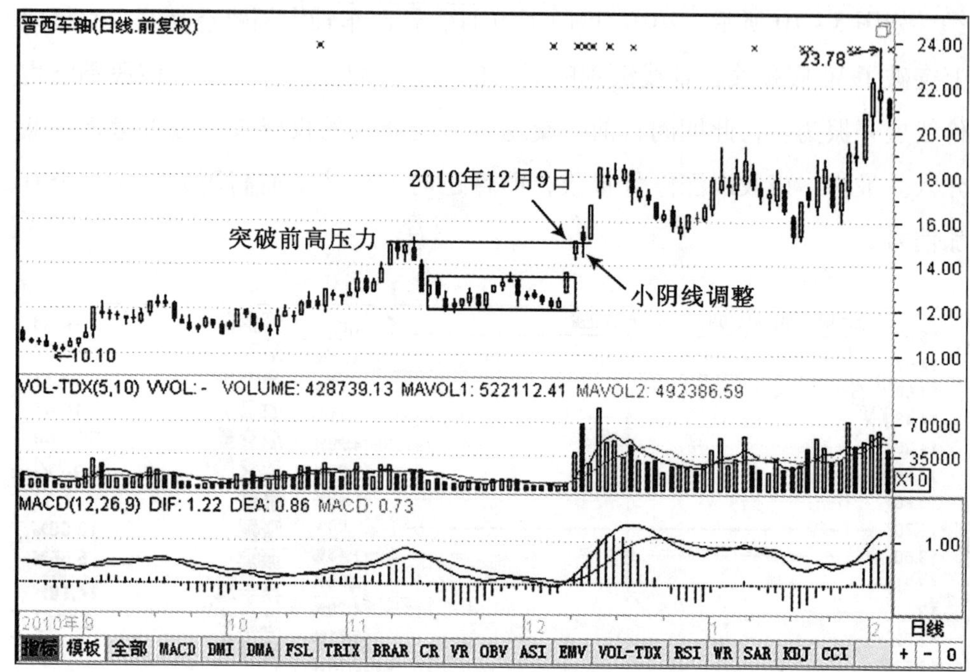

图3-11 晋西车轴 600495

如图3-12所示，2008年4月8日，国药股份出现一根中阳线，突破了W底颈线的压制，见底信号确认。不过，此次突破颈线时，成交量没有明显放大，显示做多能量薄弱。不仅如此，此时股价还面临前期M头颈线的压制，后市难言乐观。因此，投资者可以考虑暂时不参与这次突破，等待行情进一步明朗之后再做决定。

如图3-13所示，次日，国药股份出现一根大阴线，股价重新回到了颈线之下，证明此前的突破为假突破，W底构筑失败，见底信号失效。如果投资者在前一交易日入场追涨，此时必须离场，因为凭以入场的条件没有了。随后，该股进入了振荡下跌的行情之中。

如图3-14所示，2009年9月7日，豫光金铅出现一根跳空高开的小阳线，伴随着成交量明显的放大，突破颈线压制，W底确认，投资者可以跟随入场。建仓之后，投资者应该根据W底的最低点12.97元和颈线

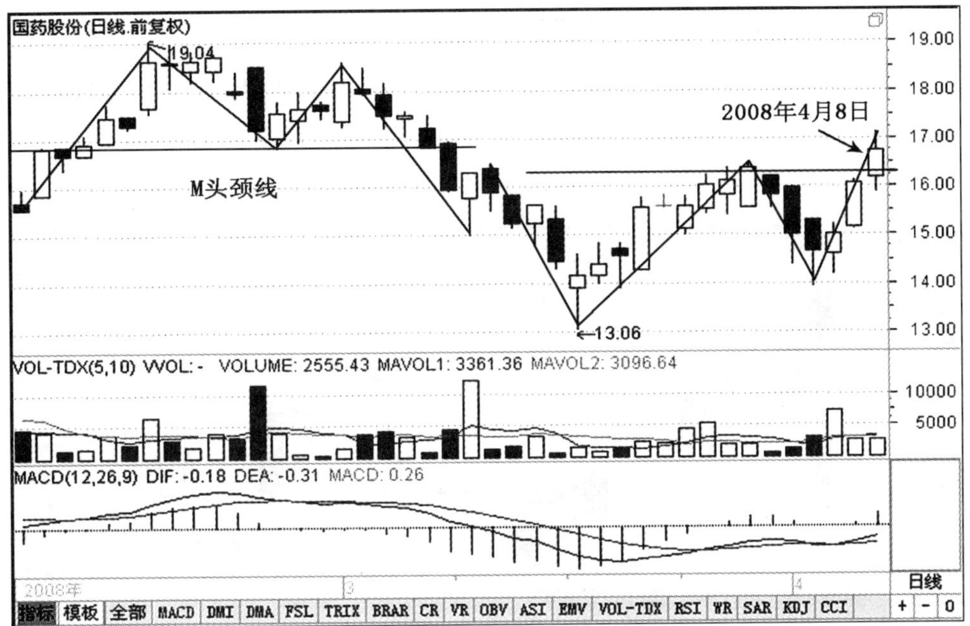

图 3-12 国药股份 600511

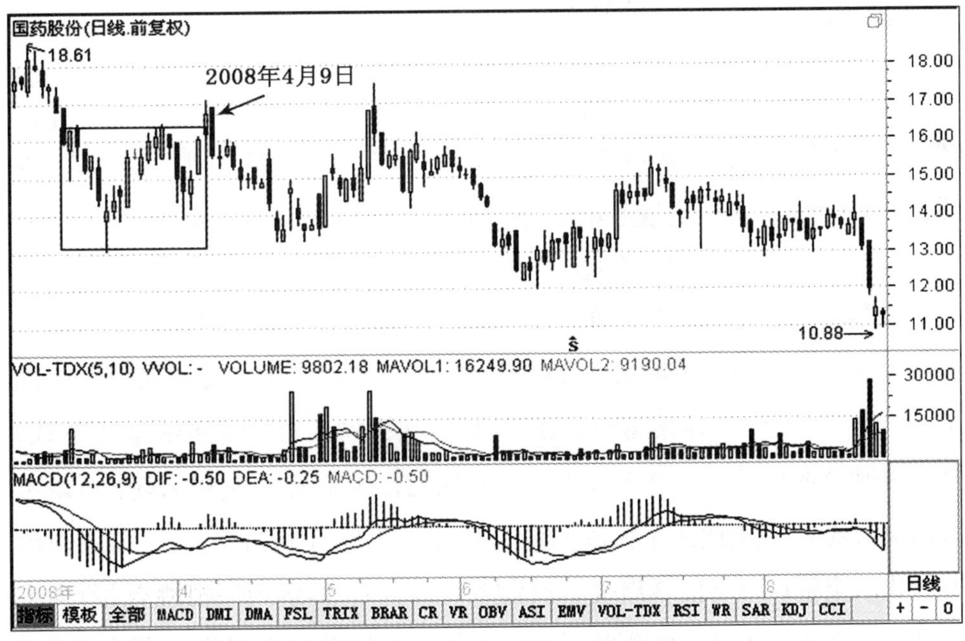

图 3-13 国药股份 600511

16.31 元计算上涨目标价：第一目标价，16.31 +（16.31 - 12.97）= 19.65 元；第二目标价，16.31 +（16.31 - 12.97）×1.618 = 21.71 元；第三目标价，16.31 +（16.31 - 12.97）×2 = 22.99 元。

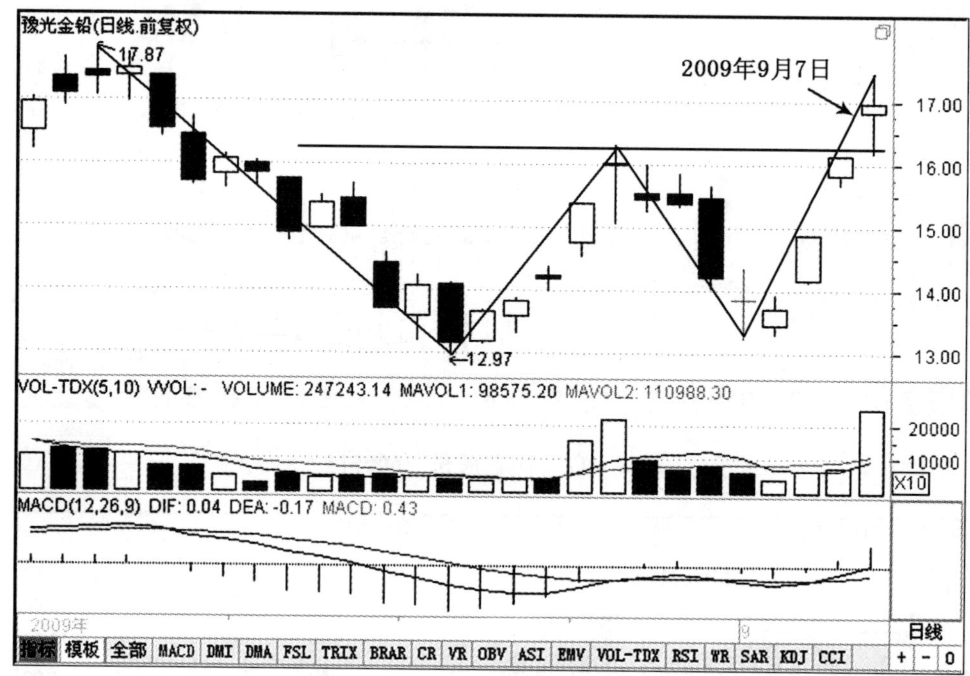

图 3 - 14　豫光金铅　600531

如图 3 - 15 所示，当股价上涨至第一目标价 19.65 元附近时，豫光金铅出现一根长上影线的阴线，短线见顶信号，可以考虑高抛。当股价上涨至第二目标价 21.71 元附近时，连续出现 3 根阴线，第一根具有长上影线，第二根股价重心下移，第三根跳空低开低走，显示见顶迹象，同样可以考虑出场。随后，该股进入一波回调行情中。当股价回调至 W 底颈线附近时，止跌企稳，入场信号出现，投资者可以重新入场。如果此后股价向上突破了前高 21.92 元，投资者可以进行加仓；如果股价在前高附近遭遇压力，投资者应清仓离场。

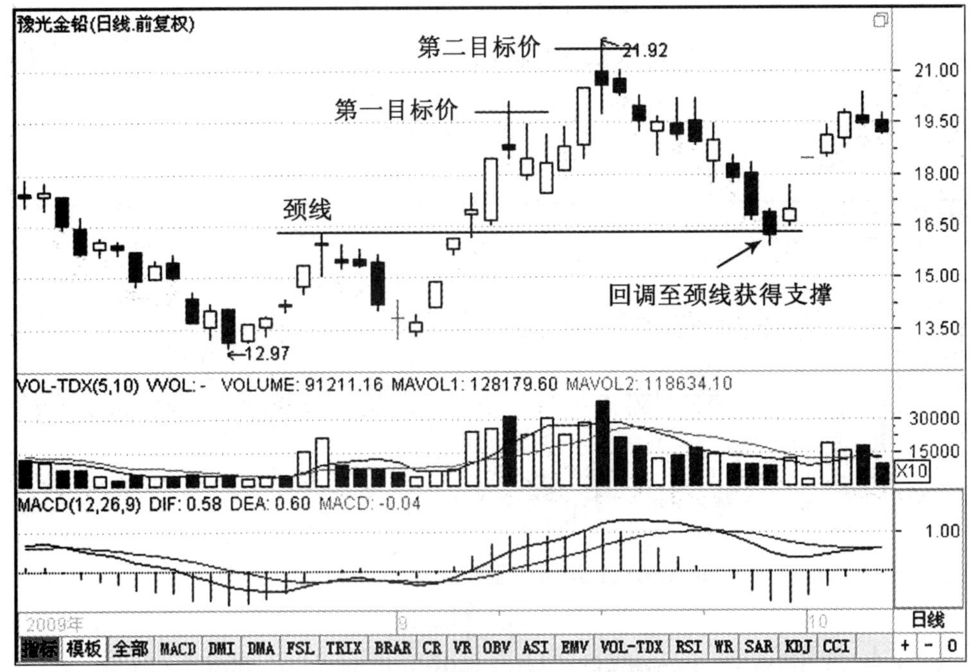

图 3-15　豫光金铅　600531

第二节

三重底——复杂多变的见底信号

盘面特征

三重底，由多根 K 线构成，是指在下跌趋势的末期出现三个价格相近的底，而且股价已经向上突破三个底部之间的两个高点的连线（即颈线），见图3－16。如果三个底部之间的右侧高点高于左侧高点，以过右侧高点的水平线为颈线，突破颈线压制后，三重底确认，见图3－17。

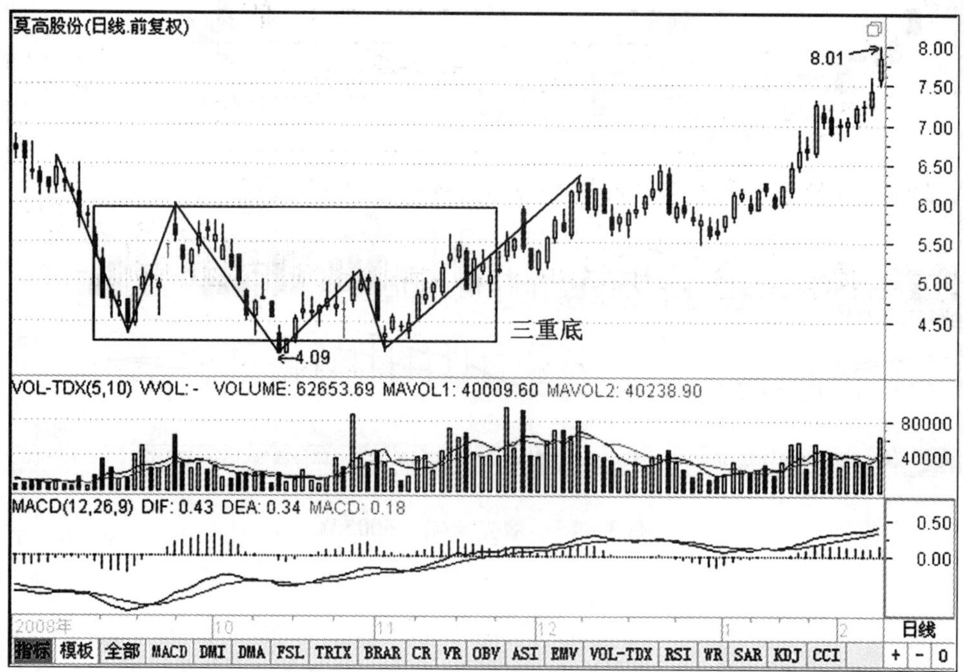

图3－16　莫高股份　600543

具体而言，三重底具有如下盘面特征：

（1）出现在一波下跌行情之后，而且已经有明显的跌幅。

（2）最右侧底部的成交量通常明显高于其他两个底部的成交量。

（3）股价向上突破颈线压力时，伴随着明显的放量。

（4）三重底构筑的时间比较长。

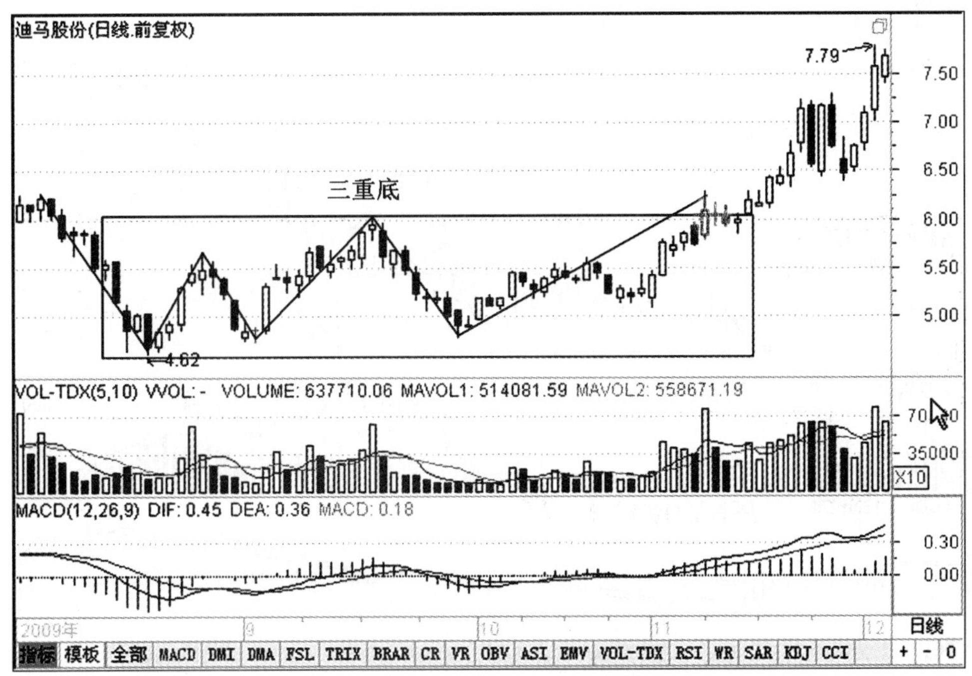

图 3 – 17 迪马股份 600565

看盘要点

三重底属于中线见底信号。相比 W 底，三重底的筑底过程更加复杂，就此见底的可能性较低，投资者必须要灵活面对。通常而言，投资者可以考虑在三重底确认时择机入场。以图 3 – 18 为例。经过两个多月的振荡整理，惠泉啤酒出现了三个价格相近的底部，三重底初步成形。2009 年 10 月 22 日，该股出现一根长上影小阳线，向上突破了三重底右侧高点（即颈线）。由于突破的幅度有限，投资者不宜立刻入场做多。2009 年 11 月 3 日，该股出现一根中阳线，突破颈线的幅度超过 3%，并且伴随着明显的放量，三重底可以确认了，投资者应该考虑就此入场。

如果三重底出现在重要支撑位附近，后市进入涨势的可能性更高。以

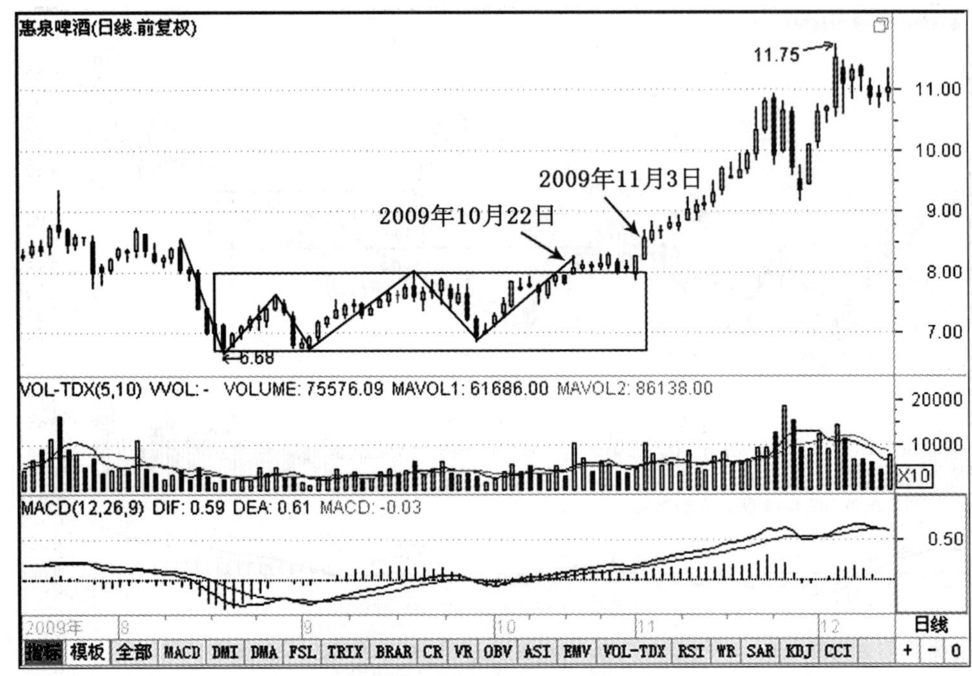

图 3－18　惠泉啤酒　600573

图 3－19 为例。在前期高点形成的支撑位附近，龙溪股份出现一个三重底形态，股价很有可能就此见底企稳。因此，当三重底正式确认的时候时，投资者应该考虑跟随入场做多。

在突破三重底颈线之后，如果股价回调至颈线附近获得支撑，后市继续上涨的可能性较高。以图 3－20 为例。在突破三重底颈线之后，锦江投资仅仅上涨了一个交易日，随后就进入了调整行情中。经过一段时间的回调，该股在三重底颈线上方获得支撑，随后进入一波涨势中。

利用三重底形态，可以推测股价后市上涨的目标价。设定三重底的颈线价位为 A，最低点三重底颈线之间的垂直距离为 H，三重底成形后的第一上涨目标价为 A＋H，第二目标价为 A＋1.618H，第三目标价为 A＋2H。以图 3－21 为例。八一钢铁的三重底确认之后，就可以推算其后市上涨的目标价了。根据三重底最低点 8.63 和三重底颈线价 11.43 元（本例以三重

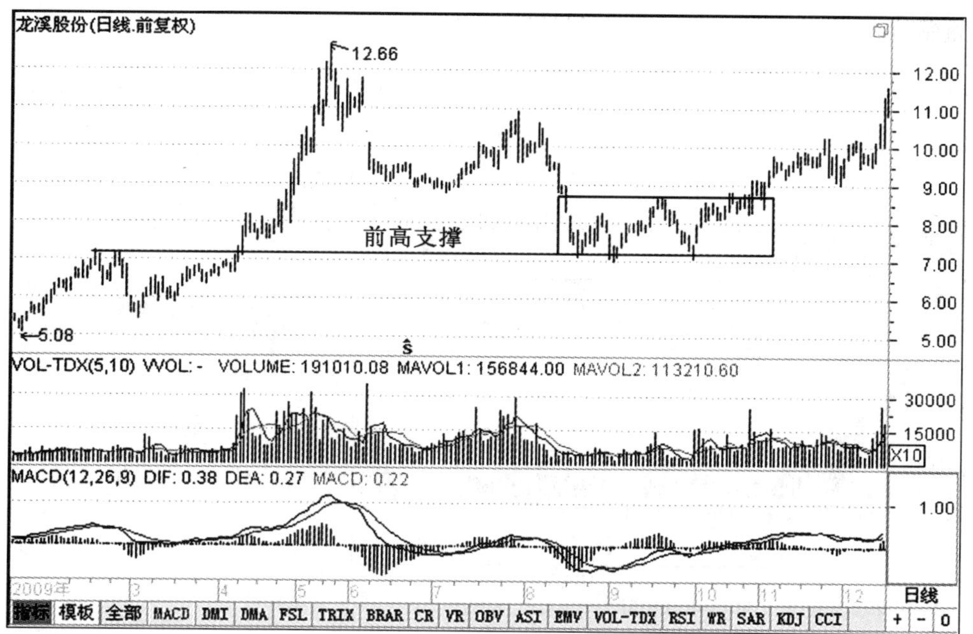

图 3-19 龙溪股份 600592

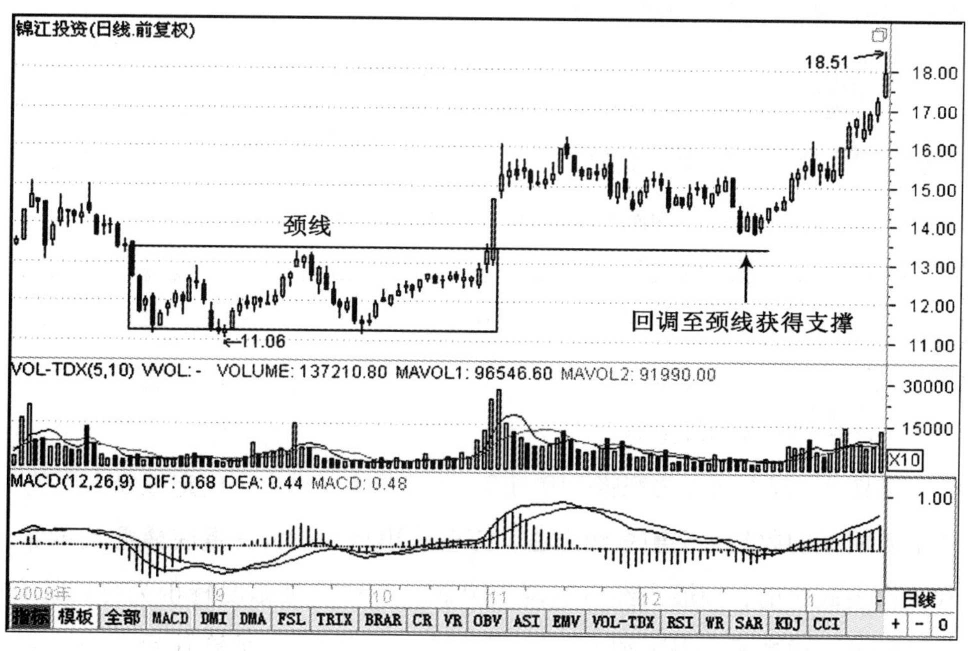

图 3-20 锦江投资 600650

底左侧高点为颈线价），计算出 H = 11.43 - 8.63 = 2.8 元，那么，第一目标价为 11.43 + 2.8 = 14.21 元。从图中可见，达到第一目标价后，股价至此进入调整期。

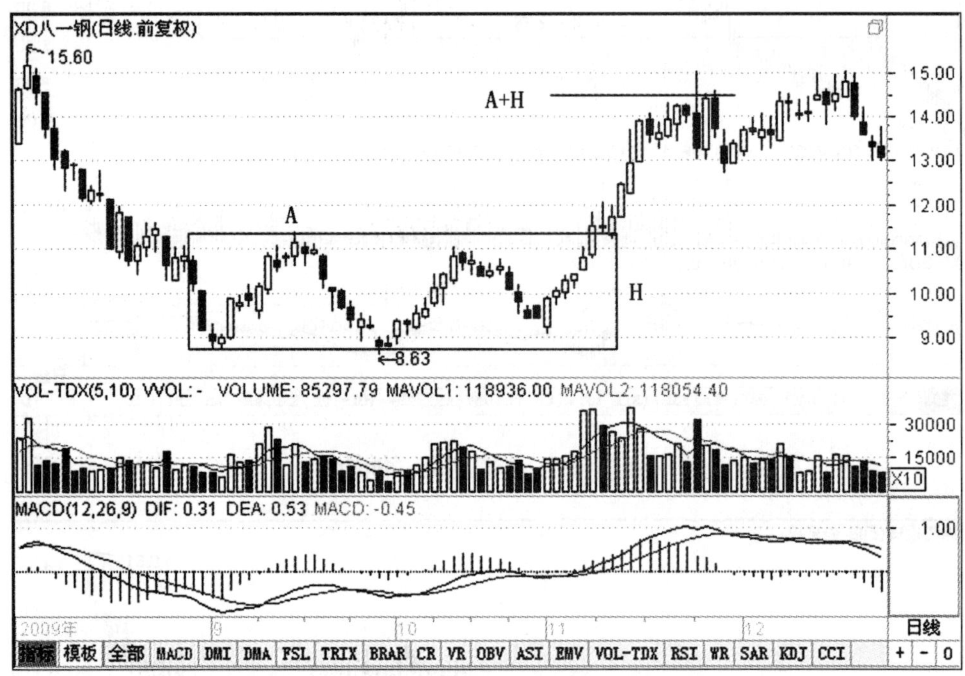

图 3-21　八一钢铁　600581

实战看盘

如图 3-22 所示，2009 年 10 月 28 日，龙溪股份出现一根涨停大阳线，伴随着明显的放量，突破颈线压制，三重底确认，投资者可以择机入场了。在此次突破之前，该股已经有过两次突破，不过突破幅度较小，突破的有效性较低，通常不予以采纳。

如图 3-23 所示，三重底确认之后，龙溪股份进入一波涨势之中。不

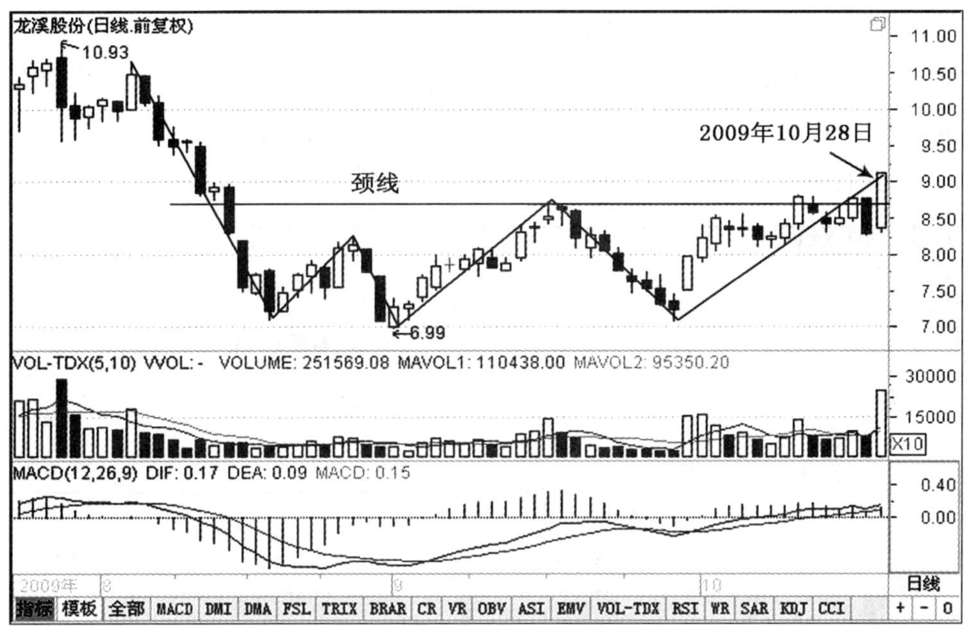

图 3－22　龙溪股份　600592

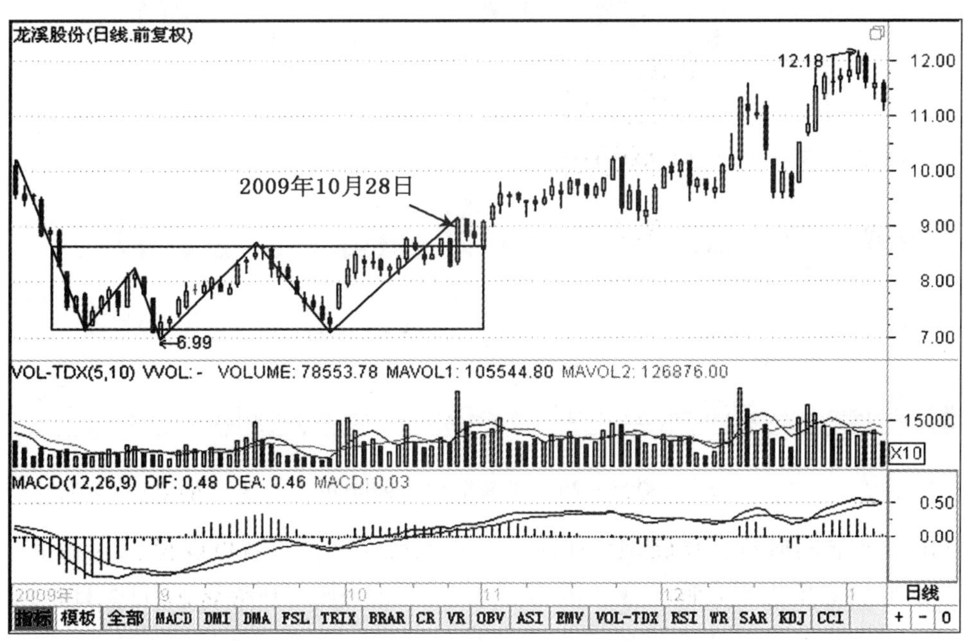

图 3－23　龙溪股份　600592

过，这波涨势实在是曲折，要想从中获利并不是一件容易的事。其实，寻找出入场点只是成功交易的一部分，如果没有精准的选股方法、合理的资金管理以及有效的风险控制，很难做到持续稳定的获利。

如图3－24所示，2009年9月11日，龙头股份出现一根涨停大阳线，突破了颈线压制，W底确认。然而，突破W底颈线之后，该股仅上冲了一个交易日，随后就转入了下跌行情中。当股价下跌至前期低点7.46元附近时，该股出现一个变形的早晨之星的组合，见底迹象，投资者可以考虑入场做多。

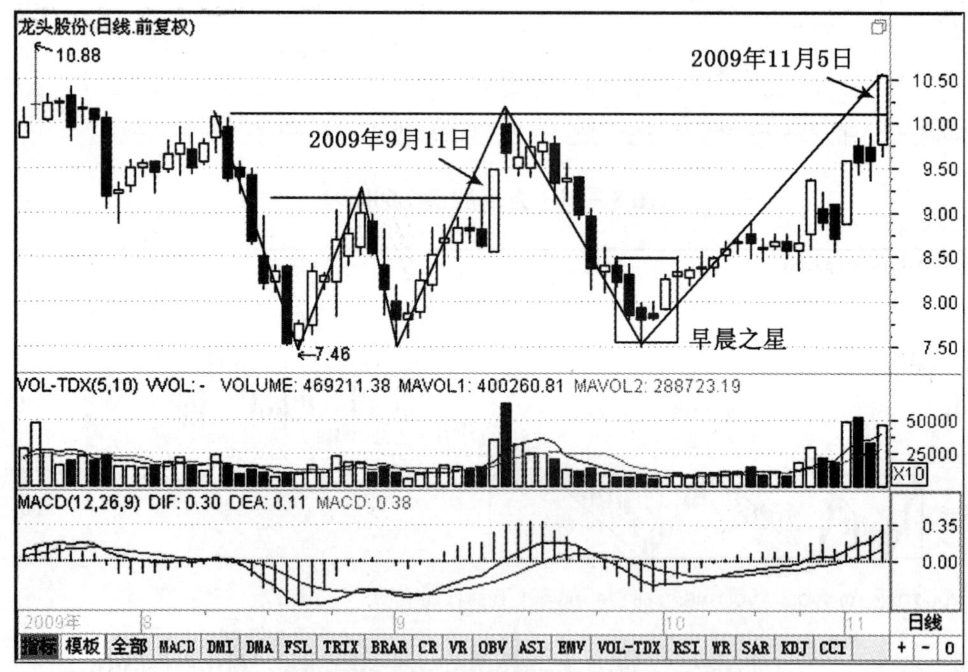

图3－24 龙头股份 600630

早晨之星出现之后，龙头股份进入一波涨势中。2009年11月5日，该股再次出现一根涨停大阳线，突破了颈线压制，三重底确认。如果投资者在早晨之星出现时已经入场，此时应该进行加仓。

如图 3 - 25 所示，突破三重底颈线之后，龙头股份进入一波直线拉升的行情中。仅仅 3 个交易日的时间，该股的最大涨幅就超过了 20%。通过比较本例和上例龙溪股份三重底确认后的股价走势，可以看出选股的重要性。至于如何选股，三言两语无法说清楚，而且也不是本书的关注中心，在此不再展开。

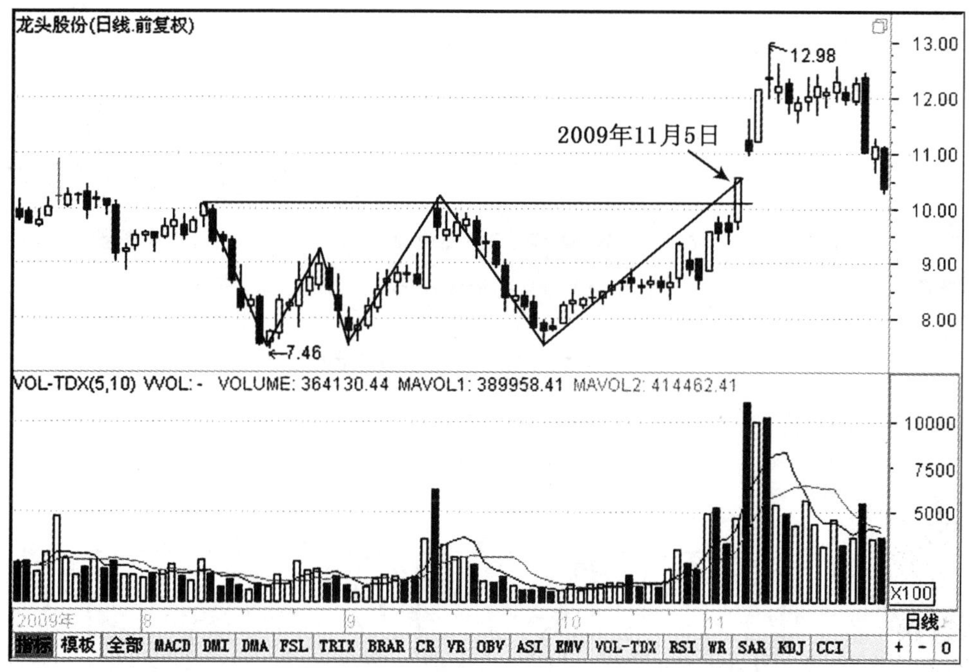

图 3 - 25　龙头股份　600630

如图 3 - 26 所示，2010 年 3 月 15 日，申华控股出现一根涨停大阳线，突破了颈线压制，三重底确认。然而，当日成交量过度放大，涨势可能难以为继。因此，投资者不宜就此介入，不妨多等几个交易日，待行情走势趋稳后再行判断。

如图 3 - 27 所示，次日，申华控股继续保持极度放量的状态，不过涨幅非常有限，显示卖压沉重，继续观望。随后，该股进入回调行情中，成

图 3-26 申华控股 600653

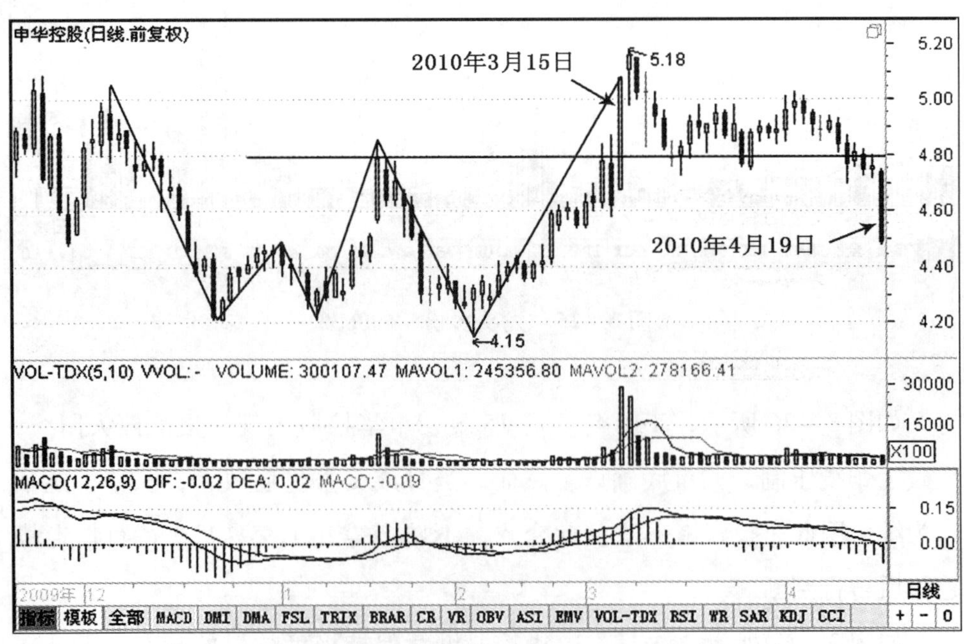

图 3-27 申华控股 600653

交量也随之很快恢复常态，此前的放量有筹码高位出逃的嫌疑。因此，尽管股价回调在三重底颈线附近获得支撑，投资者也不宜介入。2010 年 4 月 19 日，该股出现一根大阴线，彻底跌破了三重底颈线的支撑，三重底组合失效。后市关注的重点，就是股价能否在前低 4. 15 元附近止跌。

如图 3 –28 所示，当股价下滑至前低 4. 15 元附近时，申华控股没有出现止跌迹象。由此可以推断，后市仍有一定的下行空间，投资者继续持币观望。

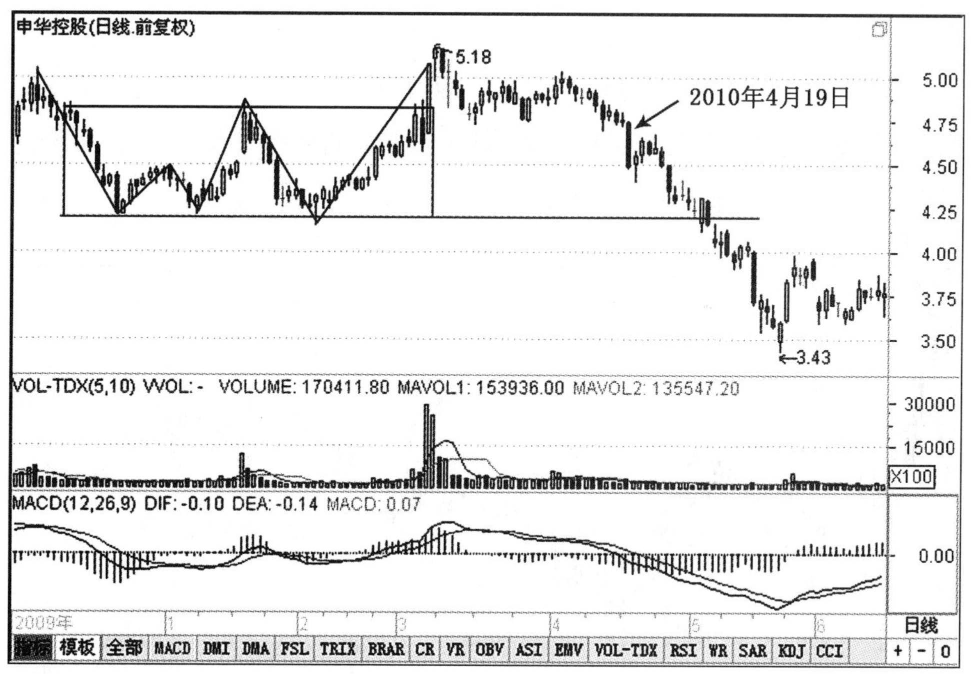

图 3 –28　申华控股　600653

第三节

头肩底——稳固可靠的见底信号

盘面特征

头肩底，由多根 K 线构成，是指在下跌趋势的末期出现三个连续的底部（与三重底不同的是，头肩底的中间底明显低于左右两个底部），而且股价已经向上突破三个底部之间的两个高点的连线（即颈线），见图 3－29。如果三

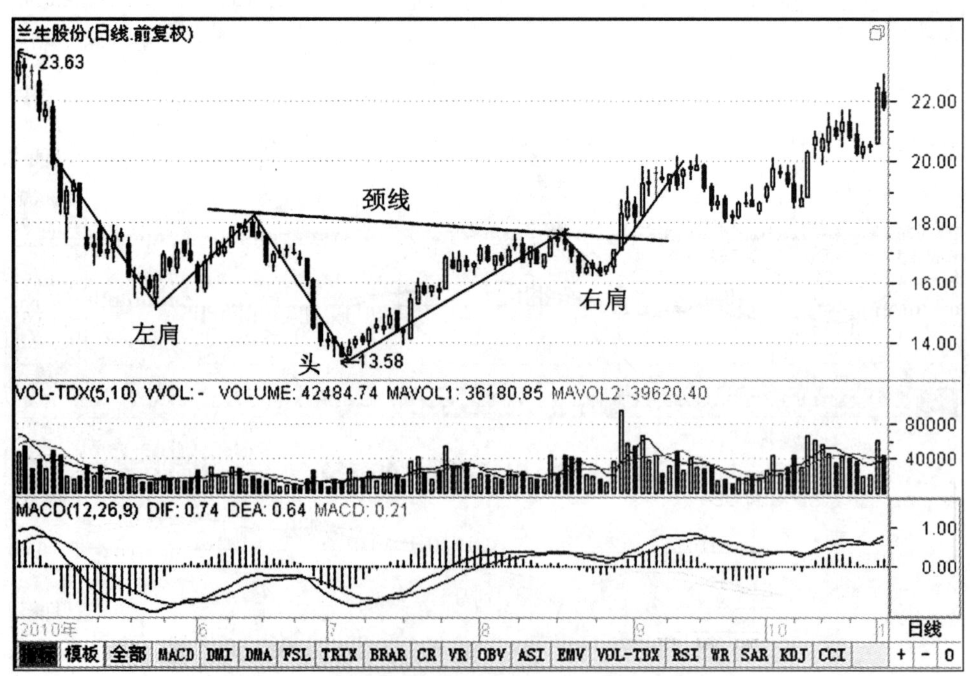

图 3－29 兰生股份 600826

个底部之间的右侧高点高于左侧高点，以过右侧高点的水平线为颈线，突破颈线压制后，头肩底确认。

具体而言，头肩底具有如下盘面特征：

（1）出现在一波下跌行情之后，而且已经有明显的跌幅。

（2）最右侧底部的成交量通常明显高于其他两个底部的成交量。

（3）股价向上突破颈线压力时，伴随着明显的放量。

（4）头肩底构筑的时间比较长。

看盘要点

头肩底属于中线见底信号。相比三重底，头肩底更加可靠，股价就此见底的可能性较大。因此，投资者一旦发现头肩底形态，应该择机入场做多。以图 3－30 为例。经过三个多月的振荡筑底，国投中鲁出现了类似头

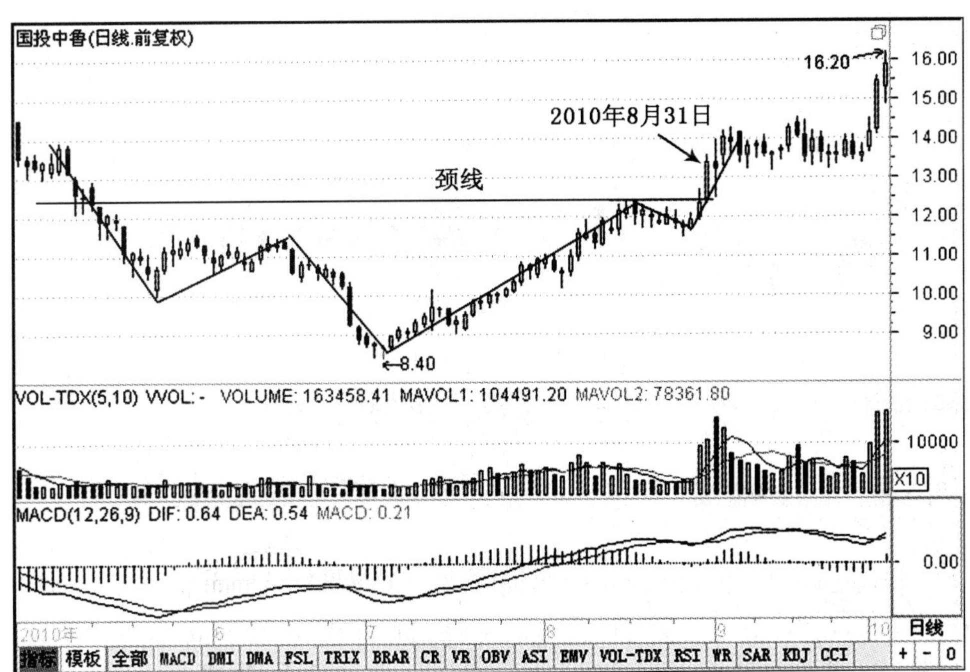

图 3－30　国投中鲁　600962

肩底走势的形态。2010 年 8 月 31 日，该股出现一根中阳线，向上突破了颈线压制，头肩底正式确认。此时，投资者应该考虑择机入场了。

在突破头肩底颈线之后，如果股价回调至颈线附近获得支撑，后市继续上涨的可能性较高。以图 3－31 为例。在突破头肩底颈线之后，＊ST 建机继续上涨了一段时间。随后，该股进入回调行情中。当股价回调至头肩底颈线附近时，止跌企稳，显示颈线支撑。此时，投资者可以择机入场做多了。

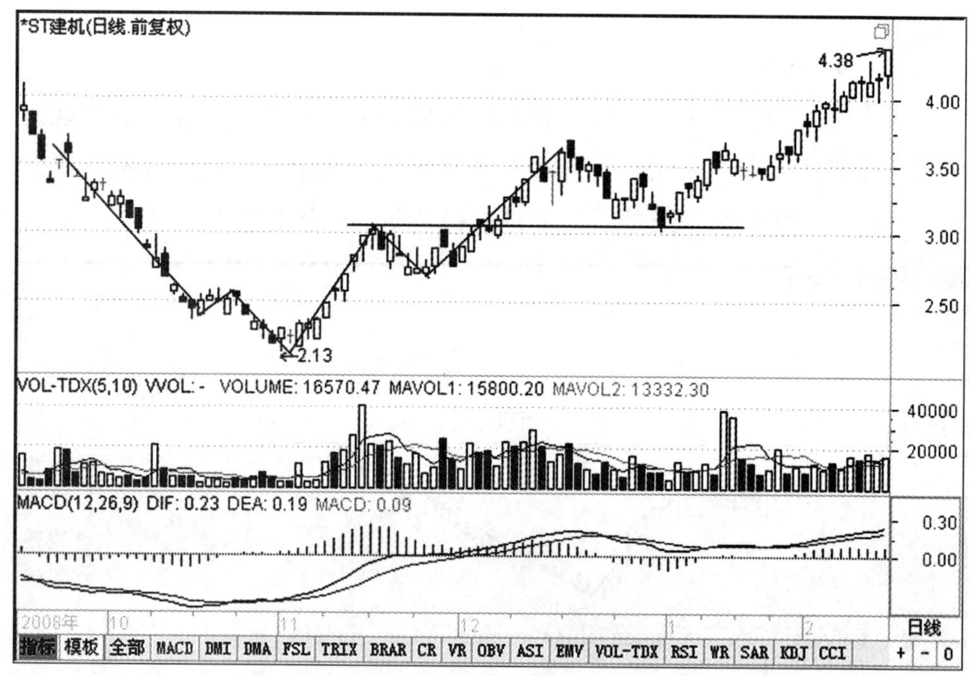

图 3－31 ＊ST 建机 600984

利用头肩底形态，可以推测股价后市上涨的目标价。设定头肩底的颈线价位为 A，最低点和头肩底颈线之间的垂直距离为 H，头肩底成形后的第一上涨目标价为 A＋H，第二目标价为 A＋1.618H，第三目标价为 A＋2H。以图 3－32 为例。大同煤业的头肩底确认之后，就可以推算其后市上涨的目标价了。根据头肩底最低点 14.66 和突破时对应的颈线价位 19.68 元，计算出 H = 19.68 - 14.66 = 5.02 元。那么，第一目标价为 19.68 + 5.02 = 24.70 元。当股价运行至目标价 24.70 元附近时，股价见顶回落。

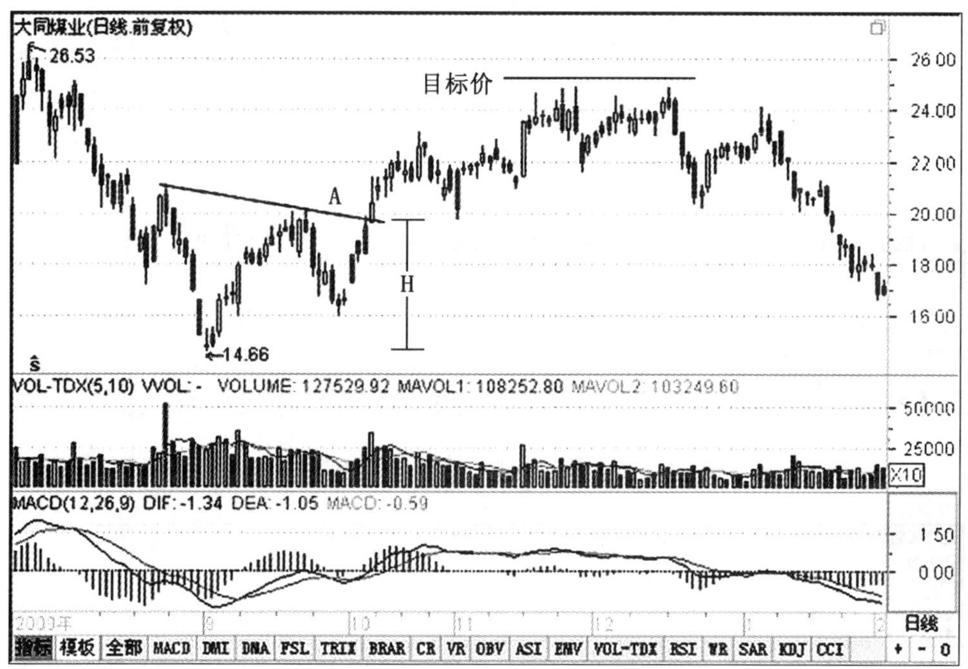

图 3-32　大同煤业　601001

实战看盘

如图 3-33 所示，2008 年 12 月 3 日，金陵饭店出现一根大阳线，伴随着成交量的极度放大，突破了颈线压制，头肩底确认。不过，当日成交量极度放大，而且股价并未涨停，显示卖压比较沉重，该股短期之内的涨势可能并不理想。因此，投资者如果有更好的选择可以不参与该股。

如图 3-34 所示，突破颈线压制之后，金陵饭店继续上涨。当股价运

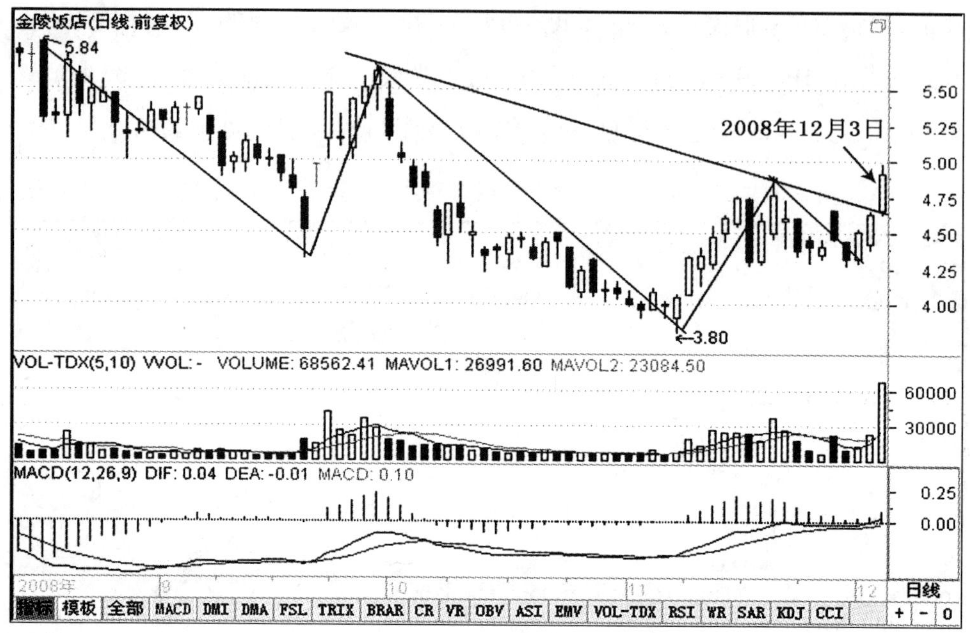

图 3－33　金陵饭店　601007

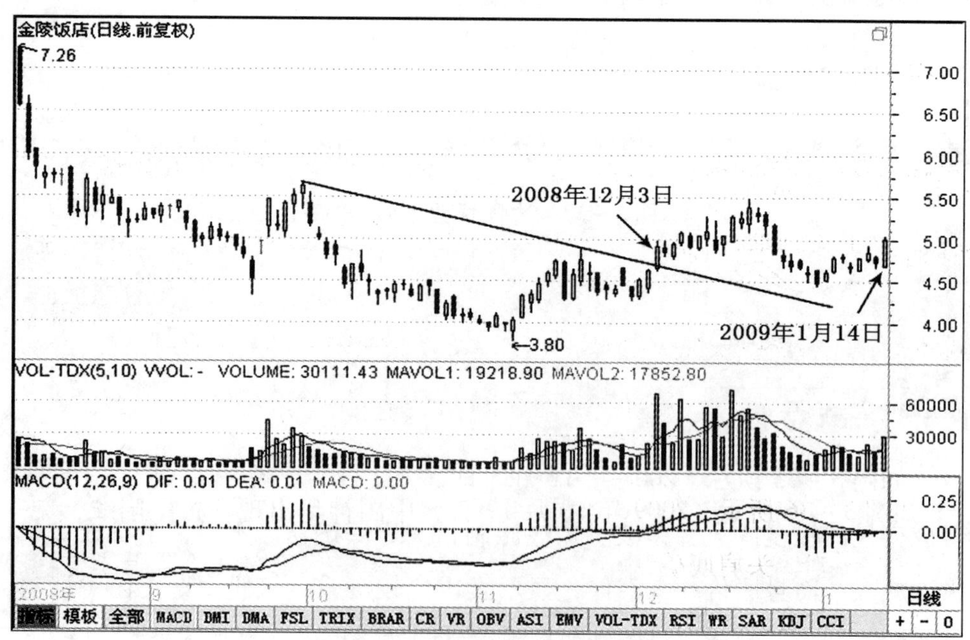

图 3－34　金陵饭店　601007

行至头肩底左侧高点附近时，该股见顶回落。2009 年 1 月 14 日，该股出现一根大阳线，意味着回调行情结束。从图中可以看出，该股在头肩底颈线的延伸线上方止跌，股价应该已经就此筑底了，比较安全的入场点出现。

如图 3－35 所示，确认股价在头肩底颈线附近获得支撑之后，金陵饭店进入一波涨势中。2009 年 2 月 17 日，该股出现一根大阴线，与此前的 K 线构成黄昏之星组合，见顶信号。此后，该股进入了振荡整理的行情中。

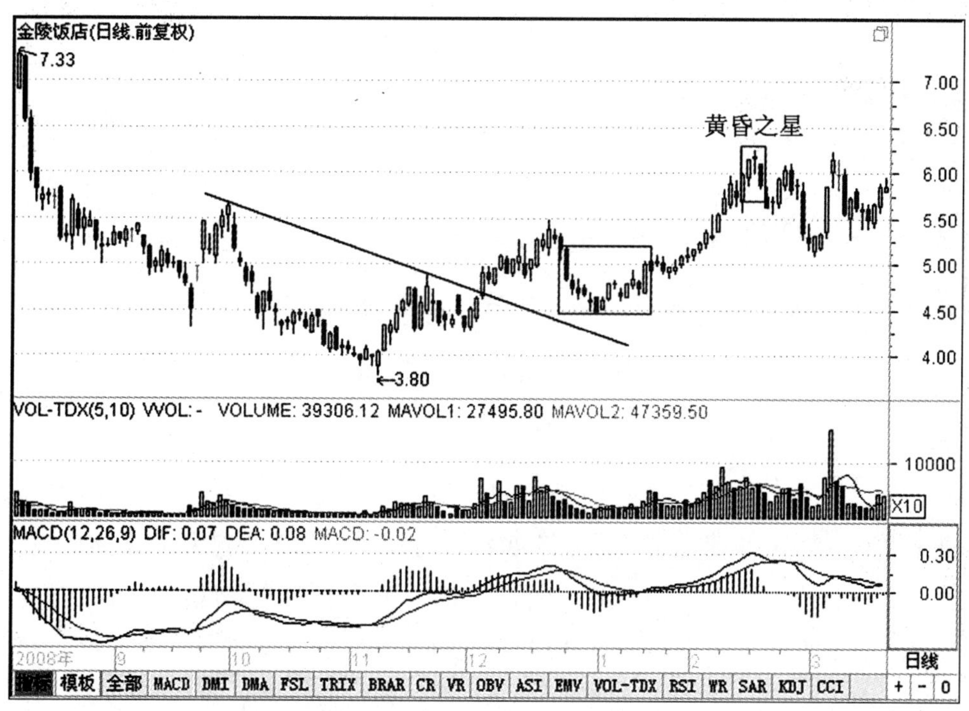

图 3－35 金陵饭店 601007

如图 3－36 所示，2009 年 10 月 19 日，中国神华出现一根中阳线，突破了颈线压制，头肩底确认。不过，当日成交量并没有放大，降低了这次的突破的可信度。因此，投资者不必着急入场追涨，可以等待行情进一步明朗之后再行决定。

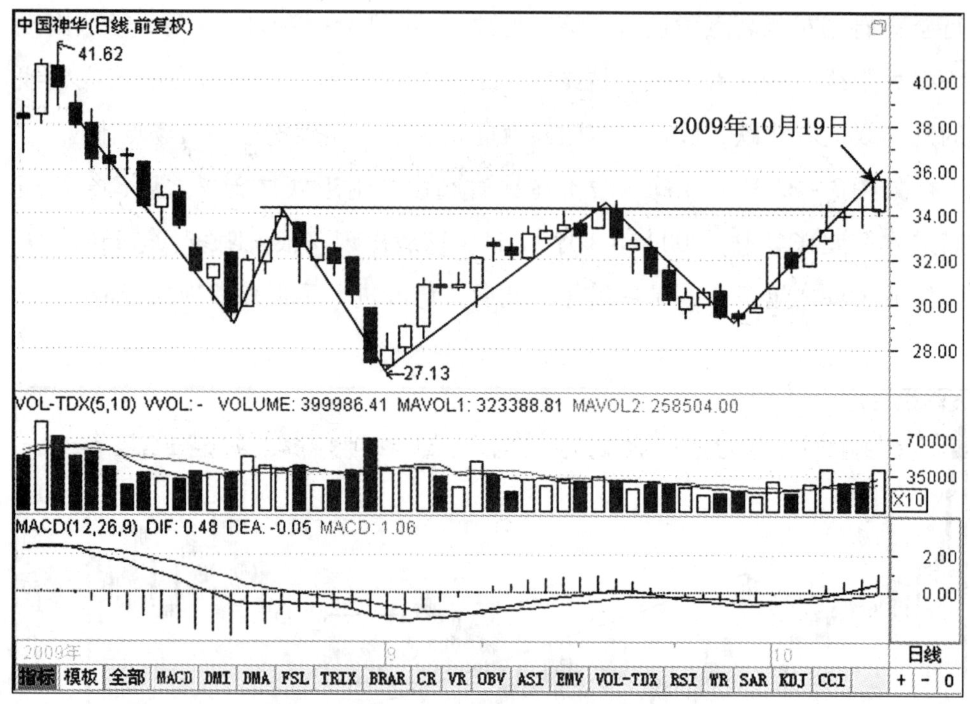

图 3－36 中国神华 601088

如图 3－37 所示，突破颈线压制之后，中国神华并没有进入涨势中，而是进入了振荡整理行情之中。在此期间，始终没有出现良好的入场信号，投资者只能持币旁观。2009 年 12 月 17 日，股价跌破头肩底颈线和上升趋势线的双重支撑，头肩底形态彻底失败，后市看跌。

如图 3－38 所示，跌破头肩底颈线和上升趋势线的双重支撑之后，中国神华进入下跌行情中。当股价下滑至头肩底的最低点 27. 13 元附近时，可能会获得支撑进入反弹行情中，投资者应该密切关注。如果反弹强劲，该股很可能进入再次筑底的行情中。如果反弹无力，意味着股价就此见底的可能性较低，后市应该还有下行的空间。这就是动态看盘，目的就是不打无准备之仗，属于高胜算看盘的必备技能。

如图 3－39 所示，2008 年 12 月 3 日，深赛格出现一根中阳线，伴随着

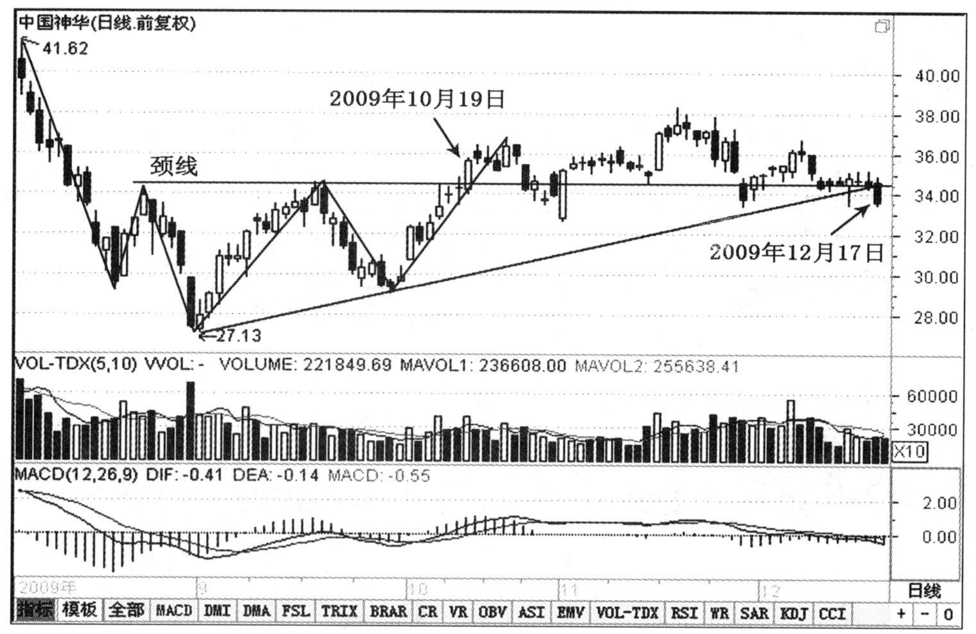

图 3－37　中国神华　601088

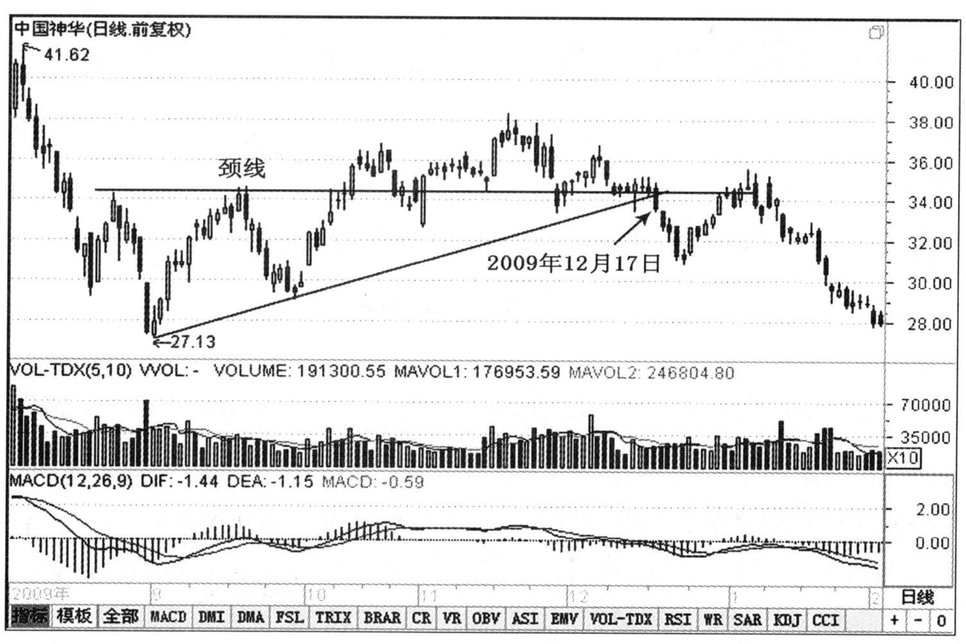

图 3－38　中国神华　601088

明显的放量，突破了颈线压制，头肩底确认。利用这个头肩底可以推测后市股价上涨的幅度：颈线价 2.05 元 - 头肩底最低价 1.58 元 = 0.47 元，那么上涨第一目标价为突破价（本例中突破价与颈线价相同）2.05 元 + 0.47 元 = 2.52 元。

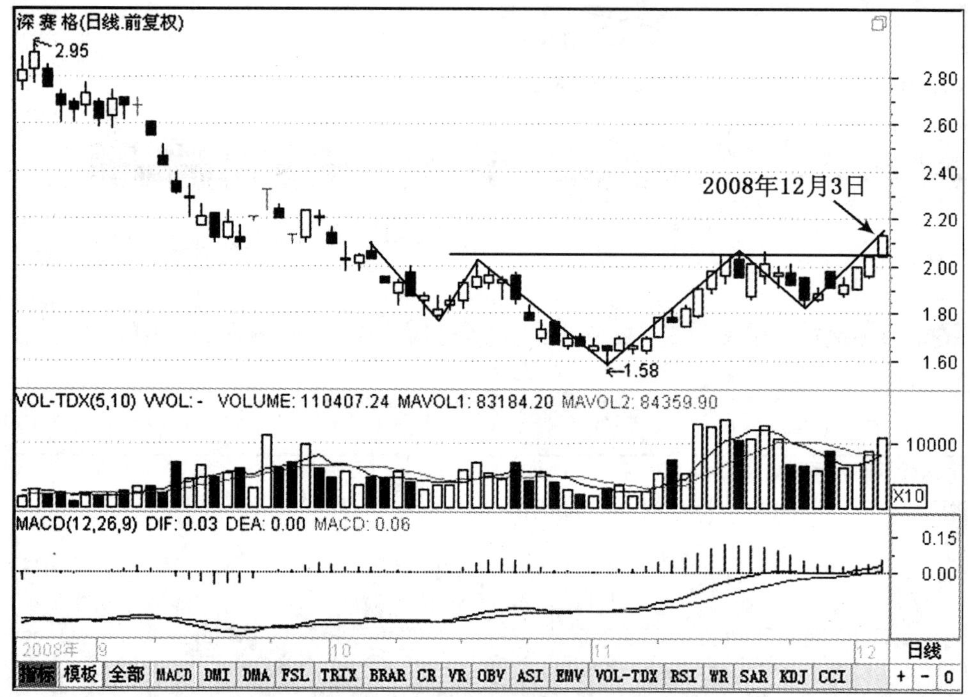

图 3-39　深赛格　000058

如图 3-40 所示，当股价运行到第一目标价 2.52 元附近时，深赛格先出现了一根涨停 K 线，接着却连续出现两根阴线，其中第二根阴线以跌停报收，显示见顶迹象，后市很可能进入调整行情中。

如图 3-41 所示，跌停阴线出现之后，深赛格进入了一波调整行情中。当股价回调至头肩底颈线附近时，止跌企稳，随后重新进入涨势中。如果将这个头肩底作为一个头部形态看待，将测市的视角拉大，可以发现一个

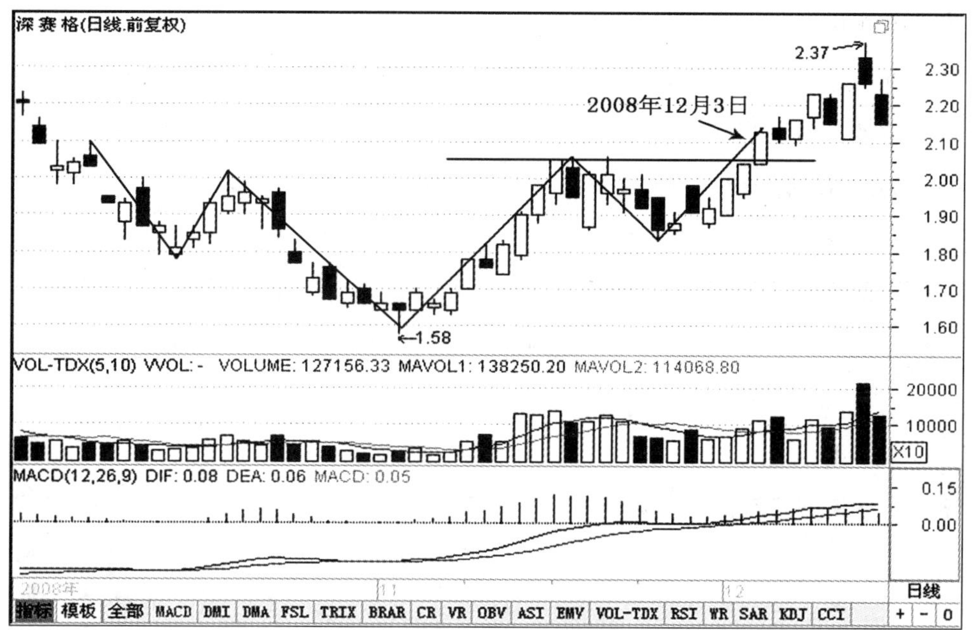

图 3-40　深赛格　000058

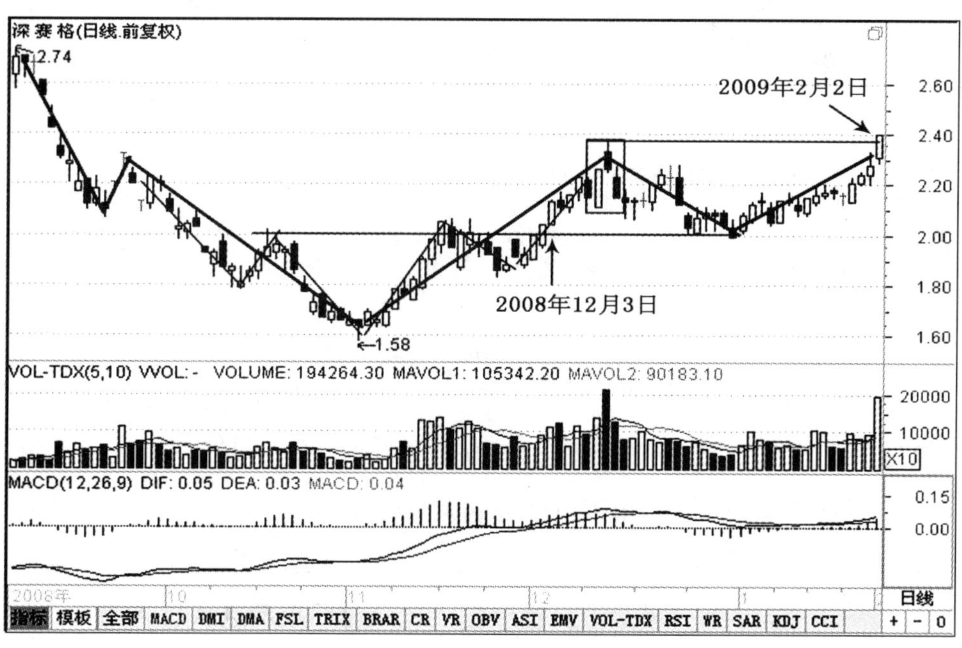

图 3-41　深赛格　000058

更大的头肩底形态（见图中粗线示意部分），即复合头肩底形态。2009 年 2 月 2 日，该股出现一根涨停阳线，突破了前高 2. 37 元，即突破了复合头肩底形态的颈线，后市看涨。

如图 3－42 所示，突破复合头肩底颈线之后，深赛格继续上涨。根据复合头肩底同样可以计算上涨目标价：复合头肩底的颈线价 2. 37 元－复合头肩底最低价 1. 58 元＝0. 79 元，那么第一上涨目标价为突破价 2. 40 元＋0. 79 元＝3. 19 元。当股价运行到第一目标价附近时，连续出现两根跌停阴线，明显的见顶信号。

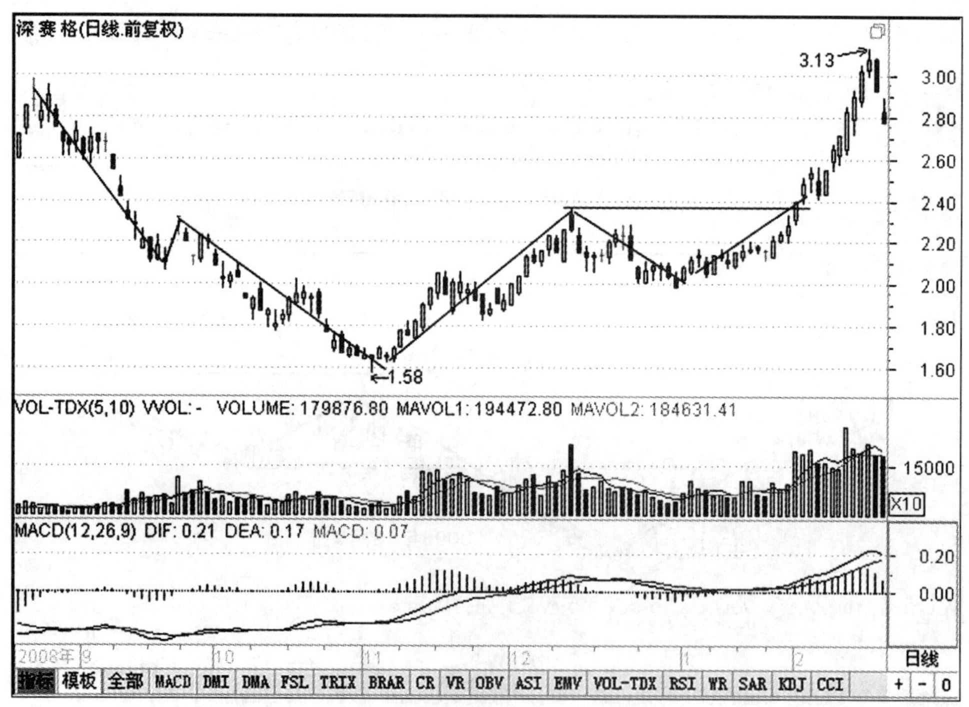

图 3－42 深赛格 000058

如图 3－43 所示，在第一目标价附近见顶之后，深赛格进入回调行情中。经过两波下跌，该股在复合头肩底颈线上方止跌企稳，随后继续上涨。

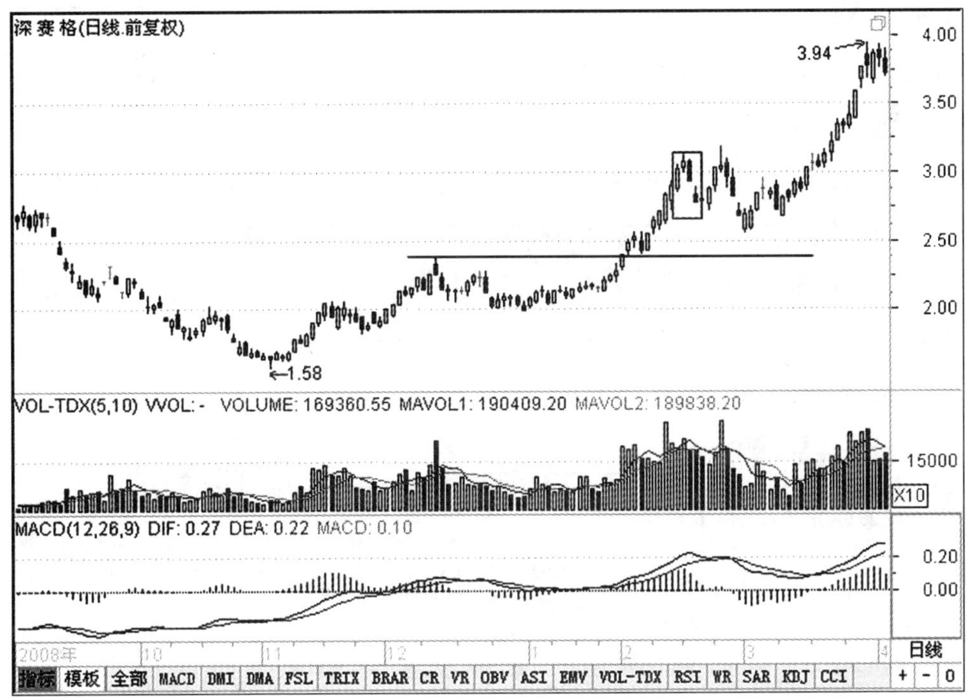

图 3-43　深赛格　000058

第四节

多重底——多看少动的见底信号

盘面特征

多重底，由多根 K 线构成，是指在下跌趋势的末期出现三个以上（不包括三个）价格相近的底，而且股价已经向上突破重要压力线（即颈线），见图 3-44。

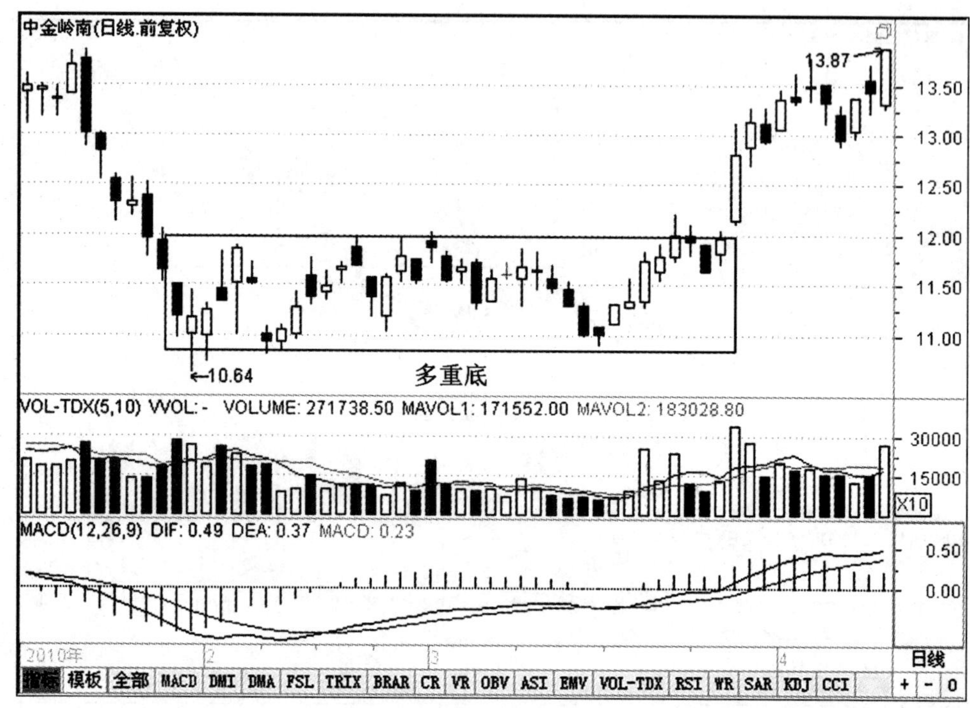

图 3－44　深赛格　000058

具体而言，多重底具有如下盘面特征：

（1）出现在一波下跌行情之后，而且已经有明显的跌幅。

（2）右侧底部的成交量通常明显高于左侧底部的成交量。

（3）股价向上突破颈线压力时，伴随着明显的放量。

（4）多重底构筑时间不宜过长。

看盘要点

多重底属于弱势见底信号。相比而言，多重底出现的概率较低，股价就此成功见底的可能性也不高。因此，投资者应该多看少动，必须等待股价向上放量突破压力线之后才能考虑入场。以图 3－45 为例。经过两个多月的振荡筑底之后，2009 年 7 月 10 日，湖北宜化出现一根中阳线，突破了筑底过程中重要高点的压力，多重底确认。不过，突破当日出现长上影线，意味着卖压沉重。因此，投资者可以多等待几个交易日，等行情明朗后再行入场。

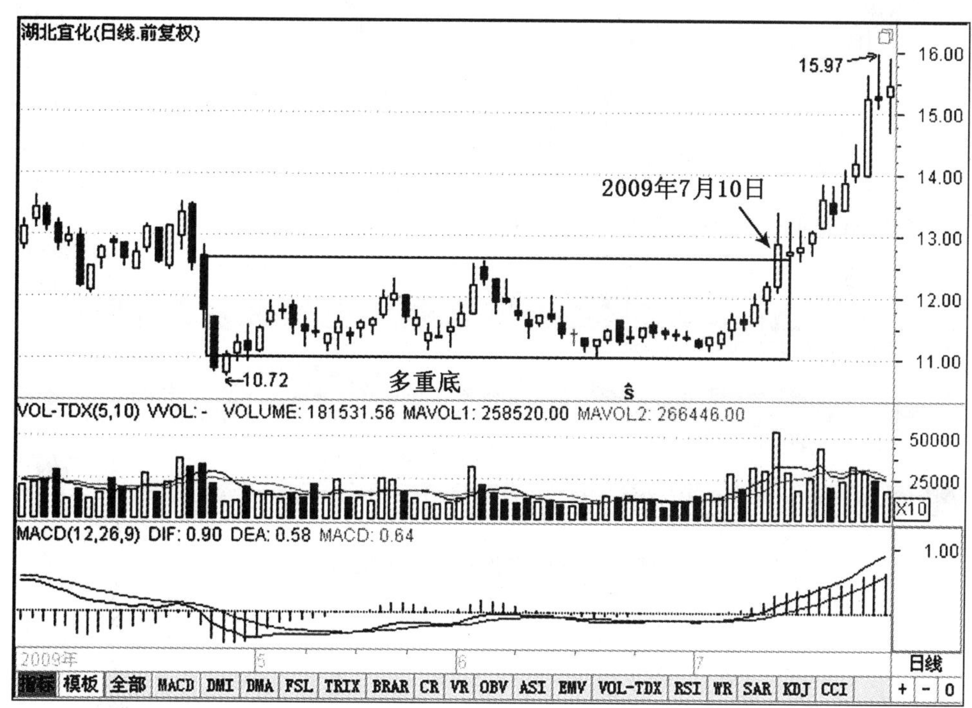

图 3－45　湖北宜化　000422

利用多重底形态，可以推测股价后市上涨的目标价。设定多重底的颈线价位为 A，多重底的最低点和多重底颈线之间的垂直距离为 H，多重底成形后的第一上涨目标价为 A + H，第二目标价为 A + 1.618H，第三目标价为 A + 2H。以图 3 －46 为例。泸州老窖的多重底确认之后，就可以推算其后市上涨的目标价了。根据多重底最低点 15.10 元和多重底颈线价位 23.10 元，计算出 H = 23.10 － 15.10 = 8 元。那么，第一目标价为 23.10 + 8 = 31.10 元，第二目标价为 23.10 + 8 × 1.618 = 36.04 元。当股价运行至第二目标价 36.04 元附近时，股价见顶回落。

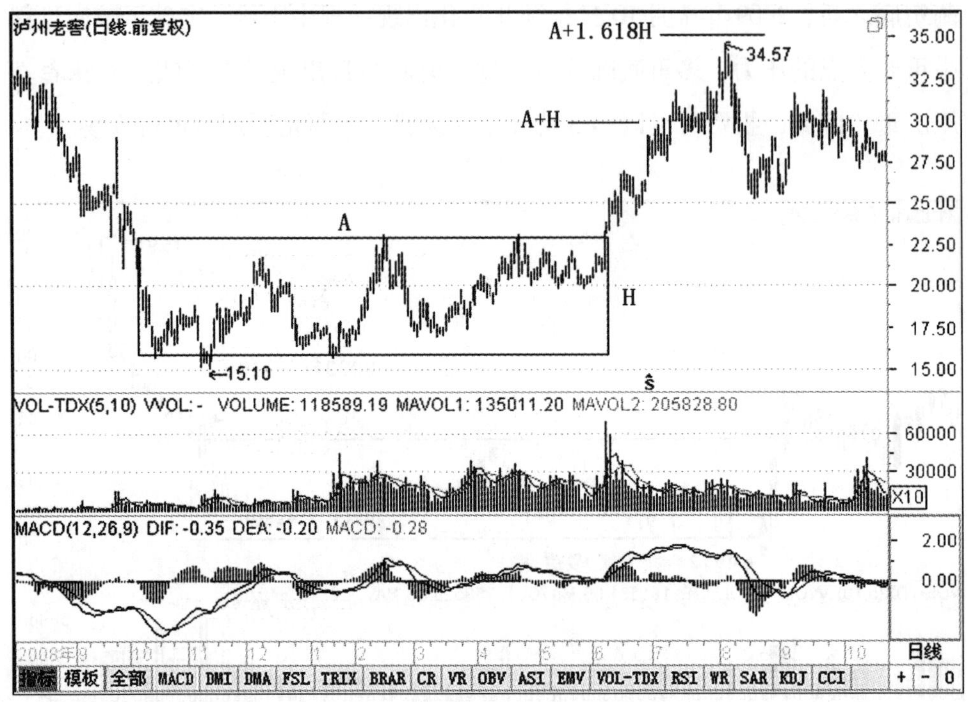

图3－46　泸州老窖　000568

实战看盘

如图3－47所示，2010年4月1日，经过多次探底之后，华侨城A出现一根中阳线，突破了前期重要压力线，多重底确认。然而，相比多重底构筑前期的成交量，多重底构筑后期的成交量明显减少。因此，这次突破的可信度较低，投资者可以多等几个交易日。

如图3－48所示，突破重要压力线之后，华侨城A接着就转入下跌行情中，原来这次向上突破只是一次愚人节（4月1日）的玩笑。如果投资者被这次假突破吸引入场，那么当股价重新回到重要压力线之内时就应该离场了，而当股价跌破多重底的最低点支撑时就是最后的离场机会。

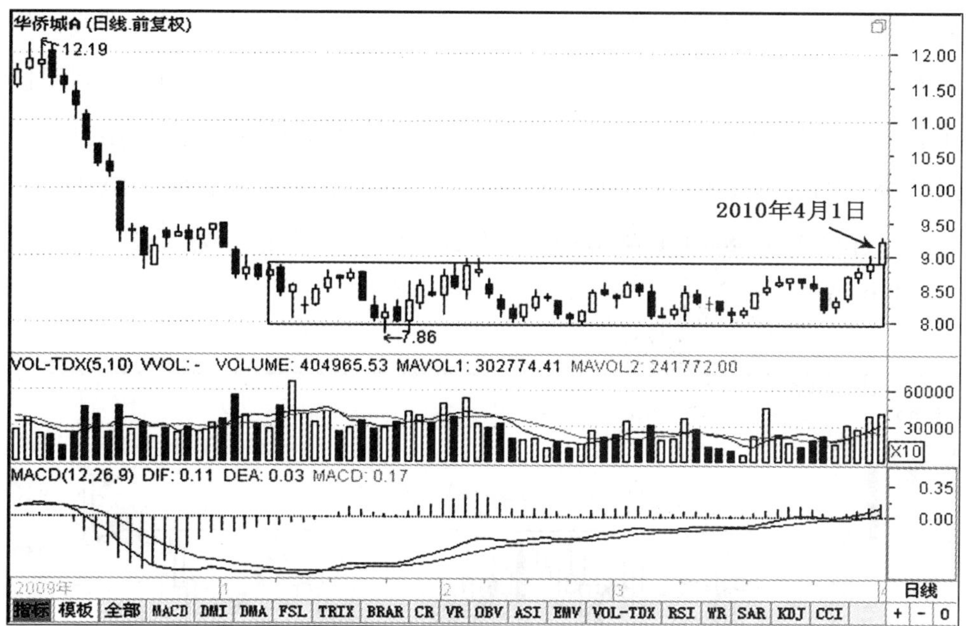

图 3－47　华侨城 A　000069

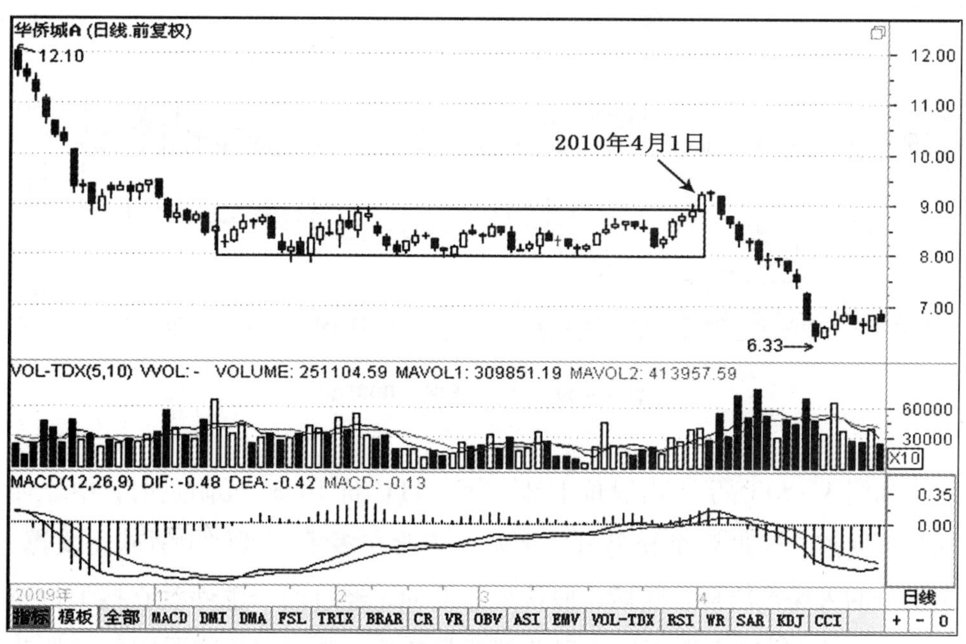

图 3－48　华侨城 A　000069

如图3－49所示，2009年11月13日，中原环保出现一根大阳线，伴随着明显的放量，有效突破了前期重要高点的压制，多重底确认。利用这个多重底可以推测后市上涨的目标价：多重底的颈线价8.68元－多重底的最低价7.05元＝1.63元，那么上涨第一目标价为8.68＋1.63＝10.31元，第二目标价为8.68＋1.63×1.618＝11.32元，第三目标价为8.68＋1.63×2＝11.94元。

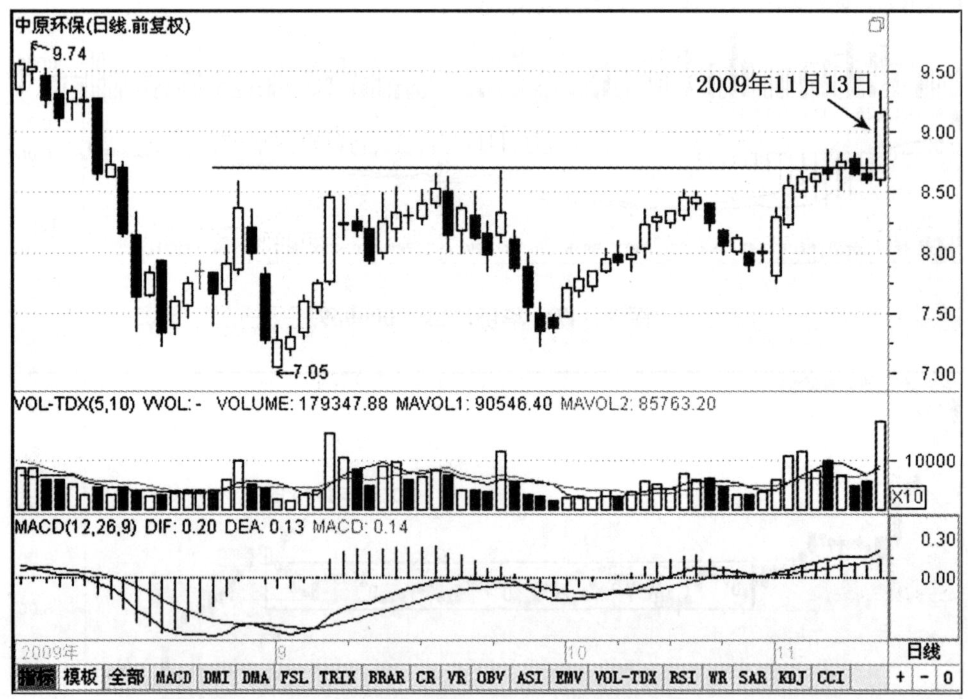

图3－49 中原环保 000544

如图3－50所示，当股价上涨至第一目标价10.31元附近时，中原环保见顶回落。经过几个交易日的调整，该股在多重底颈线上方获得支撑，更安全的入场点出现。随后，股价加速上冲，经过两个涨停就直接上行至第三目标价11.94元附近。当股价就此见底后，该股进入了长时间的振荡整理行情中。

图 3－50　中原环保　000544

第五节

圆弧底——平滑实用的见底信号

盘面特征

圆弧底，由多根 K 线构成，是指在下跌趋势的末期形成圆弧状的走势，见图 3－51。如果在下跌过程中连续出现多个底部，将这些底部的低点连接起来，形成类似圆弧状的走势，也可以称为圆弧底，见图 3－52。

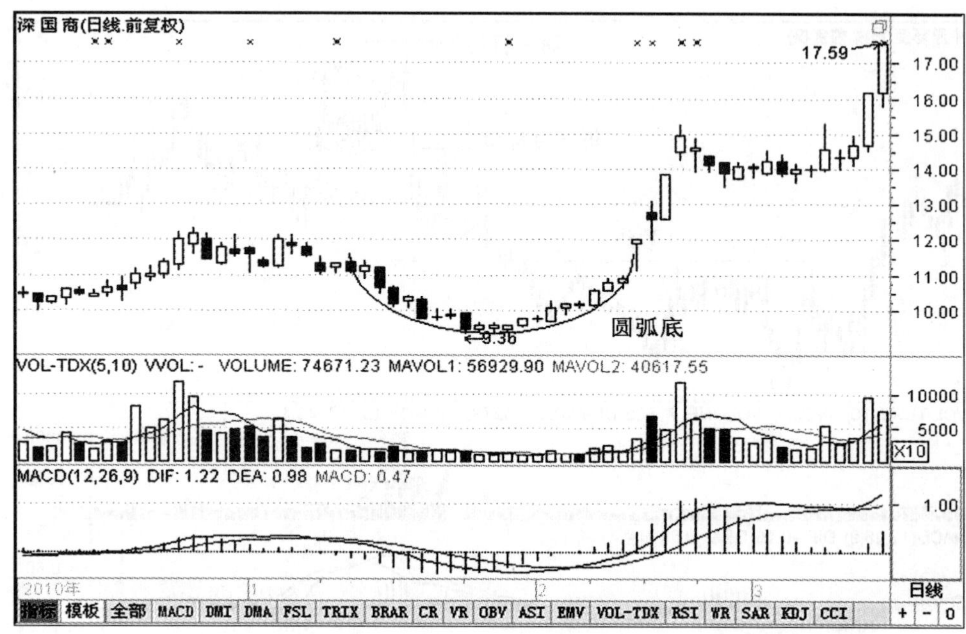

图 3-51 深国商 000056

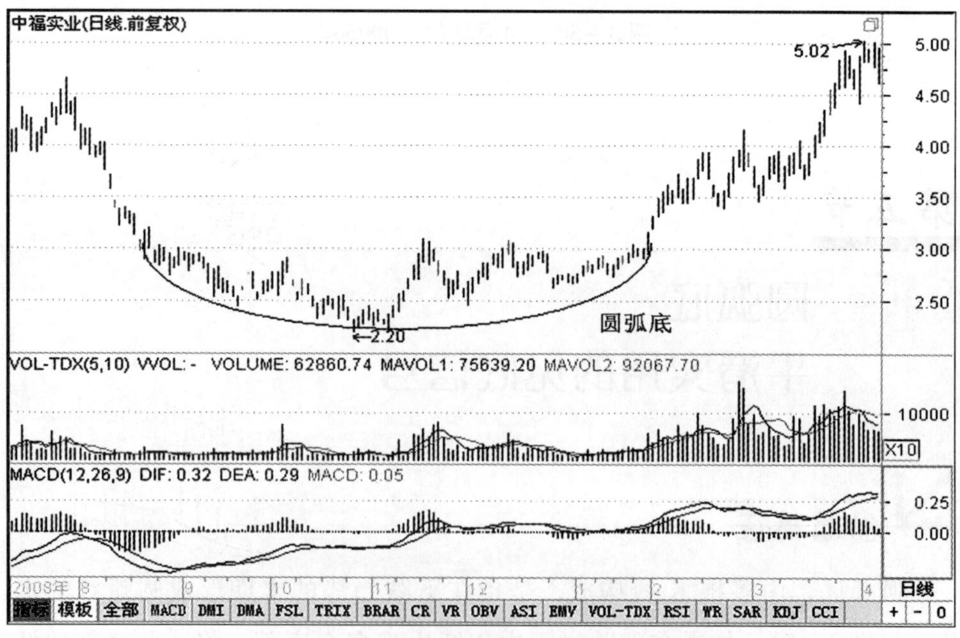

图 3-52 中福实业 000592

具体而言，圆弧底具有如下盘面特征：

（1）出现在一波下跌行情之后，而且已经有明显的跌幅。

（2）整体而言，圆弧底形态构筑过程中的成交量较小。具体到圆弧底形态内部而言，谷底的成交量通常最少，右侧涨势中的成交量较大。

看盘要点

圆弧底属于见底警示信号，并不提供入场点。因此，投资者一旦发现圆弧底走势，应该另行寻找可靠的入场机会进行建仓。以图 3 – 53 为例。经过一段时间的下跌之后，西安旅游出现了圆弧状的走势，即圆弧底。2008 年 7 月 4 日，该股出现一根涨停大阳线，向上突破了圆弧底整理区的

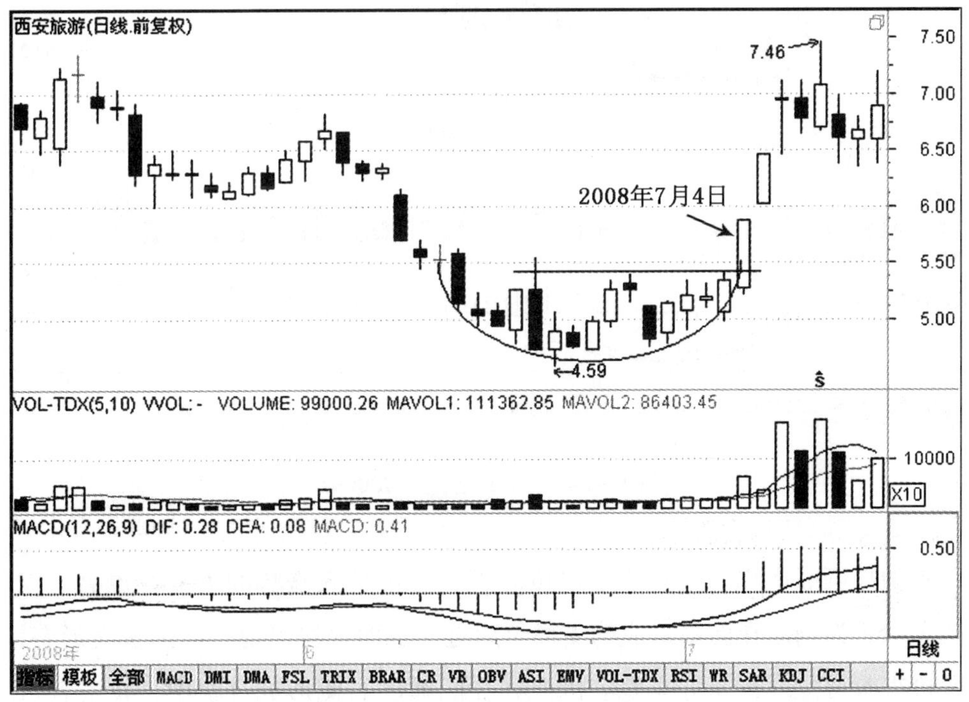

图 3 – 53　西安旅游　000610

压力线，买入信号出现，投资者可以考虑就此入场了。

如果圆弧底右侧成形后出现一个整理平台，那么当股价向上放量突破整理平台压力线时，就是投资者介入的好机会。以图 3－54 为例。在圆弧底已经成形之后，＊ST 亚太出现了一个窄幅振荡整理平台。2011 年 3 月 8 日，该股出现一根中阳线，突破了整理平台的上边线。随后，该股进入一波涨势之中。

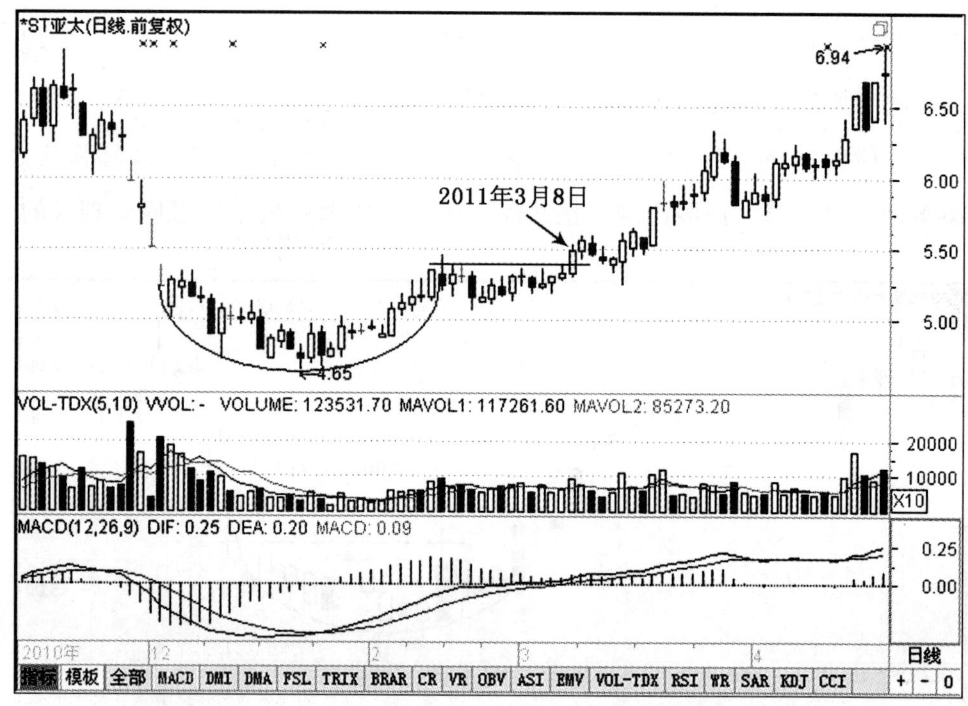

图 3－54　＊ST 亚太　000691

如果圆弧底出现在重要支撑位附近，后市进入涨势的可能性更高。以图 3－55 为例。在前高形成的支撑位附近，江西水泥出现一个圆弧底形态，股价很有可能就此见底企稳。因此，在圆弧底右侧形成过程中，投资者可以考虑择机入场做多。

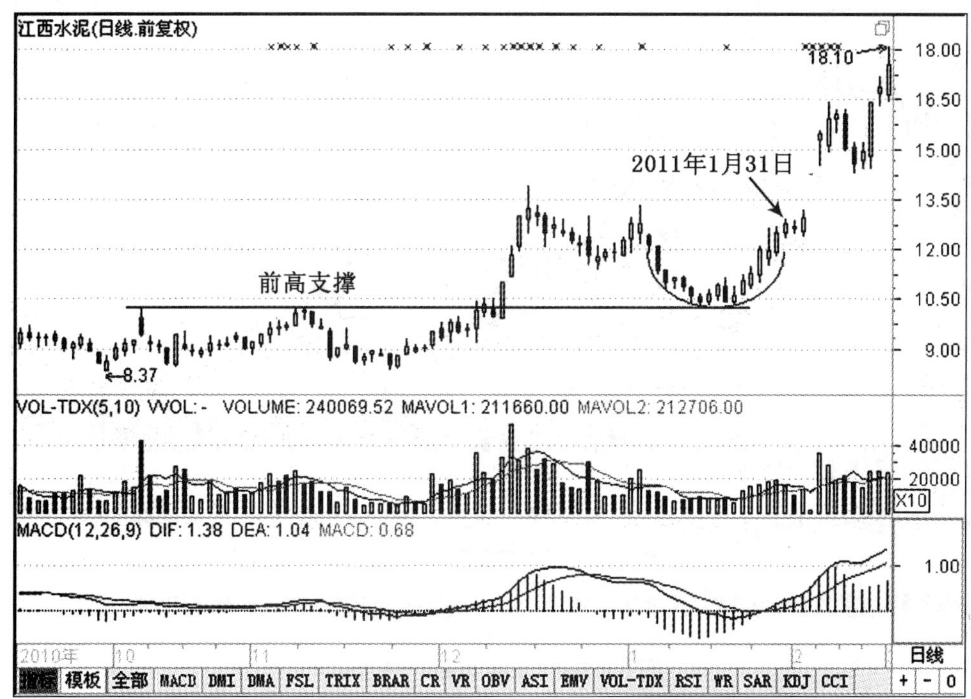

图 3－55　江西水泥　000789

实战看盘

如图 3－56 所示，2008 年 10 月 23 日，经过一段时间的圆弧状整理行情之后，长春高新出现一根大阳线，伴随着明显的放量，突破了圆弧底整理区的压力线，后市看涨。不仅如此，纵观整个圆弧底构筑过程，右侧成交量明显高于左侧成交量，显示资金积极入场。因此，股价就此见底企稳的概率较高，投资者可以考虑跟随入场做多。

如图 3－57 所示，股价突破圆弧底整理区的压力线之后，长春高新进入一波明显的涨势中。如果投资者能够及时介入，并且耐心持股待涨，将获得非常不错的收益。当然，这样的涨势和圆弧底并没有直接的联系。如

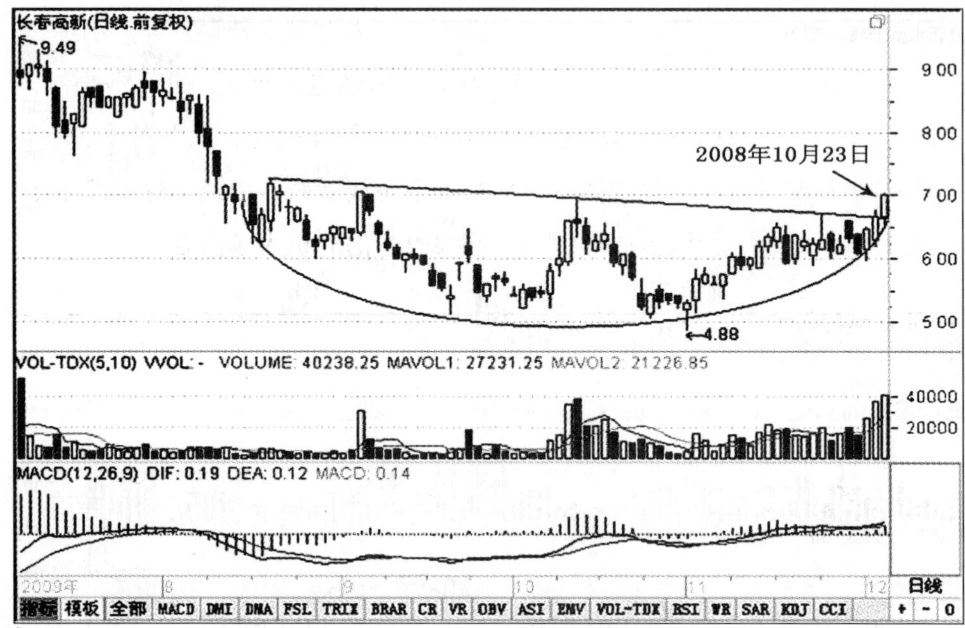

图 3－56 长春高新 000661

图 3－57 长春高新 000661

果认为圆弧底出现后就一定会有很好的涨势，无疑是一种错误的归因。

如图 3－58 所示，2008 年 11 月 20 日，凯迪电力出现一根中阴线，与此前的大阳线构成阳孕阴线，短线见顶信号。与此同时，该股的圆弧底形态已经非常明显了，股价中线见底信号。在短线看跌、中线看涨的背景下，投资者应该耐心等待股价回调，然后寻找合适的时机入场做多。

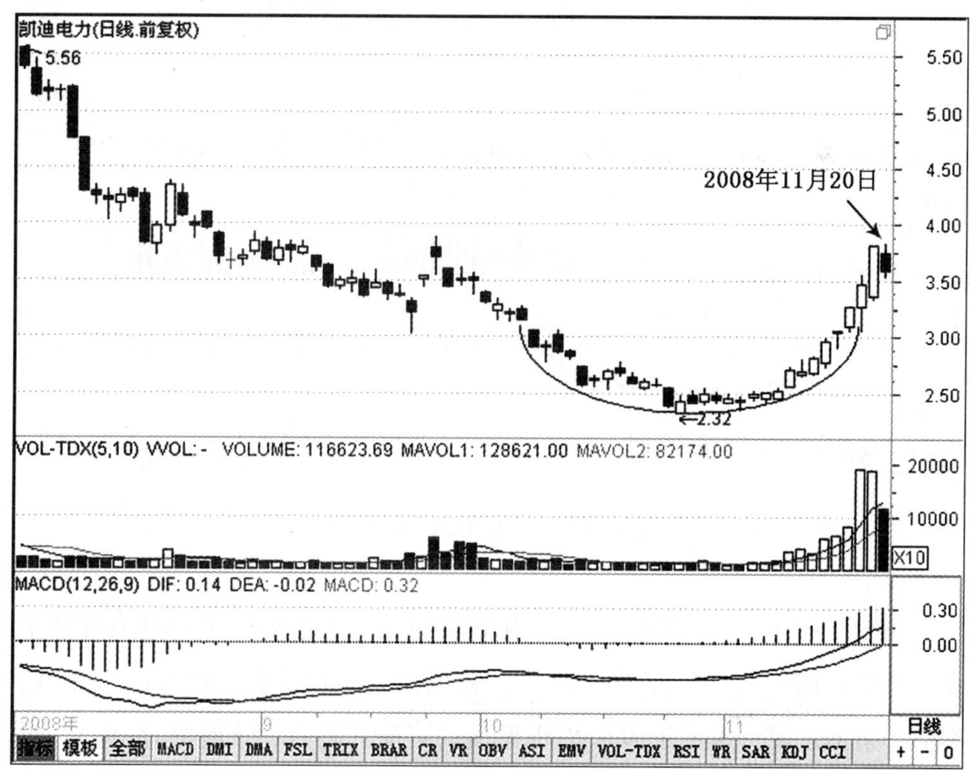

图 3－58　凯迪电力　000939

如图 3－59 所示，阳孕阴线出现后，凯迪电力进入回调行情中。当股价下行至 2.80 元附近时，出现一个阴孕阳线，短线见底警示信号。随后，该股进入三角形整理行情中，股价就此见底企稳。2009 年 2 月 6 日，经过数个交易日的上涨之后，该股出现一根大阳线，突破了前期高点形成的压力线，回调行情结束，后市仍有上行的空间。

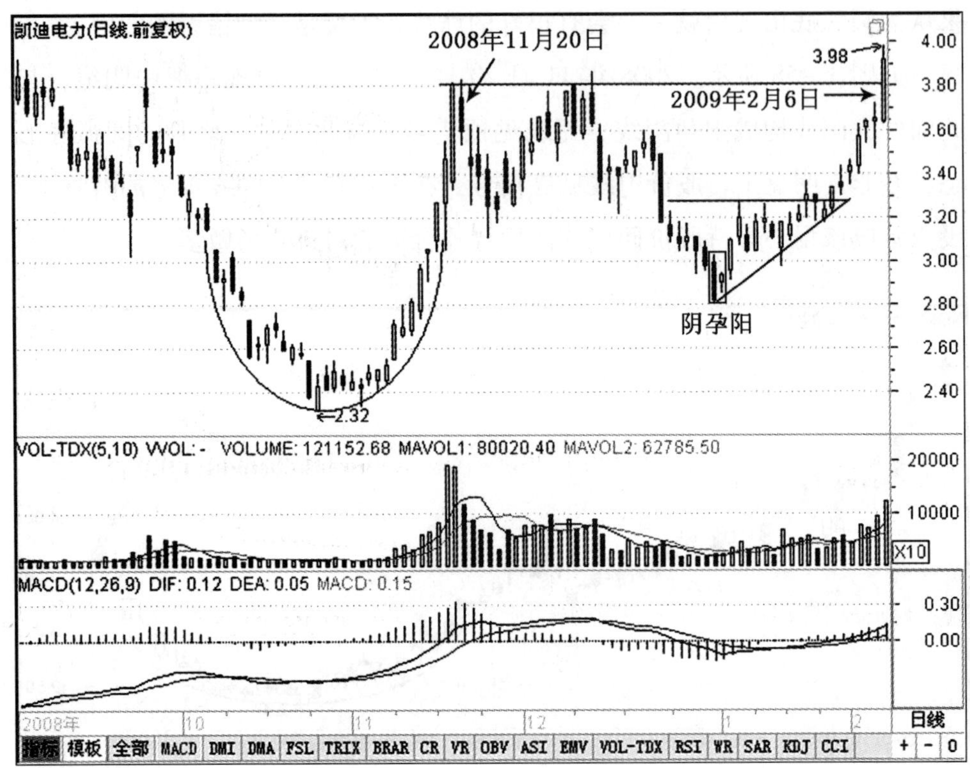

图 3－59　凯迪电力　000939

如图 3－60 所示，突破前期高点形成的压力线之后，凯迪电力继续上涨。当股价创出 4.99 元的高点之后，该股出现一根带长上影线的中阳线，类似于射击之星，提示了股价短线见顶的可能。随后，该股见顶回落，进入又一波回调行情中。

如图 3－61 所示，2008 年 7 月 11 日，新乡化纤出现一根大阴线，与此前的阳线构成阴抱阳组合，股价短线见顶信号。不仅如此，这个见顶组合恰好处于前期低点的压力位附近，而且回补了前期向下跳空的缺口，进一步加大了股价见顶的可能性。因此，该股能否以圆弧底成功筑底还是未知数，投资者在等待入场机会的同时也要警惕股价筑底失败。

如图 3－62 所示，阴抱阳出现之后，新乡化纤在压力位附近挣扎了数

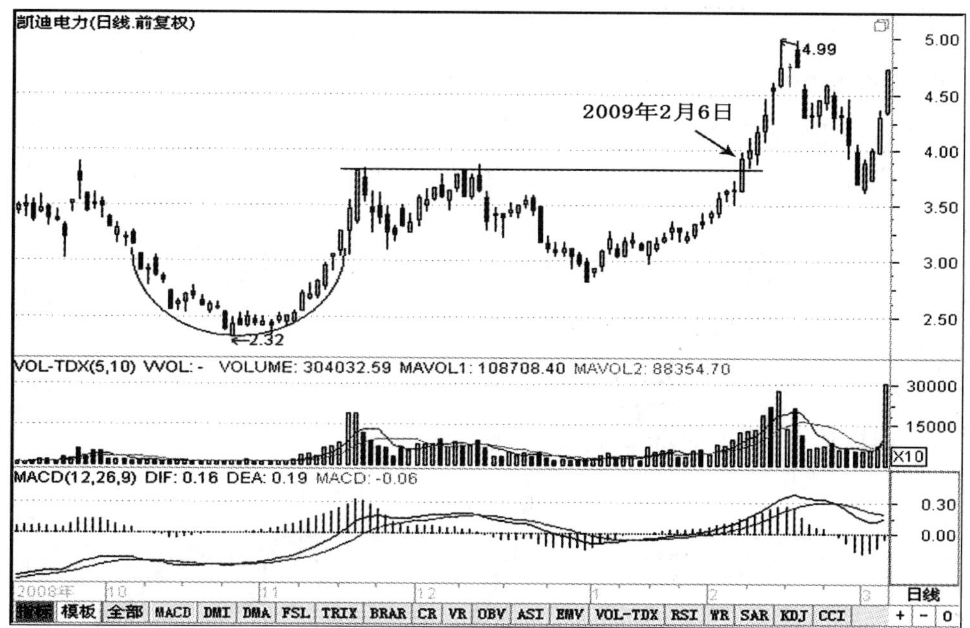

图 3－60 凯迪电力 000939

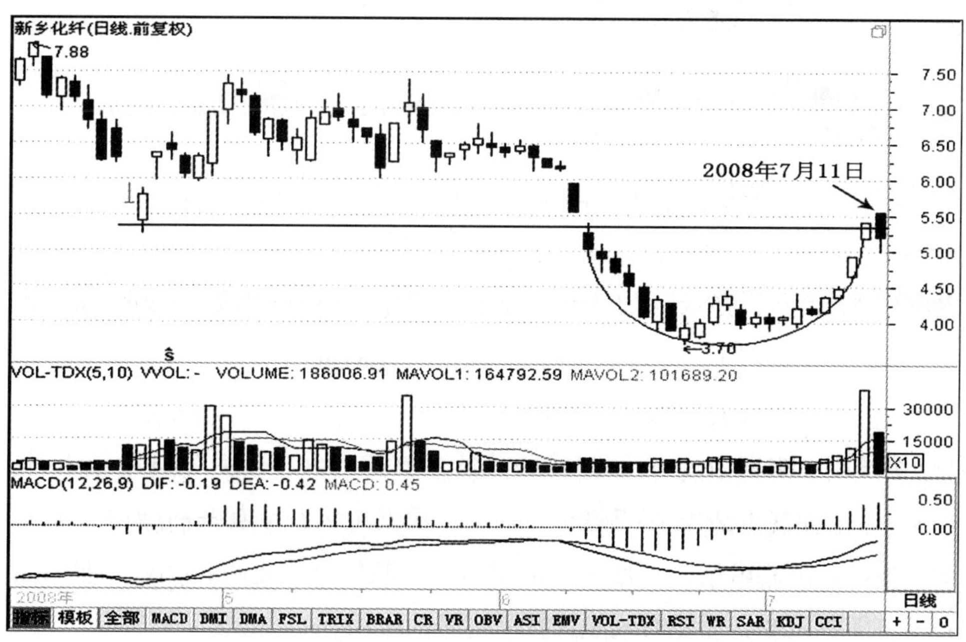

图 3－61 新乡化纤 000949

个交易日，却始终无法有效向上突破，显示卖压十分沉重。随后，该股进入了下跌行情中，在此期间始终没有出现入场信号。2008 年 8 月 11 日，该股出现一根跳空低开的阴线，跌破了圆弧底最低点的支撑，圆弧底的见底信号彻底失效，后市很有可能还有下行的空间。

图 3－62 新乡化纤 000949

如图 3－63 所示，跌破圆弧底最低点支撑之后，新乡化纤继续下行。即使以圆弧底最低点为起点进行计算，该股的最大跌幅都超过 50%，可谓十分惨烈。由此可见，不是只要出现圆弧底股价就肯定可以止跌。投资者必须要随机应变，才能有效发挥技术信号的作用。

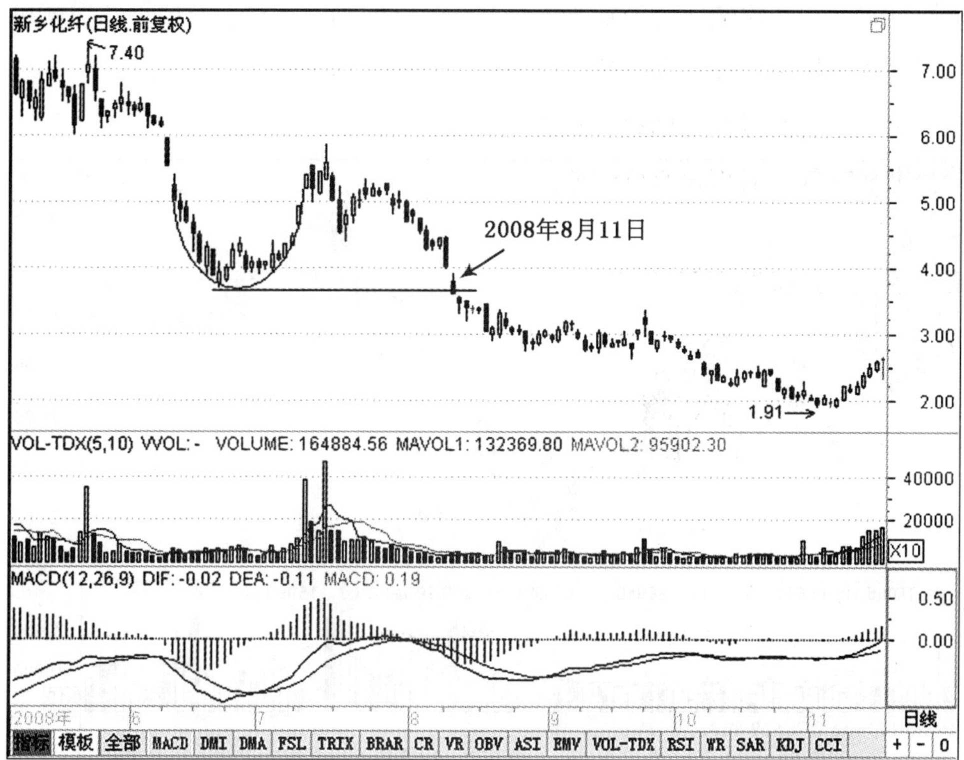

图 3-63 新乡化纤 000949

第六节

V 形底——稍纵即逝的见底信号

盘面特征

V 形底，由多根 K 线构成，是指在下跌过程中形成 V 字形的走势，见

图3－64。和圆弧底一样，V形底也没有明确的判定标准，只要形状像就可以了。

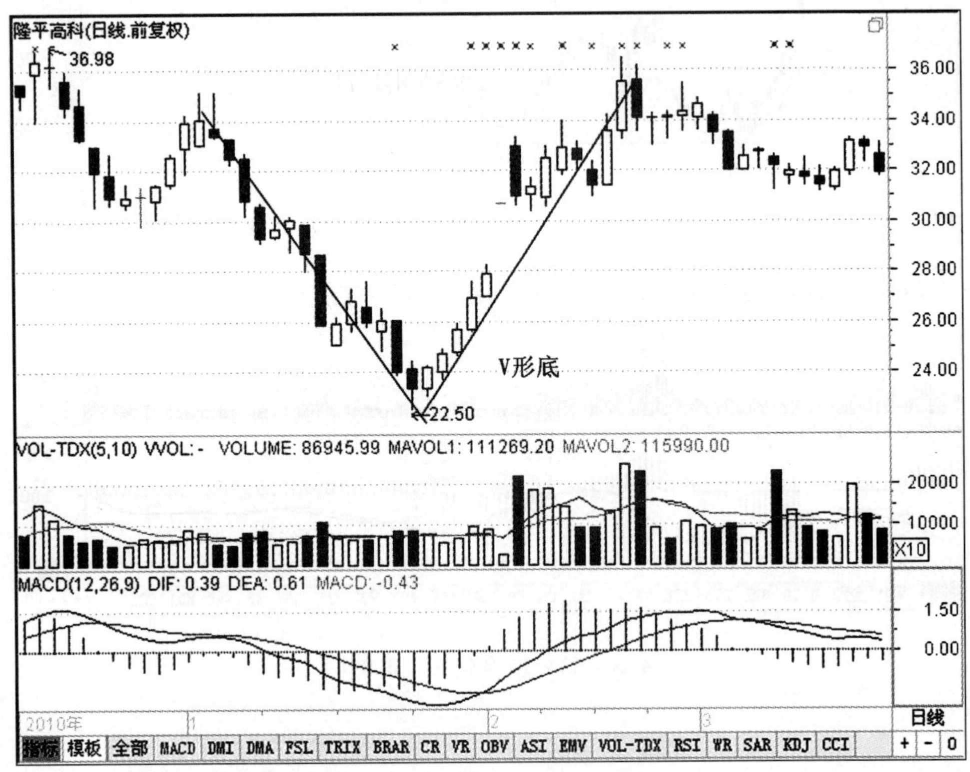

图3－64　隆平高科　000998

具体而言，V形底具有如下盘面特征：

（1）V形底左侧的跌势十分凶猛，短期之内跌幅巨大。

（2）V形底左侧跌势和右侧涨势之间的转折点持续时间较短，通常仅需两三个交易日。

（3）V形底右侧的涨势同样十分猛烈。有时，这波涨势中间会出现一次短暂的整理，见图3－65。

（4）通常而言，V形底左侧跌势和右侧涨势呈现一定的对称性。

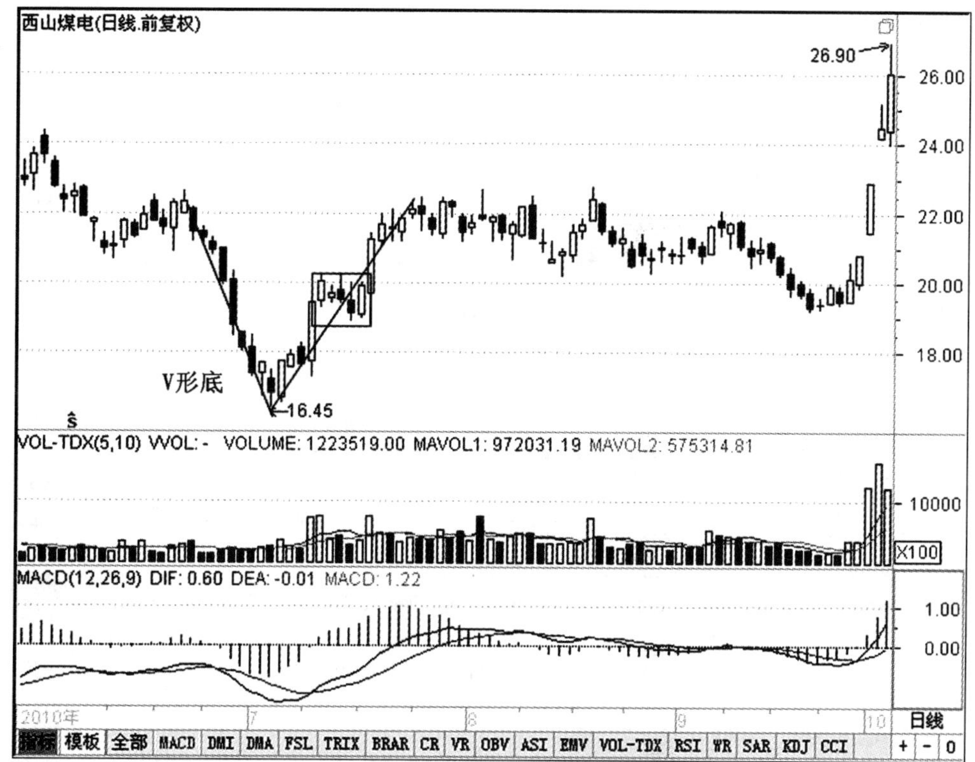

图 3-65 新乡化纤 000949

看盘要点

和圆弧底一样，V 形底属于见底警示信号，并不提供入场点。因此，投资者一旦发现 V 形底走势，应该另行寻找可靠的入场机会进行建仓。以图 3-66 为例。经过一波直线下跌之后，豫能控股在低位徘徊了数个交易日，随即进入一波快速上涨行情中，形成 V 形底走势。当股价上涨至 3.25 元左右后，该股进入调整行情中。2008 年 12 月 8 日，该股出现一根阳线，突破了前高形成的压力，入场信号出现，投资者可以考虑就此入场。

如果 V 形底出现在重要支撑位附近，后市进入涨势的可能性更高。以图 3-67 为例。在前高形成的支撑位附近，南京港出现一个 V 形底形态，

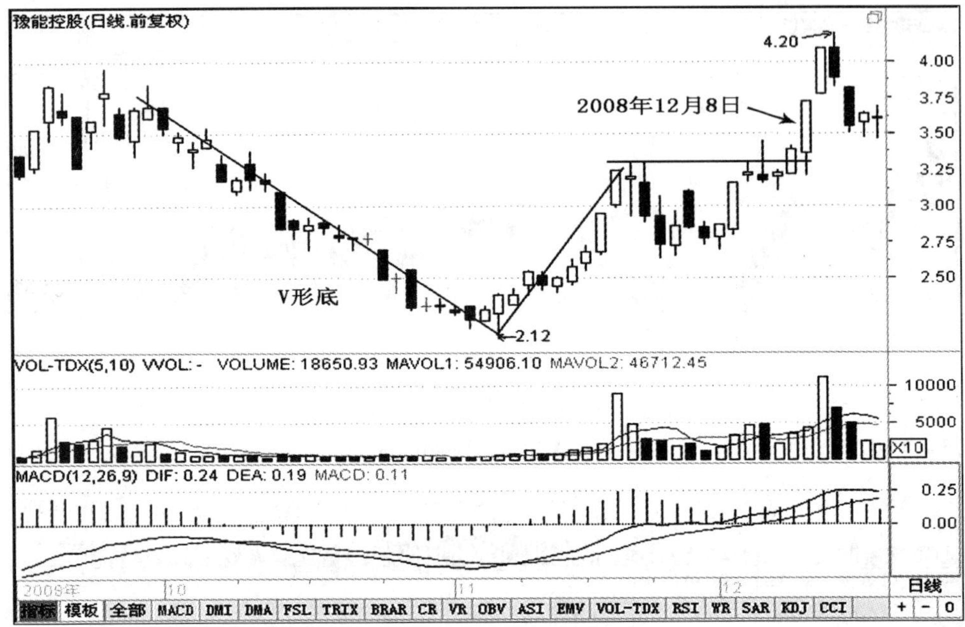

图 3-66　豫能控股　001896

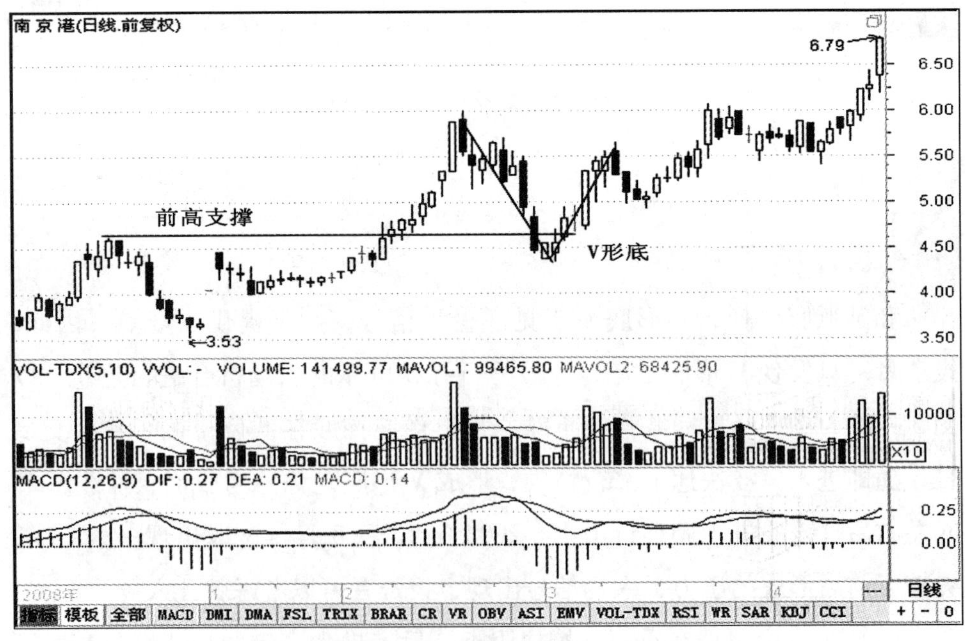

图 3-67　南京港　002040

股价很有可能就此见底企稳。因此，在 V 形底右侧形成的过程中，投资者可以考虑择机入场做多。

实战看盘

如图 3－68 所示，经过一波快速下跌之后，云南旅游在 6.31 元附近止跌，接着连续出现 6 根阳线，构成低位 6 阳线组合，短线见底信号。随后，该股仅经过一个交易日的调整，就重新回到涨势中。至此，V 形底已经完全成形，投资者可以考虑择机入场了。2010 年 7 月 27 日，该股出现一根涨停大阳线，结束了此前数个交易日的整理行情，入场信号出现。由于当日

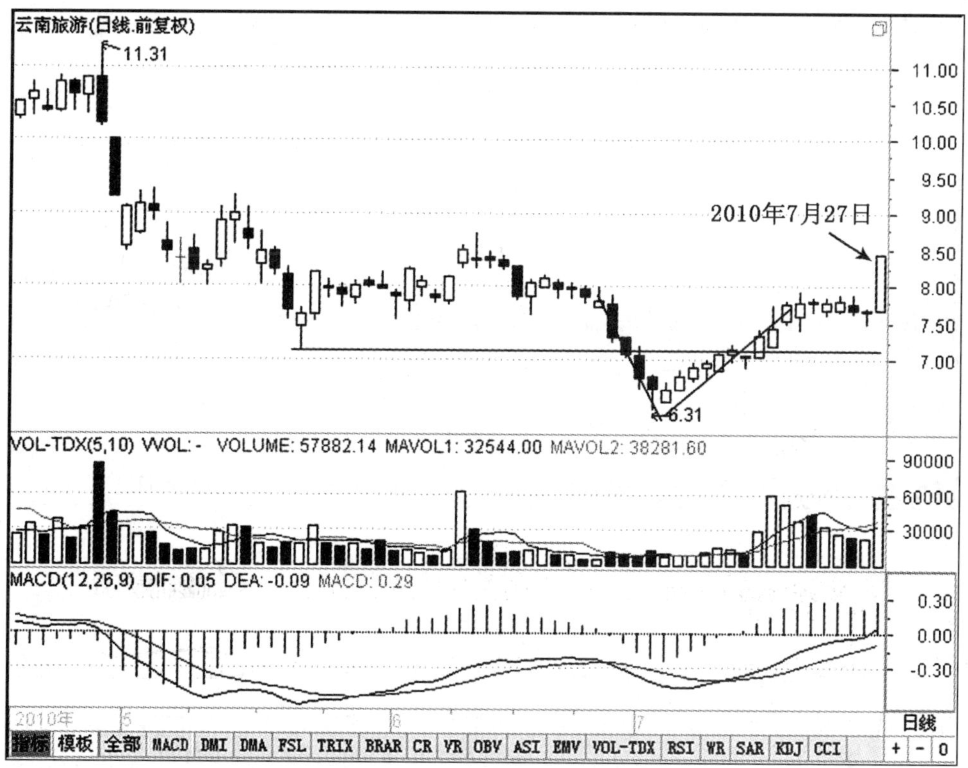

图 3－68　云南旅游　002059

该股开盘后直线涨停，如果投资者当日无法入场，可以在随后的交易日内择机入场。

如图3－69所示，涨停大阳线出现之后，云南旅游进入了横盘整理行情中。经过一段时间的整理，该股连续出现两个一字涨停。之所以出现一字涨停，是因为该股经过一个月的停牌，这是预料之外的事情。2010年9月21日，该股出现一根大阴线，与此前的一字涨停线形成阴抱阳线，见顶信号。随后，该股进入了回调行情中。

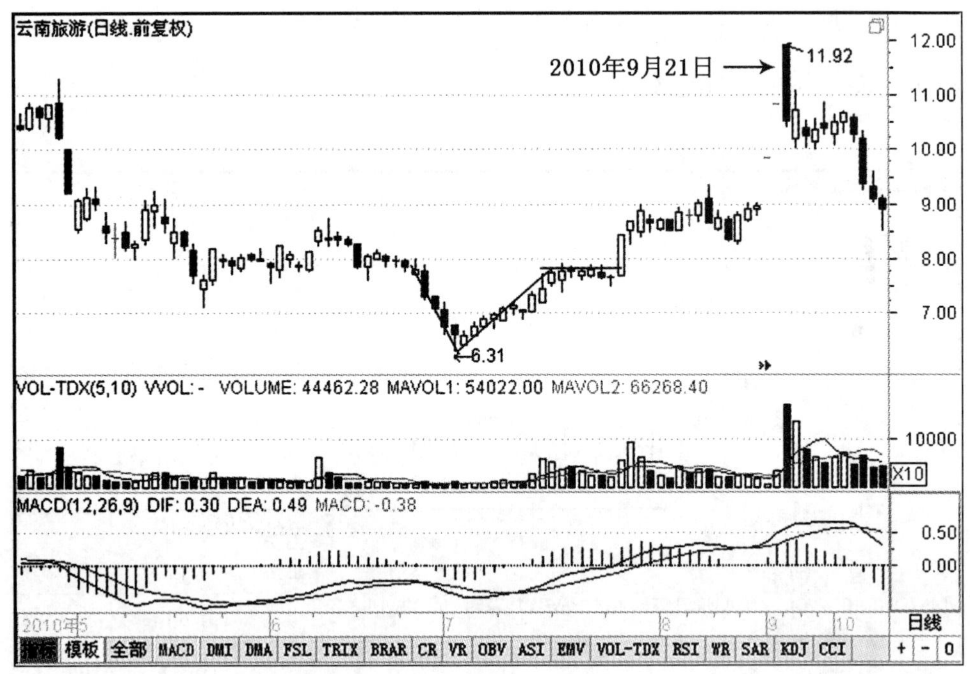

图3－69　云南旅游　002059

如图3－70所示，在V形底形态确认之后，2008年5月15日，江山化工出现一根大阳线，向上突破了前期整理区间的压力线，入场信号。不过，这个V形底右侧的涨幅很大，超过50%。在个股处于下跌趋势中（MACD始终处于0轴线之下）时，这样的反弹幅度已经非常可观了。不仅如此，当时该股还恰好反弹至 EXPMA 长期曲线附近。因此，投资者应该警惕反弹随时可能结束。

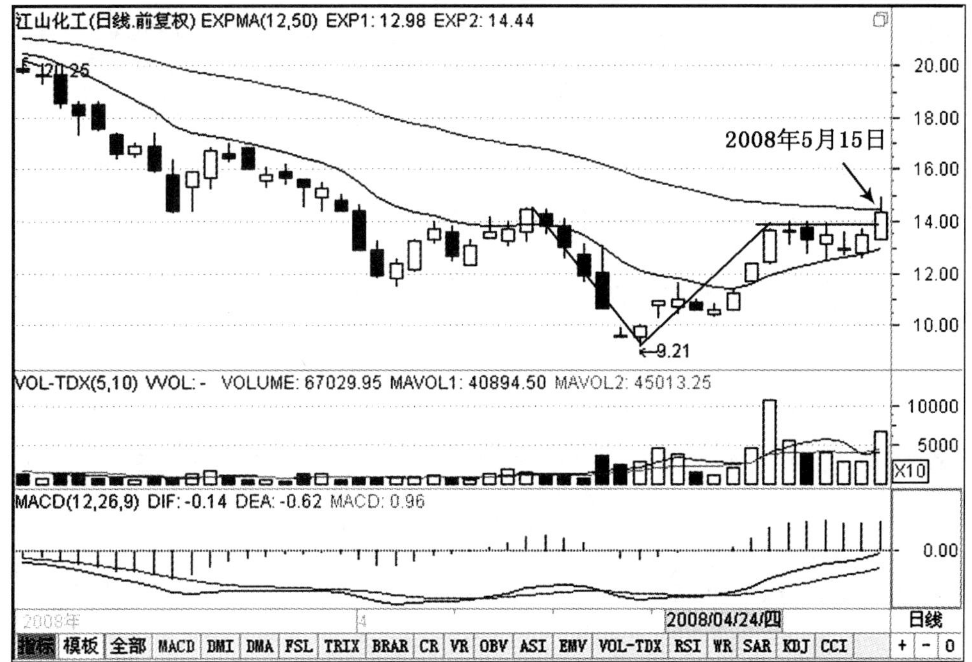

图 3－70　江山化工　002061

如图 3－71 所示，次日，江山化工跳空低开低走，最终以阴线报收，股价重新回到前期整理区之内。由此可以推断，前一个交易日的向上突破为假突破。如果投资者在股价向上突破时跟随入场做多，此时应该及时止损离场。随后，该股进入了一波下跌行情中。2008 年 6 月 13 日，该股出现一根跌停大阴线，跌破了 V 形底最低点的支撑，V 形底彻底宣告失败，后市应该还有一定的下行空间。

如图 3－72 所示，跌破 V 形底最低点之后，江山化工继续下跌。当股价运行至 6.00 元附近止跌反弹，不过反弹始终受制于 V 形底最低点形成的压力。终于，经过一段时间的振荡整理，该股再次破位下行。如果以 2008 年 5 月 15 日的收盘价为起点计算，该股在 4 个月的时间内，最大跌幅约为 70%。

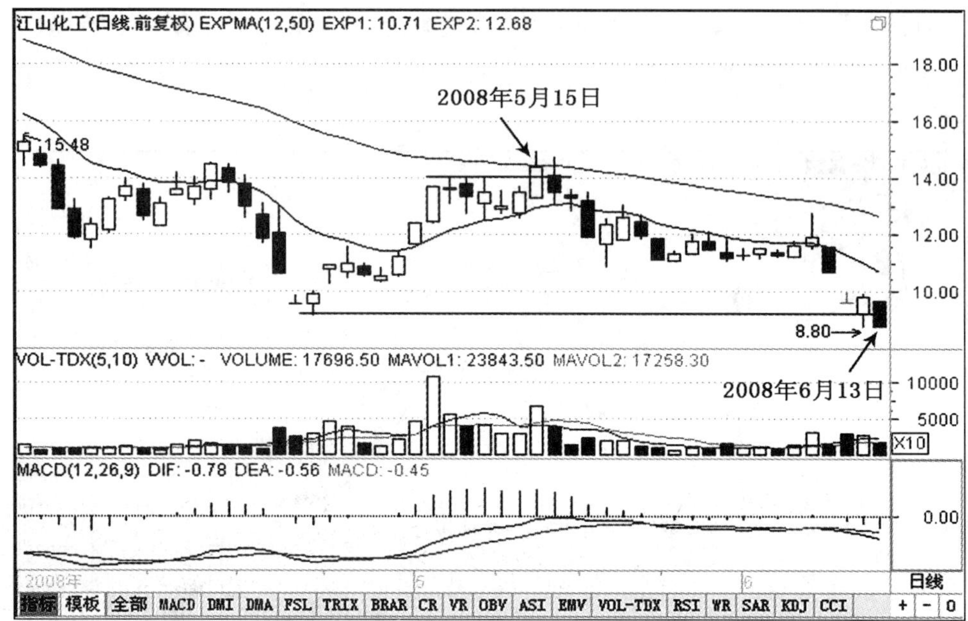

图 3－71　江山化工　002061

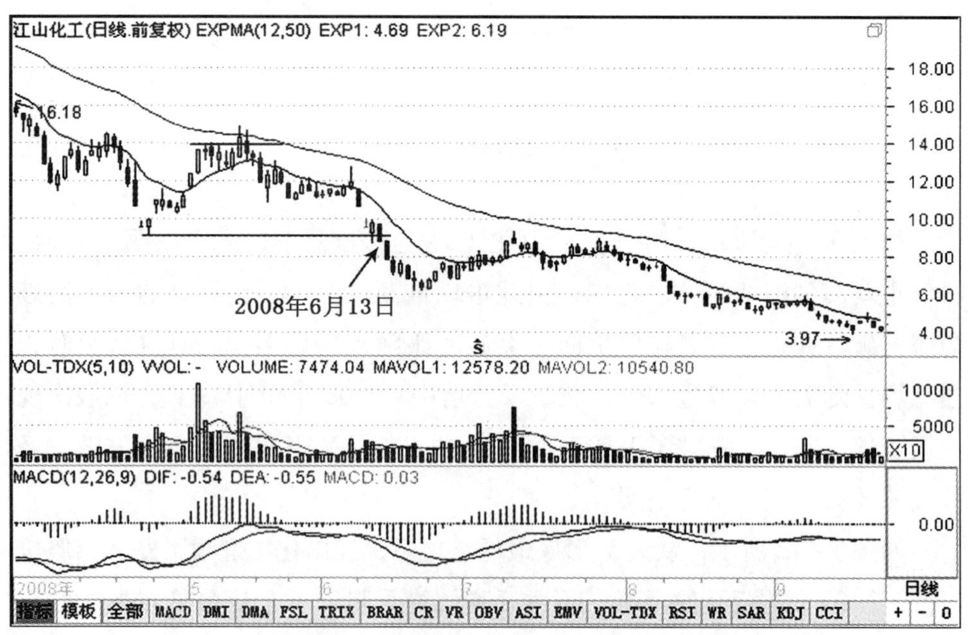

图 3－72　江山化工　002061

各有千秋的技术指标

geyouqianqiudejishuzhibiao

第一节

DMI——趋势跟踪的利器

盘面特征

DMI 的研判方法主要包括交叉研判和 ADX 研判。

所谓交叉研判，是利用 DMI 中两条不同曲线之间的交叉寻找出入场时机。当 DMI 指标中的 - DI（或称为 PDI）曲线向上突破 + DI（或称为 MDI）曲线时，买点出现，俗称黄金交叉，见图 4 - 1；当 DMI 指标中的 - DI曲线向下突破 + DI 曲线时，卖点出现，俗称死亡交叉，见图 4 - 2。另外，当 DMI 指标中的 ADX 与 ADXR 处于高位时（通常处于 60 线之上），如果 ADX 曲线向下穿越 ADXR 曲线，就意味着一波趋势的结束，见图 4 - 3 和图4 - 4。

所谓 ADX 研判，是利用 ADX 曲线与股价涨跌的关系判断市场行情的发展趋势，通常分为两种情况：

（1）ADX 上升，趋势仍将继续。如果处于涨势中，择机入场，见图 4 - 5；如果处于跌势中，持币观望，见图 4 - 6。

（2）ADX 下降，趋势不明显，应该耐心持币观望，见图 4 - 7。

看盘要点

DMI 的黄金交叉为投资者提供买点，死亡交叉提供卖点，DMI 本身就构成了一个完整的交易系统。图 4 - 8 中出现了 1 个买点和 1 个卖点，由此投资者就可以进行一笔完整的交易了。通常而言，DMI 指标中 ± DI 交叉所

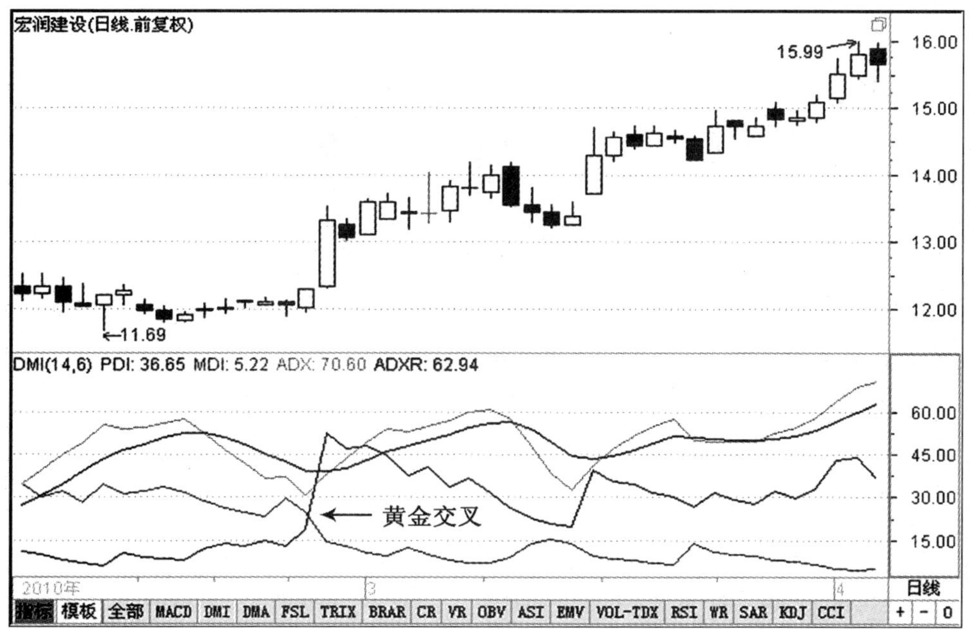

图 4－1　宏润建设　002062

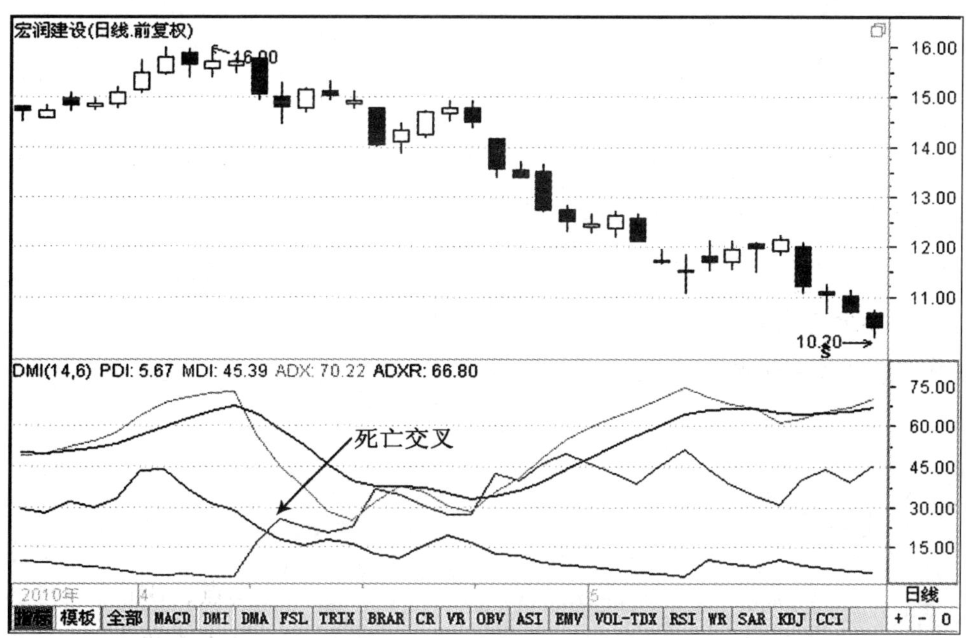

图 4－2　宏润建设　002062

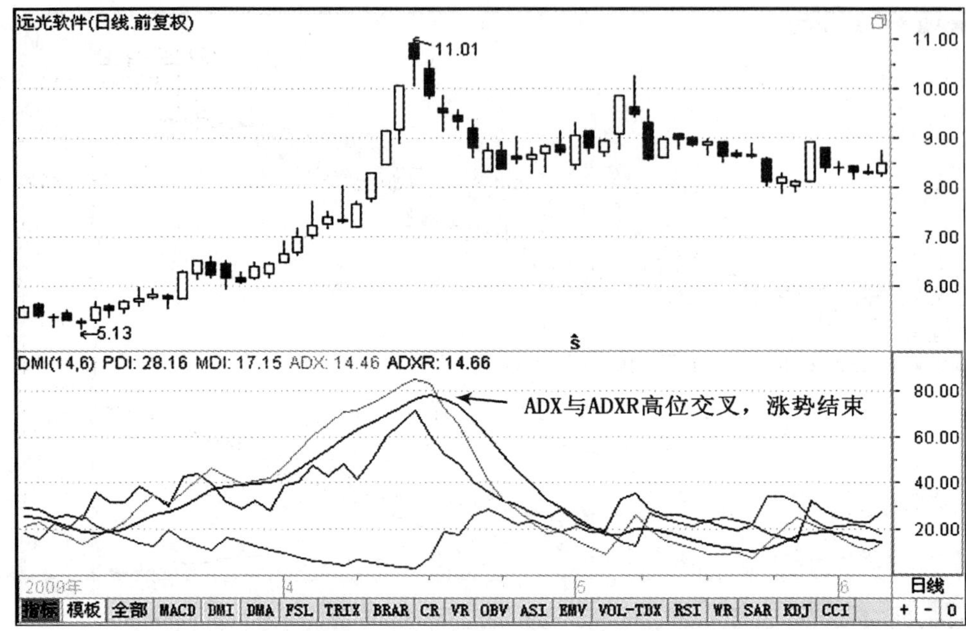

图 4-3　远光软件　002063

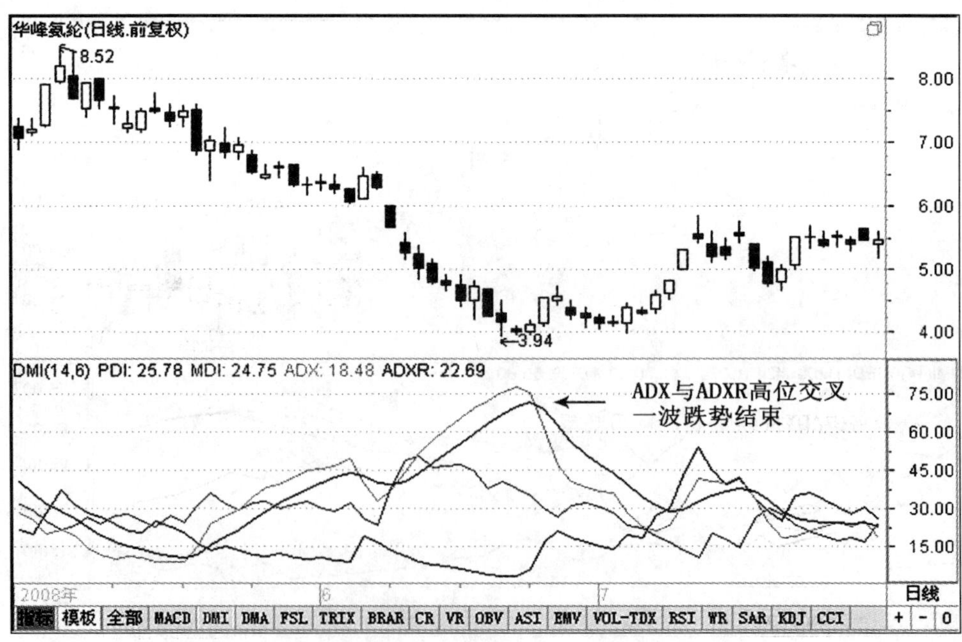

图 4-4　远光软件　002063

图 4－5　瑞泰科技　002066

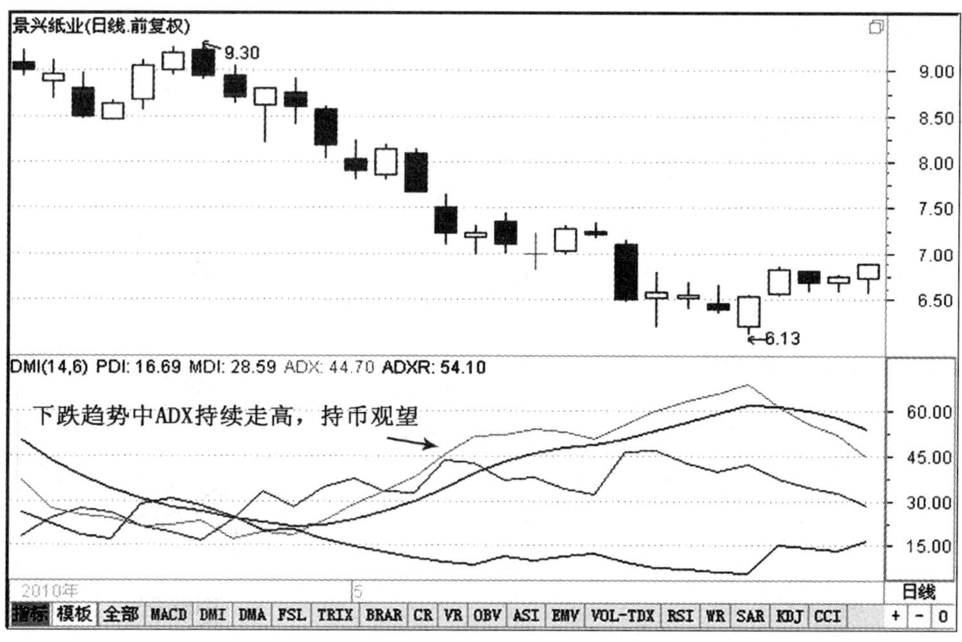

图 4－6　景兴纸业　002067

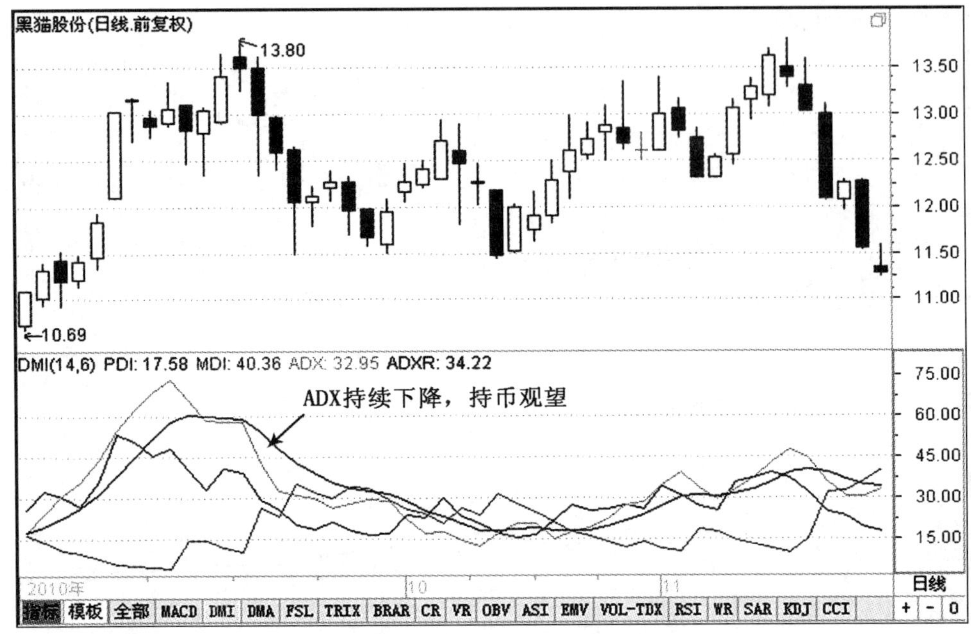

图 4－7　黑猫股份　002068

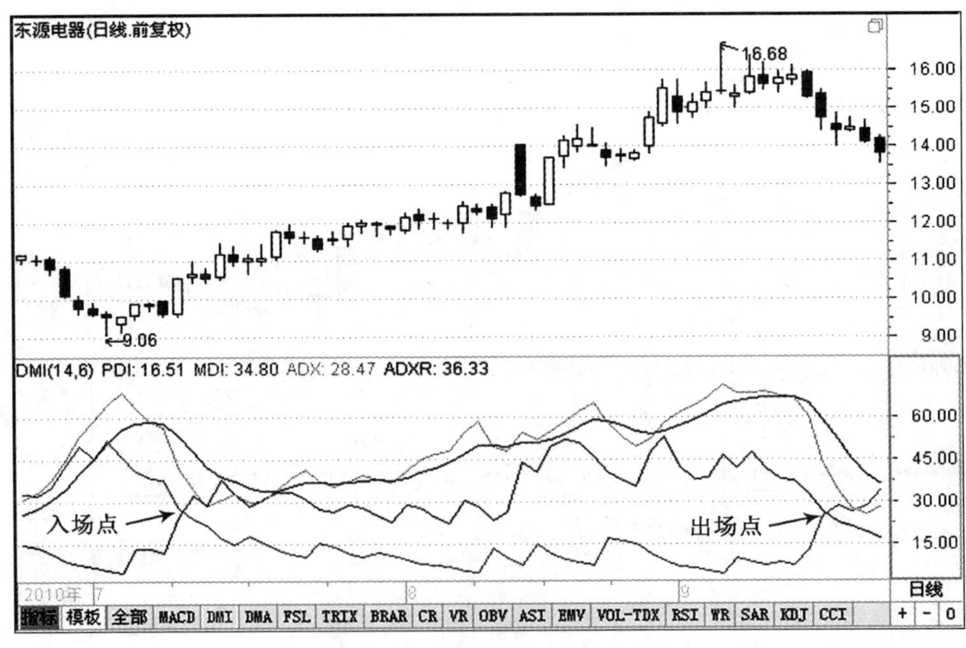

图 4－8　东源电器　002074

构成的交易系统收益率并不算突出。因此，投资者必须对该系统进行优化，然后才能将其运用于实战交易中，至于优化的方法，实在是太多，这里无法详述，只能请读者自行研究。

利用 ADX 曲线的运行以及 ADX 曲线与 ADXR 的高位交叉，可以帮助投资者更加淡定地持股持币，更加准确地抄底逃顶。以图 4－9 为例。当太阳纸业出现 DMI 黄金交叉时，投资者可以考虑择机入场。当 ADX 持续上涨时，投资者可以耐心持股。当 ADX 与 ADXR 在高位交叉时，可以推断这波涨势已经结束，后市将进入调整行情中，投资者应该及时离场。至于 DMI 死亡交叉，本次交易中直接忽略。

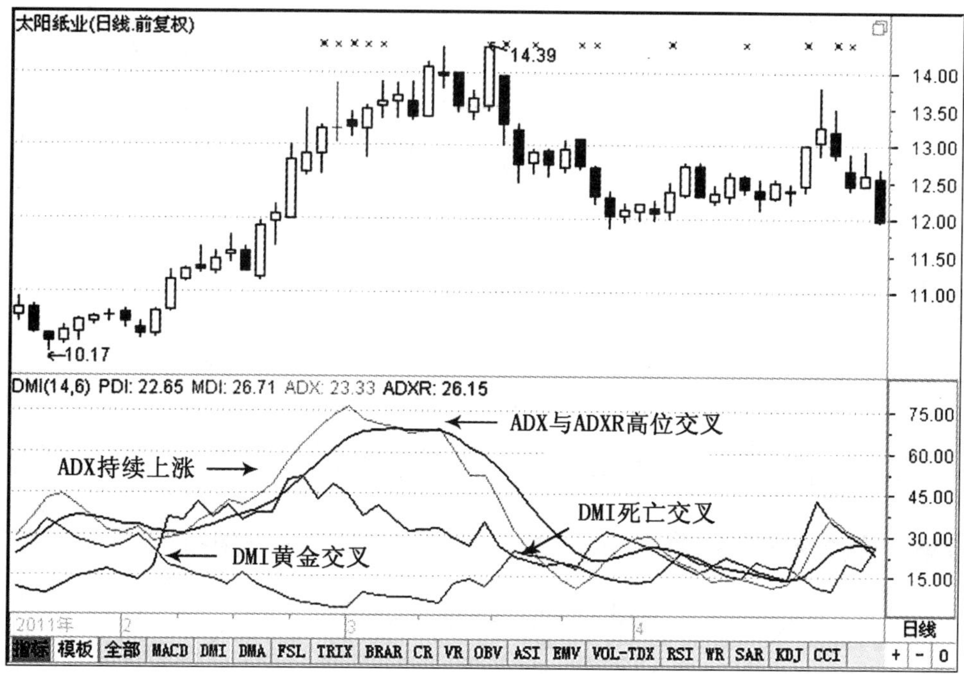

图 4－9　太阳纸业　002078

实战看盘

如图4－10所示，2010年4月13日，金螳螂出现一根大阴线，与此前的阳线构成阴抱阳线，见顶信号。次日，该股出现一根小阳线，与此同时DMI指标中ADX与ADXR在高位交叉，进一步确认此前的一波涨势结束了。因此，投资者应该离场回避潜在的调整风险。

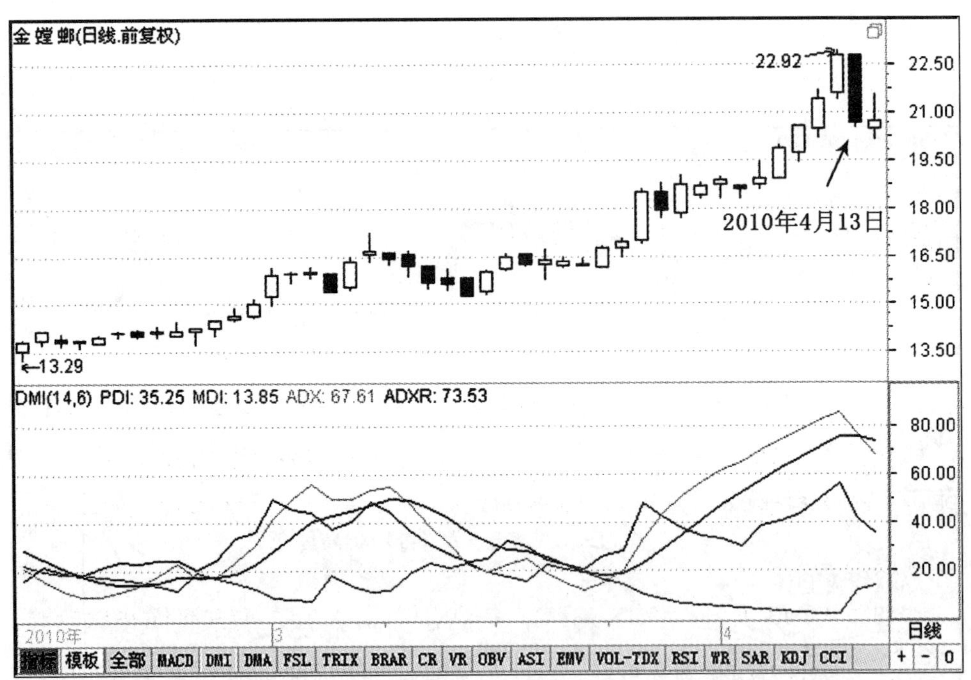

图4－10　金螳螂　002081

如图4－11所示，在出现ADX与ADXR高位交叉之后，金螳螂进入到明显的调整行情中。尽管调整的幅度并不算很大，不过调整的时间还是很长。如果投资者没有及时出场，深陷在这样的行情中可不是一件快乐的事情。

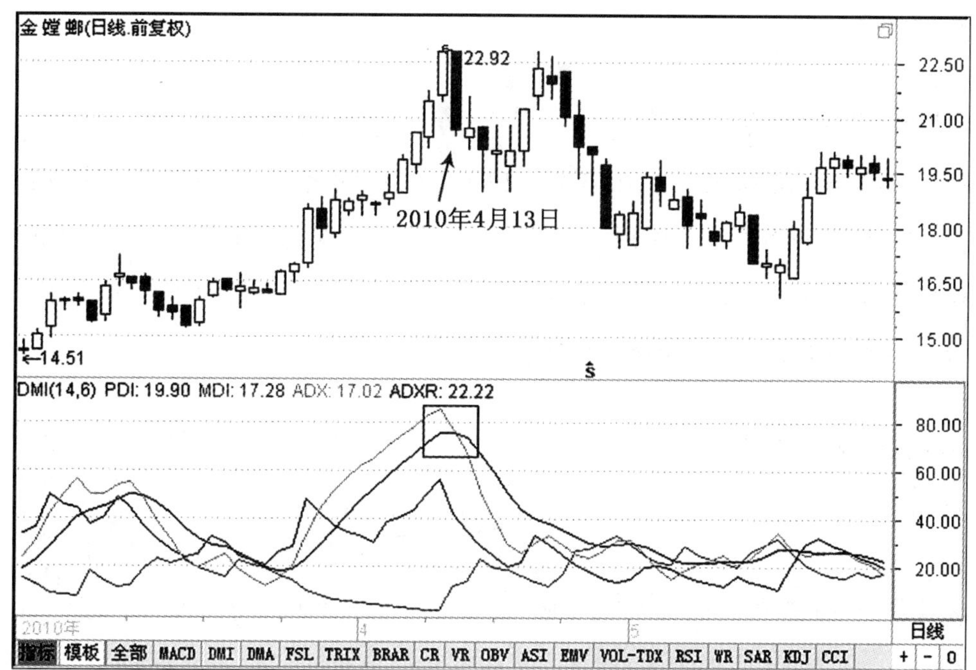

图 4－11　金螳螂　002081

如图 4－12 所示，2010 年 5 月 25 日，经过一波下跌之后，东方海洋的 ADX 曲线与 ADXR 曲线形成高位交叉，意味着这波跌势已经结束了，后市将进入反弹行情中。但是，不建议投资者就此抄底，毕竟底部不是一日可以炼成的。

如图 4－13 所示，ADX 与 ADXR 高位交叉之后，东方海洋止跌反弹。不过，反弹的力度并不强。如果投资者当时入场做多，短线获利空间比较有限。经过一波反弹之后，该股进行二次探底，并成功在前低 9.70 元附近止跌，此时应该算是一个比较好的介入点。随后，该股进入涨势。2010 年 7 月 26 日，该股出现一根大阳线，突破了前高压力，W 底确认，更加明显的入场点。

如图 4－14 所示，W 底确认之后，东方海洋进入了一波明显的涨势之中。2010 年 8 月 12 日，经过几个交易日的回调，该股再次出现 ADX

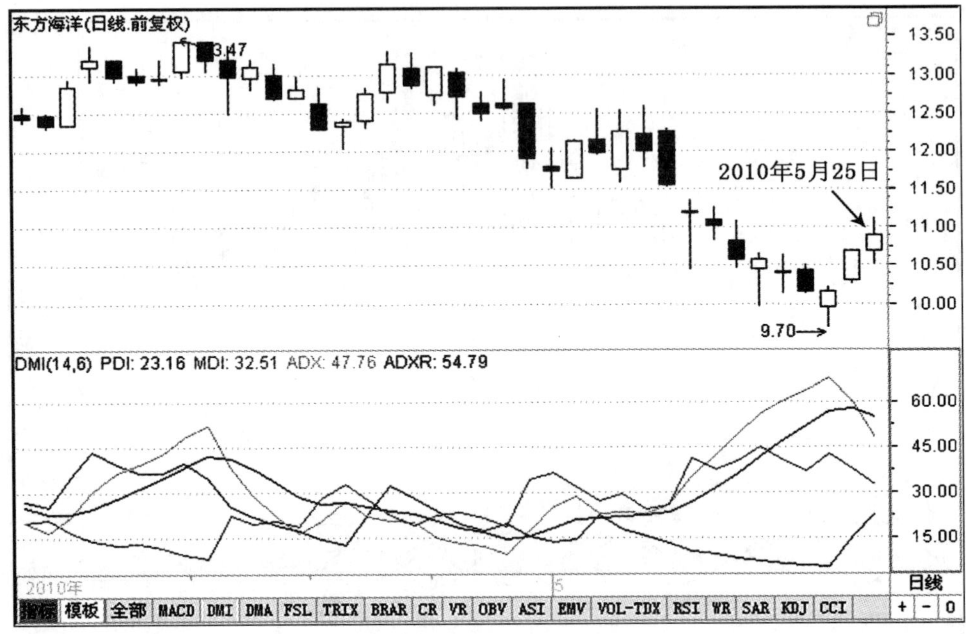

图 4－12　东方海洋　002086

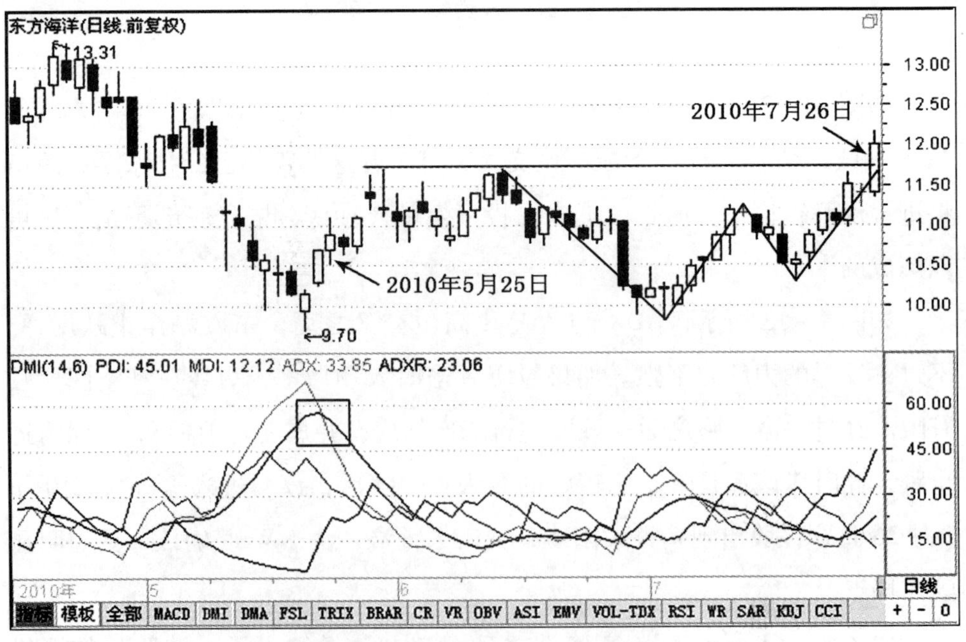

图 4－13　东方海洋　002086

与 ADXR 高位交叉，意味着此前的一波涨势结束，投资者可以考虑获利了结。

图 4-14 东方海洋 002086

如图 4-15 所示，然而，这次 ADX 与 ADXR 高位交叉出现时，东方海洋已经调整到位。如果投资者此时离场，正好卖在最低价附近。随后，该股再次恢复到涨势之中。为了避免这种情况的发生，投资者应该进行一定的技术优化。比如，增加 EXPMA 曲线进行持股观察：只要股价没有跌破 EXPMA 曲线的支撑，可以考虑继续耐心持股。

如图 4-16 所示，经过一波下跌之后，新野纺织出现了 ADX 与 ADXR 高位交叉，意味着此前的跌势终结。随后，经过一段时间的振荡整理，2008 年 7 月 9 日，新野纺织出现一根小阳线，突破了前高压力，W 底确认，入场点出现。

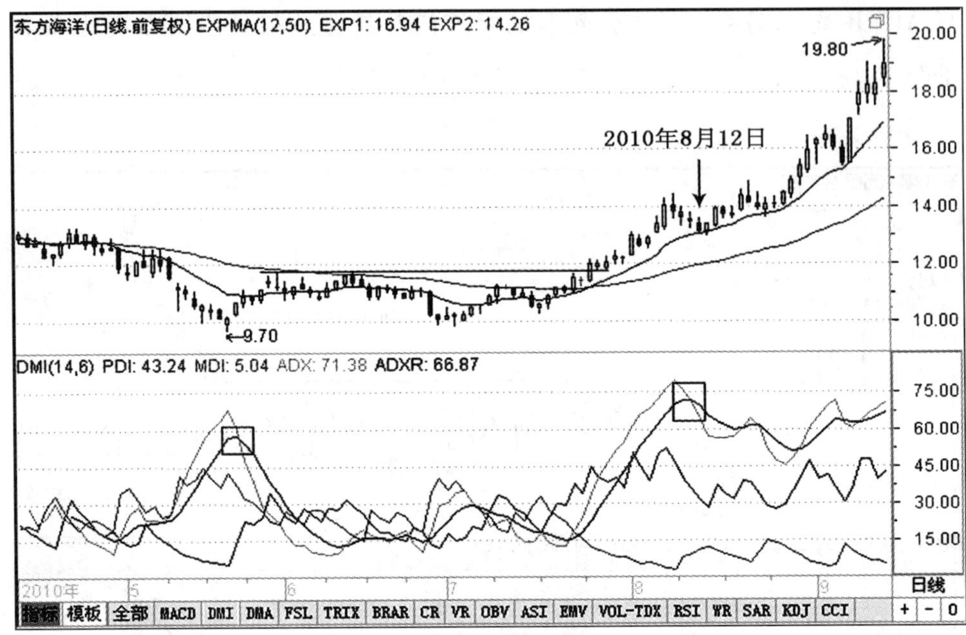

图 4－15　东方海洋　002086

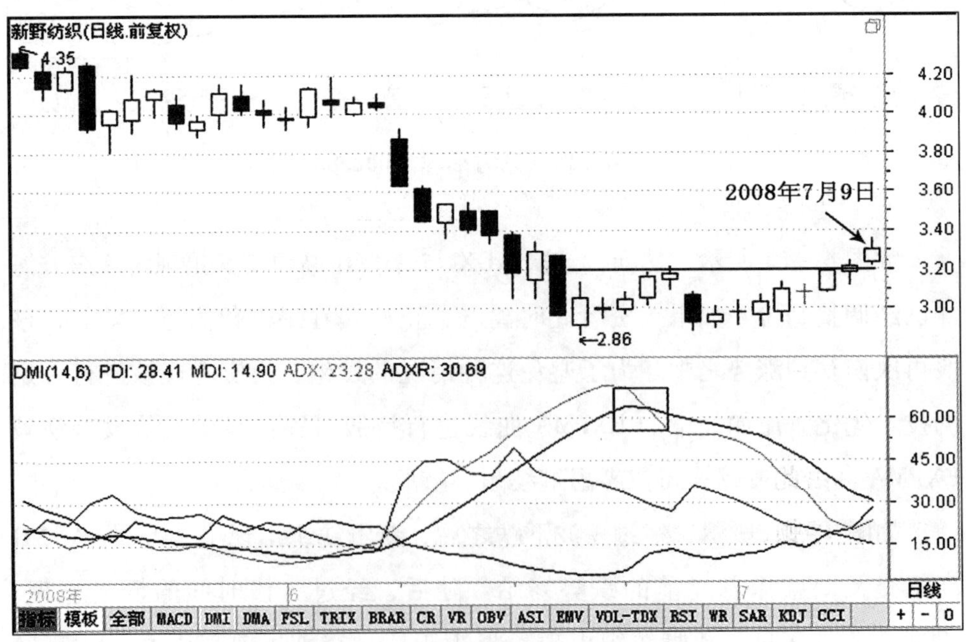

图 4－16　新野纺织　002087

如图 4－17 所示，突破颈线压力之后，新野纺织并没能进入涨势中，而是在颈线附近展开振荡。经过一段时间的整理，该股无力上行，只能转入下跌行情中。2008 年 8 月 11 日，该股连续出现第二根大阴线，跌破了前低形成的支撑，筑底行情彻底失败，后市不容乐观。

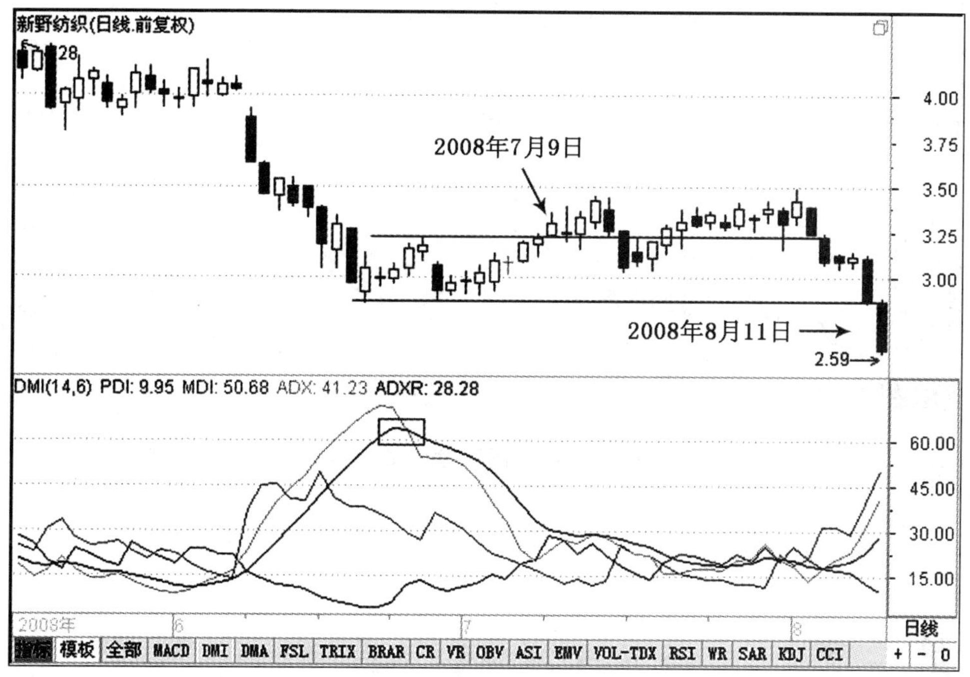

图 4－17　新野纺织　002087

如图 4－18 所示，跌破前低支撑之后，新野纺织再次进入振荡行情中。经过一段时间的整理，该股仍然未能筑底成功，只能继续下行寻找下一个支撑位。由此可以看出，本例中 ADX 与 ADXR 高位交叉只是意味着该股的跌势暂时停顿，并非如同上例东方海洋一样成功见底。

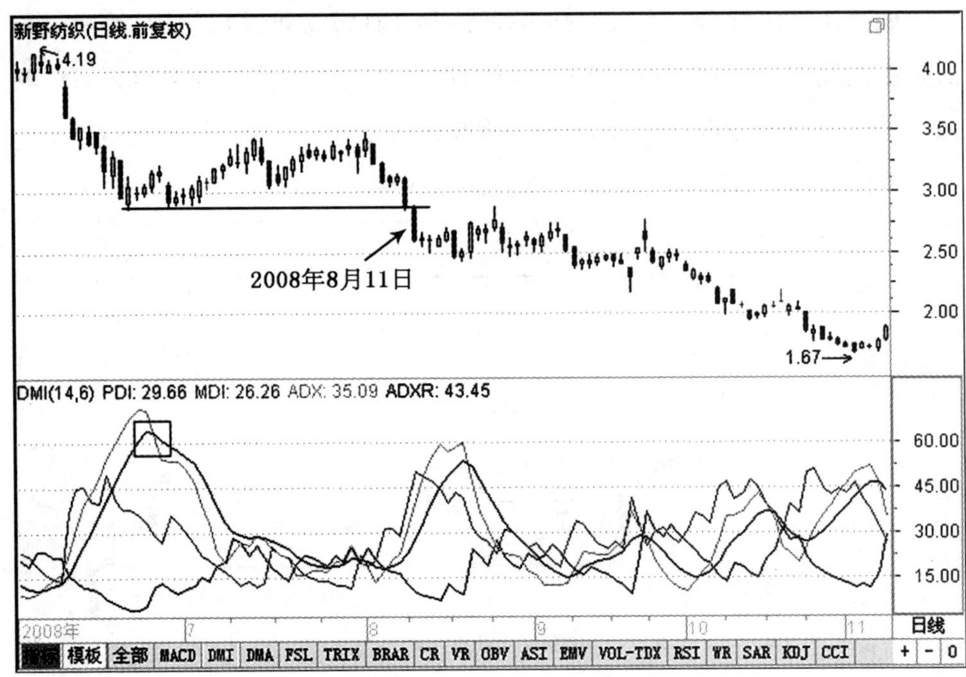

图 4－18　新野纺织　002087

第二节

MTM——动量变化的测量仪

盘面特征

MTM 被称为动量指标，其理论基础是价格与供求量的关系，它认为股价的涨跌幅度随着时间的推移会逐渐变小，股价变化的速度慢慢减缓后，行情就可能反转。MTM 的研判方法主要包括取值研判、交叉研判和背离研判。

所谓取值研判，是利用 MTM 的取值和 0 轴线之间的关系判断市场的趋势，见图 4－19。当 MTM 处于 0 轴线之上时，市场处于多头行情中；当 MTM 处于 0 轴线之下时，市场处于空头市场中。

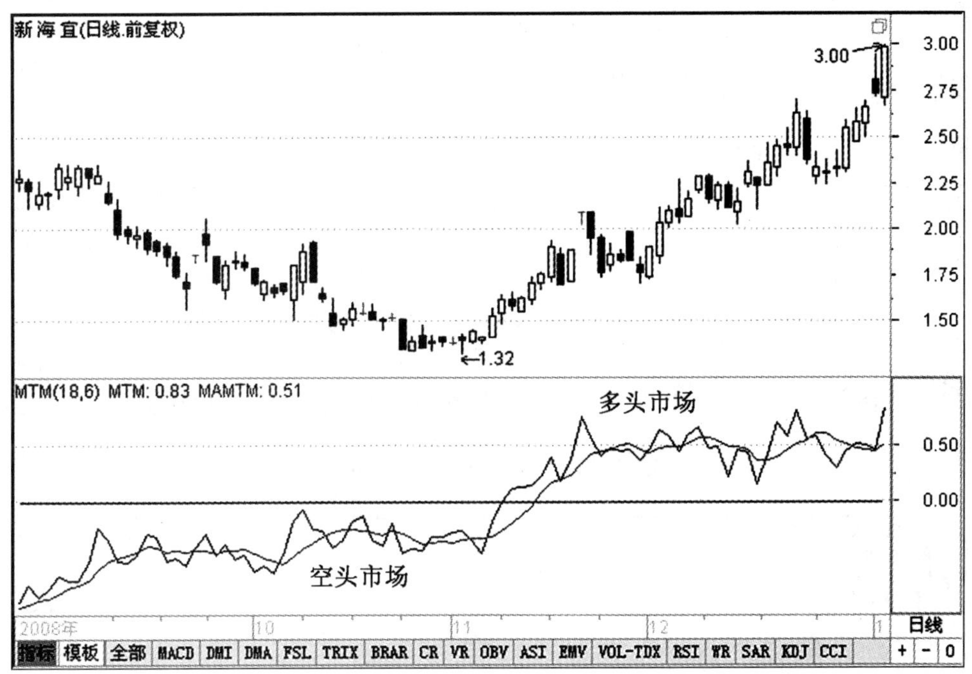

图 4－19　新海宜　002089

所谓交叉研判，是利用 MTM 中两条周期不同的曲线之间的交叉寻找出入场时机。当 MTM 指标中的 MTM 曲线向上突破 MTMMA 曲线时，买点出现，俗称黄金交叉，见图 4－20；当 MTM 指标中的 MTM 曲线向下突破 MT-MMA 曲线时，卖点出现，俗称死亡交叉，见图 4－21。

所谓背离研判，是利用 MTM 高低点与股价高低点之间的关系寻找顶底痕迹。当股价创出新低时，MTM 的低点却在抬高（或者走平），底背离，股价有可能会见底，见图 4－22；当股价创出新高时，MTM 的高点却在降低（或者走平），顶背离，股价有可能会见顶，见图 4－23。

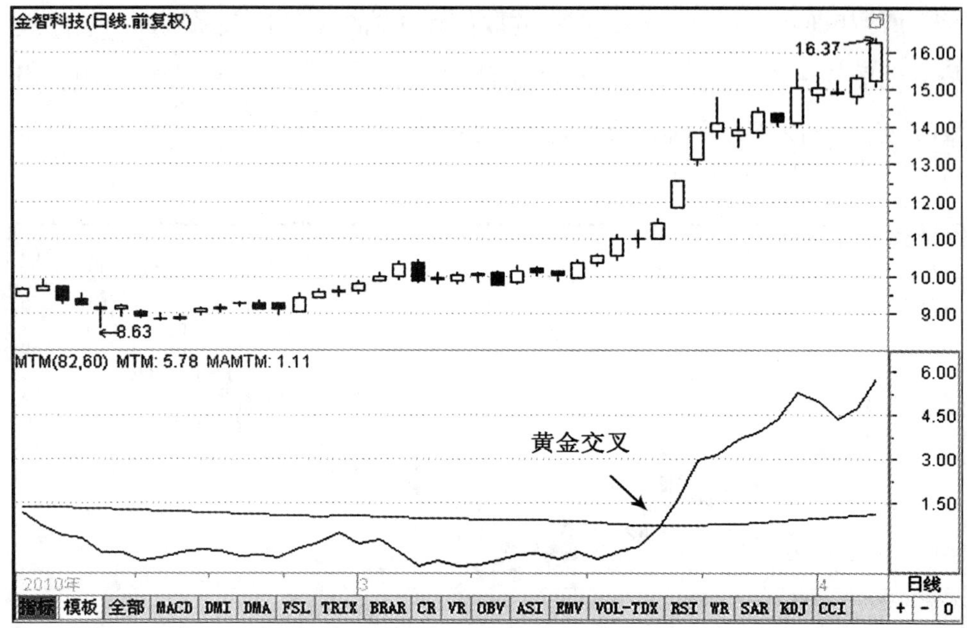

图 4－20　金智科技　002090

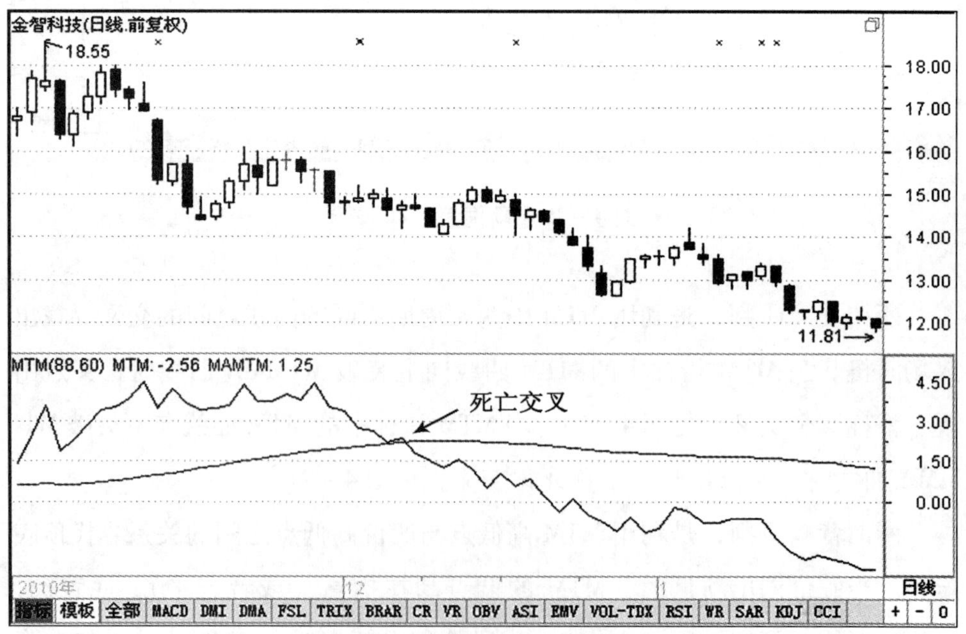

图 4－21　金智科技　002090

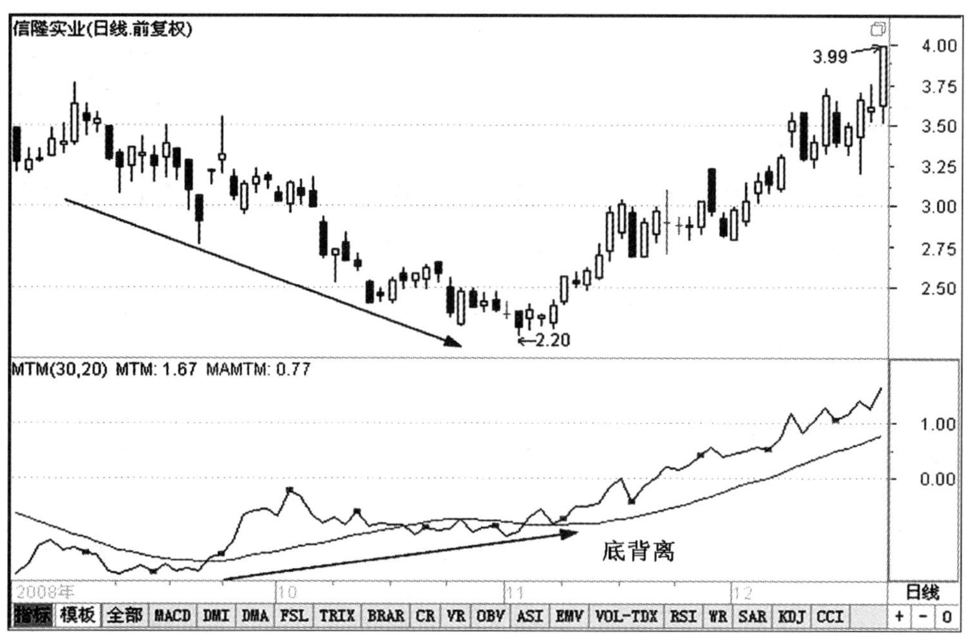

图 4－22　信隆实业　002105

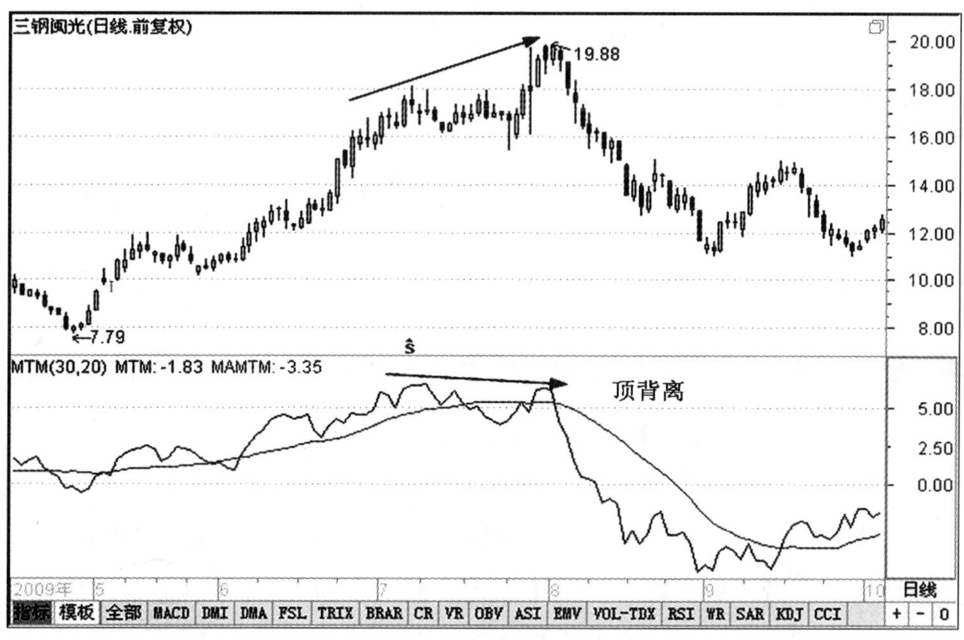

图 4－23　三钢闽光　002110

看盘要点

当 MTM 处于 0 轴线之上时，市场处于多头行情中，投资者应该采取积极入场做多的策略。以图 4－24 为例。在 MTM 处于 0 轴线之上时，江苏国泰出现了多次突破前高压力的看涨信号。在上涨趋势中发现看涨信号，投资者应该积极介入。

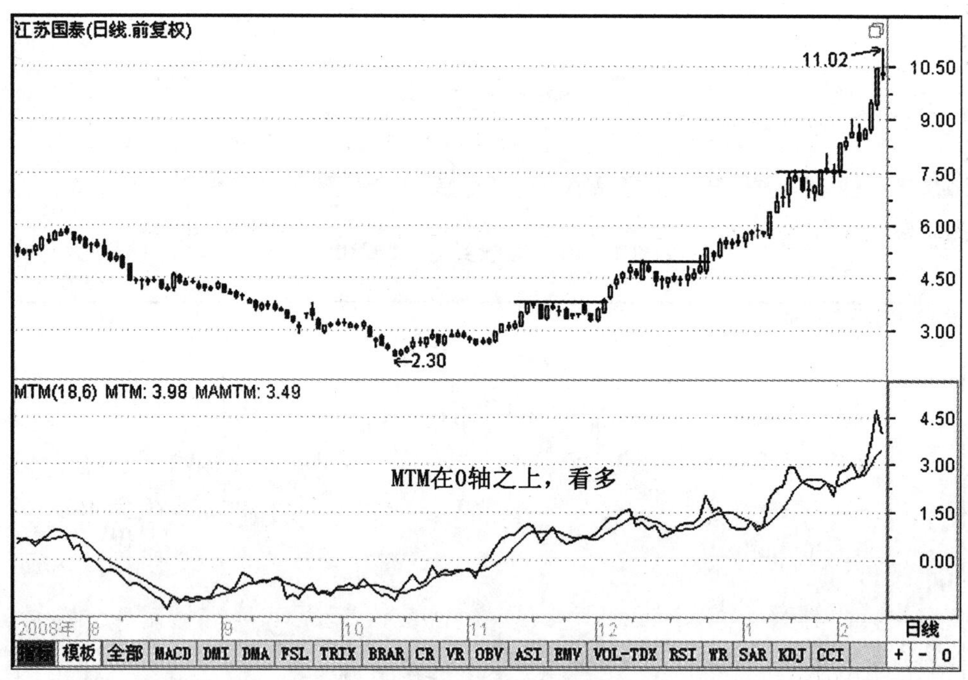

图 4－24　江苏国泰　002091

当 MTM 处于 0 轴线之下时，市场处于空头行情中。那么，投资者应该采取耐心持币旁观的策略。以图 4－25 为例。在 MTM 处于 0 轴线之下时，中泰化学出现了一次跌破前低支撑的看空信号，意味着股价筑底失败。在下降趋势中发现看跌信号，投资者应该进行坚决的回避。

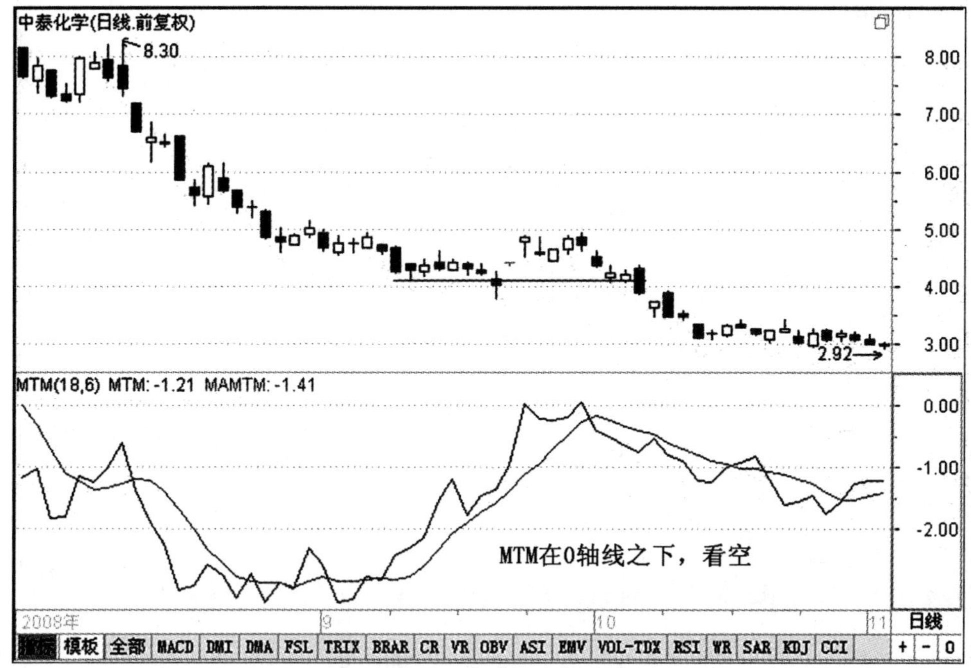

图 4－25　中泰化学　002092

MTM 的黄金交叉为投资者提供买点，死亡交叉提供卖点，MTM 本身就构成了一个完整的交易系统。图 4－26 中出现了 1 个买点和 1 个卖点，由此可以完成一笔完整的交易了。仅就本例而言，利用 MTM 提供的出入场点可以获得不错的收益。不过，实际上，MTM 交叉所构成的交易系统，其收益率并不算突出。如果投资者打算将其纳入自己的实战交易系统，必须对其进行优化。

当 MTM 出现底背离时，投资者应该密切关注 K 线走势，寻找更加确切的见底信号准备入场。以图 4－27 为例，当三钢闽光出现底背离迹象时，我们就应该意识到底部可能就在眼前了。当该股形成一波急跌急涨的 V 形底走势时，可以确认股价已经就此见重要底部了，此后投资者自然应该积极寻找机会入场做多。

当 MTM 出现顶背离时，投资者应该提高警惕，以防随时可能到来的顶

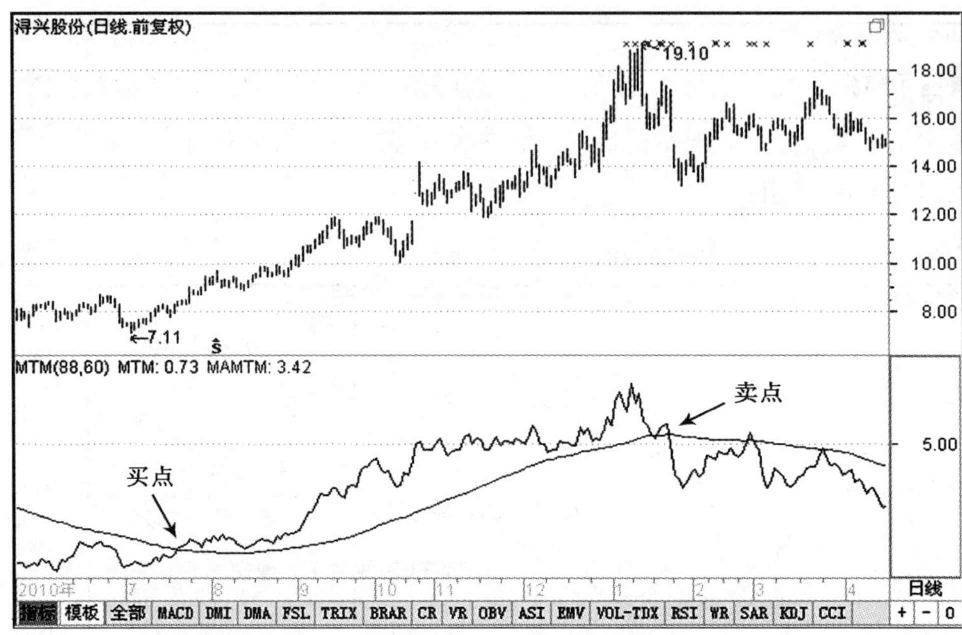

图 4-26 浔兴股份 002098

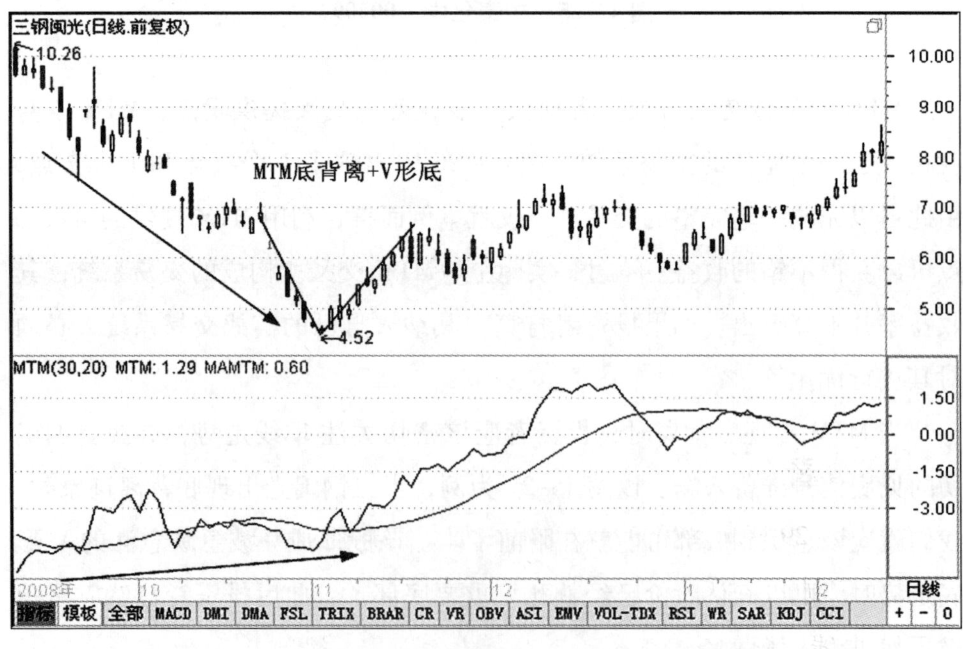

图 4-27 三钢闽光 002110

部。以图 4－28 为例。当三变科技出现顶背离时，我们就应该意识到股价可能很快就要见顶，自然应该密切关注个股走势。当该股出现类似黄昏之星的见顶组合之后，股价见顶的可能性大幅度提高，投资者应该及时离场，以回避潜在的风险。

图 4－28　三变科技　002112

实战看盘

如图 4－29 所示，2009 年 10 月 23 日，海翔药业出现一根中阳线，突破了颈线压制，三重底确认，后市看涨。与此同时，MTM 曲线向上穿越 MTMMA 曲线，形成黄金交叉，买入信号。另外，MTM 上穿 0 轴线，市场有转入涨势的迹象。综上，投资者可以考虑就此建仓介入。

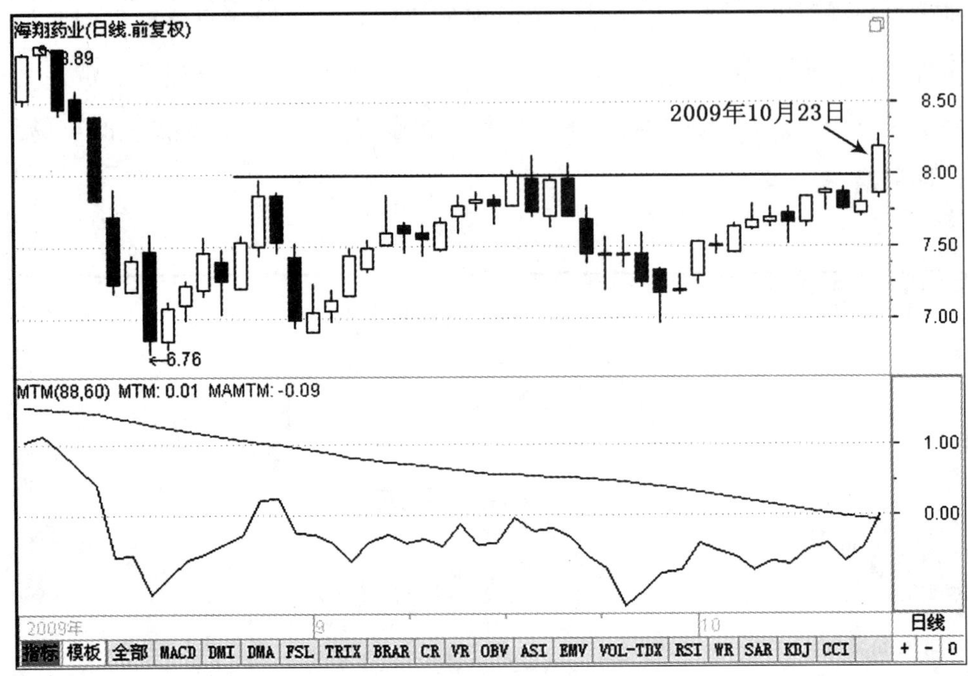

图 4－29　海翔药业　002099

如图 4－30 所示，MTM 黄金交叉出现后，海翔药业稍作调整就进入了一波明显的涨势中。通常而言，只要 MTM 运行于 MTMMA 之上，投资者就可以耐心持股。不过，本例中的 MTM 采用的参数是（88，60），属于中长期测市参数，可以用来抄底，但不适合用来逃顶。具体操作时，投资者可以增加 MA 或者 EXPMA 进行辅助。

如图 4－31 所示，2008 年 7 月 28 日，天康生物出现一根大阳线，向上突破了前期整理区间的上边线，后市看涨。与此同时，MTM 向上穿越 MAMMA，形成黄金交叉。不过，此时 MTM 依然运行于 0 轴线之下，该股还是处于下降趋势中，此时可能只是一波反弹。

如图 4－32 所示，MTM 黄金交叉出现后，天康生物并没有顺势上涨，反而直接转入一波下跌行情中。如果投资者此前已经入场，当股价重新回到突破的压力线之下时，必须止损离场了。当股价跌破前低支撑时，MTM 处于 0 轴线之下，后市继续下跌的可能性很高，投资者应该耐心持币观望。

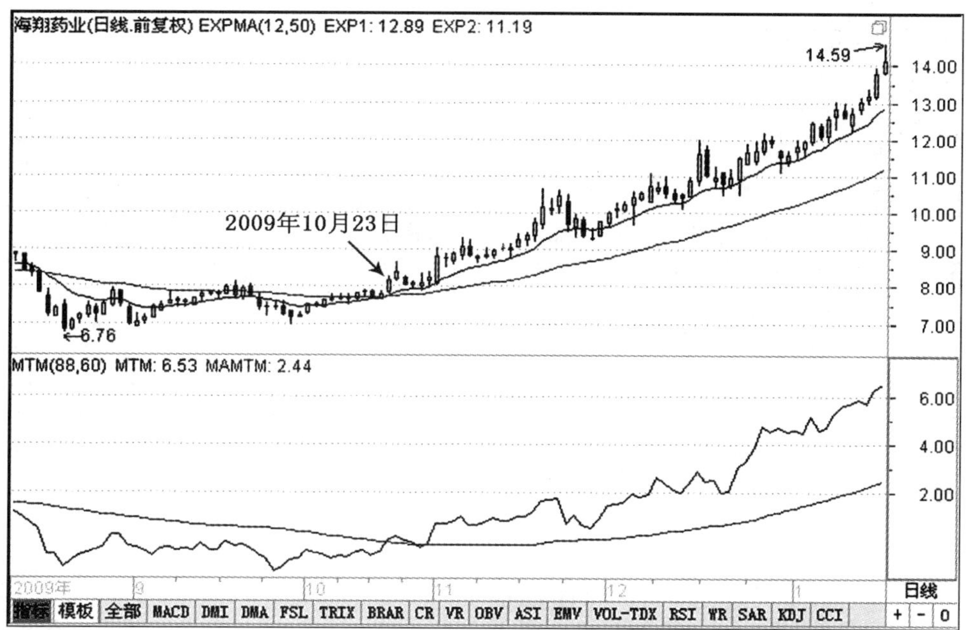

图 4 - 30　海翔药业　002099

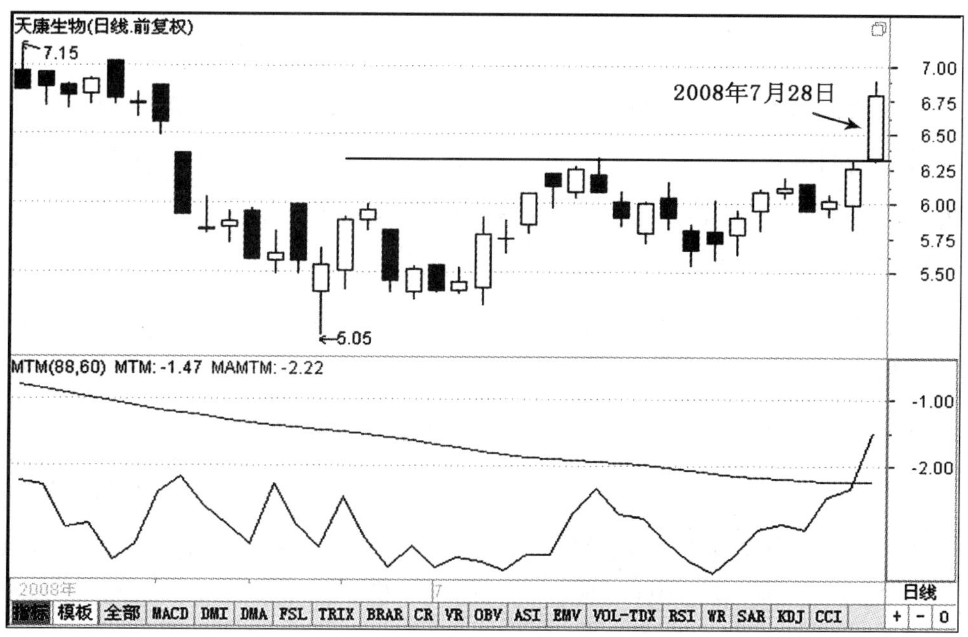

图 4 - 31　天康生物　002100

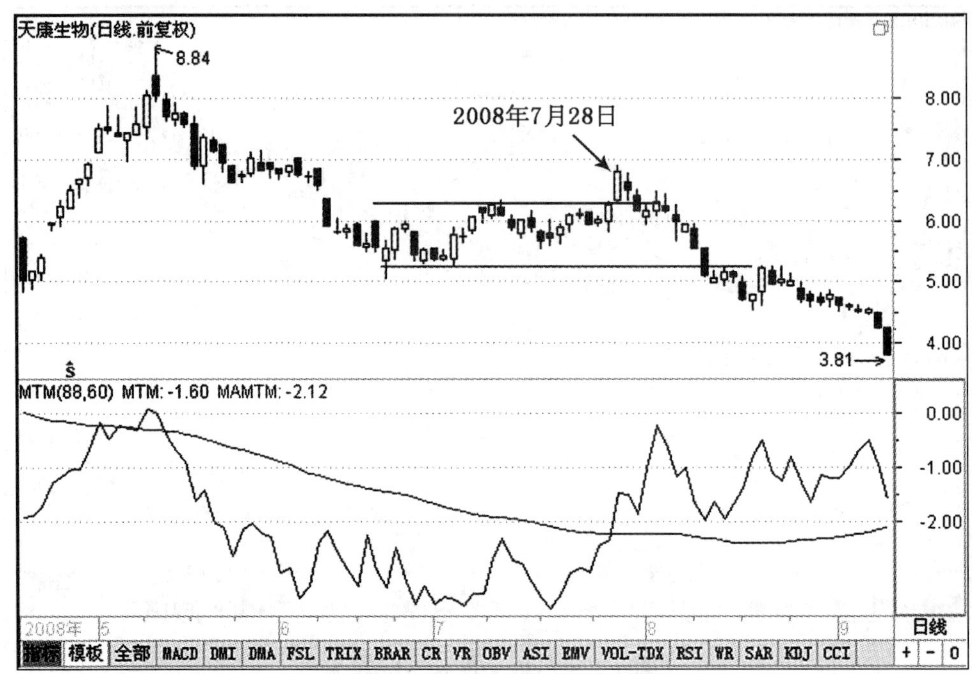

图 4-32　天康生物　002100

如图 4-33 所示，2009 年 11 月 2 日，恒宝股份出现一根涨停大阳线，突破了前期高点。此时，MTM 位于 0 轴线之上，看涨信号值得重视。另外，MTM 刚出现黄金交叉不久，做多能量还没有释放。因此，投资者可以考虑就此入场。

如图 4-34 所示，突破前高压力之后，恒宝股份进入上涨趋势中。此时，投资者的关注重点就是何时离场了。因此，参数为（88，60）的 MTM 指标已经不适用，投资者应该调整为周期更短的参数。图中采用了（30，20）的参数。2009 年 12 月 14 日，经过数个交易日的调整，MTM 形成死亡交叉，一波中期涨势可能会就此终结。

如图 4-35 所示，MTM 死亡交叉出现之后，恒宝股份进入一波整理行情中。股价回调结束后，该股继续冲高。然而，随着股价不断创出高点，MTM 的高点却在持续降低，而且始终处于 MTMMA 之下，显示做多动量已

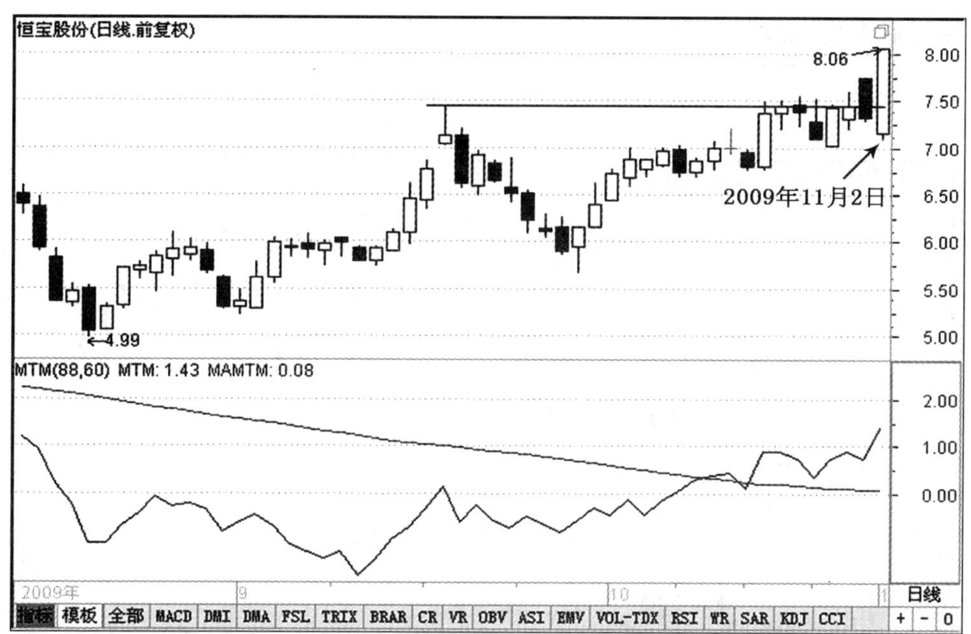

图 4-33 恒宝股份 002104

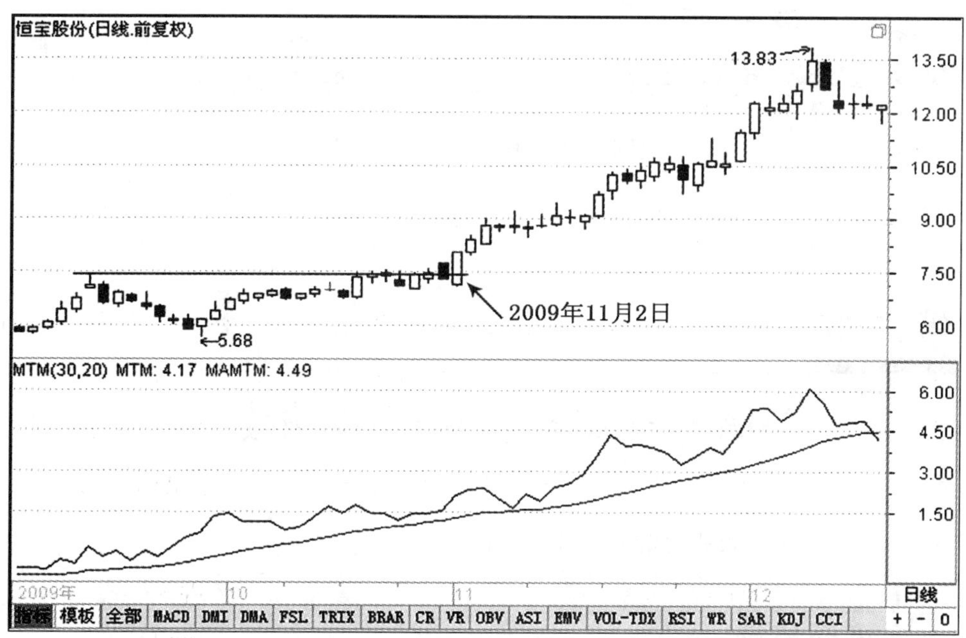

图 4-34 恒宝股份 002104

经明显不足，股价随时可能见顶。终于，在创出15.38元的新高点之后，该股见顶回落。

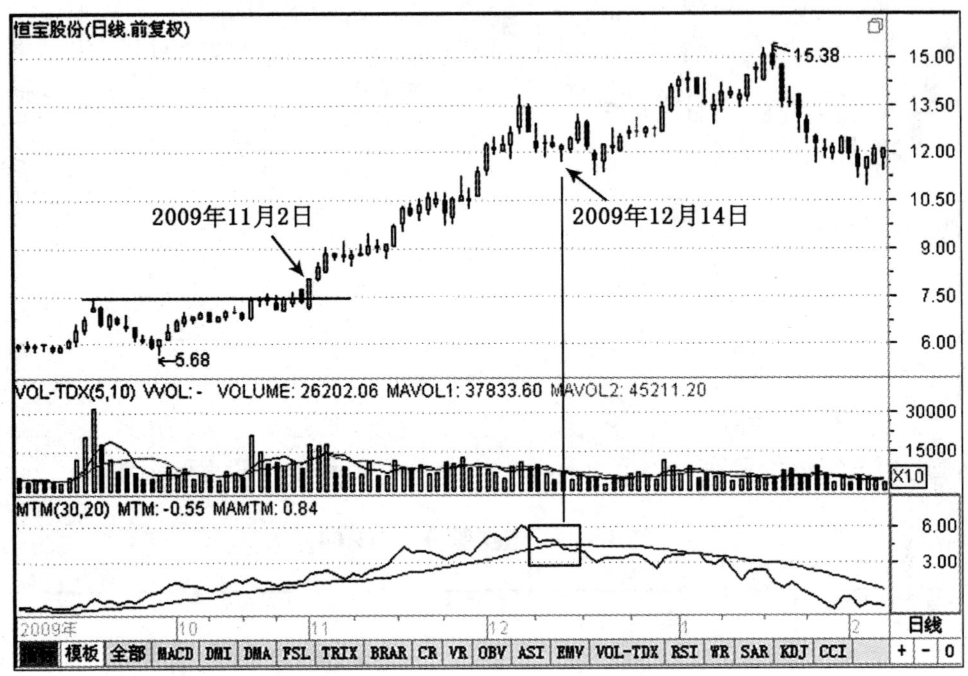

图4-35 恒宝股份 002104

第三节

DMA——买卖能量的波动线

盘面特征

DMA指标又叫平行线差指标，它依据快慢两条移动平均线的差值情况来分析价格趋势。DMA 的研判方法主要包括取值研判、交叉研判、背离研判和形态研判。

所谓取值研判，是利用 DMA 的取值和 0 轴线之间的关系判断市场的趋势，见图 4－36；当 DMA 处于 0 轴线之上时，市场处于多头行情中；当 DMA 处于 0 轴线之下时，市场处于空头市场中。

图 4－36　信隆实业　002105

所谓交叉研判，是利用 DMA 中两条周期不同的曲线之间的交叉寻找出入场时机。当 DMA 指标中的 DIF 曲线向上突破 AMA 曲线时，买点出现，俗称黄金交叉，见图 4－37；当 DMA 指标中的 DIF 曲线向下突破 AMA 曲线时，卖点出现，俗称死亡交叉，见图 4－38。

所谓背离研判，是利用 DMA 高低点与股价高低点之间的关系寻找顶

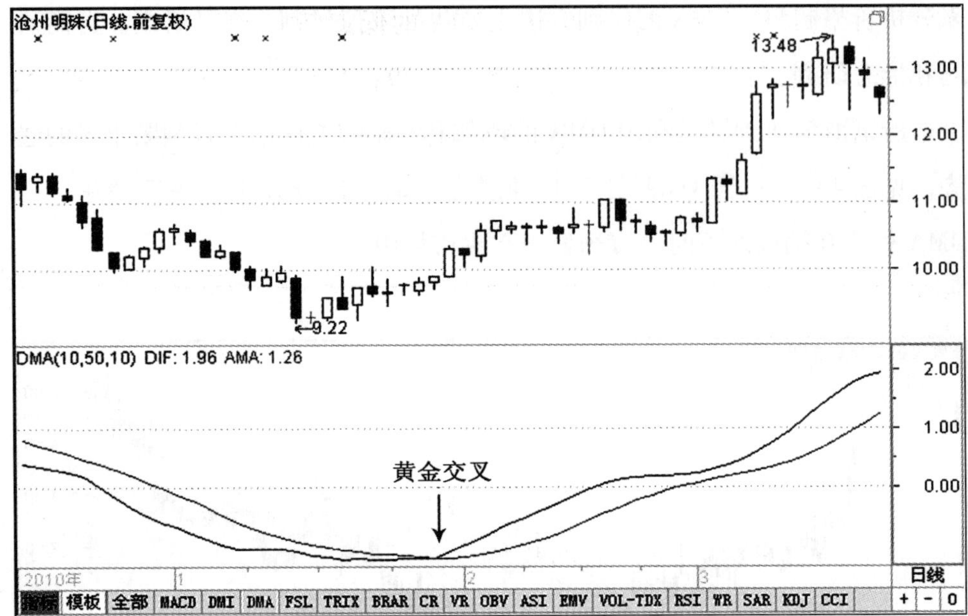

图4－37 沧州明珠 002108

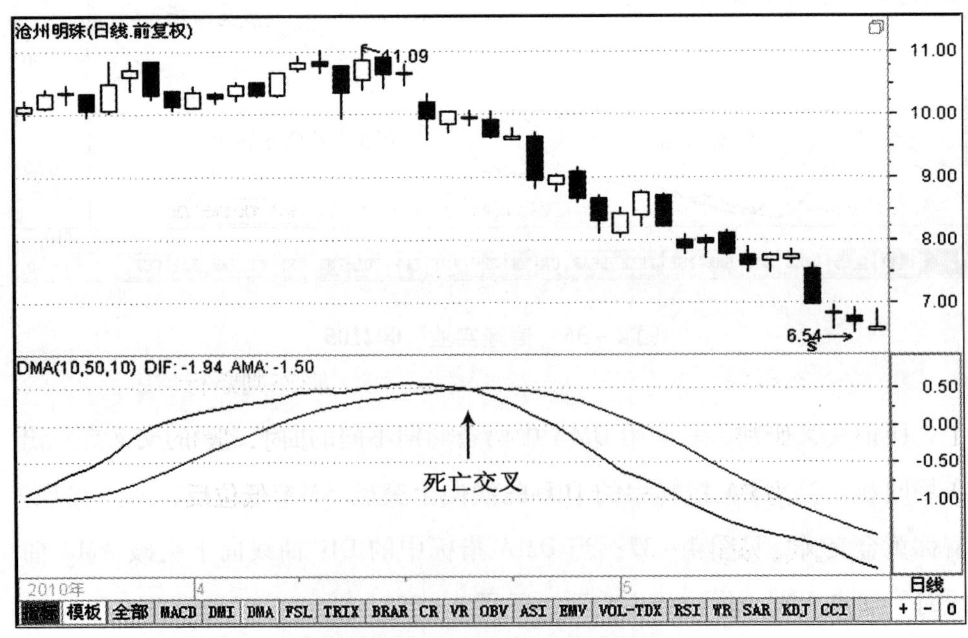

图4－38 沧州明珠 002108

底痕迹。当股价不断创出新低时，DMA 的低点却在抬高（或者走平），底背离，股价有可能会见底，见图 4 – 39；当股价不断创出新高时，DMA 的高点却在降低（或者走平），顶背离，股价有可能会见顶，见图 4 – 40。

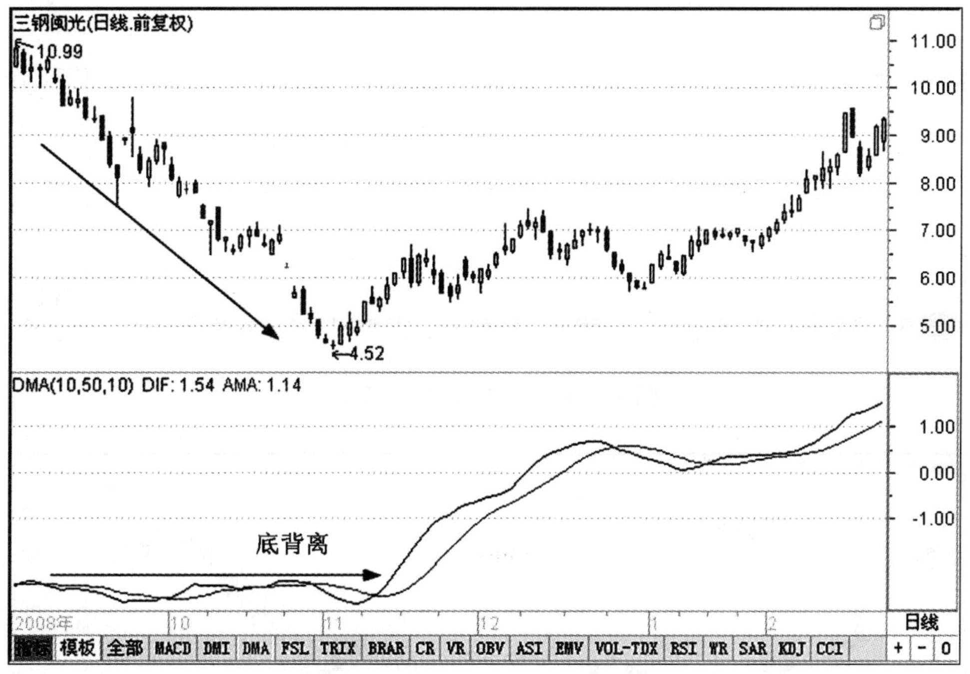

图 4 – 39　三钢闽光　002110

所谓形态研判，是指利用 DMA 曲线所形成的形态判断行情的走势。当 DMA 曲线在高位形成 M 头或头肩顶等高位反转形态时，股价有可能见顶，见图 4 – 41；当 DMA 曲线在低位形成 W 底或头肩底等低位反转形态时，股价有可能见底，见图 4 – 42。

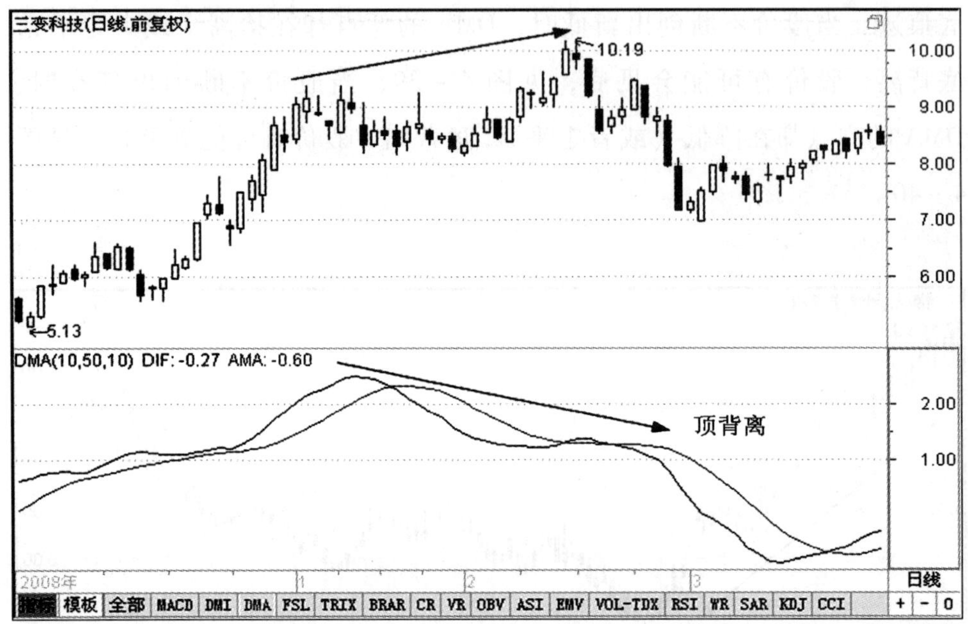

图 4-40　三变科技　002112

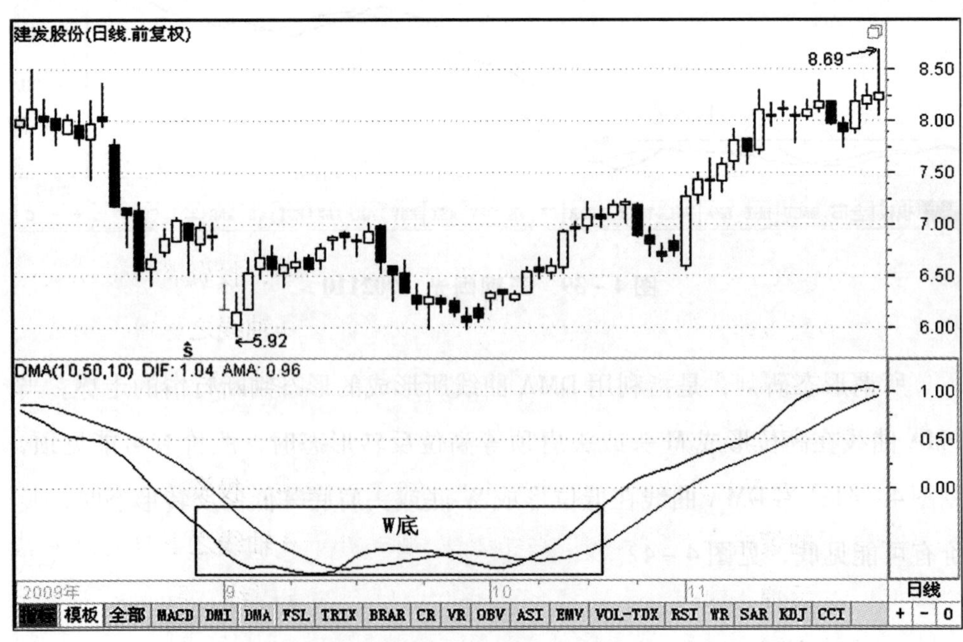

图 4-41　建发股份　600153

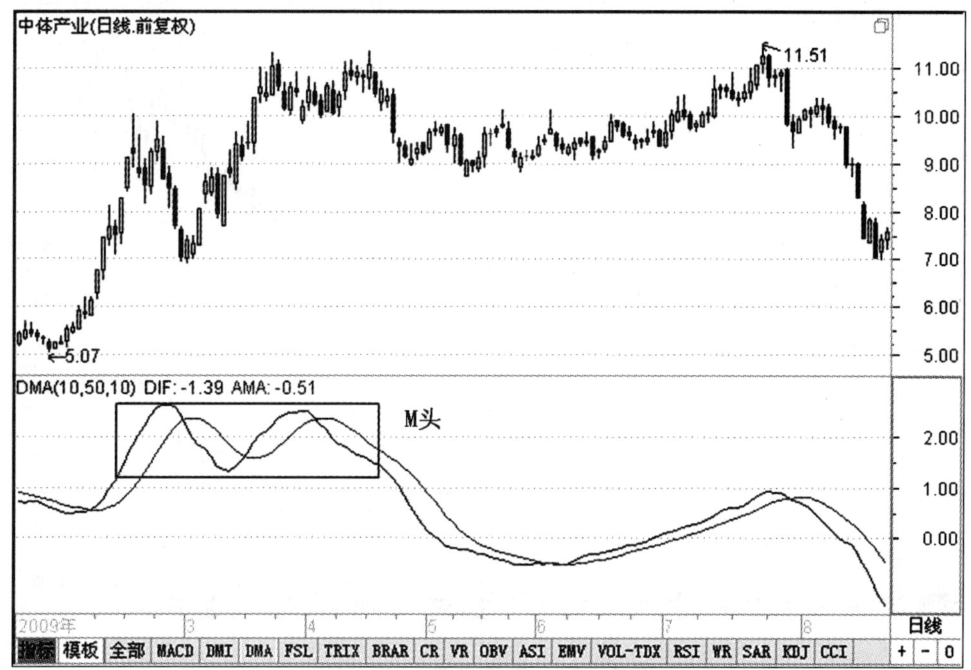

图 4-42　建发股份　600153

看盘要点

当 DMA 处于 0 轴线之上时，市场处于多头行情中，投资者应该采取积极入场做多的策略。以图 4-43 为例。在 DMA 处于 0 轴线之上时，经过长时间的横盘整理，紫鑫药业向上突破了整理区的上边线，后市进入涨势的可能性很高。因此，投资者应该积极介入。

当 DMA 处于 0 轴线之下时，市场处于空头行情中，投资者应该采取耐心持币旁观的策略。以图 4-44 为例。在 DMA 处于 0 轴线之下时，经过的一段时间的反弹，康强电子跌破了前期低点形成的支撑线，股价后市仍有很大的下跌空间。因此，投资者应该坚决回避。

DMA 的黄金交叉为投资者提供买点，死亡交叉提供卖点，DMA 本身就

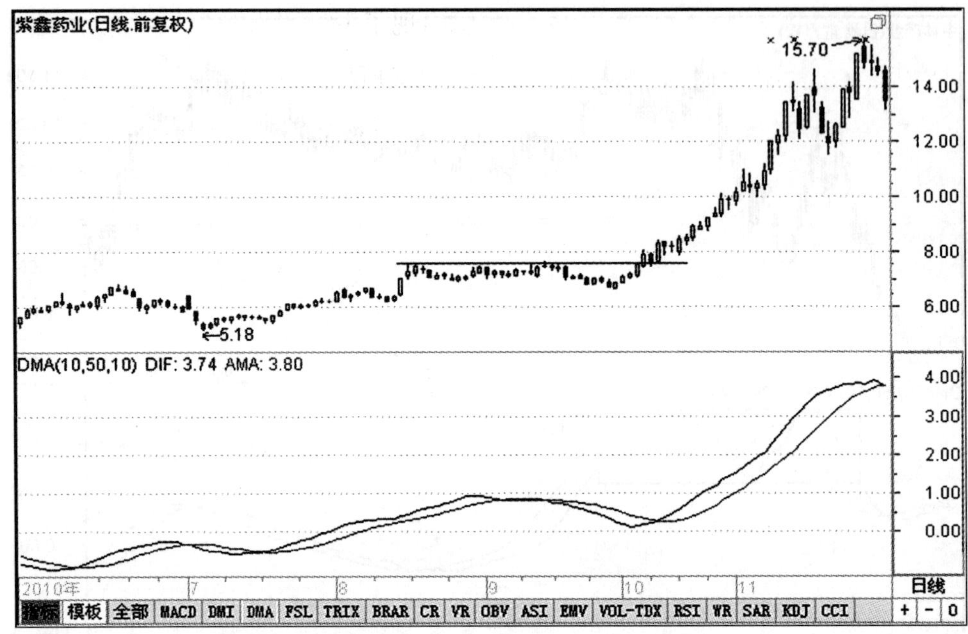

图 4－43　紫鑫药业　002118

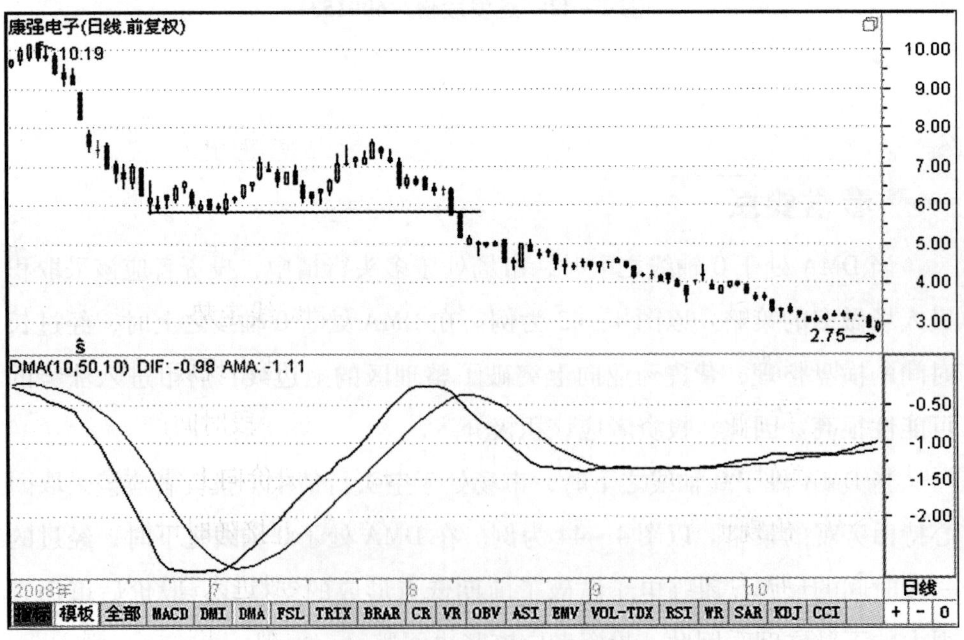

图 4－44　康强电子　002119

构成了一个完整的交易系统。图 4 －45 中出现了 1 个买点和 1 个卖点，由此可以完成一笔完整的交易了。同样，DMA 交叉所构成的交易系统，其收益率并不算突出，投资者必须对其进行优化，然后方可将其运用于实战交易。

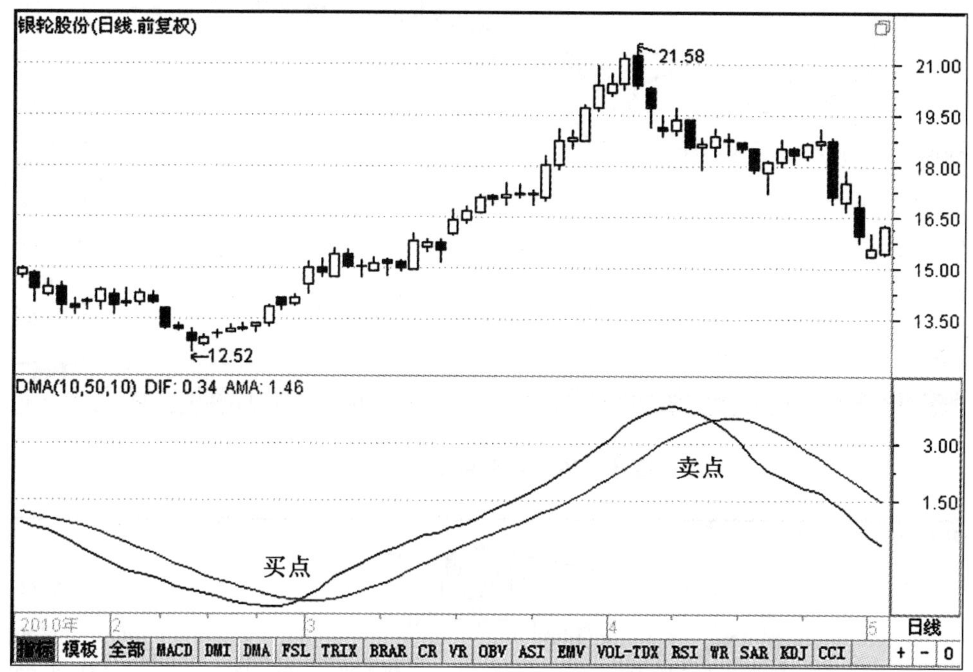

图 4 －45 银轮股份 002116

当 DMA 出现底背离时，投资者应该密切关注 K 线走势，寻找更加确切的见底信号准备入场。以图 4 －46 为例。当新民科技出现底背离迹象时，股价随时都有可能见底，投资者必须提高警惕。经过一段时间的筑底之后，该股形成了类似 W 底形态的走势，投资者可以选择股价向上突破时介入。

当 DMA 出现顶背离时，投资者应该提高警惕，迎接随时可能到来的顶部。以图 4 －47 为例。当露天煤业出现顶背离时，该股进入高风险行情中，股价随时都有可能见顶，投资者应该打起十二分的精神。当该股出现 M 顶形态之后，股价见顶的可能性大幅度提高，投资者应该及时离场，以回避

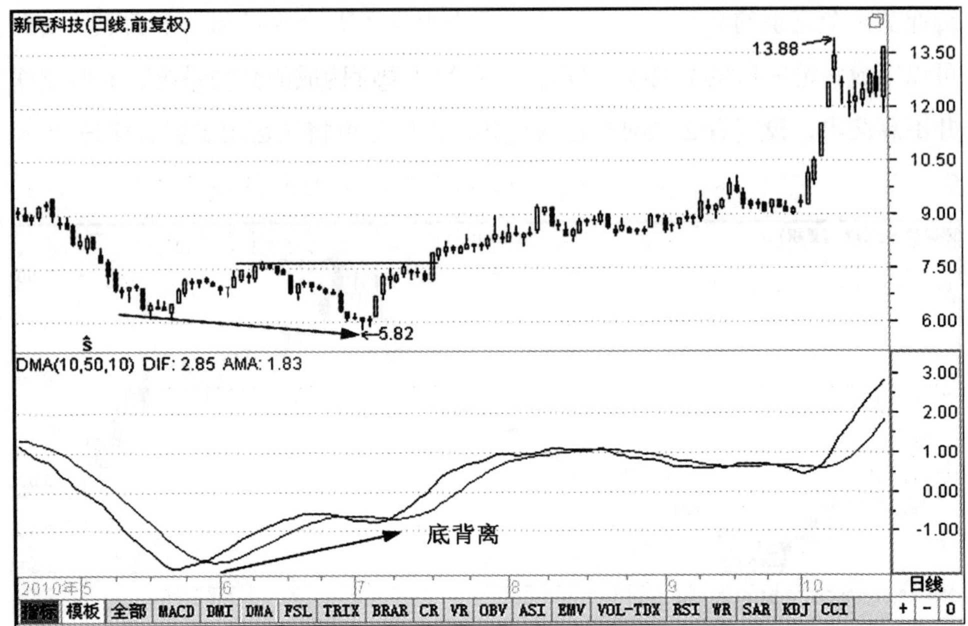

图4-46　新民科技　002127

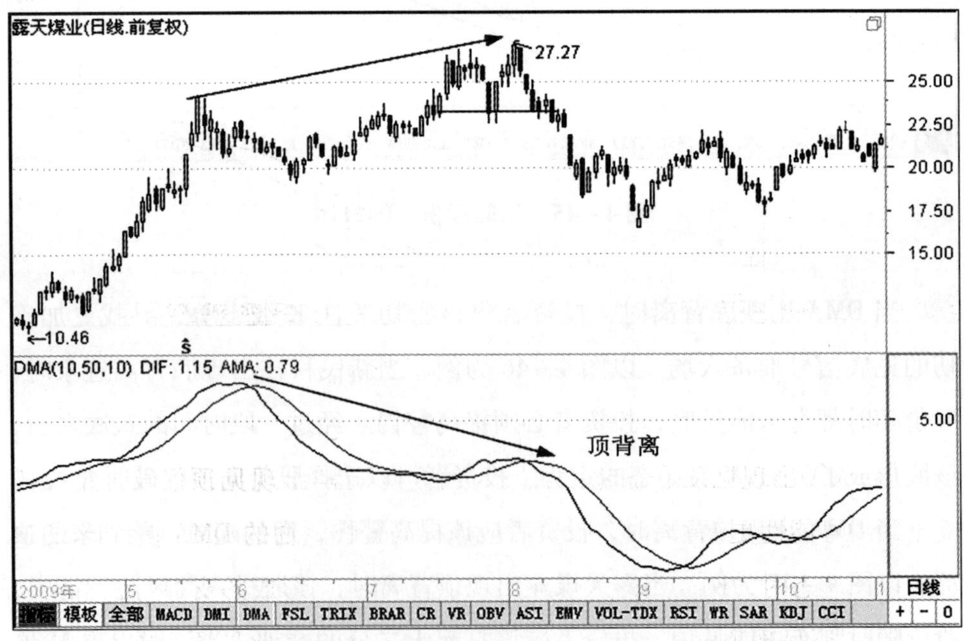

图4-47　露天煤业　002128

潜在的风险。

当 DMA 出现见底形态时，如果 K 线走势同样出现见底信号，股价就此见底的可能性更高。以图 4－48 为例。当宁夏恒力的 DMA 曲线形成 W 底的见底形态时，K 线图中股价已经向上突破了前期低点形成的压力位，不仅如此，DMA 还呈现底背离走势。因此，该股极有可能就此见底，投资者可以考虑就此建仓。

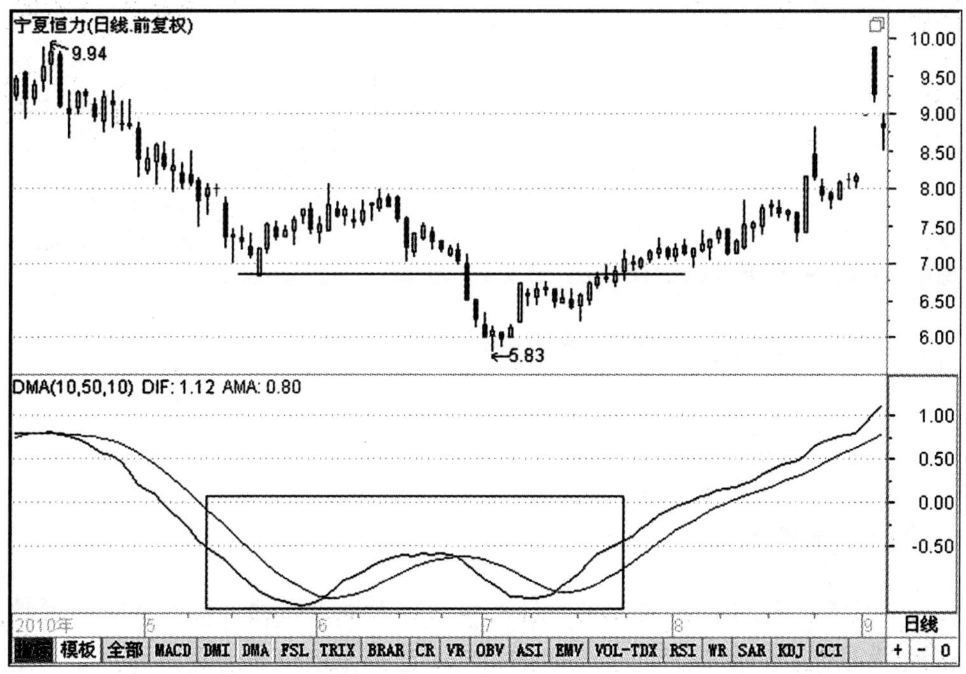

图 4－48　宁夏恒力　600165

当 DMA 出现见顶形态时，如果 K 线走势同样出现见顶信号，股价就此见顶的可能性更高。以图 4－49 为例。当天坛生物的 DMA 曲线形成 M 头的见顶形态时，K 线图中股价已经跌破前期高点形成的支撑位，不仅如此，DMA 还呈现顶背离走势。因此，该股极有可能就此见顶，投资者应该赶紧撤出。

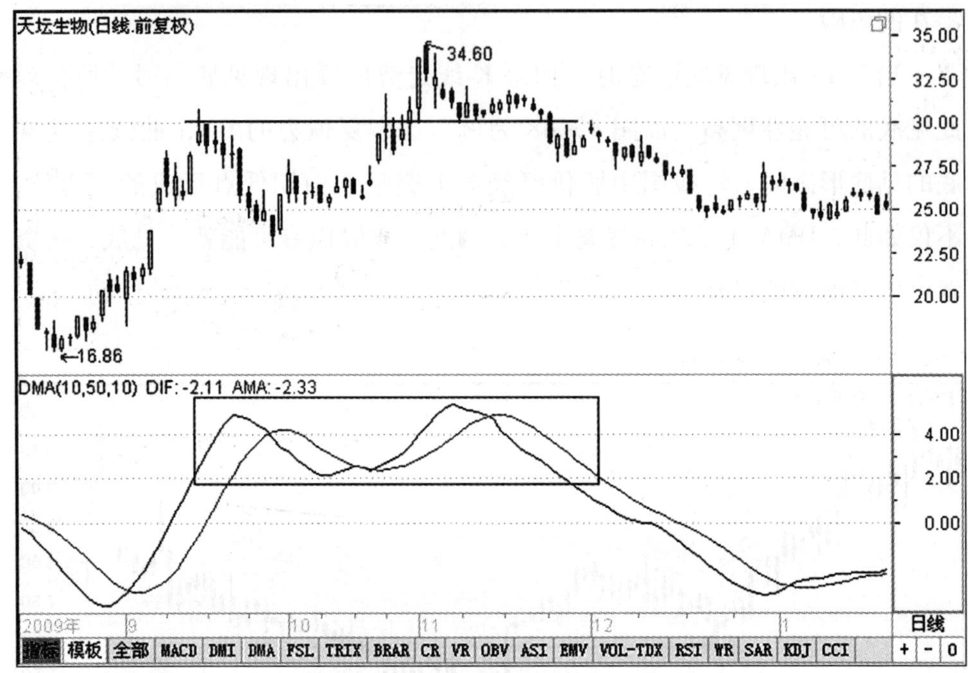

图 4-49 天坛生物 600161

实战看盘

如图 4-50 所示，2008 年 7 月 8 日，广宇集团出现一根大阳线，突破了颈线压制，W 底确认。与此同时，DMA 已经呈现明显的底背离迹象，而且刚刚形成黄金交叉。因此，该股有可能会就此见底，投资者可以考虑抄底介入。

如图 4-51 所示，突破颈线压制之后，广宇集团仅上涨了一个交易日，随后就转入跌势中，此次抄底行动以失败告终。2008 年 8 月 11 日，该股跌破了前低形成的支撑线，股价仍有下行的空间。与此同时，DMA 接近形成死亡交叉，而且此时仍然处于 0 轴线之下，做空能量已经集结完毕，跌势一触即发。

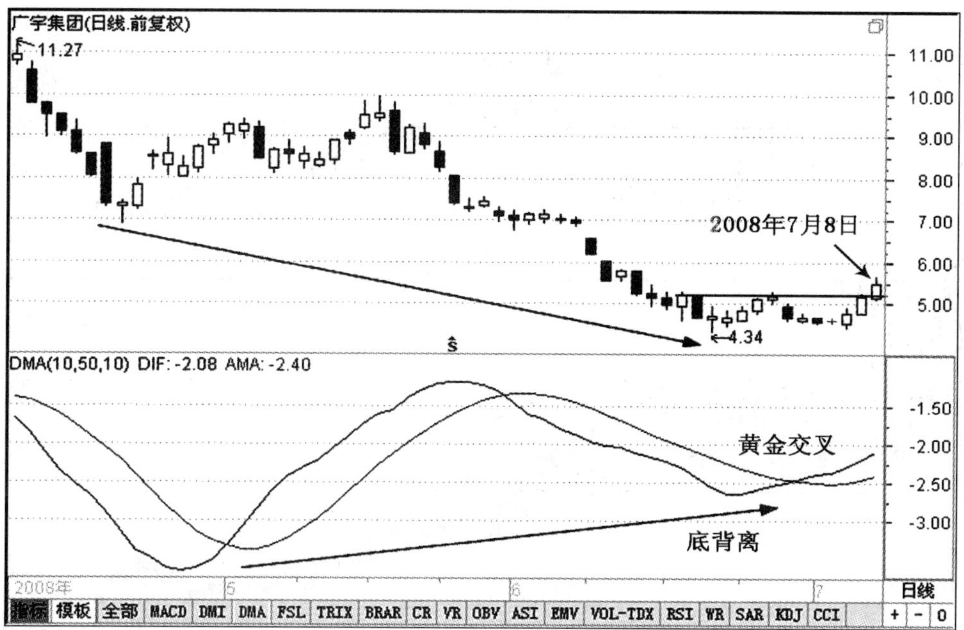

图 4-50 广宇集团 002133

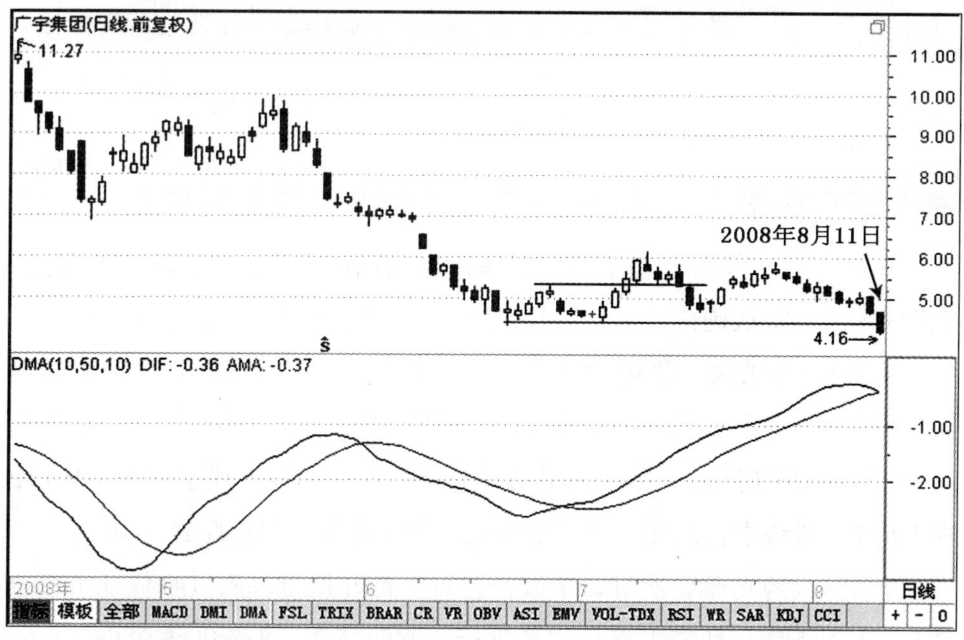

图 4-51 广宇集团 002133

如图 4－52 所示，跌破前低支撑之后，DMA 在 0 轴线下方形成了死亡交叉，该股依然处于空头市场中。既然做空动能依然未被化解，股价就无法于此见底，继续下跌自然是情理之中的事情。此时，投资者耐心持币旁观就好了。

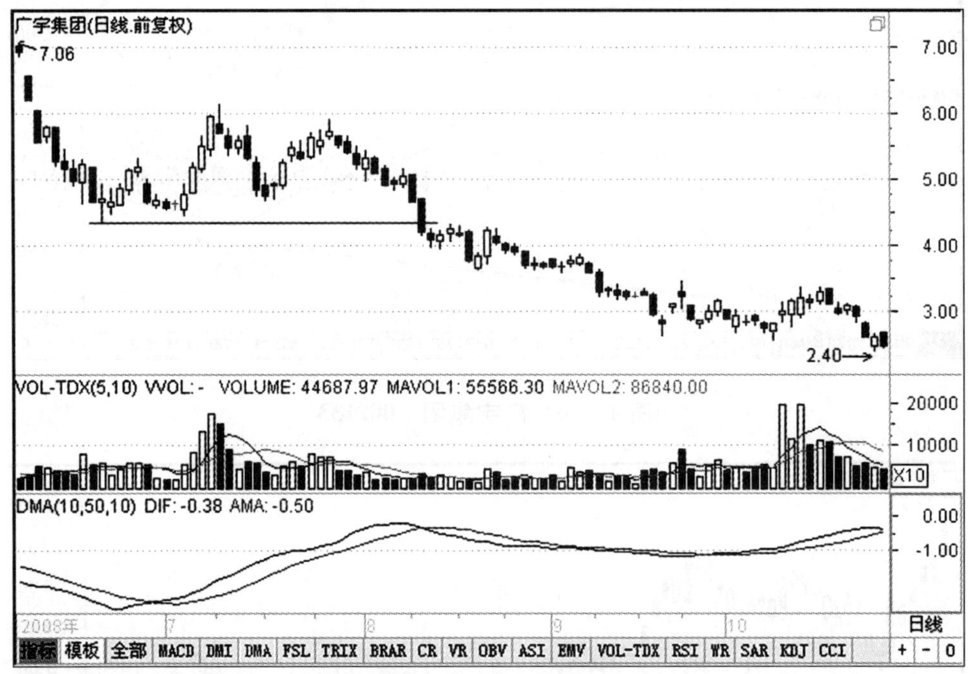

图 4－52　广宇集团　002133

如图 4－53 所示，2009 年 8 月 4 日，在创出新高点之后，宁波银行出现一根中阴线，与此前的小阳线构成阴抱阳组合，见顶信号。与此同时，DMA 的高点却在降低，形成明显的顶背离形态。因此，尽管此时 DMA 刚刚形成黄金交叉，后市走势也不容乐观，投资者应该警惕股价见顶。

如图 4－54 所示，次日，宁波银行跳空低开低走，进一步佐证了股价就此见顶的判断，投资者至少应该进行适度的减仓。随后，该股进入一波明显的跌势之中。如果投资者不能及时逢高离场，在不长的时间内就将遭

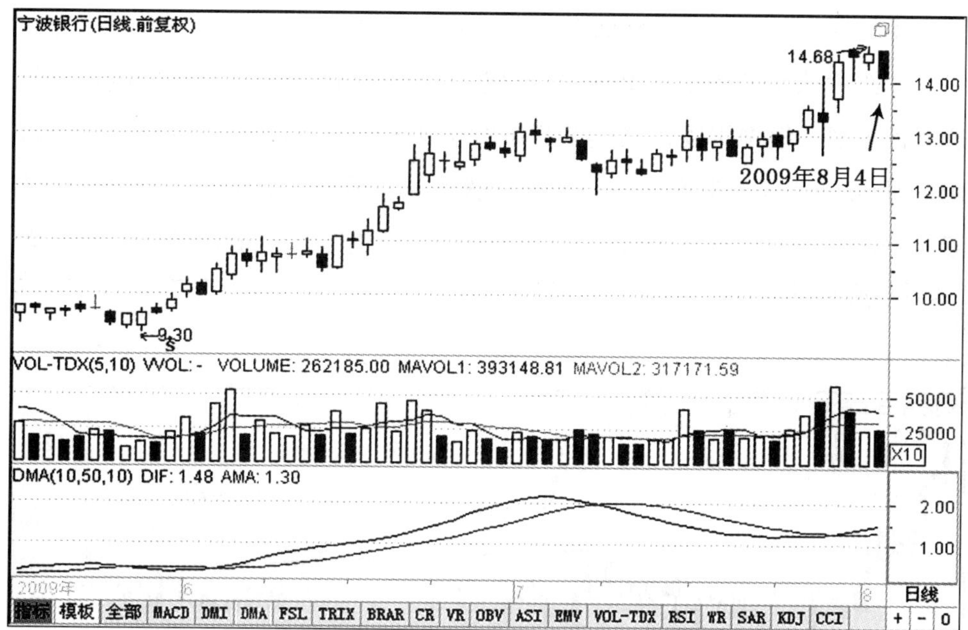

图4-53 宁波银行 002142

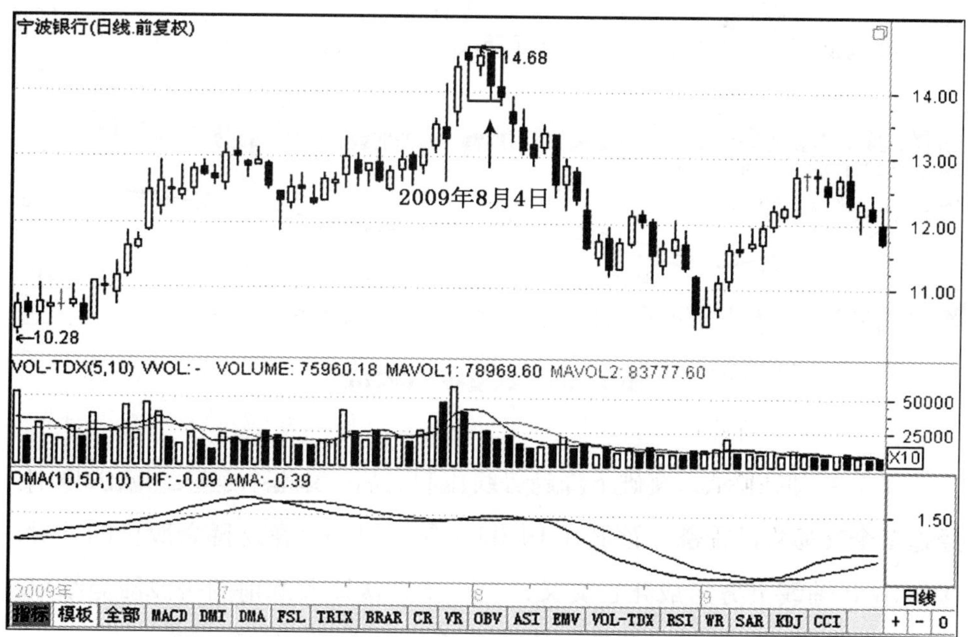

图4-54 宁波银行 002142

受重大的损失。

如图 4－55 所示，2010 年 8 月 18 日，在 DMA 形成底背离形态之后，远望谷出现一根中阳线，突破了下降趋势线的压制，后市看涨。与此同时，DMA 形成将死未死形态，同样属于看涨信号。另外，此次筑底行情已经持续了将近 3 个月，根基比较牢固。因此，这个突破信号值得信任，投资者可以考虑介入做多。

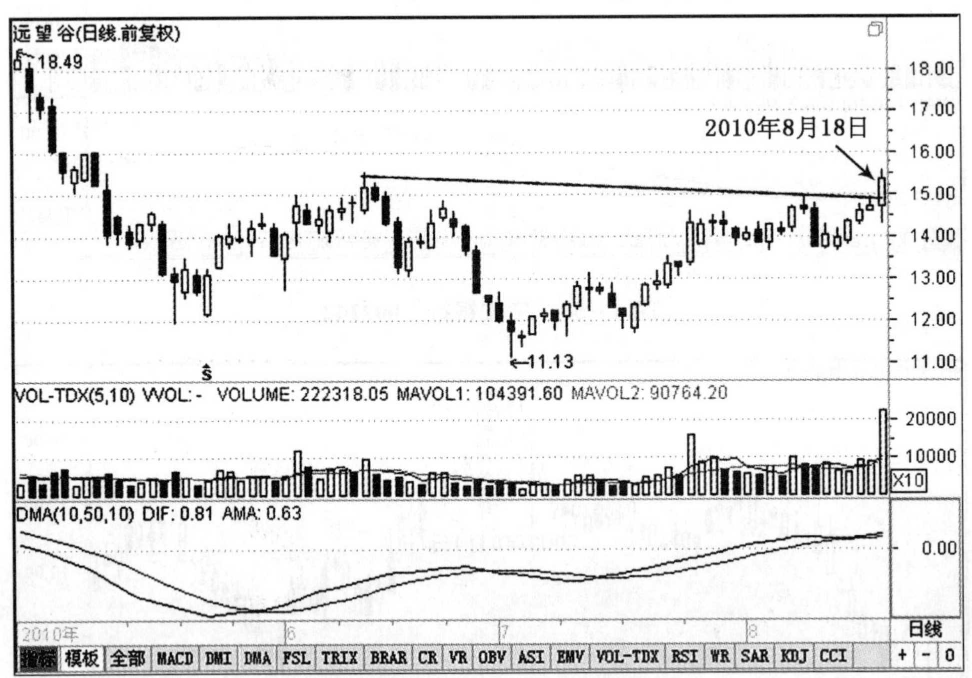

图 4－55 远望谷 002161

如图 4－56 所示，突破下降趋势线压制之后，远望谷进入一波涨势中。经过多个交易日的上涨，该股在 19.00 元附近见顶回落。随着股价的下滑，DMA 在 0 轴线上方形成死亡交叉，进一步确认该股此前的一波涨势结束。此时，投资者至少应该进行适度的减仓了。

如图 4－57 所示，DMA 形成死亡交叉之后，远望谷进入了调整行情

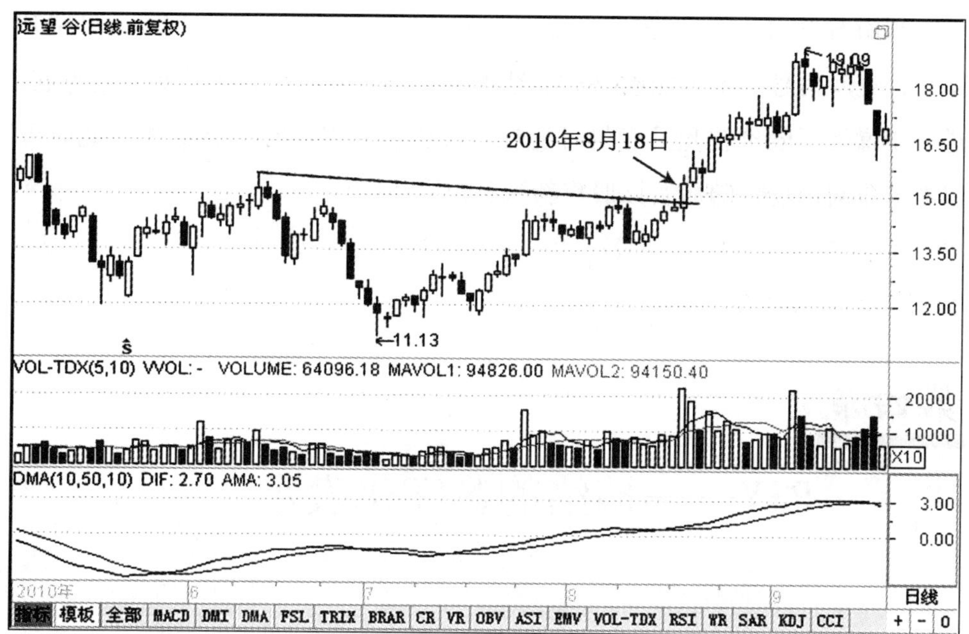

图4－56　远望谷　002161

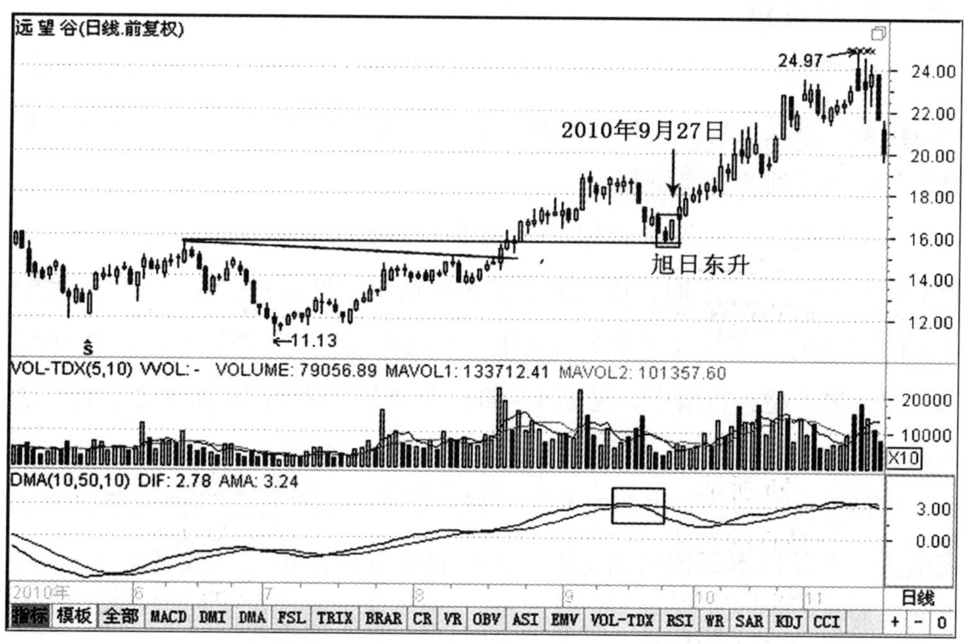

图4－57　远望谷　002161

中。2010 年 9 月 27 日，该股出现一根大阳线，与此前的阴线构成旭日东升组合，见底信号。不仅如此，这个见底组合恰好出现在前期重要高点附近，进一步增强了股价就此见底的可能性。投资者如果已经进行高抛，此时可以考虑重新进场。随后，该股重新恢复至涨势中。

第四节

PSY——情绪的数字化表示

盘面特征

PSY 指标又称心理线指标，是研究投资者对股市涨跌产生心理波动的情绪指标，对股市短期走势的研判具有一定的参考意义。PSY 研判的主要方法是取值研判和背离研判。

所谓取值研判，是指利用 PSY 的取值判断市场当前的运行状态。当 PSY 处于 50 轴线之上时，市场处于多头行情中，见图 4－58；当 PSY 处于 50 轴线之下时，市场处于空头市场中，见图 4－59；当 PSY 上升至 75 轴线之上时，进入超买行情中，见图 4－60；当 PSY 下降到 25 轴线之下时，进入超卖行情中，见图 4－61。

所谓背离研判，是指利用 PSY 高低点与股价高低点之间的关系寻找顶底痕迹。当股价不断创出新低时，PSY 的低点却在抬高（或者走平），底背离，股价有可能会见底，见图 4－62；当股价不断创出新高时，PSY 的高点却在降低（或者走平），顶背离，股价有可能会见顶，见图 4－63。

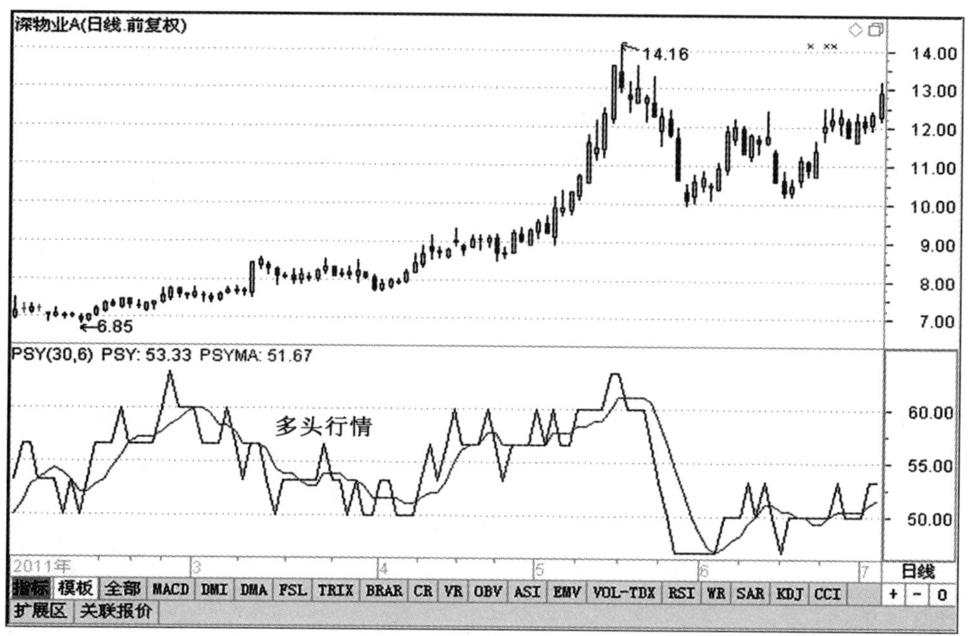

图 4－58　ST 零七　000007

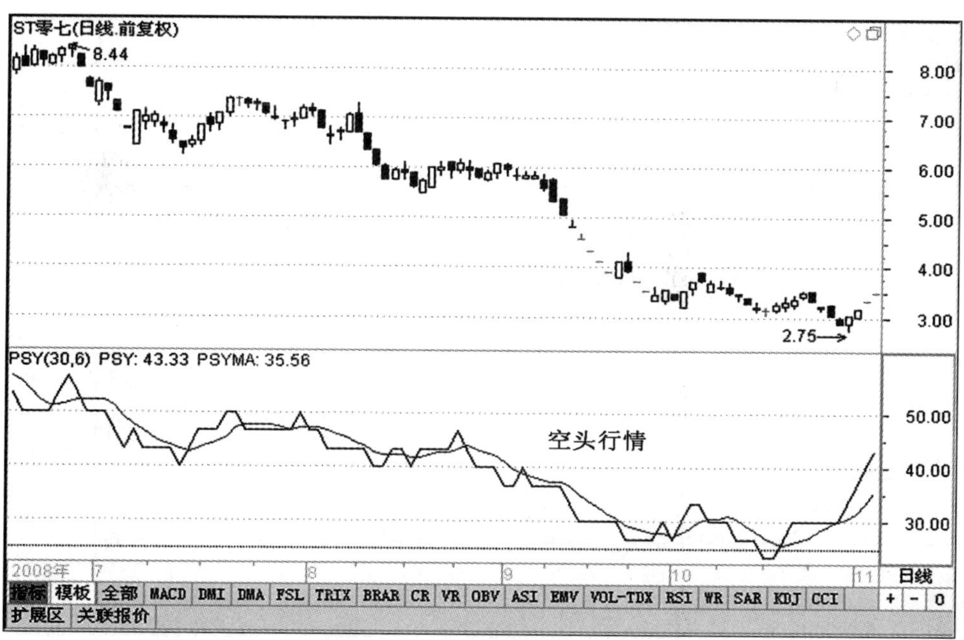

图 4－59　ST 零七　000007

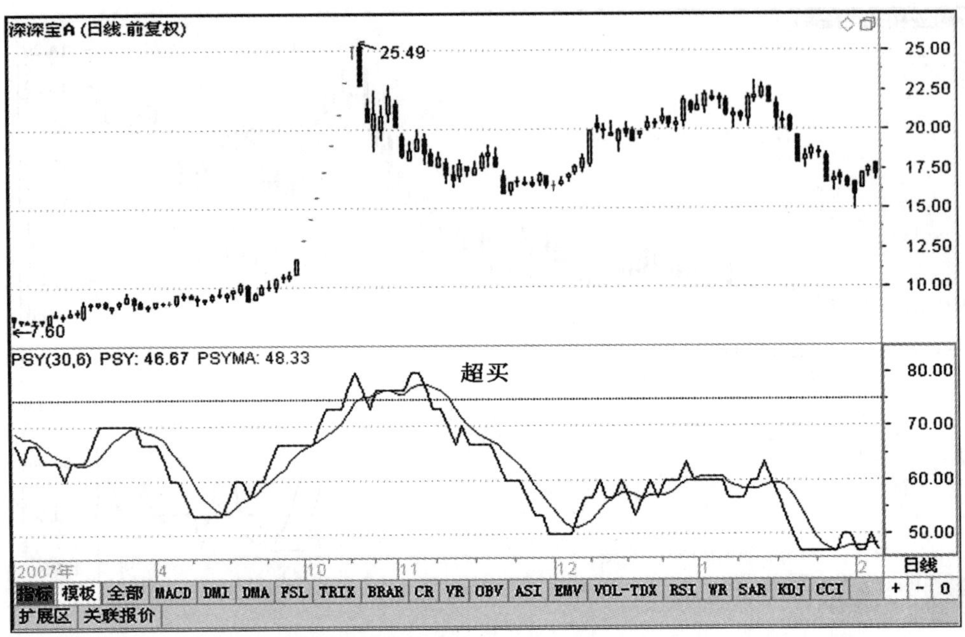

图 4－60　深深宝 A　000019

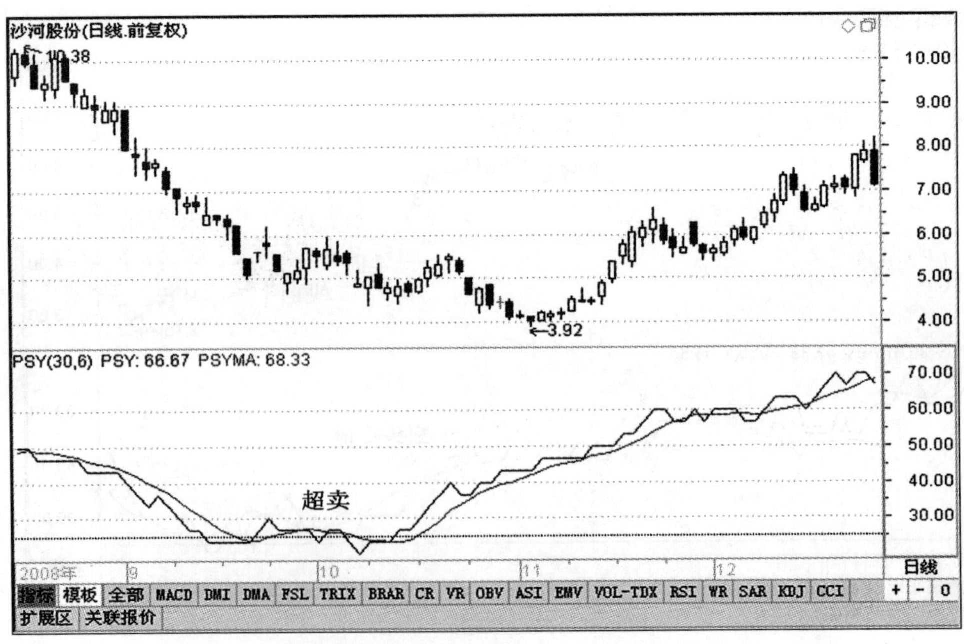

图 4－61　沙河股份　000014

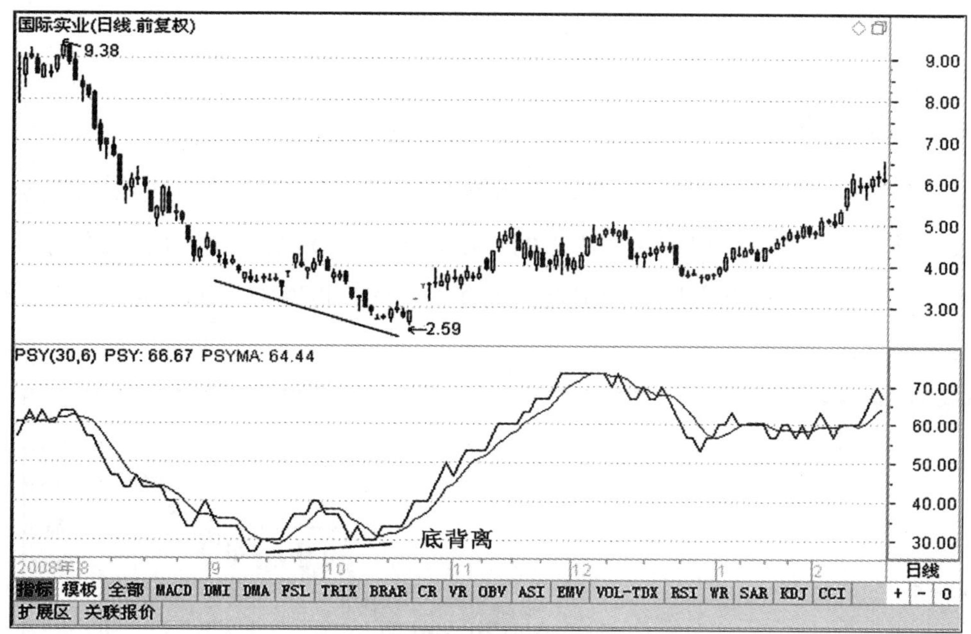

图 4－62　国际实业　000159

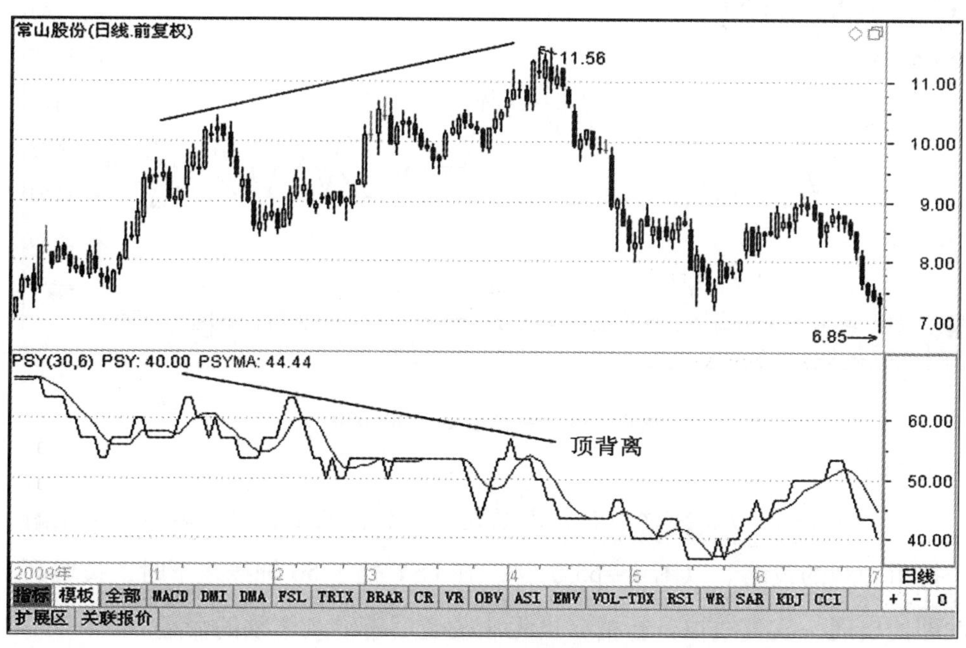

图 4－63　常山股份　000158

看盘要点

当 PSY 处于 50 轴线之上时，市场处于多头行情中，投资者应该采取积极入场做多的策略。以图 4－64 为例。在 PSY 处于 50 轴线之上时，深华发 A 出现了多次突破前高压力的买点，投资者应该积极跟随入场追涨。

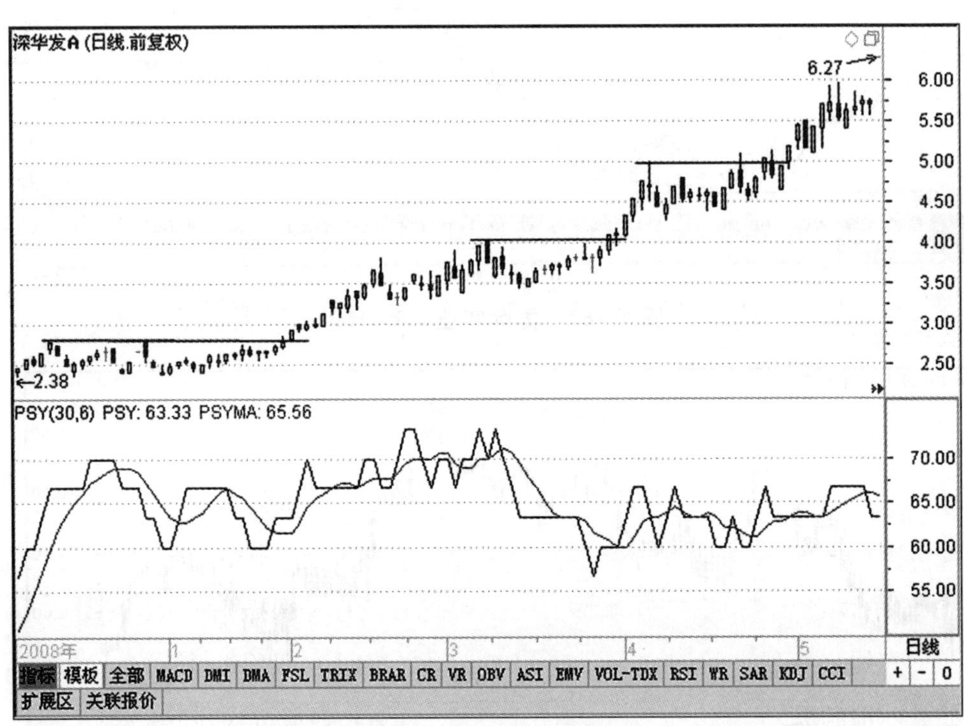

图 4－64　深华发 A　000020

当 PSY 处于 50 轴线之下时，市场处于空头行情中，投资者应该采用耐心持币旁观的策略。以图 4－65 为例。在 PSY 处于 50 轴线之下时，长城开发即使出现一波直线拉升行情，也无法改变后市继续下跌的命运。

当 PSY 进入 75 轴线之上时，市场进入超买行情中，股价随时有可能见

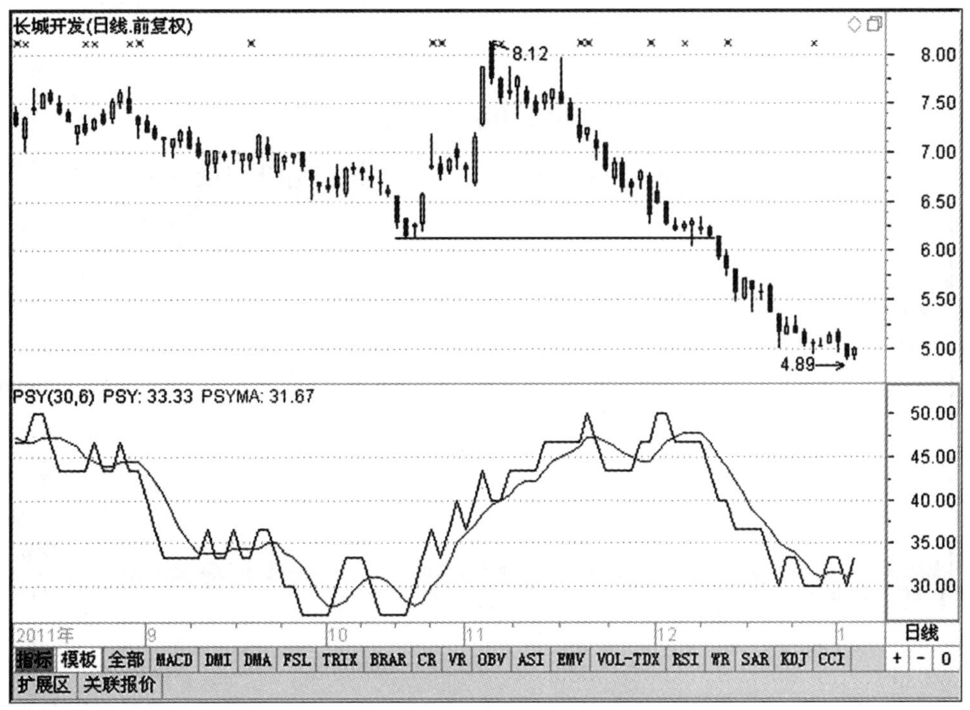

图4－65　长城开发　000021

顶，投资者应该密切关注后市走势，一旦发现PSY重新回到75轴线之下，应该择机离场了。以图4－66为例。伴随着一波涨势，中粮地产的PSY上升到75轴线之上。2007年8月29日，中粮地产出现一根振幅很大的阴线，形成阴抱线，见顶信号。次日，该股出现一根小阴线，股价继续走低，进一步确认此前的涨势结束，投资者应该离场了。此后，该股进入到下跌趋势中。

当PSY进入25轴线之下时，市场进入超卖行情中，股价随时有可能见底，一旦发现PSY重新回到25轴线之上，投资者可以考虑入场抄底。以图4－67为例。伴随着一波跌势，＊ST科健的PSY下降到25轴线之下。2007年7月17日，＊ST科健出现一根涨停阳线，PSY回到25轴线之上。两个交易日之后，该股再次出现涨停阳线，突破底部整理区的压力。此后，该股进入一波涨势中。

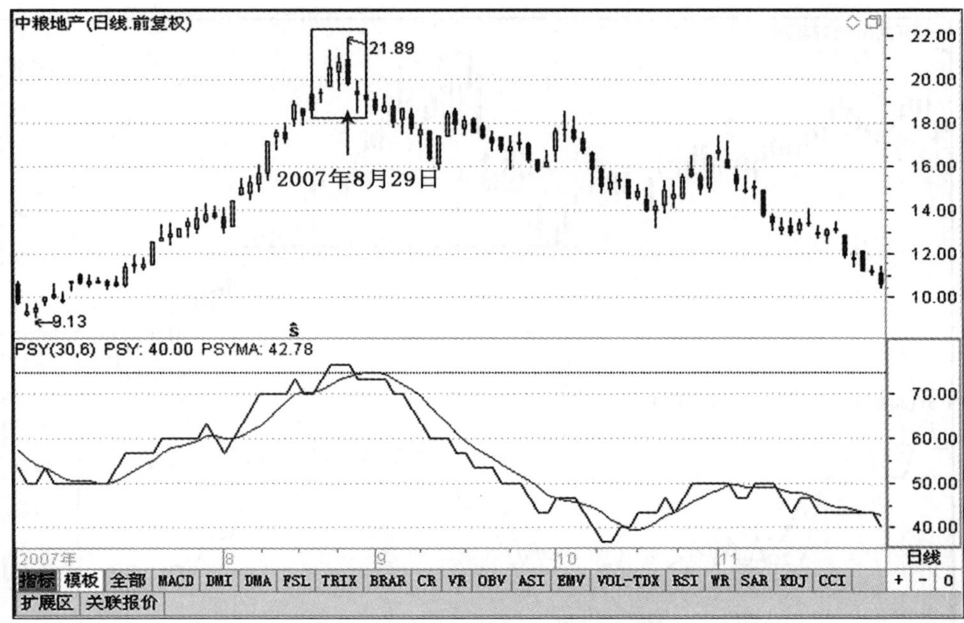

图 4-66　中粮地产　000031

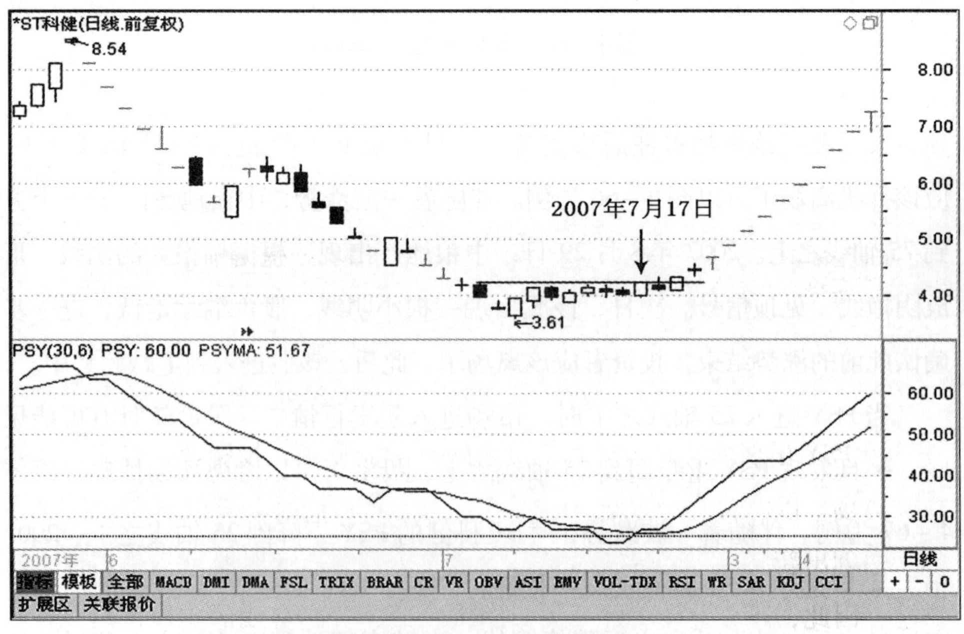

图 4-67　*ST 科健　000035

当 PSY 出现底背离走势时，市场随时有可能见底，投资者应该注意行情走势，一旦发现良好的买点可以入场抢反弹。以图 4－68 为例。当股价不断创出新低点时，许继电气的 PSY 却在逐渐走高，说明做空情绪已经减弱，此时股价只是惯性下滑而已。因此，当许继电气出现突破盘整区间的信号时，股价就此见底反弹的可能性很高，投资者可以考虑入场。

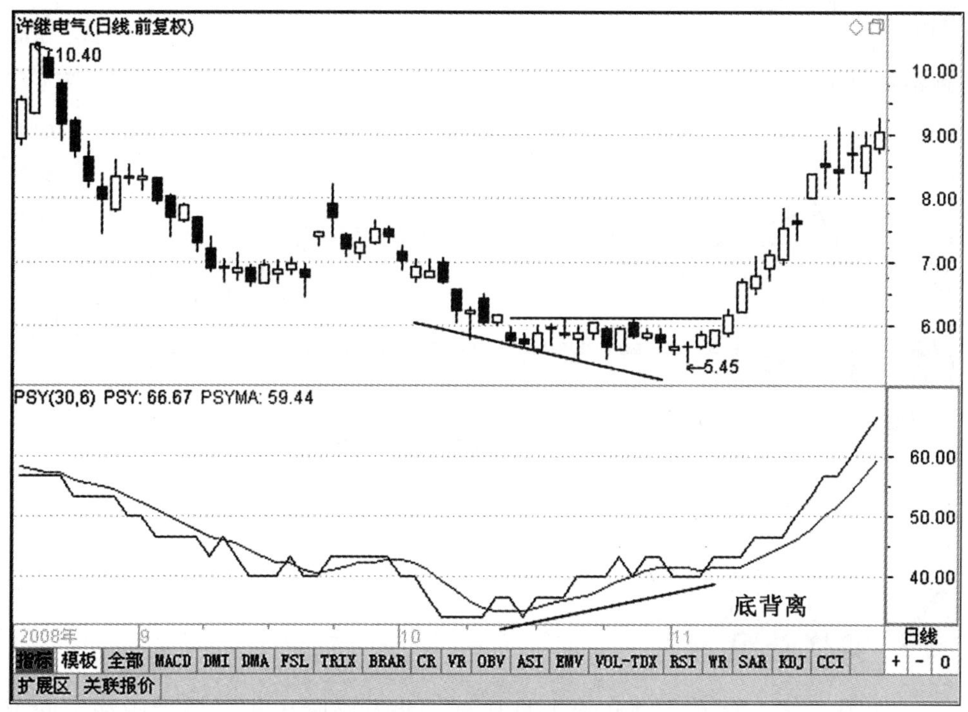

图 4－68　许继电气　000400

当 PSY 出现顶背离走势时，市场随时可能见顶，投资者一旦发现卖点应该离场。以图 4－69 为例。在股价持续走高的同时，金融街的 PSY 却始终无法创出新高点，说明做多情绪已经充分释放，此时股价只是惯性上涨而已。因此，当金融街出现一根大阴线跌破上升趋势线的支撑位时，投资者应该择机离场了。

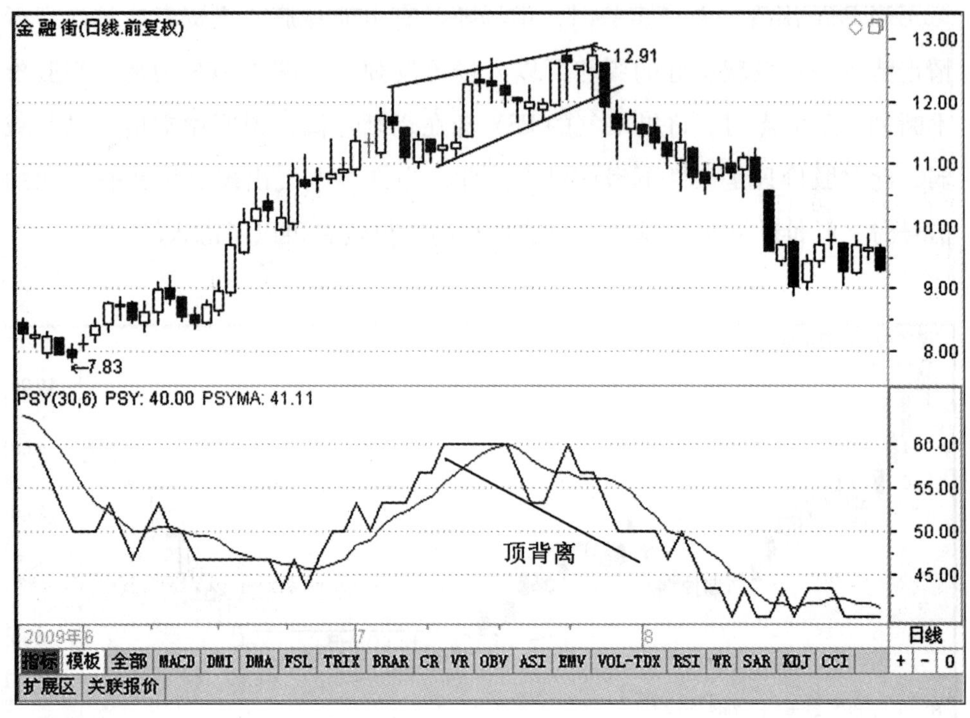

图 4－69　金融街　000402

实战看盘

如图 4－70 所示，2009 年 1 月 9 日，北方国际出现一根大阳线，向上突破斜向的压力线，后市看涨。与此同时，PSY 处于 50 轴线，而且在快速上升，说明市场中做多的情绪高涨。股价的涨跌，与市场人气的关系非常密切。在上涨初期出现强烈的做多情绪，投资者应该跟随这个潮流，积极入场做多。

如图 4－71 所示，向上突破之后，北方国际进入到一波明显的涨势中，PSY 也很快上升到 75 轴线之上。在此期间，该股基本没有波折，投资者可以耐心持股。2009 年 2 月 27 日，该股连续两个交易日跌停，而且还跌破了

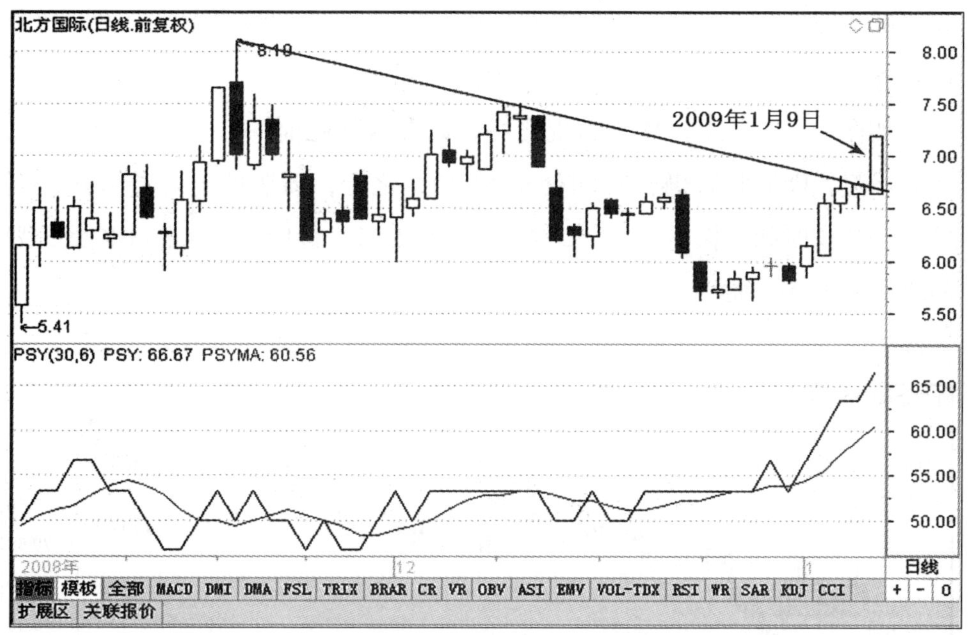

图 4－70　北方国际　000065

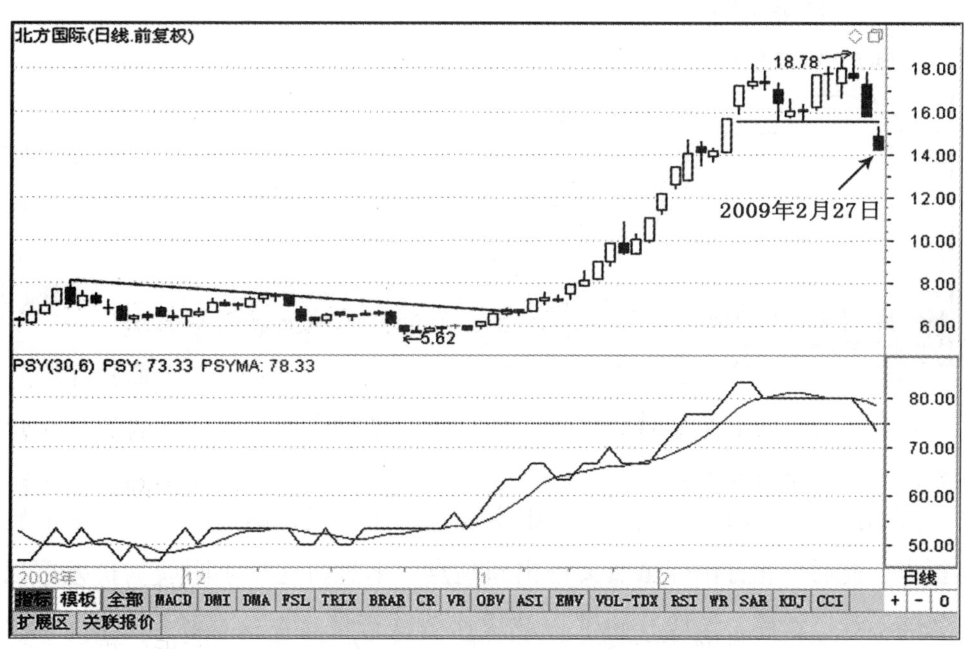

图 4－71　北方国际　000065

颈线的支撑，M 头确认。与此同时，PSY 也回到 75 轴线之下。至此，可以确认此前的一波涨势结束了。

如图 4－72 所示，M 头出现之后，北方国际此前的一波涨势确实结束了，不过，PSY 此后仍长时间处于 50 轴线之上，该股的上升趋势仍在延续。经过长时间的振荡上升，2009 年 7 月 15 日，该股出现一根小阴线，导致 PSY 跌破 50 轴线，转势信号。

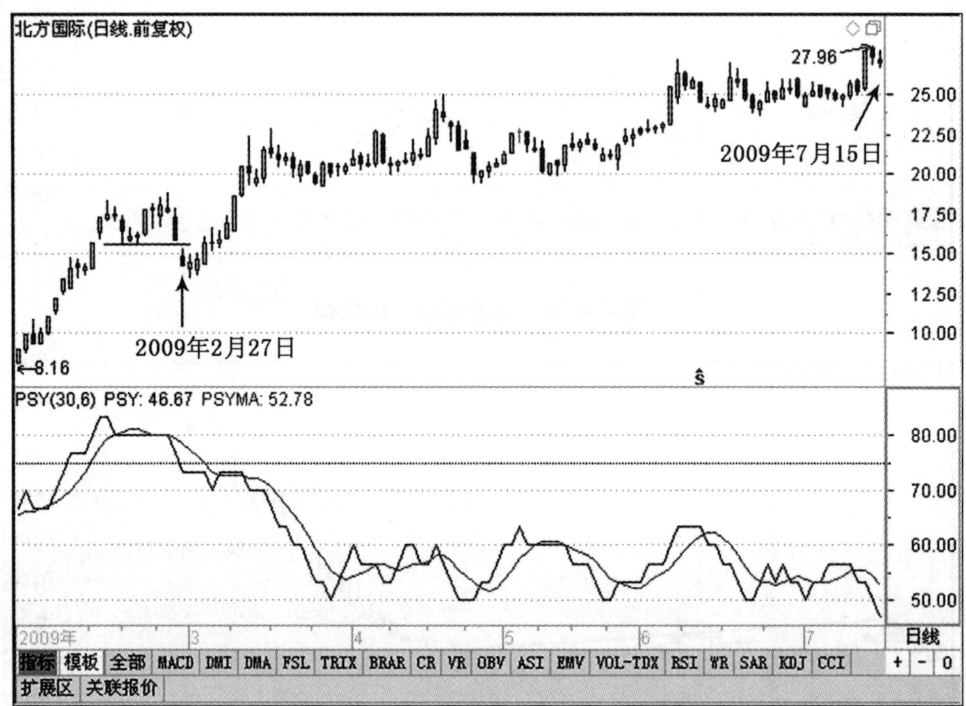

图 4－72　北方国际　000065

如图 4－73 所示，就这么一根不起眼的小阴线，确实成为了重要的转折点。此后，北方国际虽然又创出新高点，不过与这根小阴线的价差可以忽略不计。然后，该股开始了一波快速杀跌行情。在这杀跌过程中，PSY 始终停留在 50 轴线之下，说明做空的情绪较高。

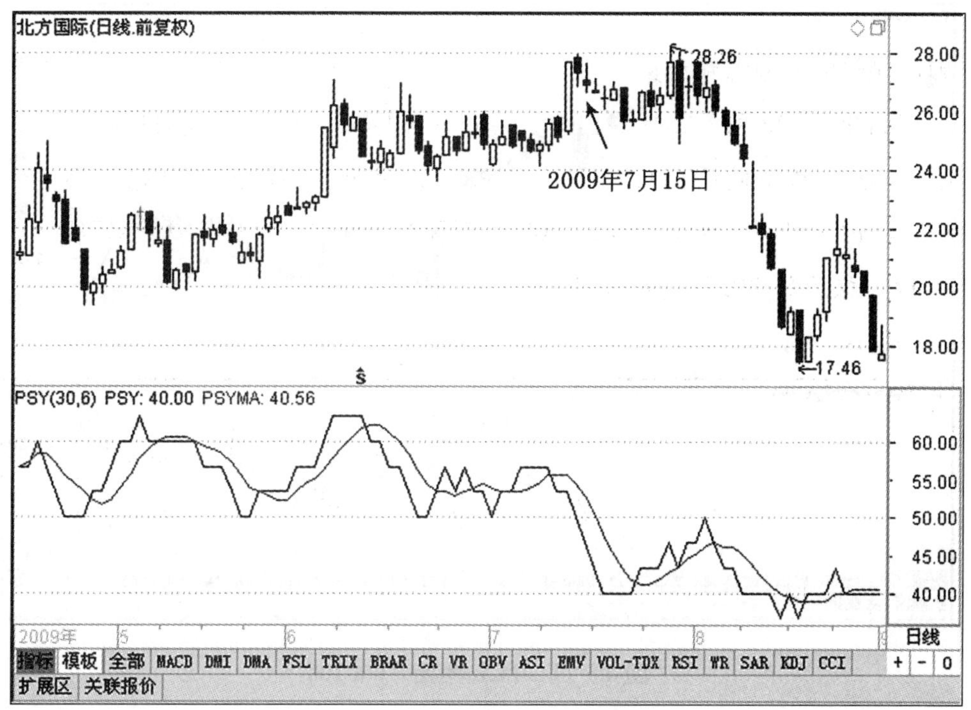

图 4－73 北方国际 000065

如图 4－74 所示，2011 年 9 月 9 日，TCL 集团出现一根小阳线，本来毫无关注的价值，不过，由于与此同时 PSY 自下而上突破 25 轴线，使得该时点具有了一定的关注价值。PSY 处于 25 轴线附近，说明市场的人气非常低迷。如果人气不能快速上升，即使股价就此见底，随后的反弹力度也不可能很大。

如图 4－75 所示，不起眼的小阳线出现之后，TCL 集团并没有见底开涨，反而很快破位下行。2011 年 10 月 13 日，经过一段时间的破位整理，该股出现一根小阴线（伪阴线），向上突破压力线，后市看涨。不过，此时 PSY 仍处于 30 轴线附近，说明做空的情绪仍很强烈。因此，这次突破还是暂不参与为妙。

如图 4－76 所示，向上突破之后，TCL 集团并没有继续上涨，而是继

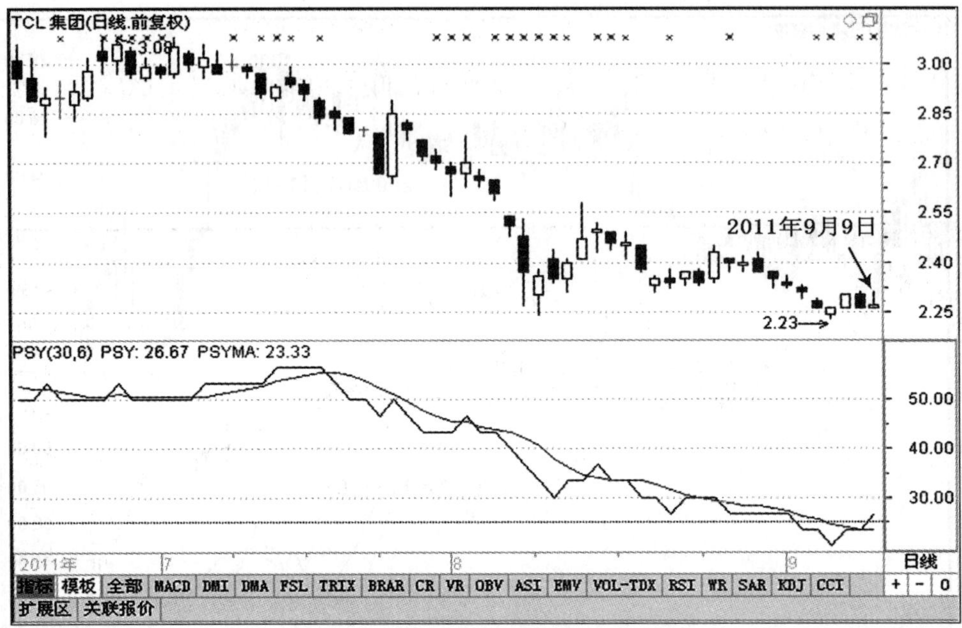

图 4-74 TCL 集团 000100

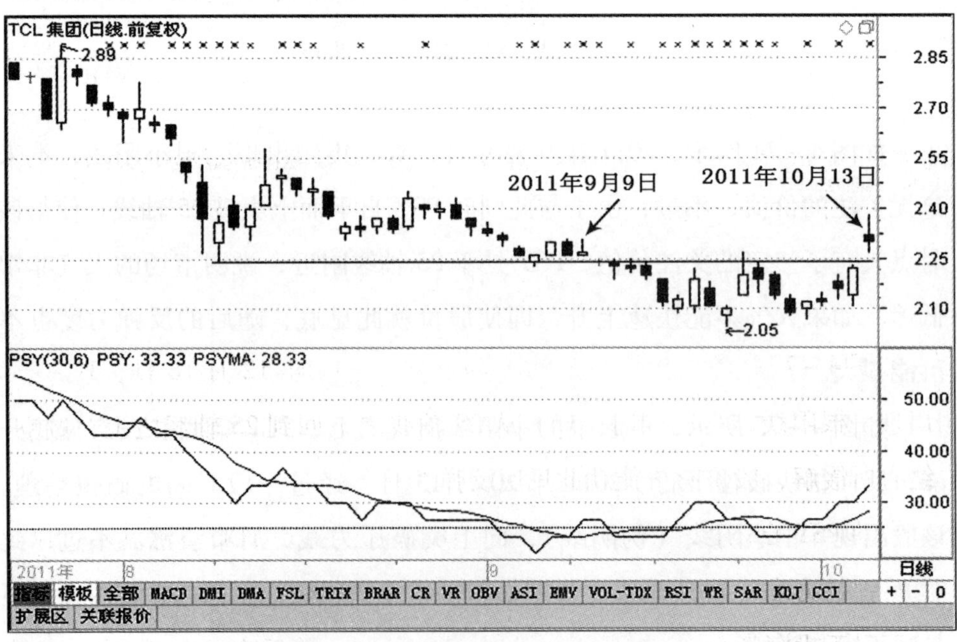

图 4-75 TCL 集团 000100

续横向整理，以积聚人气。然而，就在做空情绪不断降低时，2011 年 11 月 10 日，该股出现一根小阴线，跌破整理行情的下边线。此后，该股进入到一波跌势中，PSY 也在 50 轴线附近止步。

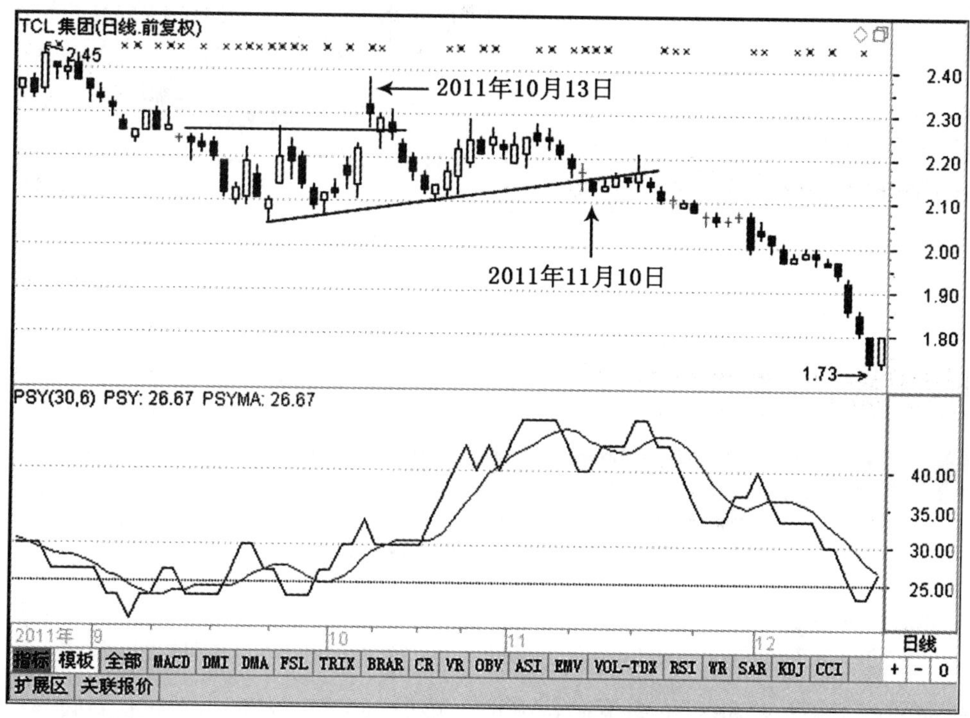

图 4－76　TCL 集团　000100

如图 4－77 所示，经过一段时间的下跌，2011 年 12 月 16 日，TCL 集团出现一根阳线，与此同时，PSY 从 25 轴线之下回到 25 轴线之上，做空情绪有所缓解，股价有可能就此见底反弹。

带动 PSY 自下而上突破 25 轴线的阳线出现之后，TCL 集团见底反弹。尽管反弹的力度很弱，PSY 上升的速度还是很快，说明做空的情绪在减弱。不过，对于投资者而言，此时还不是入场的机会。等后市 PSY 能顺利突破 50 轴线并且站稳，再择机介入也不晚。

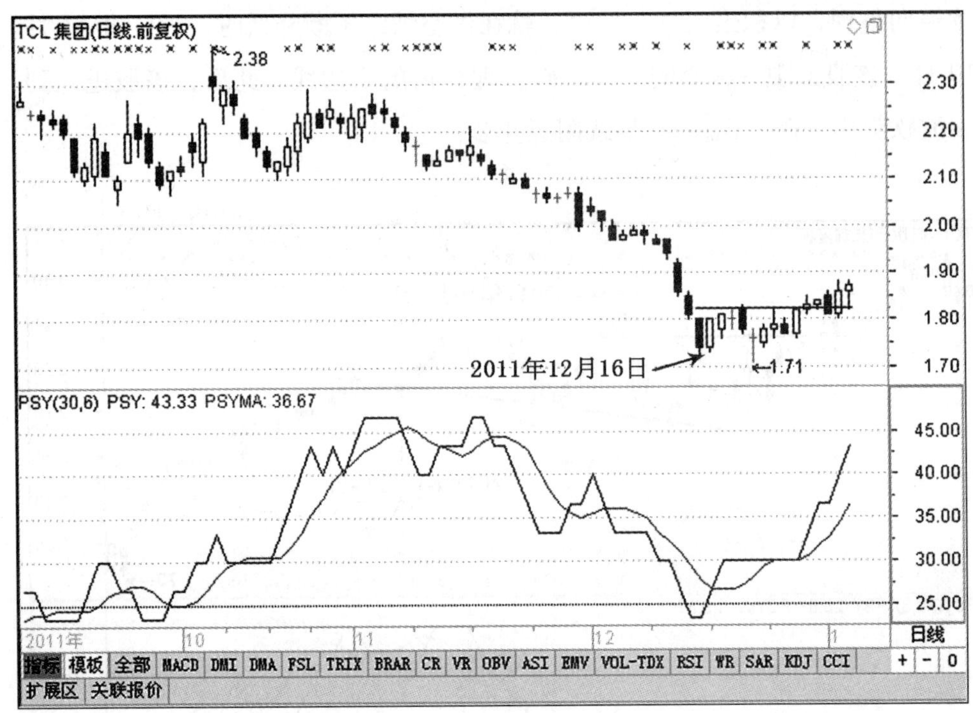

图 4－77　TCL 集团　000100

如图 4－78 所示，2010 年 7 月 6 日，中联重科出现一根阳线，回补了此前的向下破位。在股价向下破位之前，该股的 PSY 曾经一度向上突破 50 轴线，做多情绪开始浮现。在确认向下破位失败之后，PSY 的低点却在走高（底背离），说明尽管股价还在下跌，做空的情绪却在持续减弱，该股有可能就此见底反弹。

如图 4－79 所示，破位下行失败之后，中联重科开始一波上涨行情。在此期间，PSY 绝大多数时间都维持在 50 轴线之上，说明市场中充斥着做多情绪。

2010 年 11 月 12 日，中联重科出现一根大阴线，跌破此前整理行情构成的 M 顶颈线，再结合 PSY 呈现出的顶背离现象，涨势有可能已经终结，因此，投资者应该离场了。

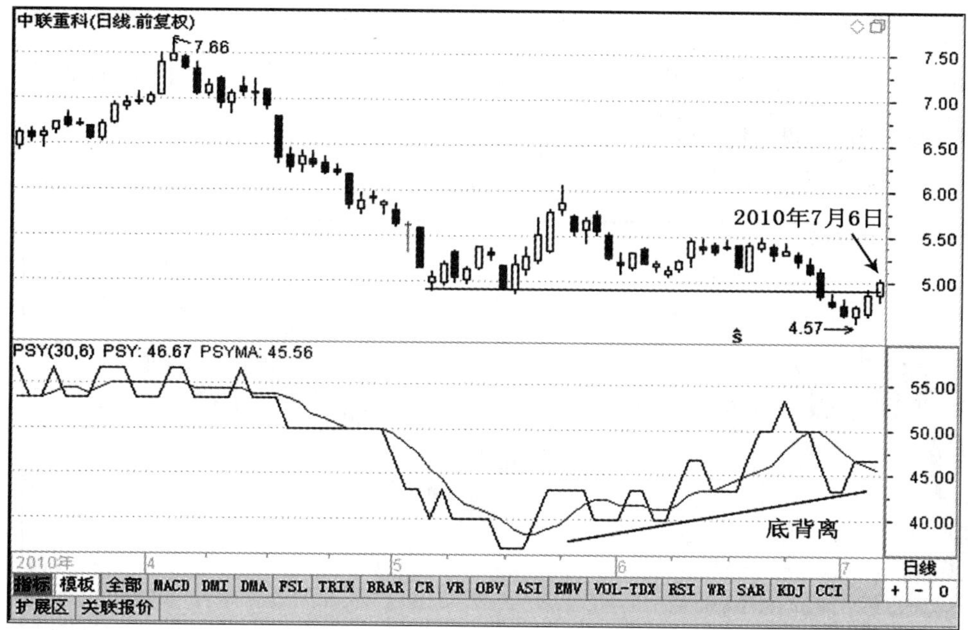

图 4－78　中联重科　000157

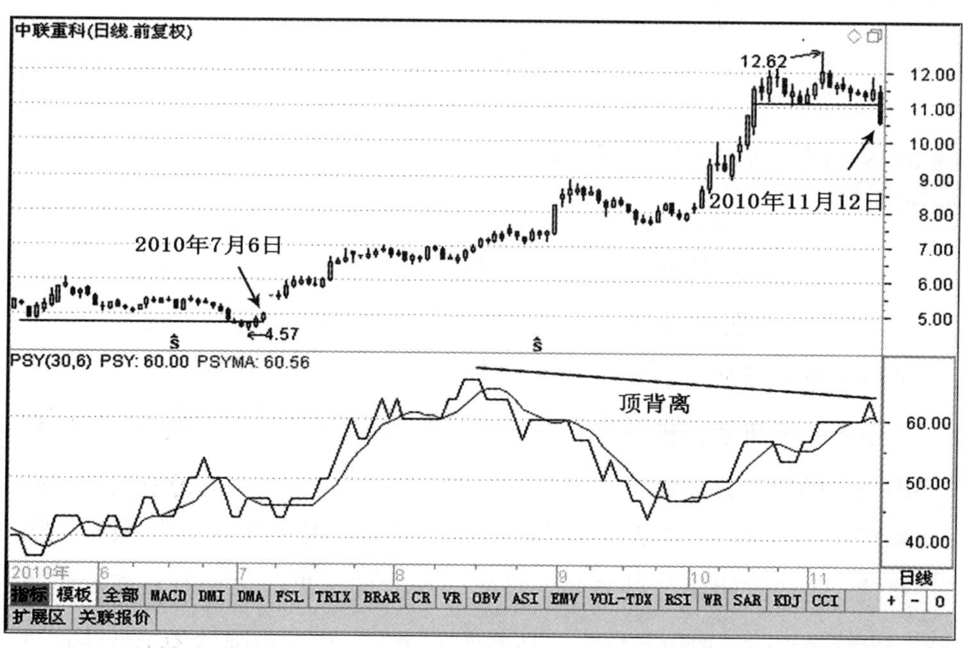

图 4－79　中联重科　000157

如图 4－80 所示，大阴线出现之后，中联重科先是形成一波跌势，随后开始振荡整理。随着整理行情的发展，PSY 向 50 轴线进发，然后围绕 50 轴线开始长时间的振荡。

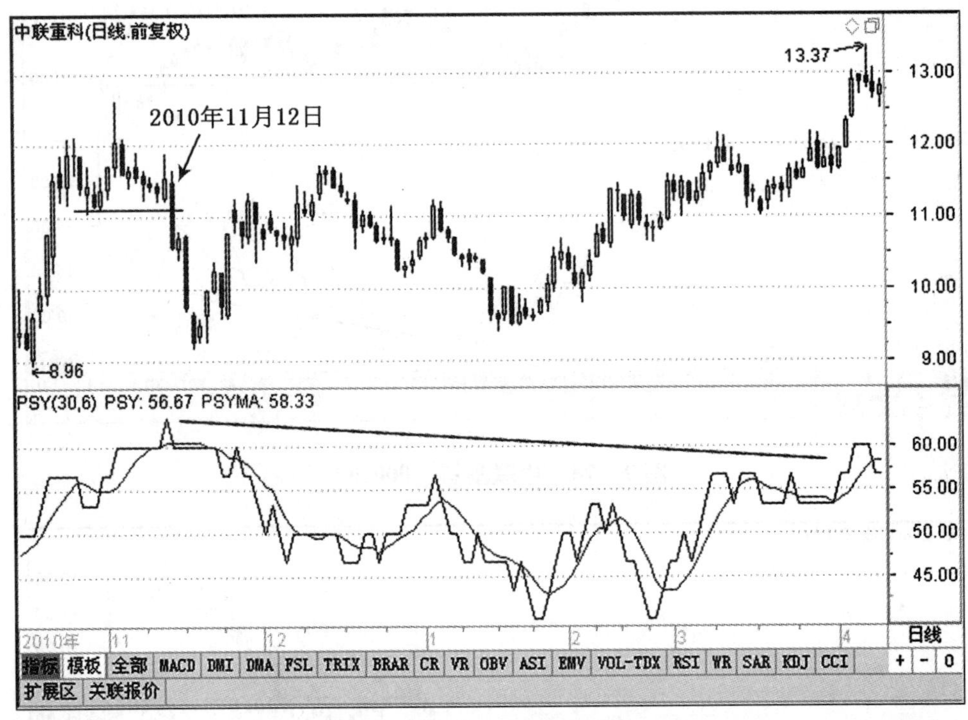

图 4－80　中联重科　000157

经过长时间的整理之后，中联重科向上突破，创出新高点 13.37 元。不过，PSY 的顶背离现象依然存在，说明愿意追涨的人并不多，后市很难形成更大的涨势。

如图 4－81 所示，在创出 13.37 元的高点之后，中联重科无力继续上涨，很快就转入到一波明显的跌势中。经过一段时间下跌，该股开始反弹。当 PSY 创出新高点时，股价却仍在前高的压力之下，说明再强的做多情绪都已经无法推高股价继续上涨，典型的下降趋势特征。此后，该股继续下行探底。

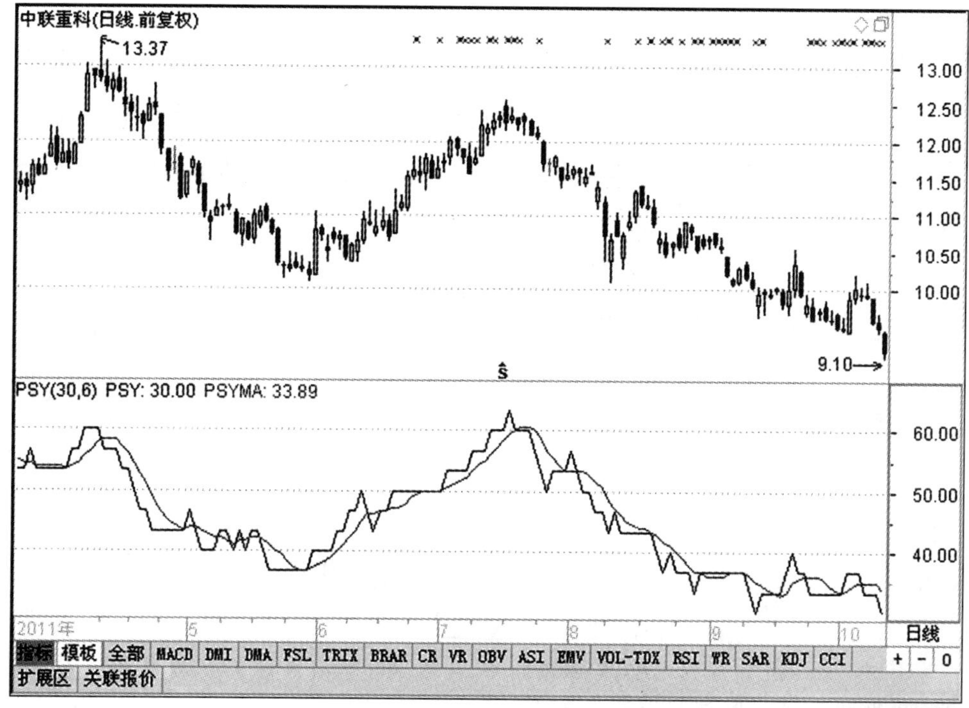

图 4-81 中联重科 000157

第五节

BIAS——股价与均线的关系图

盘面特征

BIAS 又称为乖离率，它反映股价在波动过程中与移动平均线偏离的程度，技术分析者利用偏离程度的大小来判断买卖时机。BIAS 研判的主要方法是取值研判和背离研判。

所谓取值研判，是指利用 BIAS 的取值判断市场当前的运行状态，见图 4－82。当 BIAS 于 0 轴线之上时，股价运行在移动平均线之上，市场处于多头行情中；当 BIAS 处于 0 轴线之下时，股价运行在移动平均线之下，市场处于空头市场中。

图 4－82　皖能电力　000543

所谓背离研判，是利用 BIAS 高低点与股价高低点之间的关系寻找顶底痕迹。当股价创出新低时，BIAS 的低点却在抬高（或者走平），底背离，股价有可能会见底，见图 4－83；当股价创出新高时，BIAS 的高点却在降低（或者走平），顶背离，股价有可能会见顶，见图 4－84。

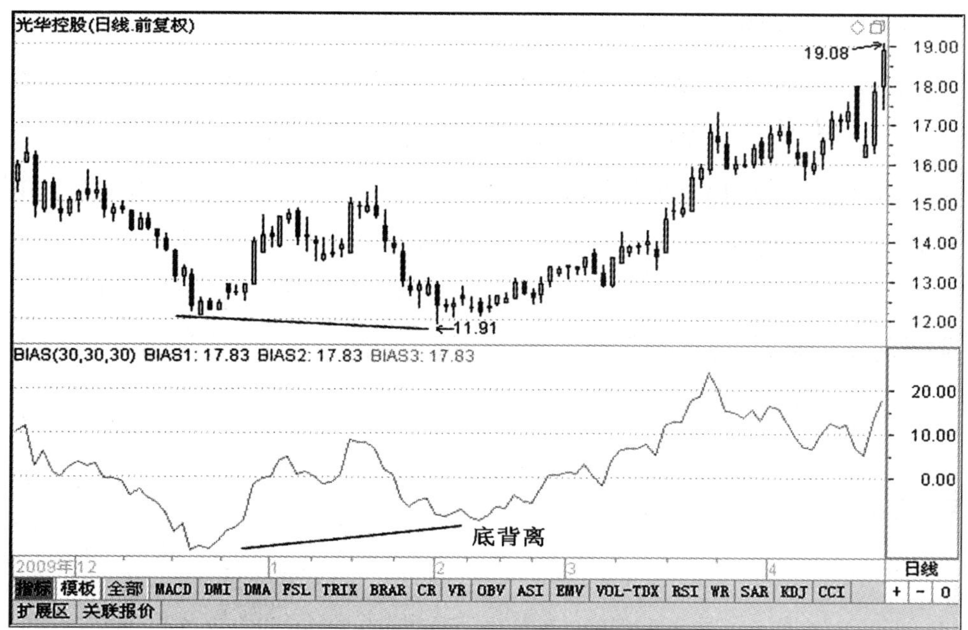

图 4－83　光华控股　000546

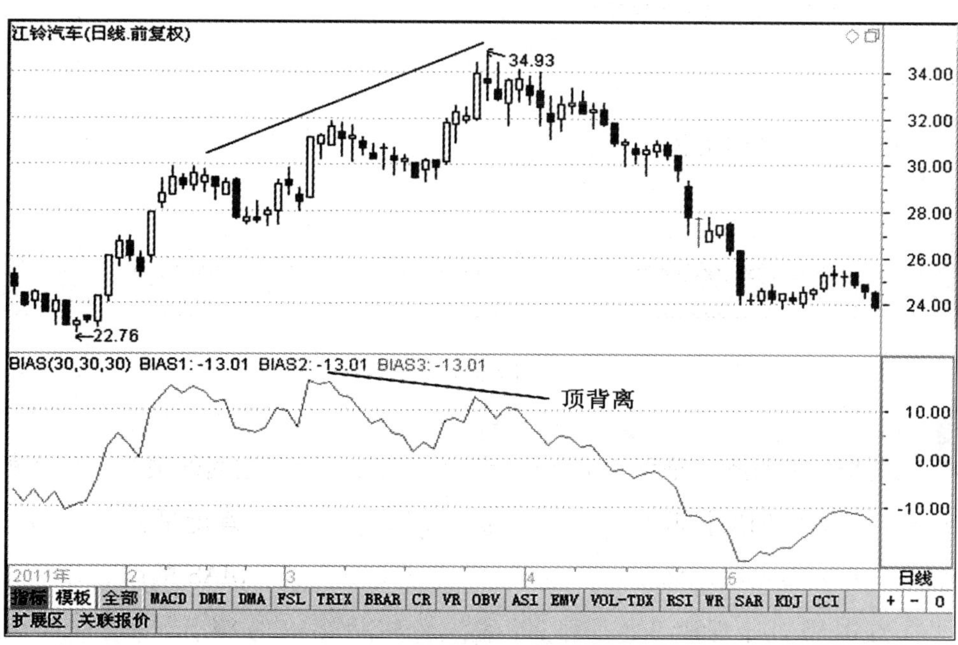

图 4－84　江铃汽车　000550

看盘要点

当BIAS处于0轴线之上时，K线在移动平均线的支撑下不断走高，市场处于多头行情中，投资者应该择机入场追涨。以图4－85为例。当BIAS处于0轴线之上时，江铃汽车运行在30日移动平均线之上（此处BIAS设置的参数是30），处于明显的涨势中，在此期间出现了多个突破前高压力的买点，投资者应该积极跟随做多。

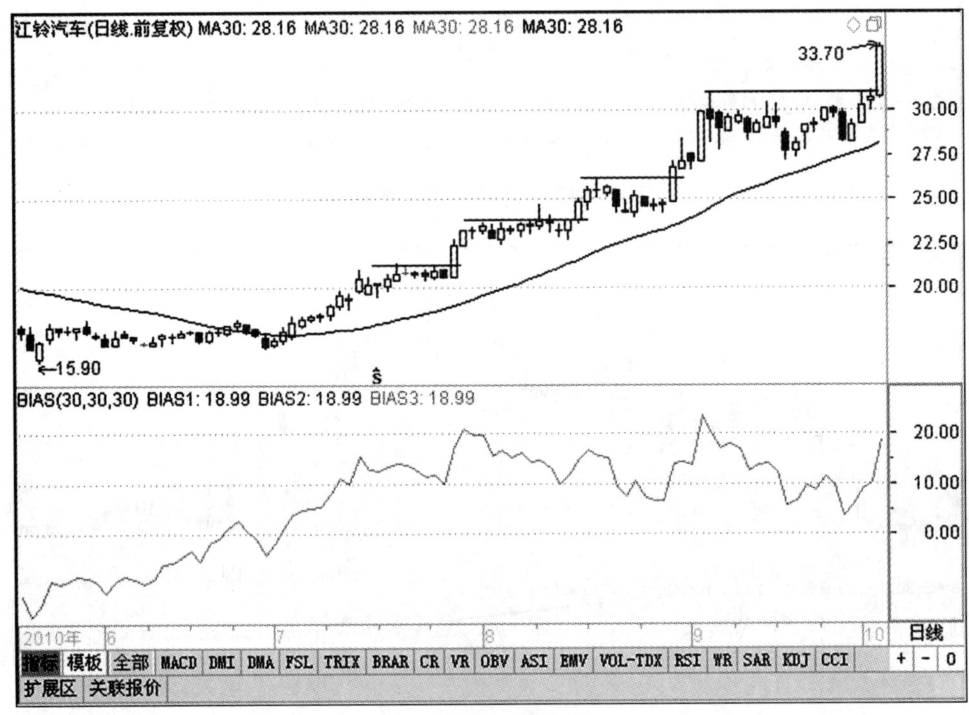

图4－85 江铃汽车 000550

当BIAS处于0轴线之下时，K线在移动平均线的压制下不断走低，市场处于空头行情中，投资者应该耐心持币旁观。以图4－86为例。当BIAS

处于0轴线之下时，创元科技运行在30日均线之下，处于明显的跌势中。对于只能做多的市场而言，跌势只能回避。

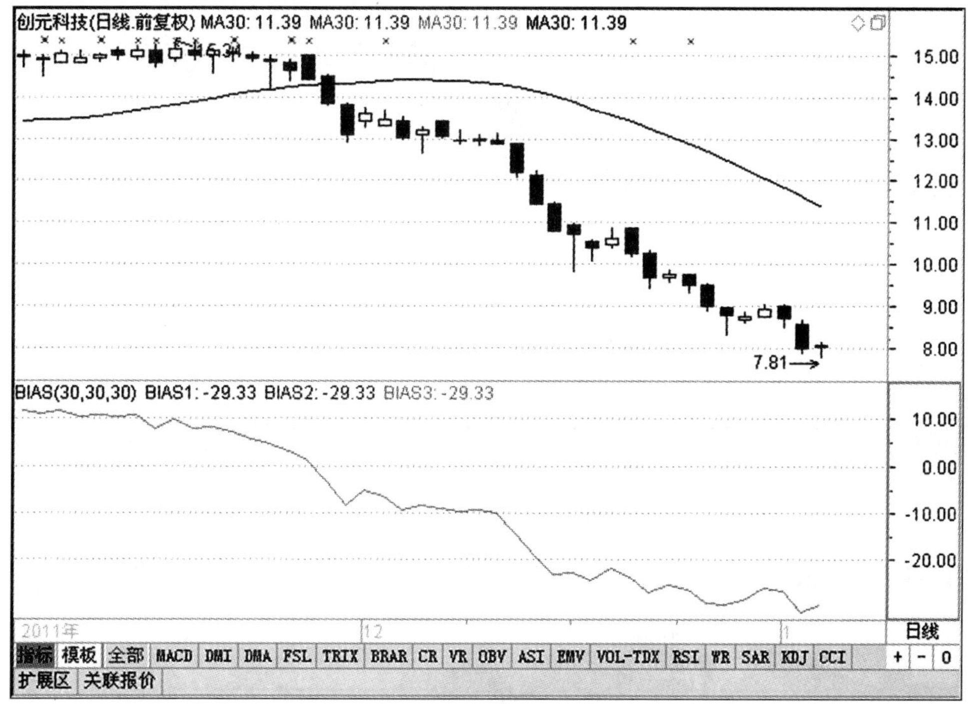

图4-86　创元科技　000551

当BIAS出现底背离走势时，市场随时有可能见底，一旦发现可靠的见底信号，可以入场抢反弹。以图4-87为例。在BIAS出现底背离之后，宏源证券出现一个W底，后市将迎来一波涨势，投资者可以跟随入场。

当BIAS出现顶背离走势时，市场随时可能见顶，一旦发现卖点应该尽快出场。以图4-88为例。在BIAS出现顶背离之后，友利控股出现一个类似塔形顶的K线组合，见顶信号，投资者应该离场了。

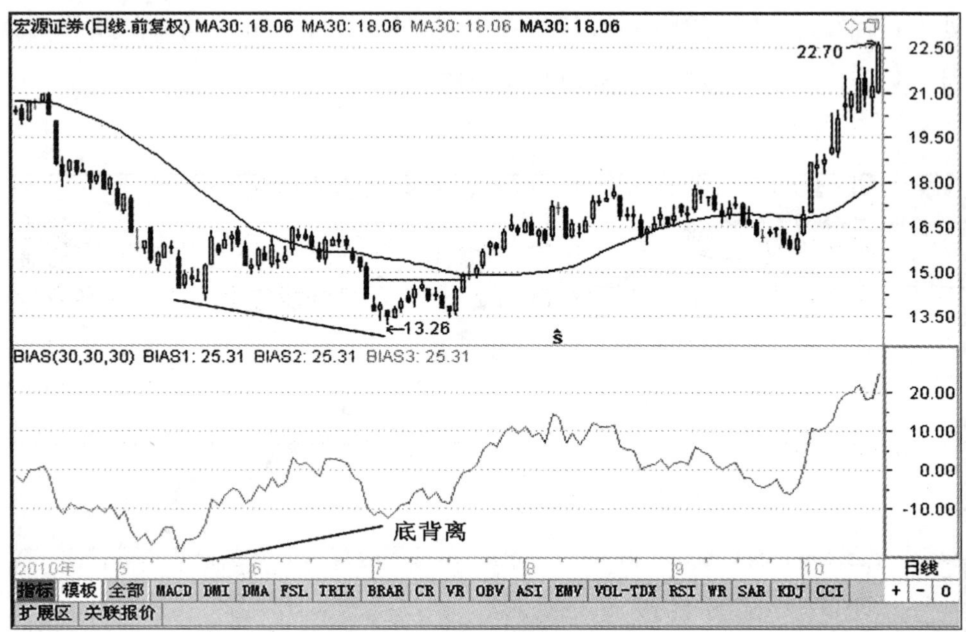

图4－87　宏源证券　000562

图4－88　友利控股　000584

实战看盘

如图 4－89 所示，2009 年 3 月 20 日，中福实业出现一根大阳线，向上突破了前高压力，买点出现。在这个买点出现之前，该股的 BIAS 已经长时间运行在 0 轴线之上，即 K 线长时间运行在 30 日均线之上，典型的多头行情。因此，投资者可以跟随着买点入场。

图 4－89　中福实业　000592

如图 4－90 所示，这个买点出现之后，中福实业进入到一波涨势中。不过，BIAS 并没有伴随着这波涨势创出新高点，显示顶背离迹象，投资者要提高警惕。2009 年 4 月 23 日，该股出现一根小十字线，跌破了上升趋势线，见顶信号。尽管这看似有些微不足道，不过考虑到顶背离的存在，投资者还是先出场为好。

图 4－90　中福实业　000592

如图 4－91 所示，跌破上升趋势线之后，中福实业先是顺势杀跌了三个交易日，然后进入到长期的整理行情中。利用这根小十字线出场，虽然没有卖在最高位，却回避了此后长时间的振荡，同样是价值十足。

如图 4－92 所示，2011 年 8 月 26 日，国恒铁路出现一根带长上影线的阳线，向上突破了前高压力，后市看涨。不过，此时 BIAS 处于 0 轴线之下，说明该股处于空头行情中。进一步研究这个买点，发现该股才从前期的整理行情中跌破不久，上方就是 30 日均线和破位水平线，压力重重。因此，投资者还是不要着急入场为好。

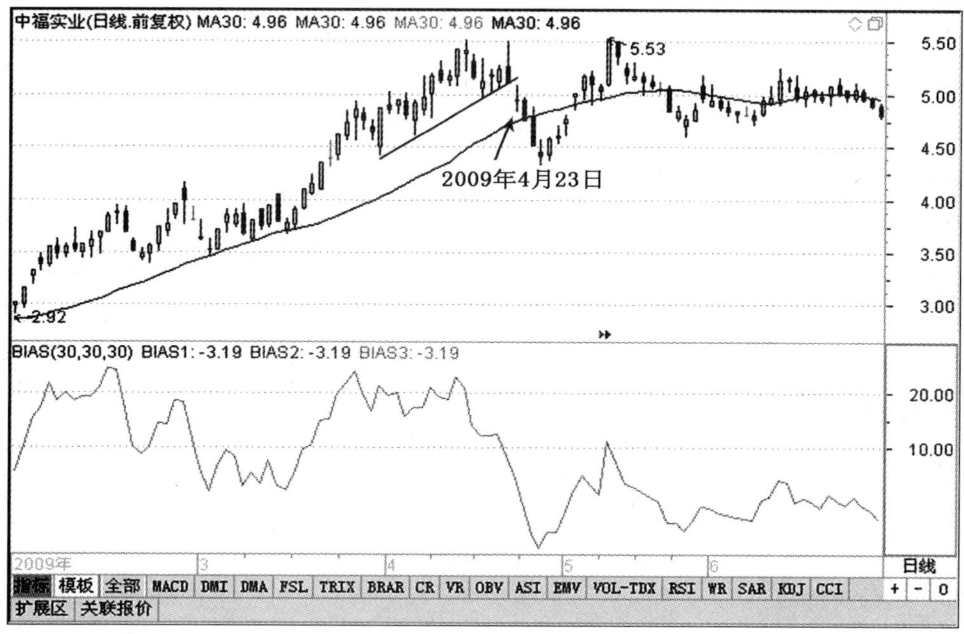

图 4 -91　中福实业　000592

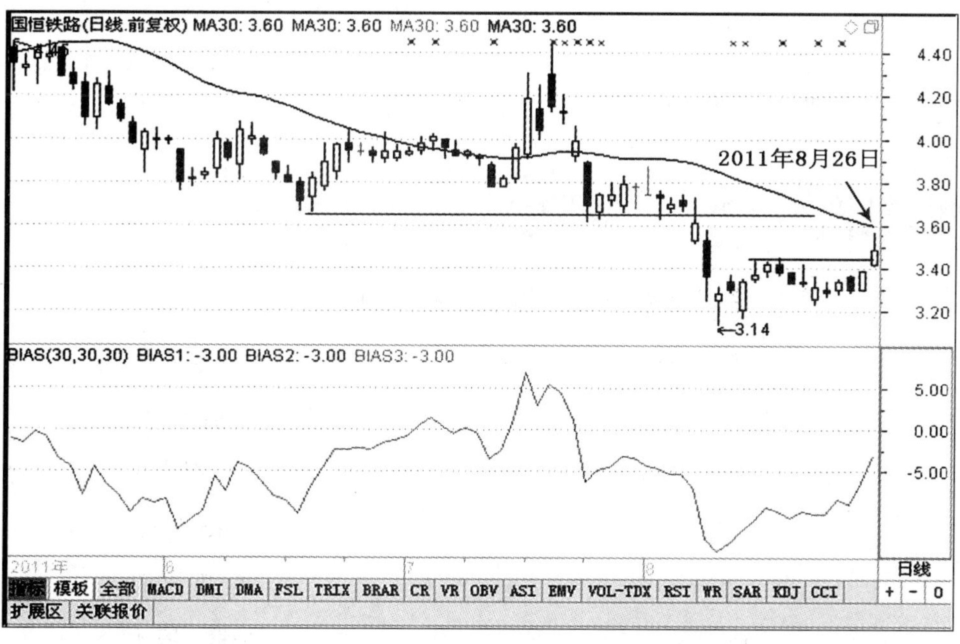

图 4 -92　国恒铁路　000594

如图 4－93 所示，这个买点出现之后，国恒铁路并没有形成一波反弹，而是接着继续下跌。如果投资者在买点出现时入场抄底，只能止损离场了，否则将陷入更加不利的境地中。由此可以看出，抄底是一件风险性很大的事情，一着不慎，就可能导致严重的亏损。

图 4－93　国恒铁路　000594

跳空缺口的多空玄机

tiaokongquekoudeduokongxuanji

第一节

普通缺口——形同虚设的缺口

盘面特征

缺口，是指由于受到利好或者利空消息的影响，股价大幅上涨或者大幅下跌，导致日K线图出现当日最低价超过前一交易日最高价或者当日最高价低于前一交易日最低价的图形形态的一种现象。

普通缺口，是指出现在盘整行情中的跳空缺口，这种缺口并没有改变股价运行的主旋律，而且在短时间之内就会被回补，见图5－1。

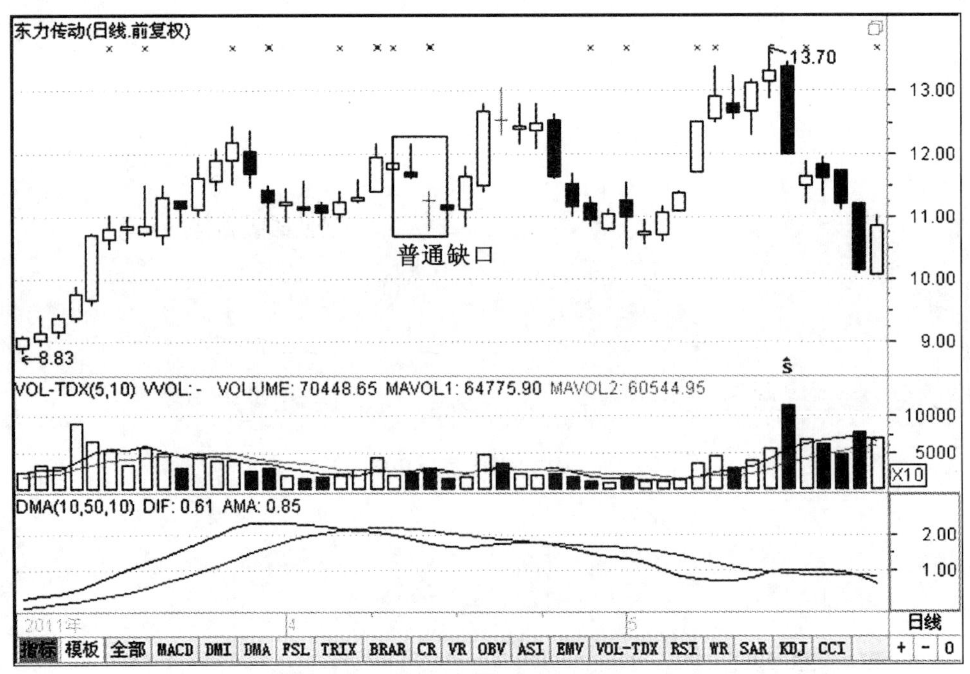

图5－1　动力传动　002164

看盘要点

普通缺口对股价运行的影响并不大，因此其对实战交易的指导意义较小。当投资者在整理行情中发现跳空缺口，可以将其暂定为普通缺口，继续按兵不动。以图 5－2 为例。在一波整理行情中，智光电气出现一个明显的跳空缺口，应将其看作普通缺口，不宜介入追涨。

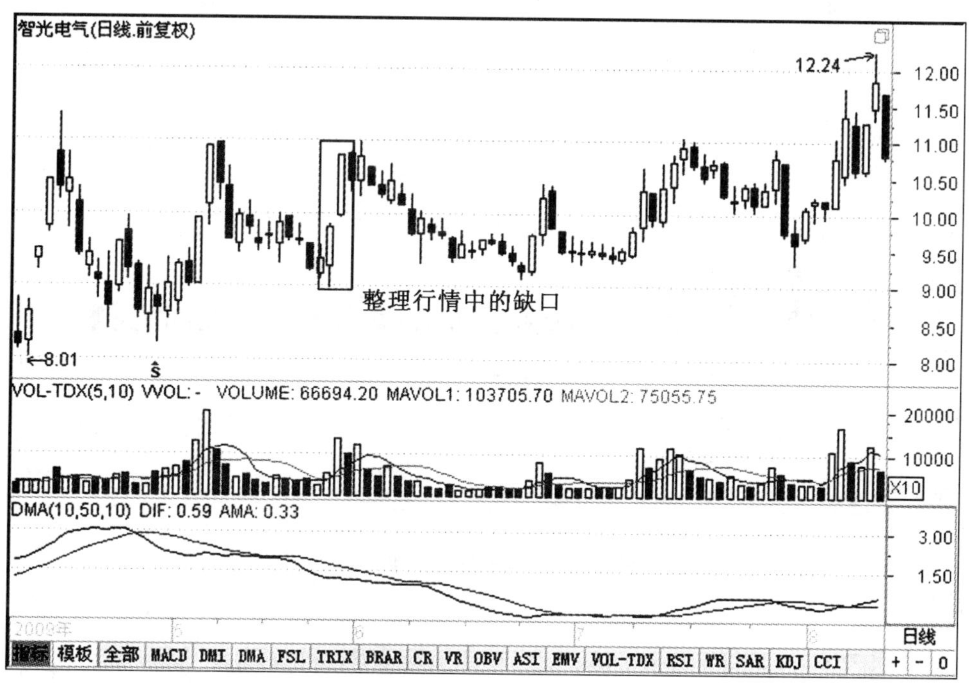

图 5－2　智光电气　002169

实战看盘

2010 年 10 月 28 日，芭田股份出现一根小阴线，与此前的中阴线形成跳空缺口。该缺口出现在一波调整行情中，属于普通缺口，并不能因为其跳空下跌而后市看空。从图5－4中可见，当日深证成指也是跳空低开，芭田股份的跳空低开只是顺势而为，并无任何异动可言。因此，投资者应该将其作为普通的K线看待，忽略跳空缺口带来的看空意义。

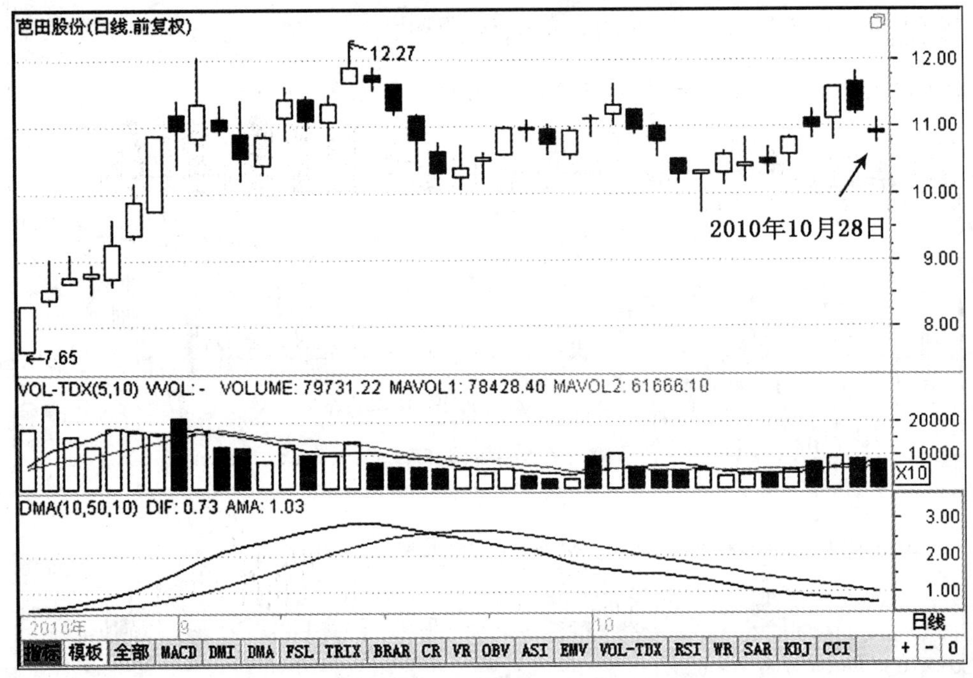

图5－3　芭田股份　002170

如图5－5所示，2010年11月1日，跳空缺口出现后的第二个交易日，芭田股份出现一根大阳线，直接回补了此前的股价缺口，进一步证明此前的缺口为普通缺口。随后，该股继续上涨，并创出了新的高点。

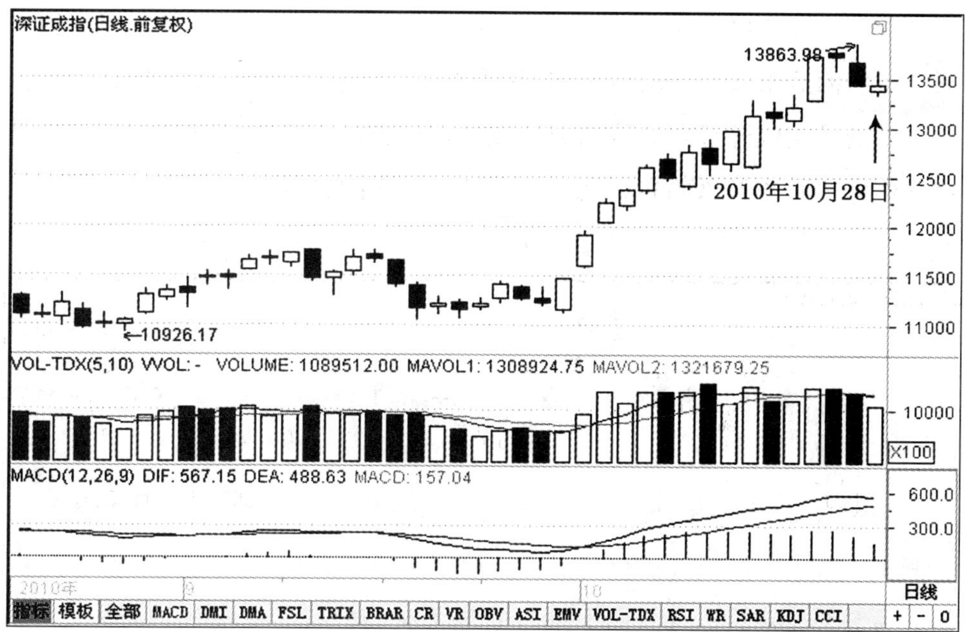

图5－4 深证成指 399001

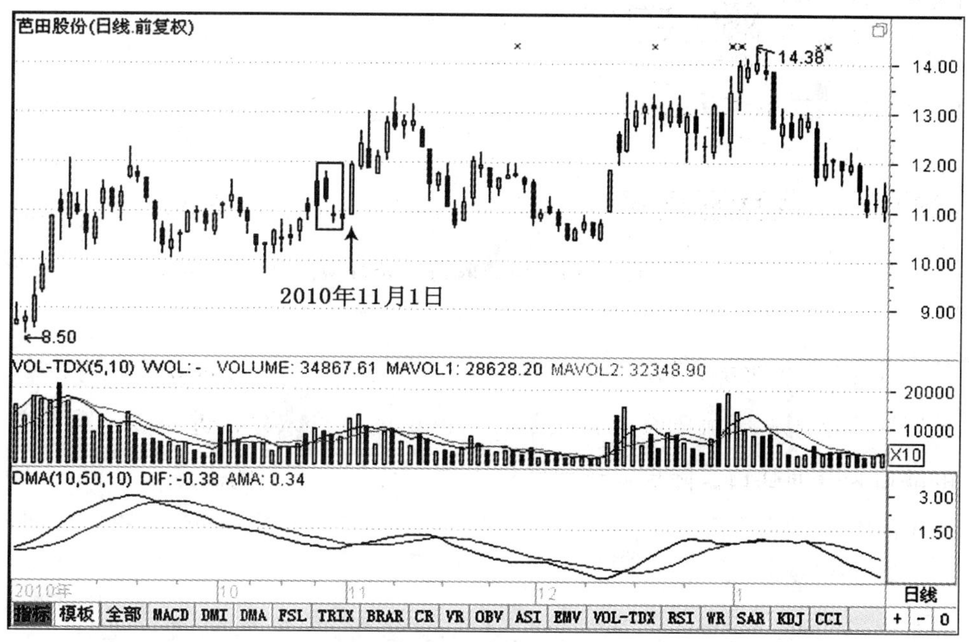

图5－5 芭田股份 002170

第二节

突破缺口——股价运行的指南针

盘面特征

突破缺口，是指出现在盘整行情末期的跳空缺口，突破了整理区间的控制，形成了新的股价运行趋势。按照突破盘整区间的方向，突破缺口可以分为向下突破缺口（见图5－6）和向上突破缺口（见图5－7）。

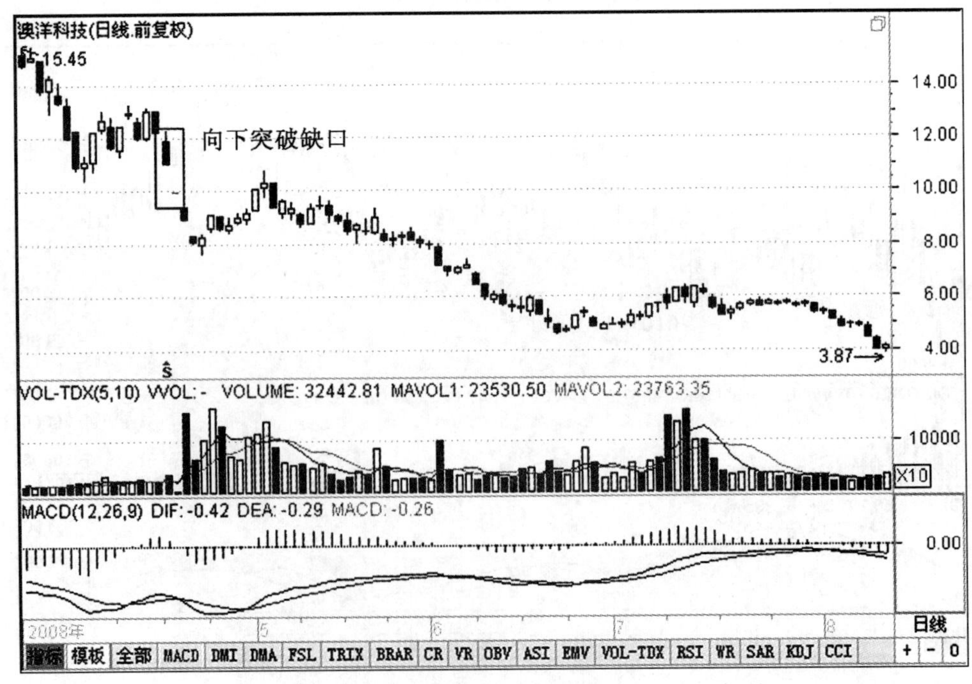

图5－6 澳洋科技 002172

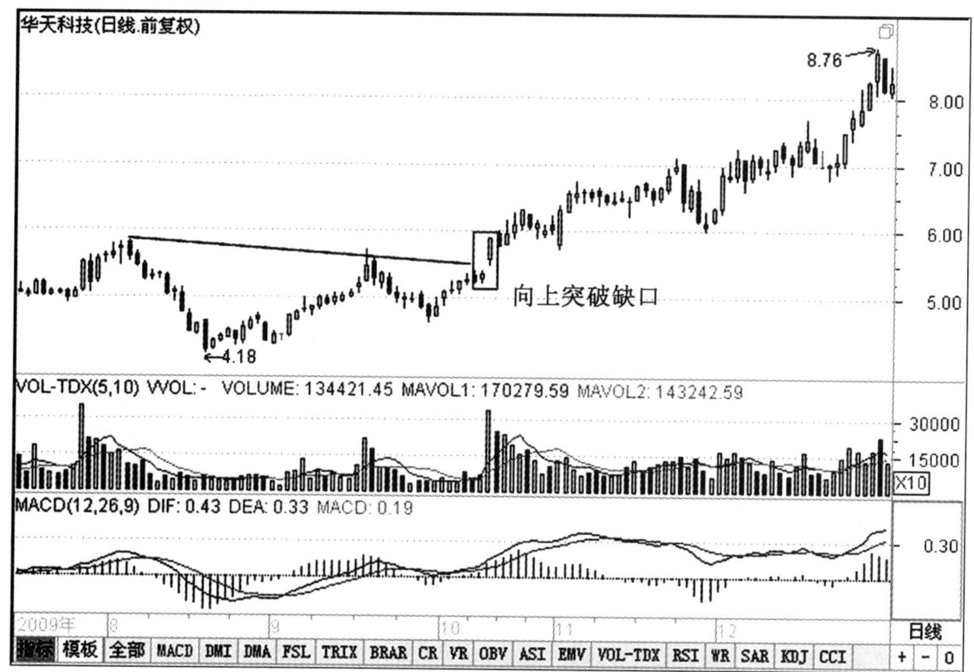

图 5－7 华天科技 002185

具体而言，突破缺口具有如下特征：

（1）向上突破缺口通常伴随着明显的放量，向下突破缺口则不需要成交量配合。

（2）突破缺口出现之后，股价按照突破的方向进入一波明显的趋势中。

（3）突破缺口在短期之内不会被回补。

看盘要点

向上突破缺口属于看涨信号，投资者一旦发现应该考虑跟随介入。以图 5－8 为例。经过一段时间的低位整理之后，海隆软件出现一根带长上影线的小阴线，向上跳空突破了整理区间的压力线，股价就此见底，后市将进入涨势中。此时，投资者应该积极考虑择机入场。

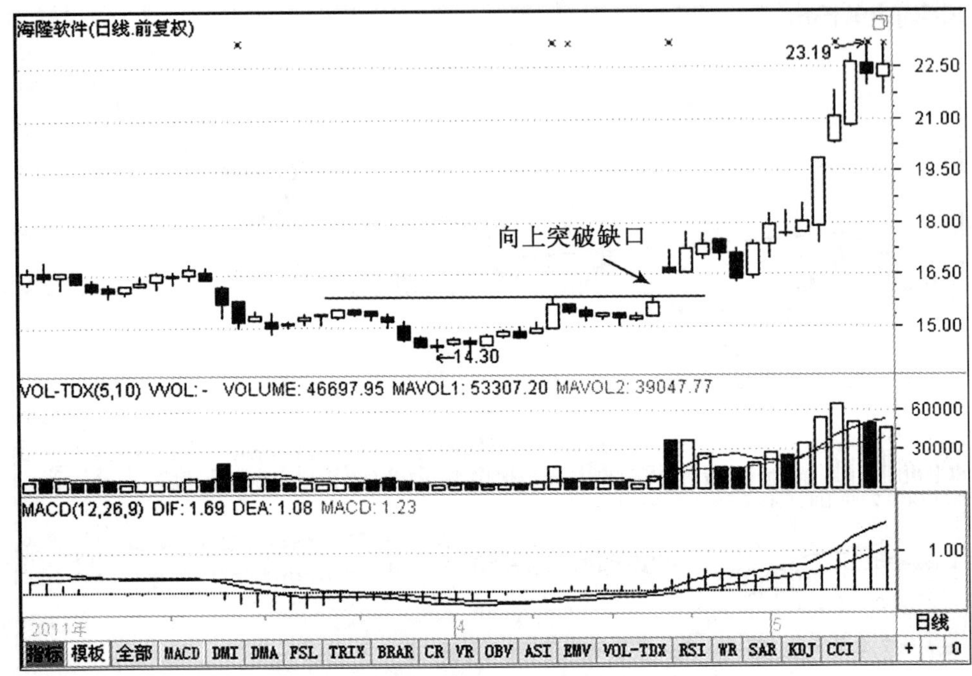

图5－8　海隆软件　002195

向上突破的缺口越大，看涨信号的可信度越高，后市上涨的力度越大。以图5－9为例。经过一段时间的振荡爬升之后，成飞集成出现一根一字涨停线，顺利突破了此前整理区间的重要压力位。随后，该股进入了一波直线飙升的行情中。

向下突破缺口属于看跌信号，投资者一旦发现应该赶紧离场。以图5－10为例。经过一段时间的反弹之后，嘉应制药出现一根跳空阴线，直接突破了反弹行情的支撑线，后市即将进入跌势。此时，如果投资者依然持有仓位，应该考虑清仓撤离了。

向下突破的缺口越大，看跌信号的可信度越高，后市下跌的力度越大。以图5－11为例。经过一波明显的反弹之后，准油股份出现一根倒T字跌停线，跌破了这波行情的支撑线。随后，该股进入了下跌趋势中，在不长的时间内最大跌幅就超过了50%。

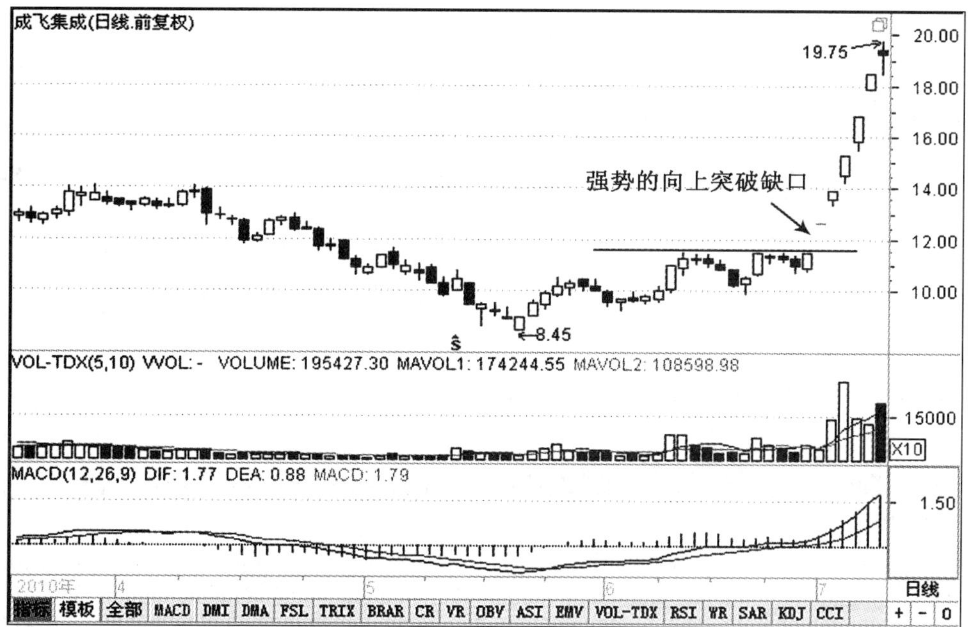

图 5－9 成飞集成 002190

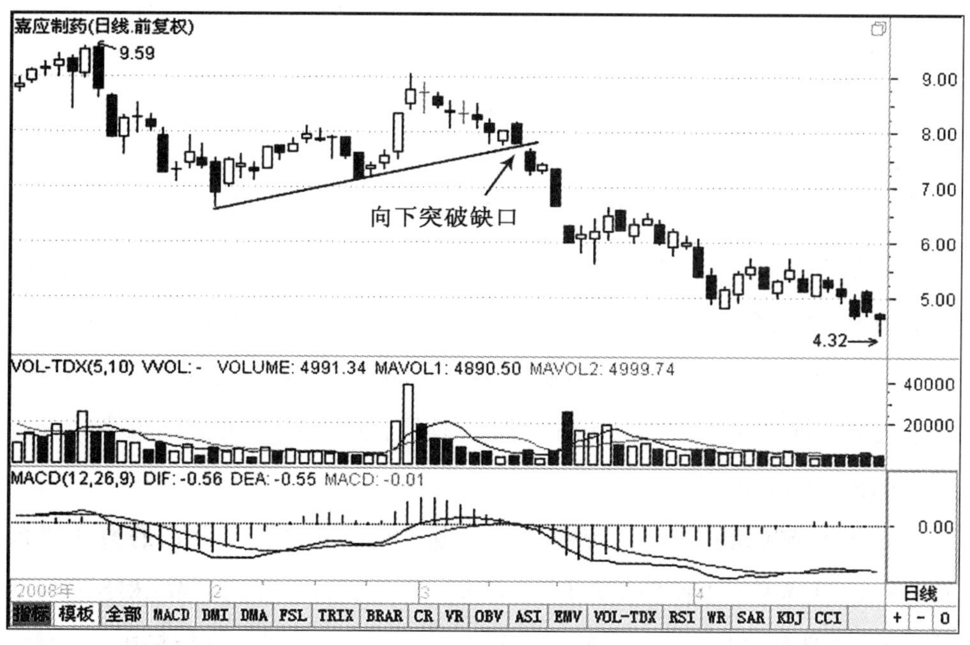

图 5－10 嘉应制药 002198

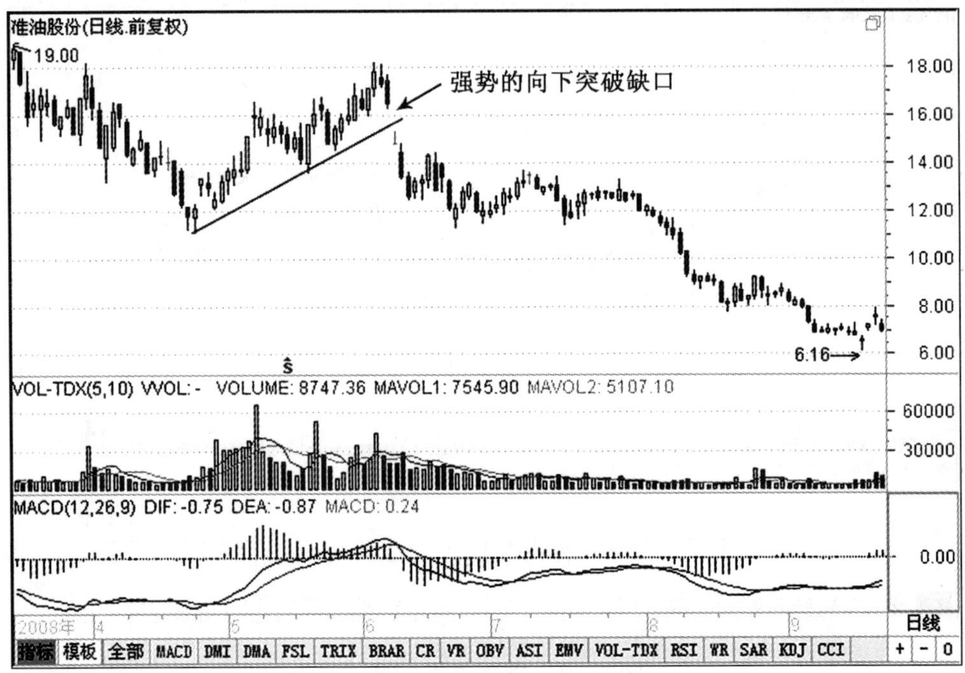

图 5－11　准油股份　002207

实战看盘

如图 5－12 所示，2010 年 10 月 20 日，联合化工出现一根涨停大阳线，伴随着明显的放量（相比此前数个交易日），跳空突破了此前整理区间的下降趋势线。不仅如此，这根跳空阳线还突破了前期高点形成的压力线。双重突破，而且采用跳空的方式突破，股价就此见底的可能性很高，投资者应该择机入场做多。

如图 5－13 所示，向上突破缺口出现之后，联合化工并没有直接进入涨势中，而是进入了振荡整理的行情中。不过，这波整理行情始终没有回补此前的突破缺口，股价见底的判断不变。经过一段时间的整理，该股才终于进入了一波涨势中。

图 5－12　联合化工　002217

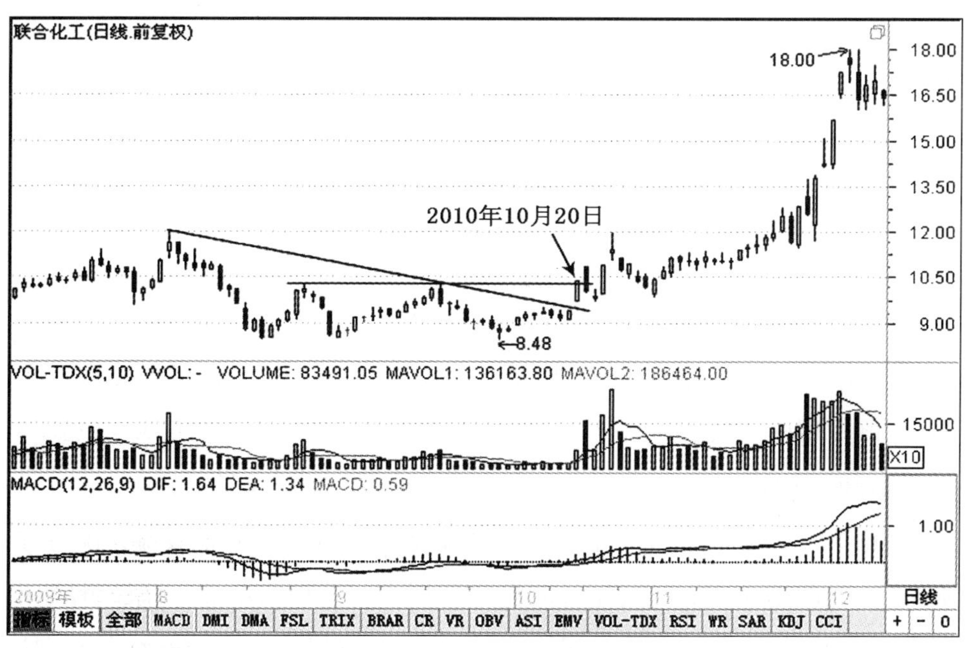

图 5－13　联合化工　002217

如图 5－14 所示，2010 年 4 月 19 日，武钢股份出现一根跳空大阴线，跌破了此前窄幅整理行情的支撑线，后市将进入一波跌势中，短时间之内难改颓势。因此，投资者应该避而远之，直接将该股从自选股中剔除。

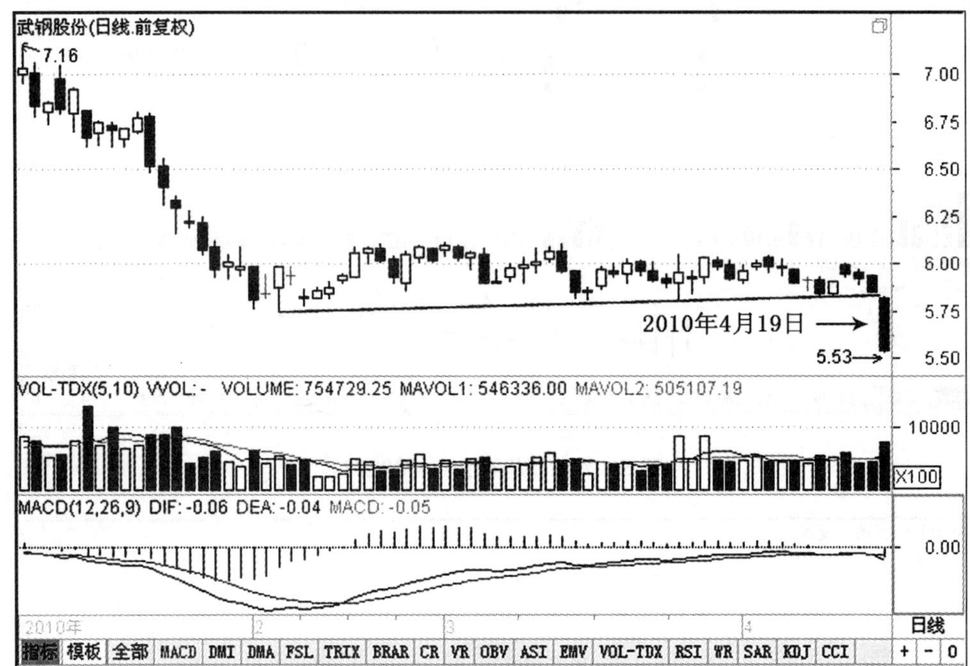

图 5－14　武钢股份　600005

如图 5－15 所示，向下突破缺口出现之后，武钢股份进入一波快速下跌行情中。在不长的时间内，该股最大跌幅就接近 30% 了，可谓惨烈。在这波下跌行情中，出现了数个向下跳空的缺口。2010 年 6 月 7 日，该股又一次出现向下跳空缺口，突破了盘整区间的底部，后市继续看跌。

如图 5－16 所示，6 月 7 日的向下突破缺口出现后，武钢股份并没有继续下跌，而是进入了数个交易日的整理行情中。整理结束后，该股继续向下探底，并且很快触底企稳。相比第一个向下突破缺口，这个向下突破缺口并没有引发大幅度的下跌，不过其引发的跌势持续的时间并不短，同样

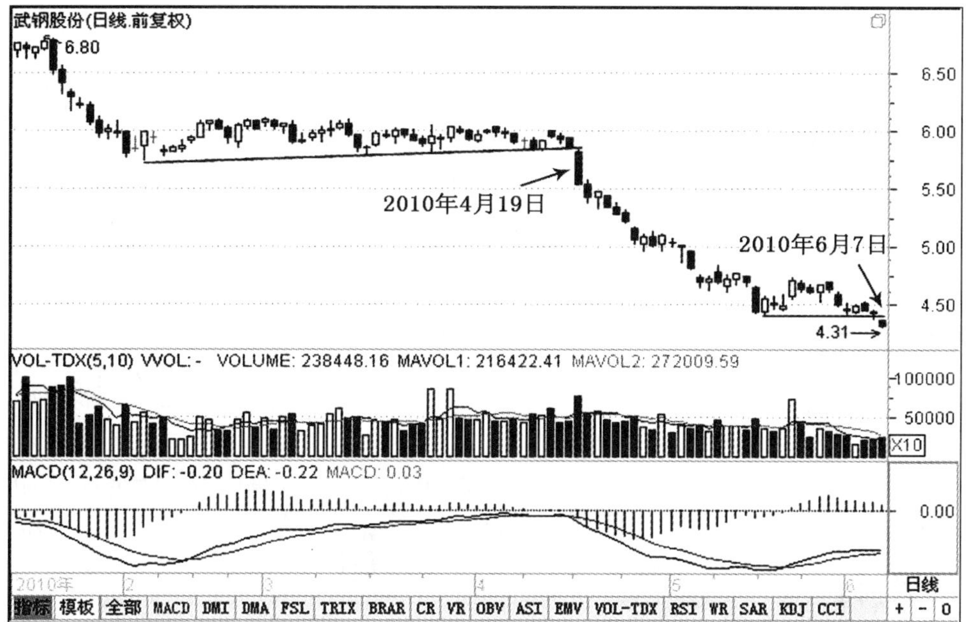

图 5－15 武钢股份 600005

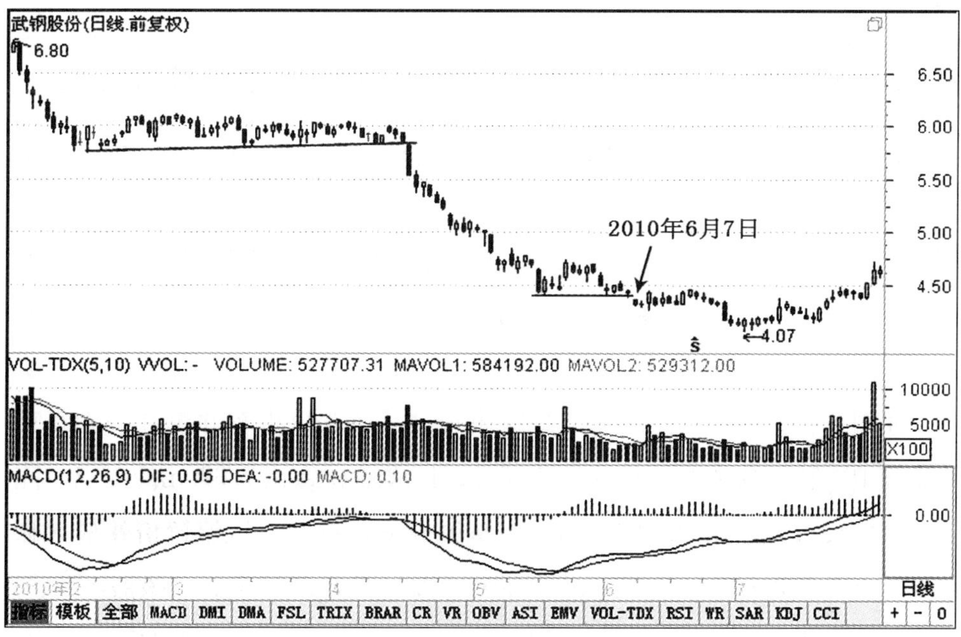

图 5－16 武钢股份 600005

具有非常高的实战价值。

如图 5－17 所示，2010 年 4 月 2 日，经过一段时间的振荡整理之后，东风汽车出现了一个向上突破缺口。尽管这个跳空缺口非常明显，但是当日该股以长上影线的小阳线报收，显示上方卖压十分沉重。因此，这个向上突破缺口的可信度并不高，稳健的投资者可以选择不参与。

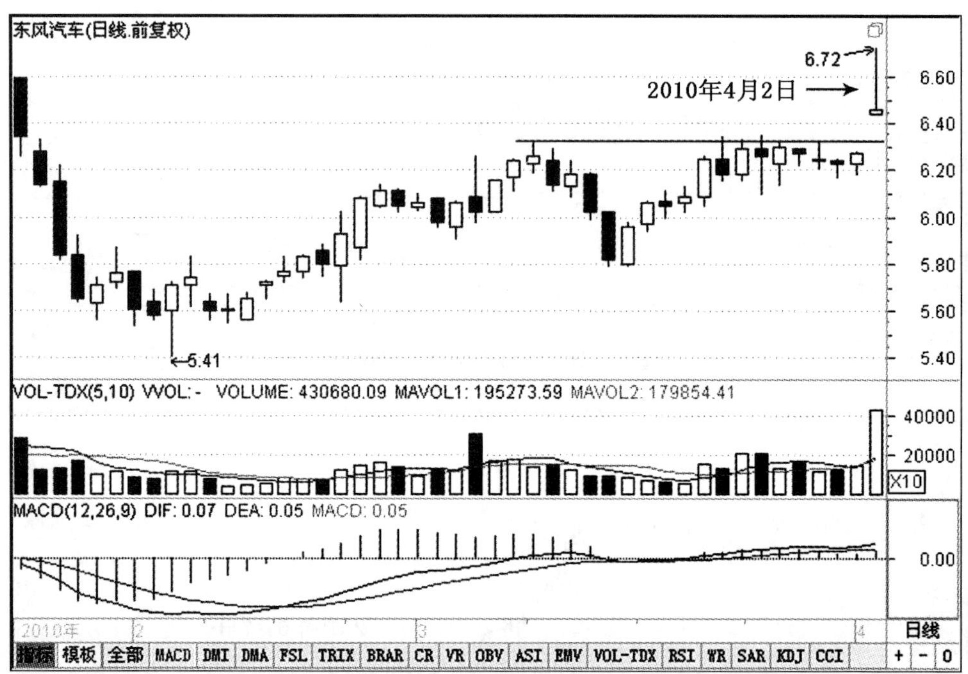

图 5－17　东风汽车　600006

如图 5－18 所示，向上突破缺口出现之后，东风汽车并没有进入真正的涨势中。经过数个交易日的振荡爬升，该股最高到达 7.09 元的高点。随后，该股转入了明显的下跌趋势中。从突破缺口算起，这波行情的最大涨幅也只不过接近 10%，要想从中获利可不是一件容易的事。

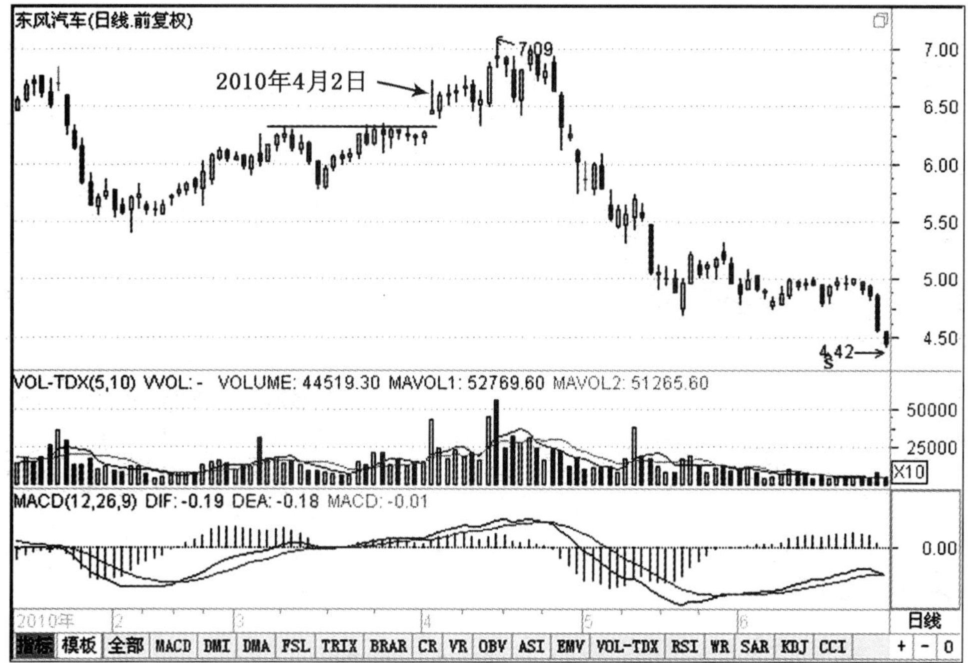

图5－18　东风汽车　600006

第三节

持续缺口——股价运行的标尺

盘面特征

持续缺口，是指出现在一波明显趋势中间的跳空缺口。按照趋势运行的方向，持续缺口可以分为向上持续缺口（见图5－19）和向下持续缺口（见图5－20）。

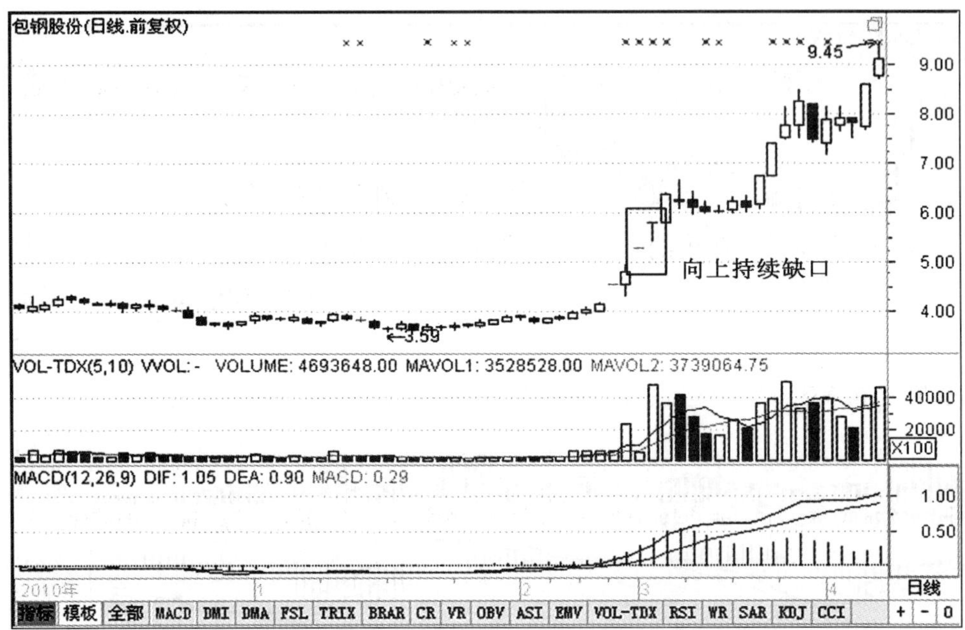

图 5－19　包钢股份　600010

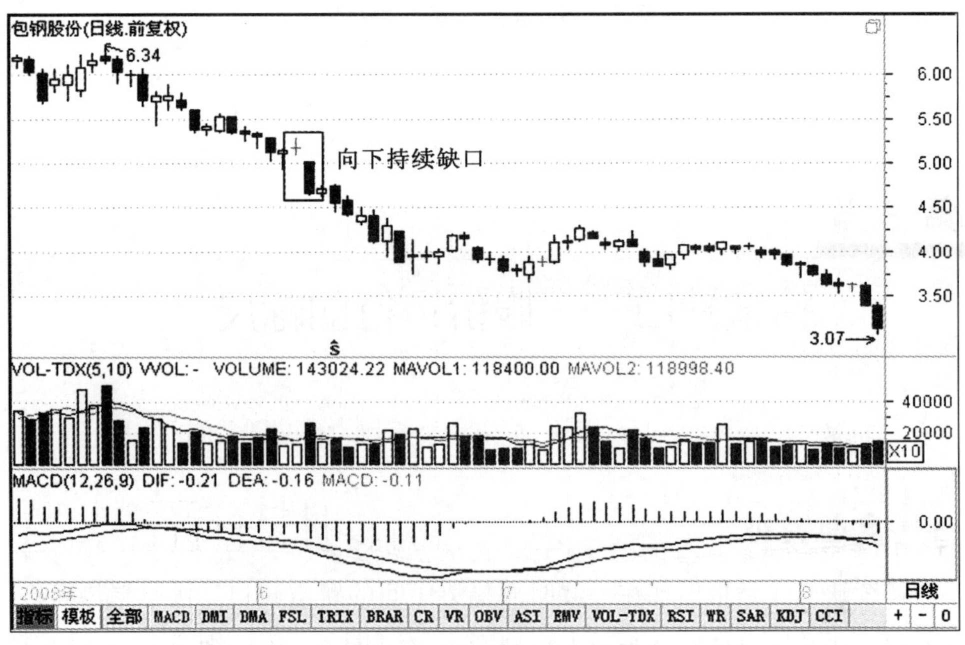

图 5－20　包钢股份　600010

具体而言，持续缺口具有如下特征：

（1）一波趋势中可能出现多个持续缺口，但第一个持续缺口最具实战价值。

（2）持续缺口出现之后，股价按照原来的趋势继续发展。

（3）持续缺口在短期之内不会被回补。

看盘要点

向上持续缺口属于看涨信号，投资者一旦发现可以考虑跟随介入。以图 5－21 为例。经过了数个交易日的上涨之后，华夏银行出现一根带长上影线的小阳线，与此前的中阳线形成向上持续缺口，股价继续上涨的可能性很高。因此，投资者应该考虑择机入场做多。

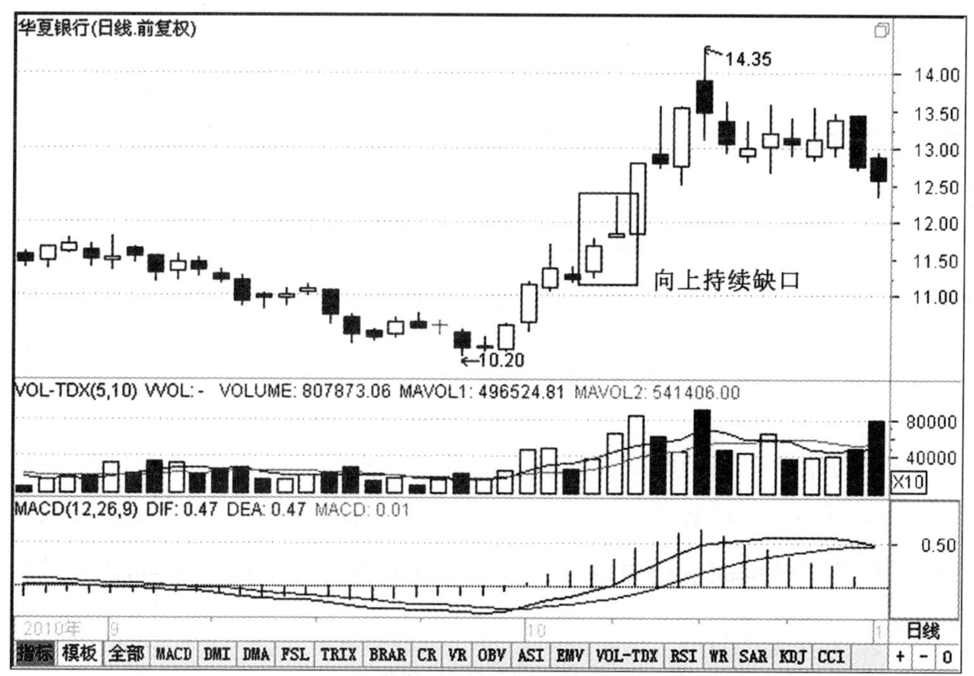

图 5－21　华夏银行　600015

向上持续缺口越大，看涨信号的可信度越高，后市上涨的力度越大。以图5－22为例。济南钢铁以一字涨停线宣告一波涨势开始，显示做多的热情高涨。接着，该股再次出现一个一字跳空缺口，即持续缺口很大，后市仍有很大的上涨空间。随后，该股又连续出现多个向上持续缺口，涨势非常可观。

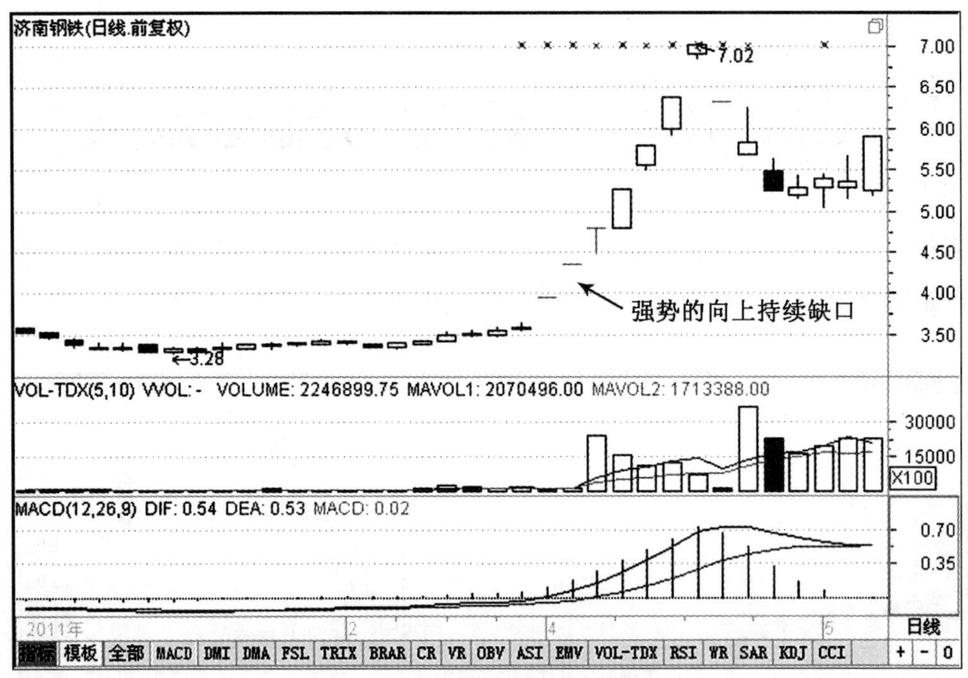

图5－22　济南钢铁　600022

向下持续缺口属于看跌信号，投资者一旦发现应该耐心持币旁观。以图5－23为例。经过数个交易日的下跌之后，中海发展出现一根中阴线，与此前的阴线形成向下持续缺口，后市很可能会继续下跌。因此，投资者继续持币旁观即可。

向下持续缺口越大，看跌信号的可信度越高，后市下跌的力度越大。以图5－24为例。云天化以一字跌停的方式宣告一波跌势开始，显示盘中

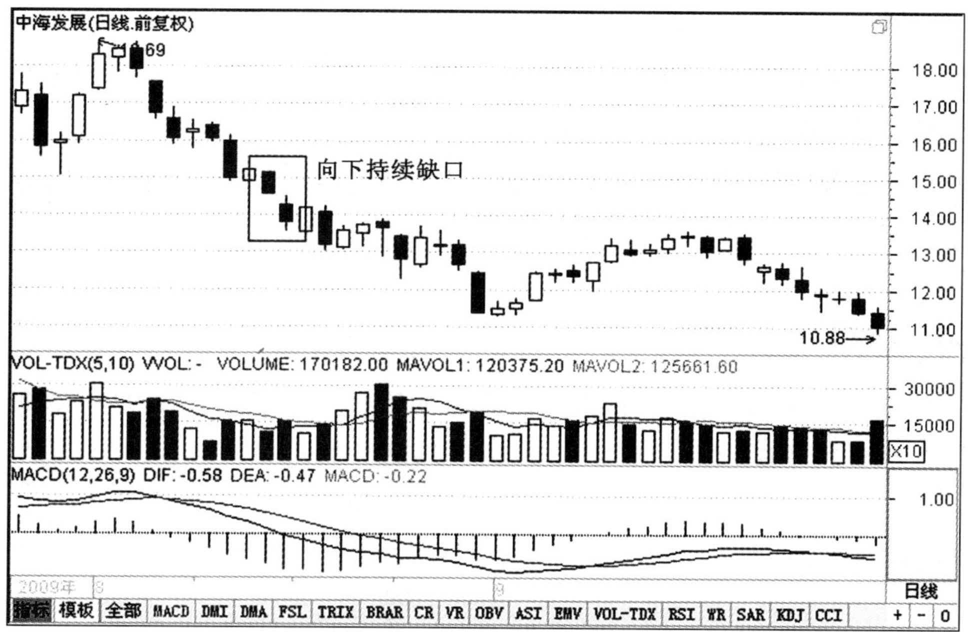

图 5－23　中海发展　600026

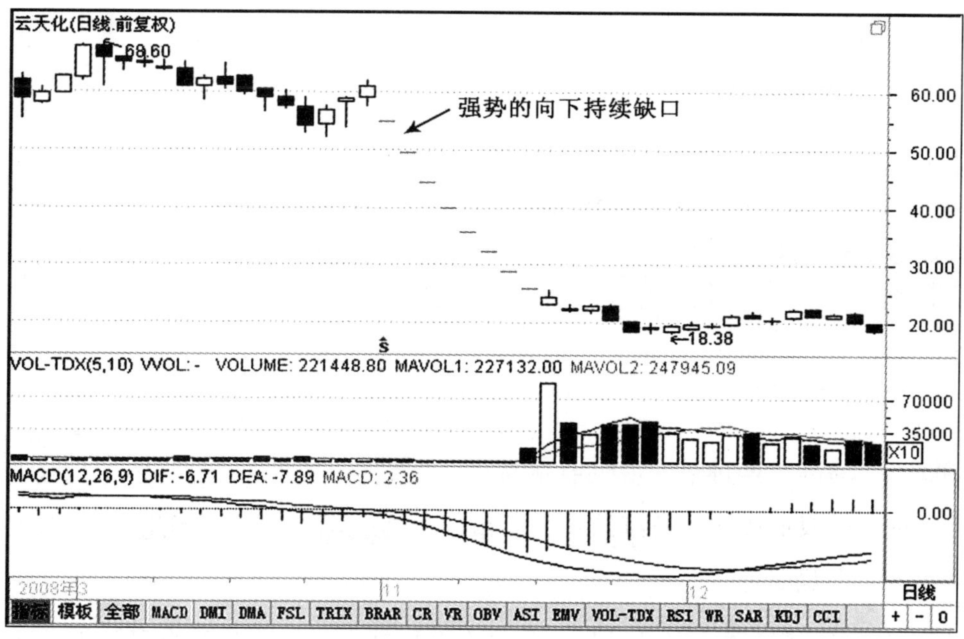

图 5－24　云天化　600096

筹码在拼命外逃。接着，该股再次出现一个一字跳空缺口，即持续缺口很大，后市仍有很大的杀跌空间。随后，该股又连续出现了多个一字向下持续缺口，跌势非常凶猛。

利用向上持续缺口可以测量股价未来可能上涨的高度：假定这波涨势的起始点 A 至向上持续缺口跳空起点 B 的距离为 H，那么后市股价上涨的目标价为 B + H。以图 5 – 25 为例。中国石化这波涨势的起始点 A 为 11. 19 元，向上持续缺口的跳空起点 B 为 13. 12 元，两者之间的价差为 H 为 13. 12 – 11. 19 = 1. 93 元，因此股价上涨的目标价为 13. 12 + 1. 93 = 15. 05 元。最终，该股在创出 15. 30 元的高点后见顶回落。

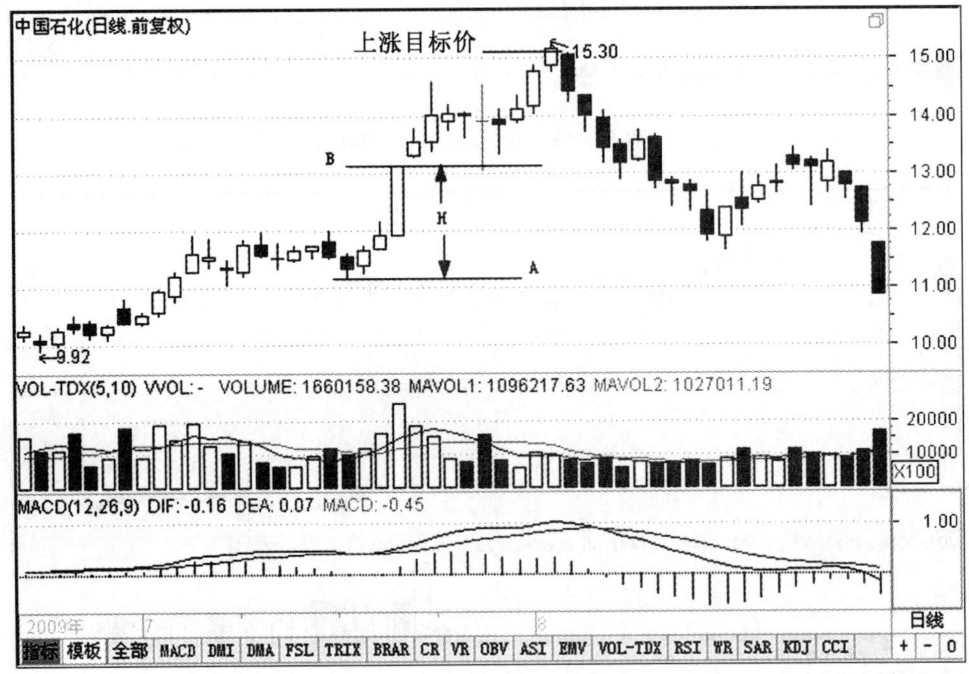

图 5 – 25　中国石化　600028

利用向下持续缺口可以测量股价未来可能下跌的深度：假定这波跌势的起始点 A 至向下持续缺口跳空起点 B 的距离为 H，那么后市股价下跌的目标价为 B－H。以图 5－26 为例。华电国际这波跌势的起始点 A 为 10.13 元，向下持续缺口的跳空起点 B 为 8.29 元，两者之间的价差为 H 为 10.13－8.29＝1.84 元，因此股价下跌的目标价为 8.29－1.84＝6.45 元。最终，该股在创出 6.48 元的低点后见底反弹。

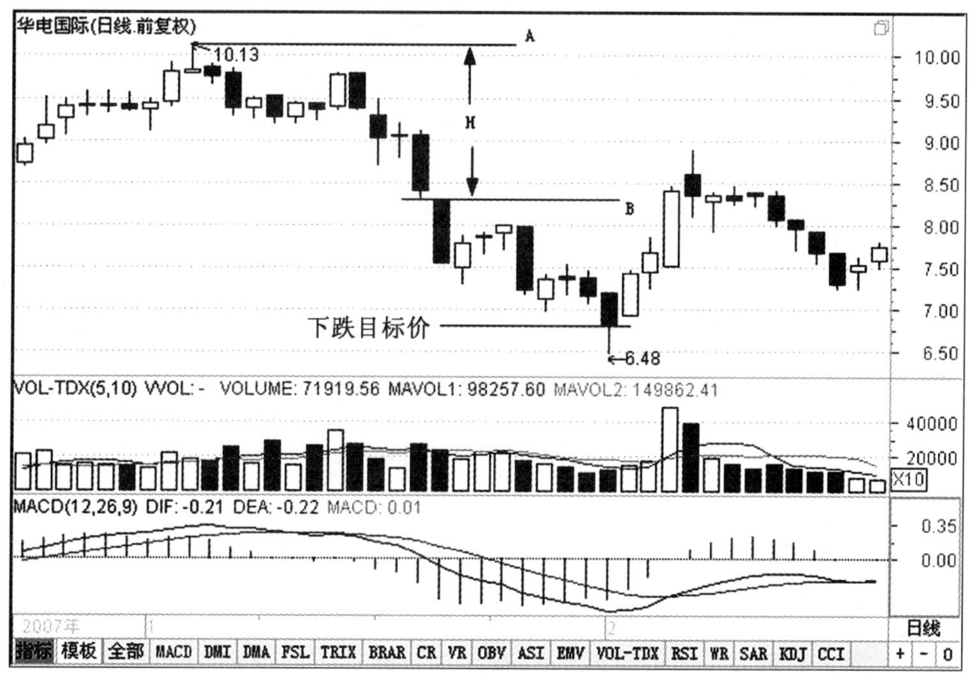

图 5－26　华电国际　600027

实战看盘

如图 5－27 所示，2010 年 10 月 14 日，中信证券出现一个跳空缺口。该跳空缺口出现在一波明显的涨势中，应该为持续向上缺口，后市看涨。不过，当日该股以带长上影线的中阳线报收，上方存在一定的卖压。因此，投资者可以考虑当日建仓介入，也可以等待次日再择机入场。

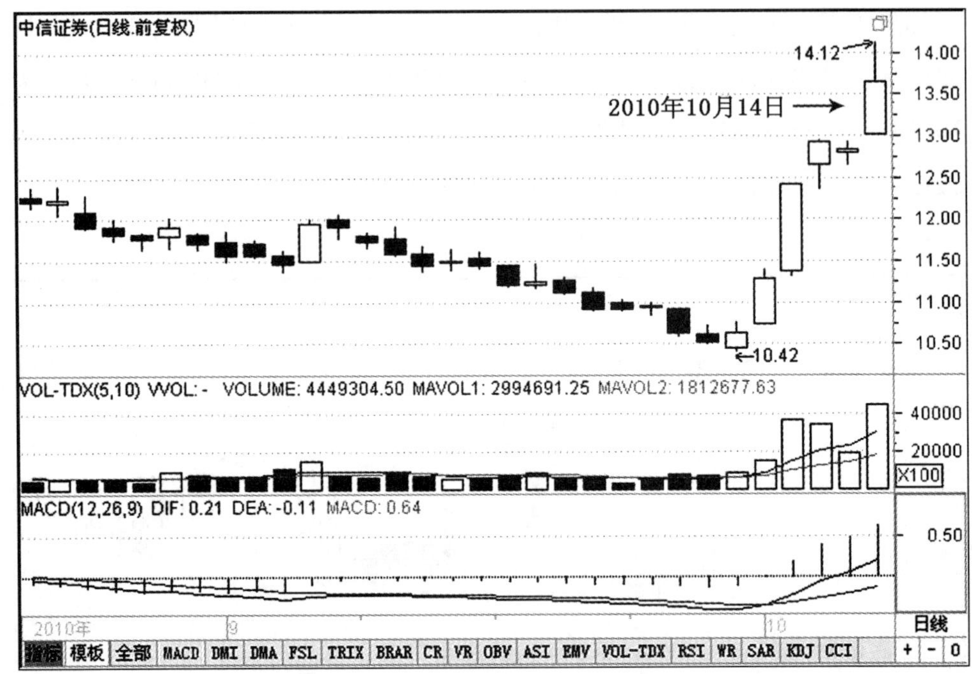

图 5－27　中信证券　600030

如图 5－28 所示，次日，中信证券跳空低开，显示此前一个交易日上影线的卖压依然存在。然而，该股开盘后并没有就此下跌，反而出现一波直线上涨，看来卖压可能已经被有效化解。随后，该股在均价线的支撑下逐渐走高。在此期间，出现了多个买入机会（比如两次突破前高压力时），投资者都可以把握。最终，该股以 9.60% 的涨幅报收。

如图 5－29 所示，随后，中信证券进入了震荡爬升的行情中，涨势明显放缓，此时投资者就应该警惕股价见顶了。在创出 17.25 元的高点之后，该股此前的一波涨势正式终结，并就此转入了横盘整理行情中。2010 年 11 月 10 日，该股出现一根小阴线，跳空跌破了整理区间的支撑线，向下突破缺口出现，后市看跌。

如图 5－30 所示，向下突破缺口出现之后，中信证券正式见顶。随后，该股进入了一波明显的跌势中，回补了 2010 年 10 月 14 日的向上持续缺

图5-28　中信证券　600030

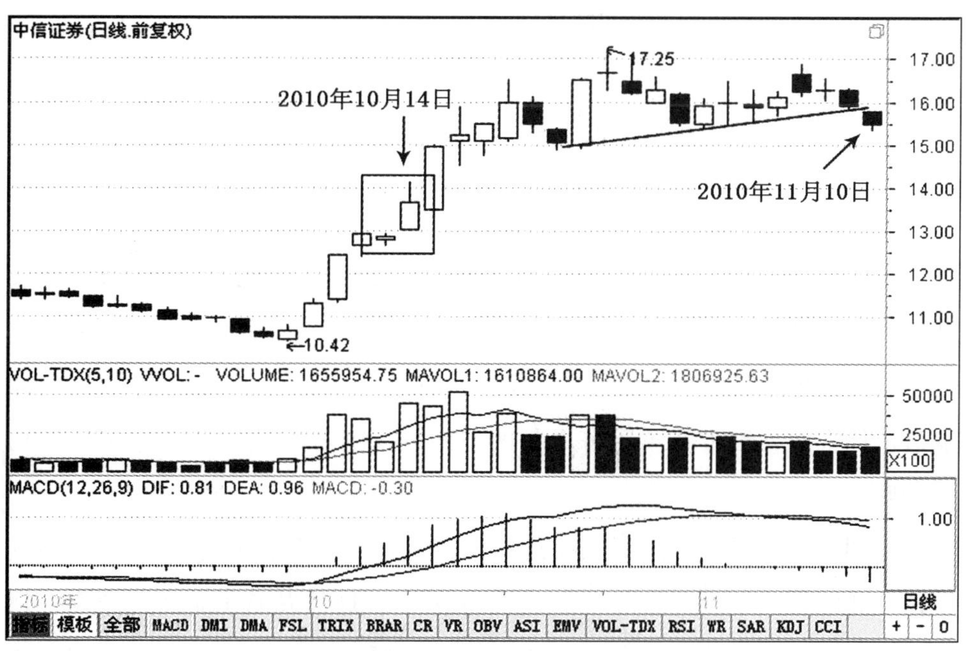

图5-29　中信证券　600030

口。如果投资者此时依然持有该股，没能及时获利了结，那么不仅曾经的账面利润将消失殆尽，而且还可能会陷入亏损的泥淖中。

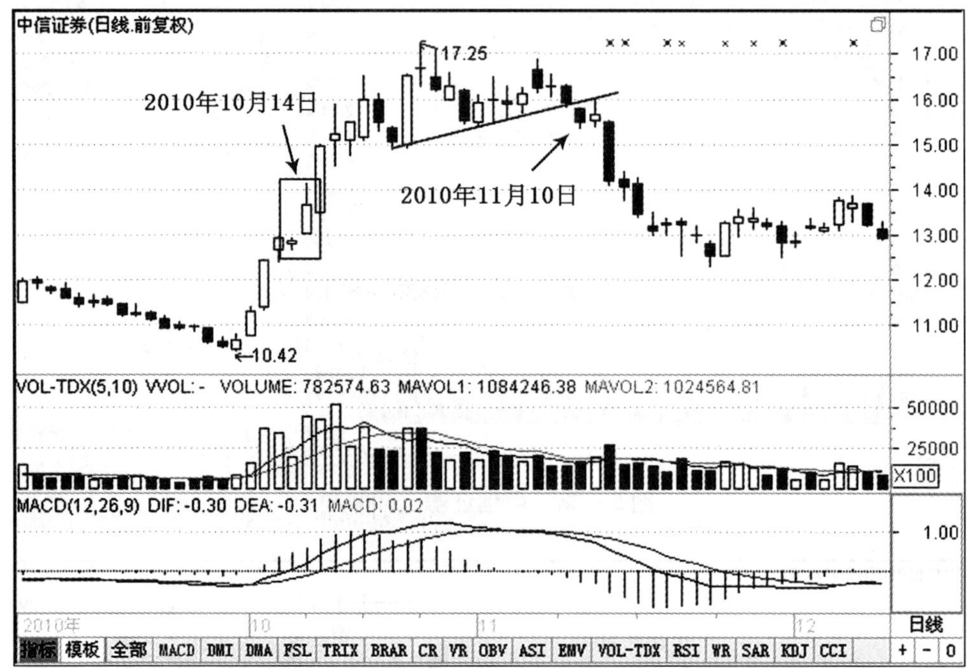

图 5－30　中信证券　600030

如图 5－31 所示，2010 年 5 月 4 日，中信证券出现一根一字跌停线，跌破了此前整理区间的支撑线，一波跌势拉开序幕。次日，该股继续大幅跳空低开，虽然最终以阳线报收，但实际跌幅仍然达到 7.87%，向下持续缺口依然很大，后市应该还有下跌的空间，投资者应该耐心持币观望，切莫抄底介入。

如图 5－32 所示，向下持续缺口出现之后，中信证券毫无意外地继续下跌。此时，可以推算该股下跌的目标价了。这波跌势的起始点为 19.18 元，向下持续缺口的跳空起点为 15.86 元，两者之间的价差为 H 为 19.18 －15.86＝3.32 元，因此股价下跌的目标价为 15.86－3.32＝12.54 元。当

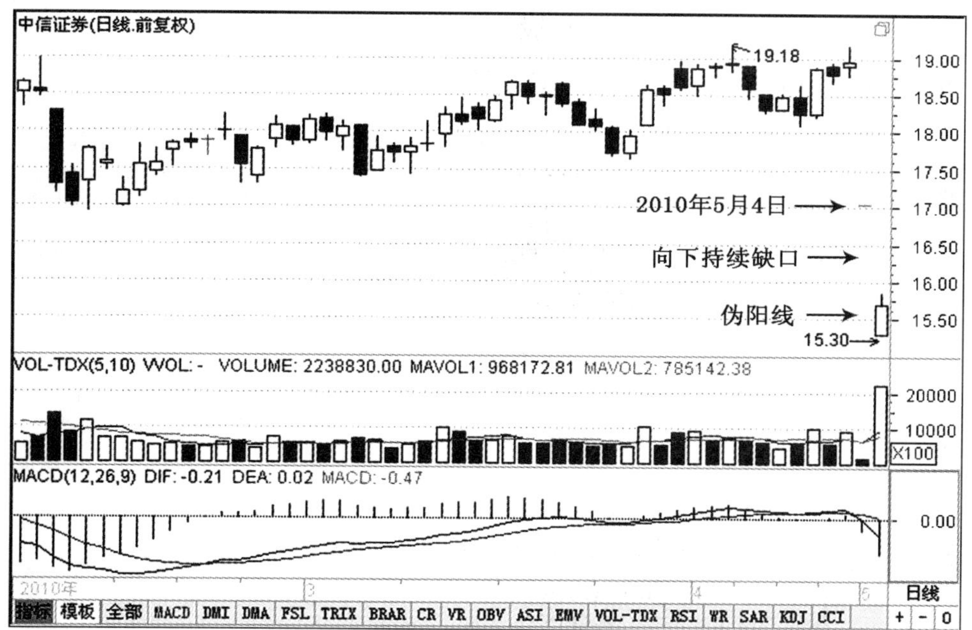

图 5－31 中信证券 600030

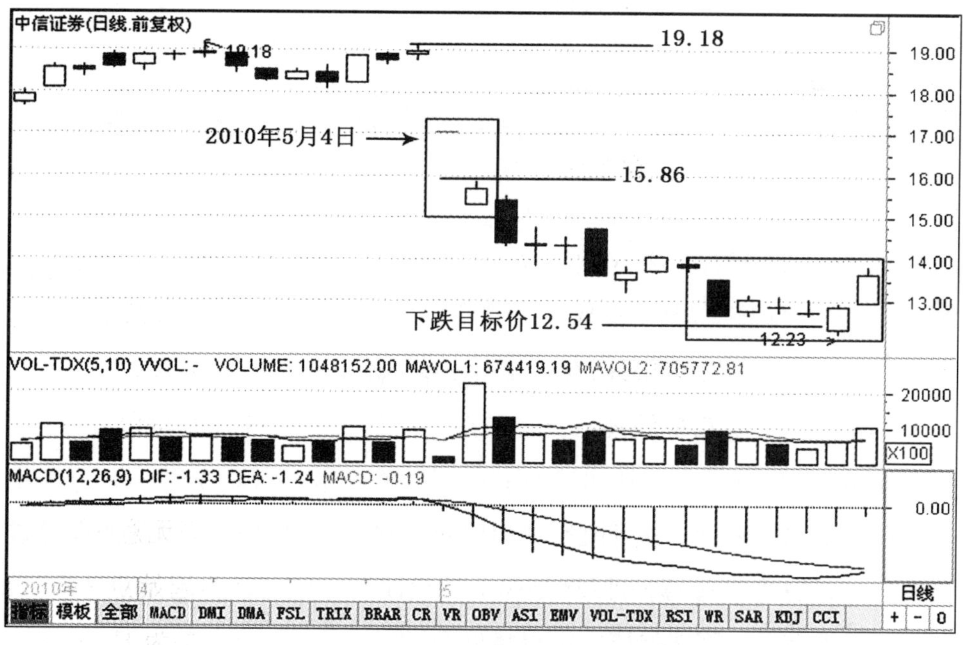

图 5－32 中信证券 600030

股价运行至12.54元附近时，该股出现了一个类似塔形底的见底信号，后市将进入反弹行情中。

如图5－33所示，股价在下跌目标价附近止跌后，中信证券进入了一波上升楔形整理行情中。然而，2010年6月29日，该股出现一根大阴线，跌破了整理区间的支撑线，指明了后市股价发展的方向。随后，该股在更低的价位区间内展开又一波整理行情。

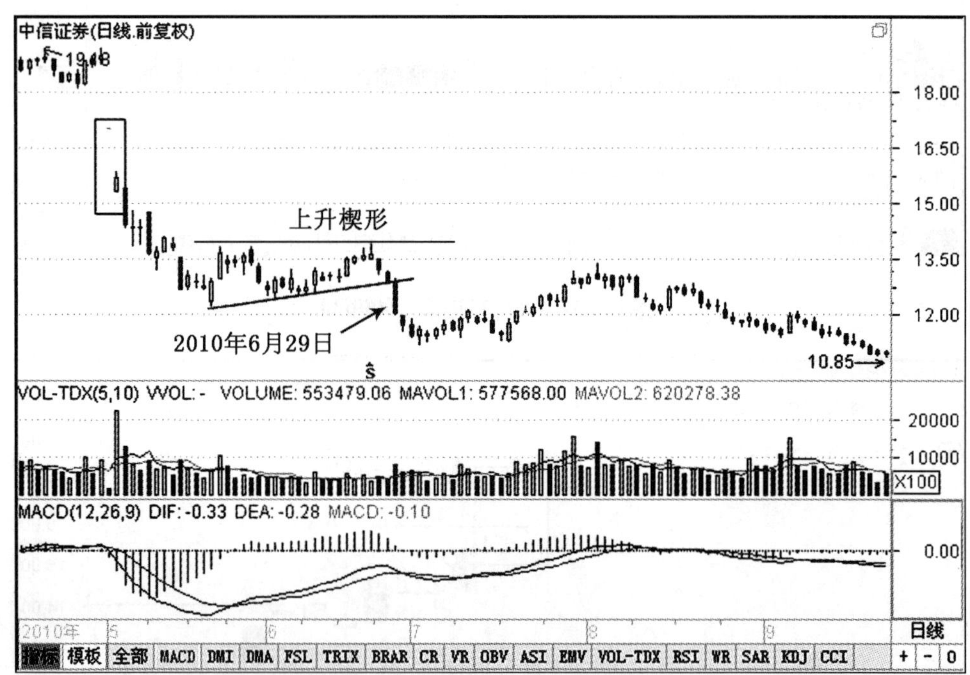

图5－33　中信证券　600030

如图5－34所示，2010年10月18日，在一波明显的涨势中，三一重工出现一个跳空缺口。这个跳空缺口既可以算是突破缺口（因为此前经过数个交易日的整理），也可以算是向上持续缺口，但是，不论是哪种缺口，都属于看涨信号，因此投资者可以择机介入。

如图5－35所示，向上持续缺口出现后，三一重工继续上涨行情。此

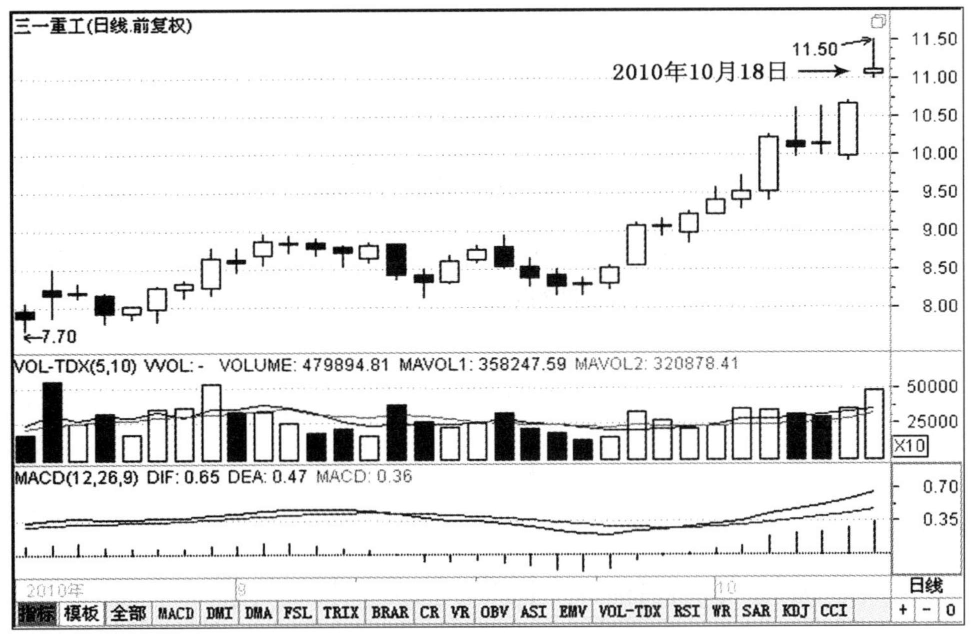

图 5－34　三一重工　600031

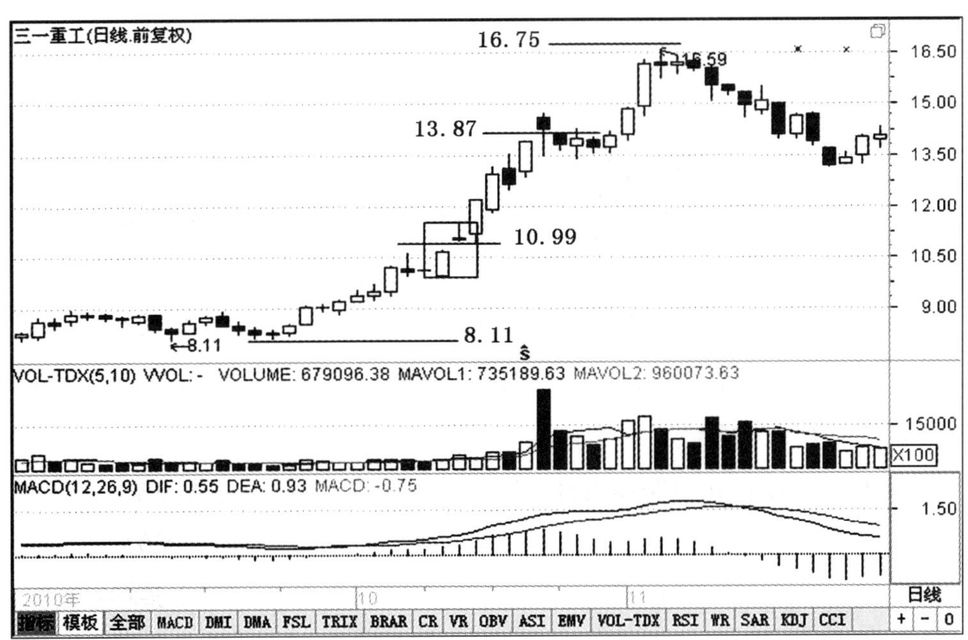

图 5－35　三一重工　600031

时，投资者该计算上涨目标价了。这波涨势的起始点为8.11元，向上持续缺口的跳空起点为10.99元，两者之间的价差为H为10.99－8.11＝2.88元，因此股价上涨的目标价为10.99＋2.88＝13.87元。到达13.87元后，该股进入了数个交易日的整理行情中，随后继续上涨。此时，计算第二上涨目标价为10.99＋2.88×2＝16.75元。当股价上涨至第二目标价附近时，该股见顶回落，进入一波明显的调整行情中。

第四节

竭尽缺口——股价运行的终点

盘面特征

竭尽缺口，是指出现在一波明显趋势末期的跳空缺口。按照趋势发展的方向，竭尽缺口可以分为涨势竭尽缺口（见图5－36）和跌势竭尽缺口（见图5－37）。

具体而言，竭尽缺口具有如下特征：

（1）涨势竭尽缺口出现后，股价很快就会见顶；跌势竭尽缺口出现后，股价很快就会见底。

（2）竭尽缺口在短期之内就会被回补。

看盘要点

涨势竭尽缺口属于见顶警示信号，投资者一旦发现应该密切关注，随

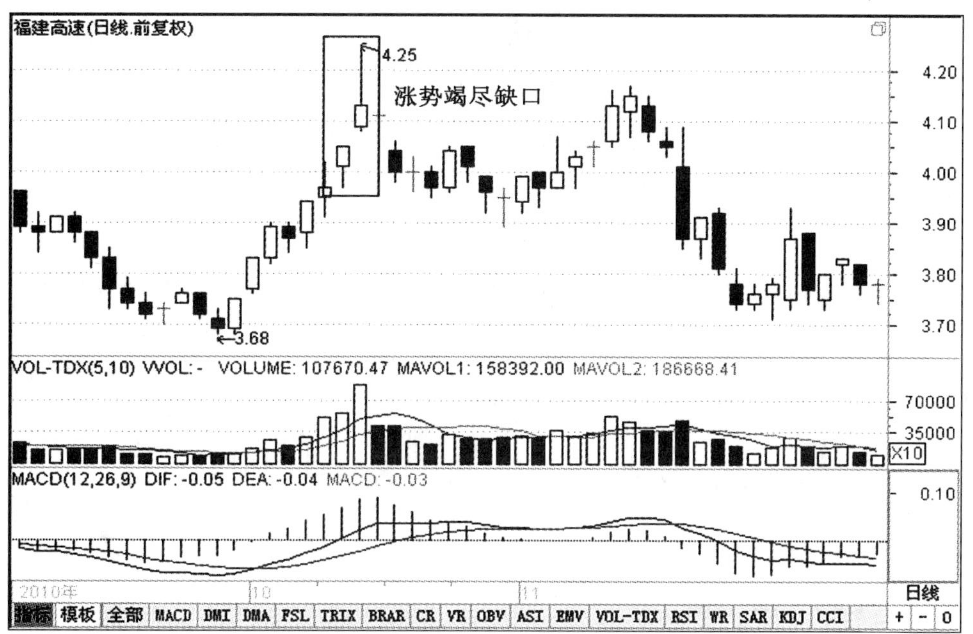

图 5-36　福建高速　600033

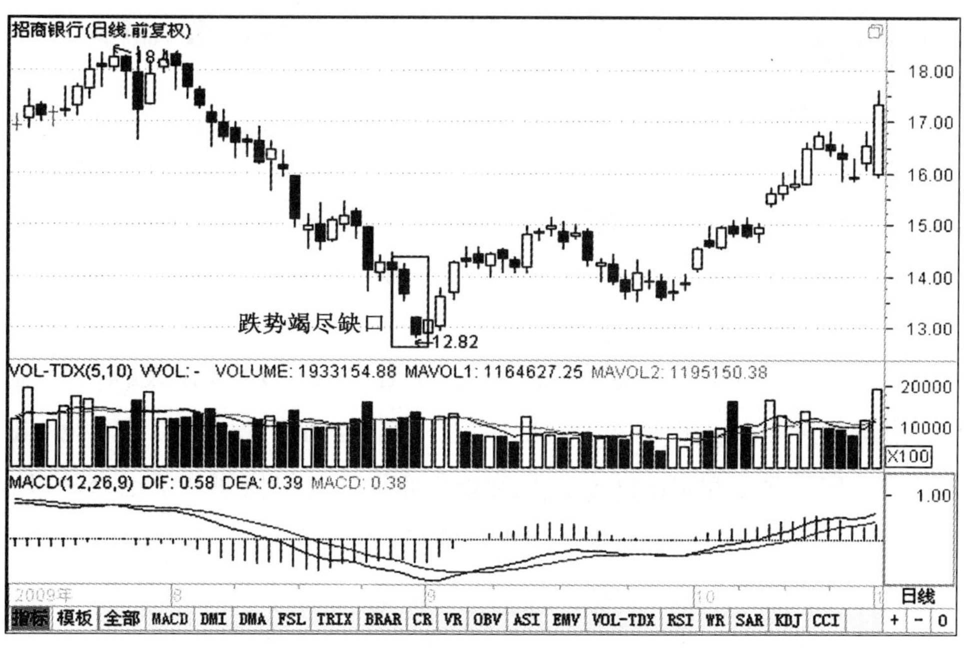

图 5-37　招商银行　600036

时准备逢高离场。以图 5 – 38 为例。在这一波明显的涨势中，哈飞股份出现了三个缺口，分别为向上突破缺口、向上持续缺口和涨势竭尽缺口。当投资者发现涨势竭尽缺口时，应该提高警惕，等到明确的见顶信号出现时就赶紧离场。

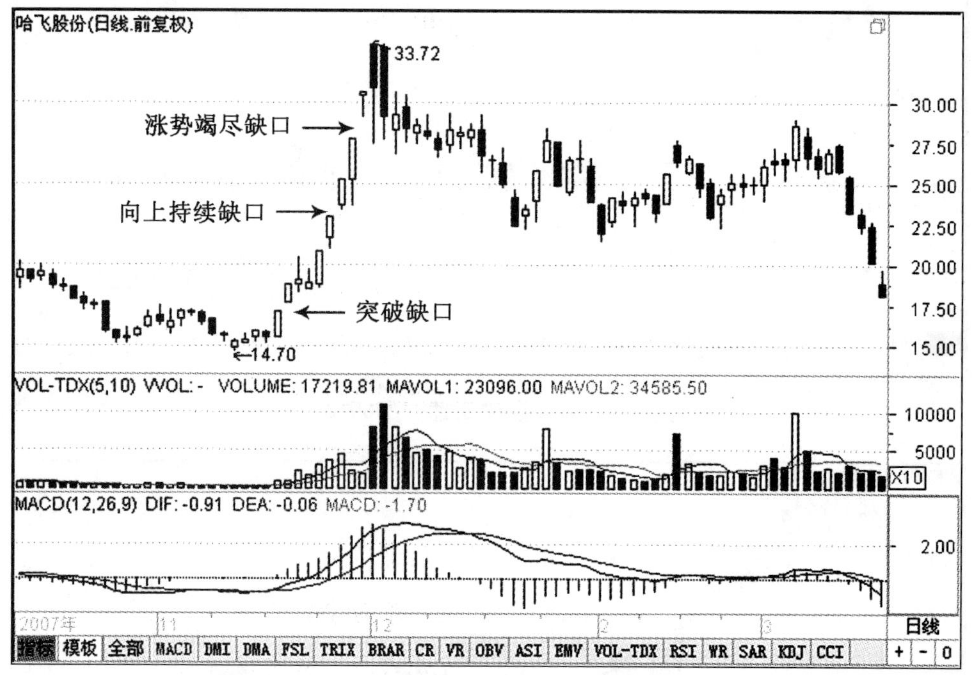

图 5 – 38　哈飞股份　600038

跌势竭尽缺口属于见底警示信号，投资者一旦发现应该密切关注，随时准备抄底介入。以图 5 – 39 为例。经过一波明显的下跌之后，ST 百科出现了一个向下跳空缺口。随后，股价止跌企稳，并很快回补了这个缺口。由此可以断定，该跳空缺口为跌势竭尽缺口，即一波跌势已经结束。投资者面对这个跌势竭尽缺口，不必急于入场做多，应等到明确的见底信号出现时再考虑入场做多。

利用涨势竭尽缺口（或者向上突破缺口、上涨持续缺口）和向下突破

图 5－39　ST 百科　600077

缺口，可以形成见顶孤岛反转组合，属于明确的见顶信号，投资者一旦发现，应该尽快择机离场。以图 5－40 为例。东方金钰在股价见顶前后，先后出现了一个向上突破缺口和一个向下突破缺口，从而将该股的见顶 K 线形态孤立成一个岛屿。随后，该股进入到下跌趋势中。

利用跌势竭尽缺口（或者向下突破缺口、下跌持续缺口）和向上突破缺口，可以形成见底孤岛反转组合，属于明确的见底信号，投资者一旦发现，应该积极考虑择机介入。以图 5－41 为例。长航油运在股价见底前后，先后出现了一个向下突破缺口和一个向上突破缺口，从而将该股的见底 K 线形态孤立成一个岛屿。随后，该股进入到上升趋势中。

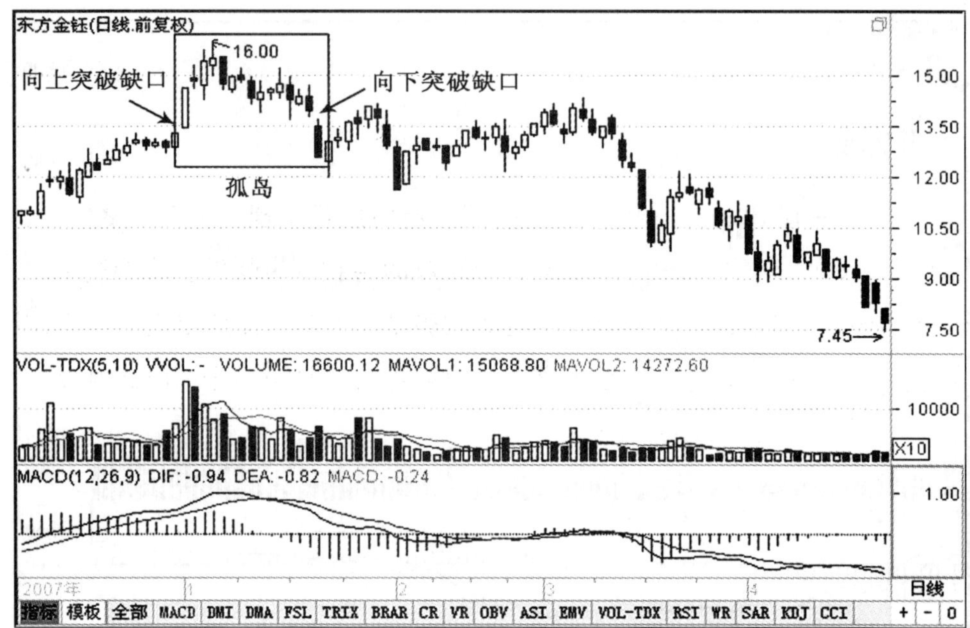

图 5-40　东方金钰　600086

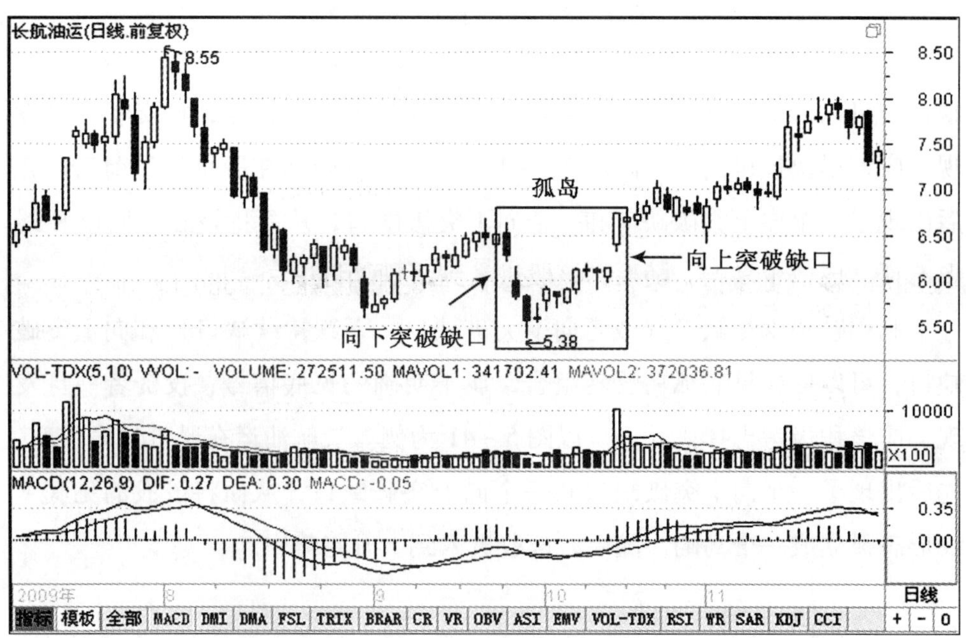

图 5-41　长航油运　600087

实战看盘

如图5－42所示，2009年6月11日，林海股份出现一个T字涨停线，留下了一个明显的跳空缺口。至于这个缺口的性质，不外乎上涨持续缺口和涨势竭尽缺口两种，这需要随后走势的验证。次日，该股出现一根大阴线，回补了此前的缺口，而且形成了阴抱阳组合，见顶信号。由此可以看出，这个缺口为涨势竭尽缺口。

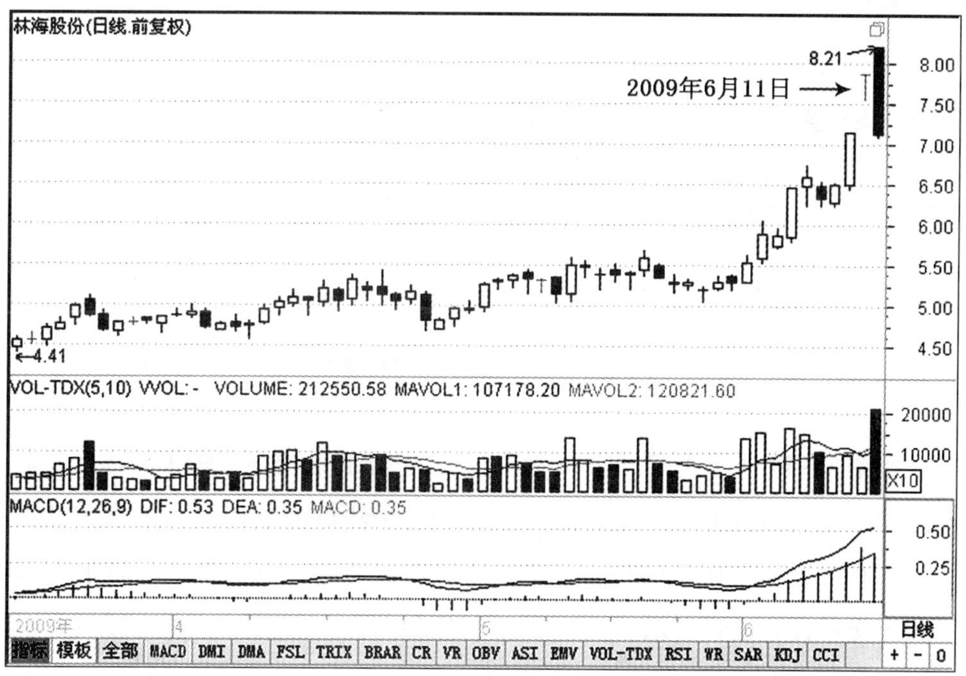

图5－42 林海股份 600099

如图5－43所示，涨势竭尽缺口出现之后，林海股份进入了振荡整理行情中。经过一段时间的整理，该股向下破位，形成了一波跌势。如果投资者在竭尽缺口确认时及时离场，不仅能够避免账面利润的回吐，而且不用经受长时间振荡整理的煎熬。

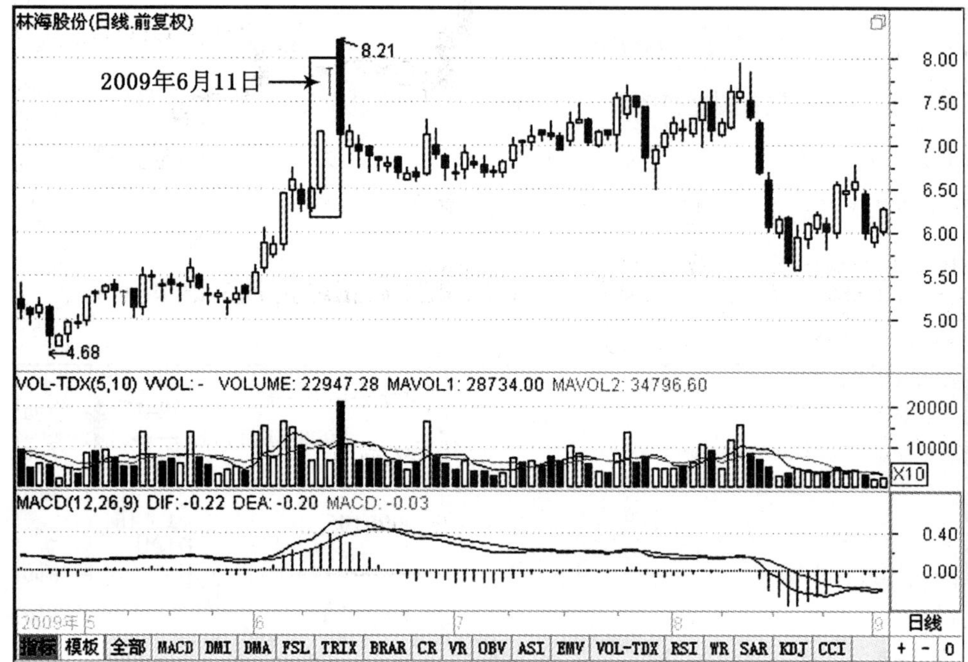

图 5-43　林海股份　600099

如图 5-44 所示，2011 年 1 月 17 日，永鼎股份出现一根大阴线，与此前的大阴线之间留下一个跳空缺口。至于这个缺口的性质，不外乎下跌持续缺口和跌势竭尽缺口两种，这还需要后市走势的确认。此后，该股进入了数个交易日的反弹行情中。2011 年 1 月 21 日，该股出现一根小阴线，其上影线回补了此前的缺口。由此推断，这个缺口为跌势竭尽缺口。此时，投资者应该意识到一波跌势已经结束，如果后市出现可靠的入场点可以考虑介入了。

如图 5-45 所示，跌势竭尽缺口出现之后，永鼎股份就此止跌企稳。随后，该股进入了一段时间的振荡整理行情中。2011 年 3 月 30 日，该股出

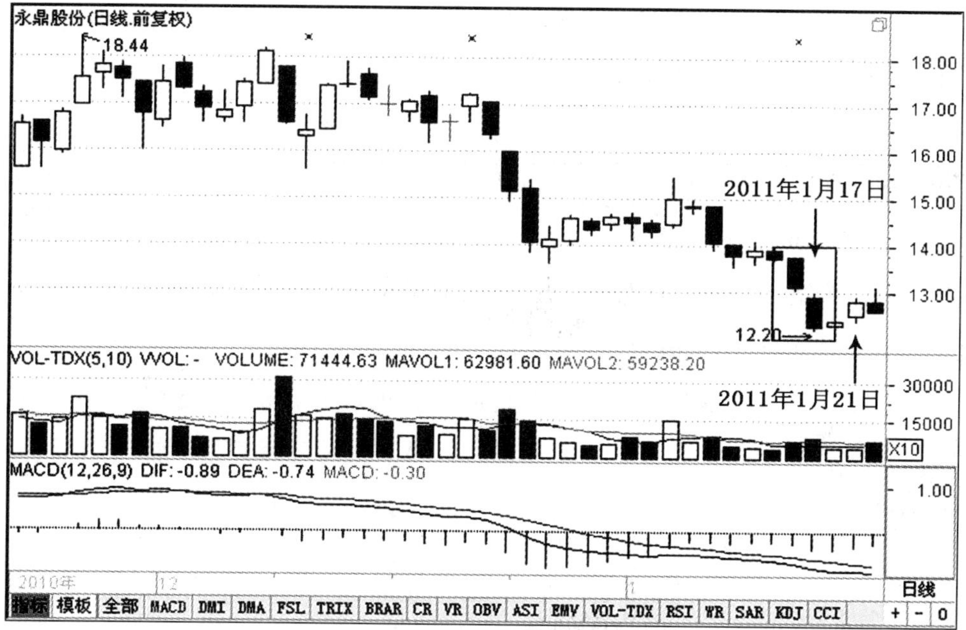

图5－44　永鼎股份　600105

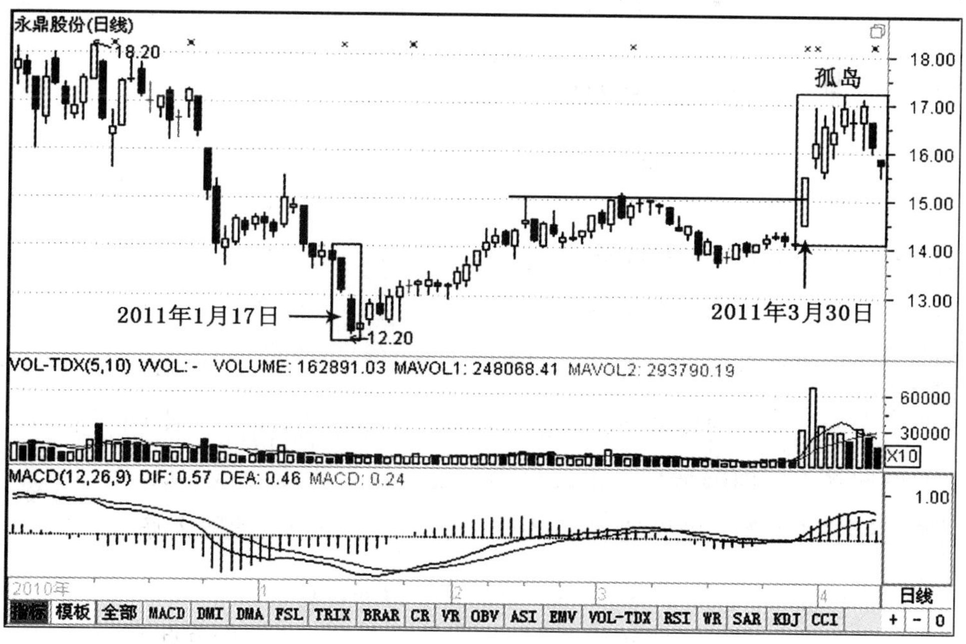

图5－45　永鼎股份　600105

现一根涨停大阳线，跳空突破了前期高点形成的压力线，可靠的入场点出现，投资者可以择机介入。然而，这波涨势仅持续了数个交易日。2011 年 4 月 13 日，该股出现一根小阴线，与此前的阴线之间留下一个缺口。这个缺口和此前的一个缺口构成了见顶孤岛反转，明显的见顶信号，投资者该出场了。

从这个案例来看，如果投资者介入的时机和离场的时机把握不好，最终这笔交易就只能以保本出场告终。

如图 5－46 所示，见顶孤岛反转形态出现之后，永鼎股份进入了一波快速下跌行情中。由此可见，投资者可以保本出场已经算是不错的结局了。如果投资者面对见顶孤岛反转时犹豫不决，必将陷入亏损的境地。

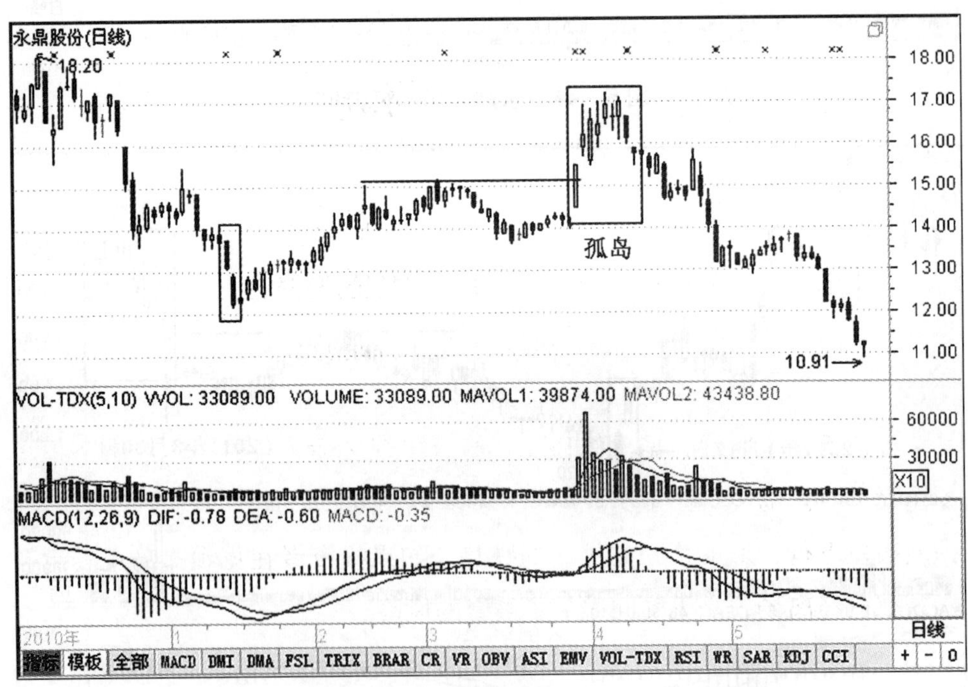

图 5－46　永鼎股份　600105

如图 5－47 所示，2010 年 11 月 12 日，长春一东出现一根跌停大阴线，不仅回补了前期的向上跳空缺口，而且与其形成了见顶孤岛反转组合，明确的离场信号。如果投资者此时还持有仓位，那么不应该再犹豫了，应尽快择机出场。

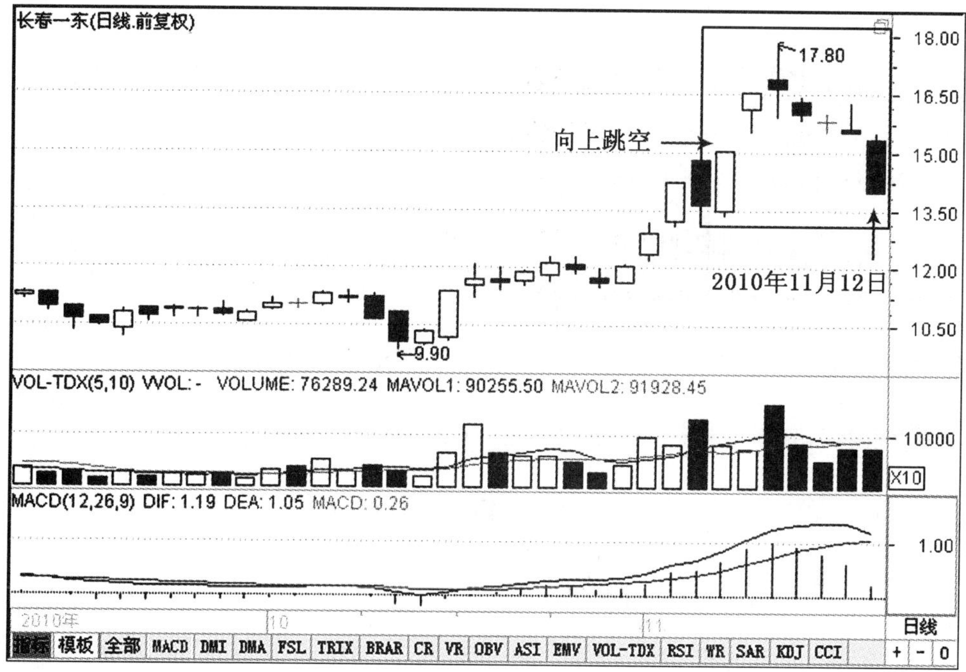

图 5－47　长春一东　600148

如图 5－48 所示，见顶孤岛反转组合出现之后，长春一东顺势下滑了数个交易日。随后，该股进入了横盘震荡行情中。经过一段时间的整理，该股破位下行，形成了一波明显的跌势。如果投资者在见顶孤岛反转组合确认就已经离场，毫无疑问避免了被套的风险。

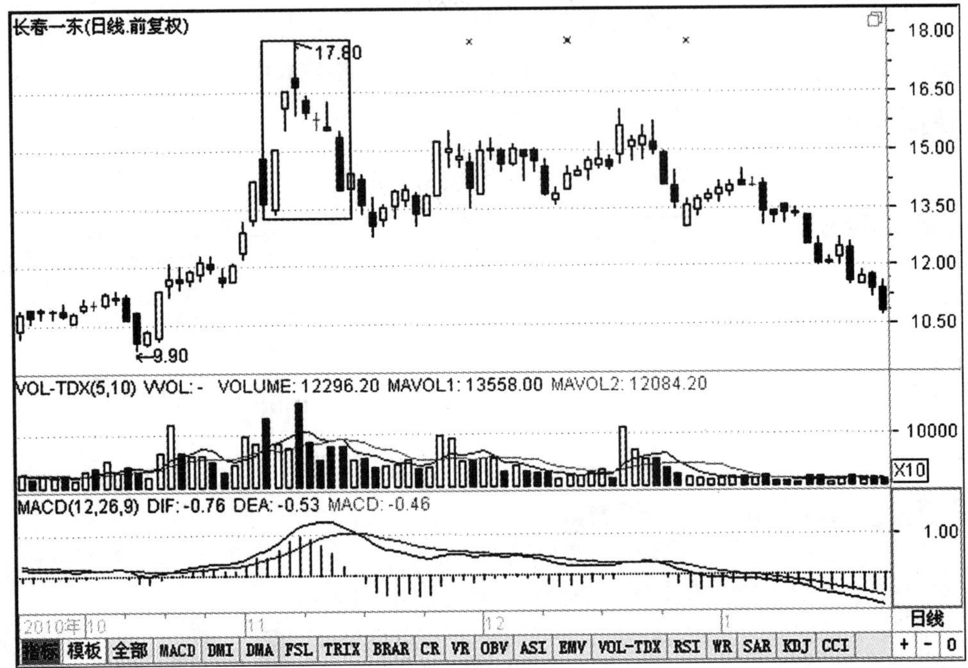

图 5－48 长春一东 600148